山东省新材料产业年度发展报告（2022）

山东省新材料产业协会　编著

山东大学出版社
SHANDONG UNIVERSITY PRESS
·济南·

图书在版编目(CIP)数据

山东省新材料产业年度发展报告.2022 / 山东省新材料产业协会编著. —济南 : 山东大学出版社，2023.11
ISBN 978-7-5607-8004-7

Ⅰ. ①山…　Ⅱ. ①山…　Ⅲ. ①材料工业-研究报告-山东-2022　Ⅳ. ①F426

中国国家版本馆 CIP 数据核字(2023)第 244971 号

责任编辑　宋亚卿
封面设计　王秋忆

山东省新材料产业年度发展报告(2022)
SHANDONG SHENG XINCAILIAO CHANYE NIANDU FAZHAN BAOGAO(**2022**)

出版发行	山东大学出版社
社　　址	山东省济南市山大南路 20 号
邮政编码	250100
发行热线	(0531)88363008
经　　销	新华书店
印　　刷	山东蓝海文化科技有限公司
规　　格	787 毫米×1092 毫米　1/16 16.25 印张　394 千字
版　　次	2023 年 11 月第 1 版
印　　次	2023 年 11 月第 1 次印刷
定　　价	109.00 元

《山东省新材料产业年度发展报告(2022)》
编辑委员会

前 言

2022 年是党和国家历史上极为重要的一年，也是山东省新材料产业发展的关键之年。党的二十大明确指出，推进新型工业化，是实现中国式现代化的必然要求，是全面建成社会主义现代化强国的根本支撑，是构建大国竞争优势的迫切需要，是实现经济高质量发展的战略选择。这一年，全省新材料产业紧紧围绕新发展理念，坚持以科技创新为引领，以产业结构调整为主线，以绿色低碳发展为目标，取得了一系列显著成果，产业规模持续扩大，主要经济指标实现了较快增长；产业结构不断优化，高端装备用材料、新能源材料、生物医药材料等高附加值产品比重逐步提高，产业链向高端延伸，产业集群效应初步显现；科技创新能力显著增强，企业研发投入持续加大，关键核心技术攻关取得重要突破，一批具有自主知识产权的新产品成功实现产业化；绿色发展水平不断提高，全省新材料产业积极推进节能减排、循环利用等绿色发展举措，资源利用效率和环境质量得到明显提高。新材料产业正加速发展。

在 2019—2021 年《山东省新材料产业年度发展报告》的基础上，为及时总结 2022 年山东省新材料产业发展情况，以优异成绩为推进新型工业化发展谋新篇开新局，山东省工业和信息化厅联合省新材料产业协会、山东大学等单位组织相关专家深入各地市、企业调研，经过多次修改完成了《山东省新材料产业年度发展报告(2022)》(以下简称《报告》)。

《报告》包含五章及附录：第一章分析总结了国内外新材料最新动态以及山东省取得的成绩，为山东省新材料产业发展拓展思路；第二至五章从产业发展重点、技术突破、项目建设、重点企业经营情况、各地市新材料发展现状等方面展现了山东省新材料在各细分领域取得的突破性进展；附录一和附录二分别整理汇总了国家和山东省在新材料方面的政策，展示了国家和山东省从项目支持、产品推广等多层次给予新材料企业的保障。相较于往年，《报告》新增了各细分领域产业链图谱，可视化展现产业链上中下游及细分环节。

由于新材料门类众多，且随着新兴产业的诞生，新材料不断涌现，技术产品更新迭代较快，编制全面的《报告》难度较大。《报告》中难免有疏漏，恳请各位读者不吝指正，助力山东省新材料产业实现跨越式发展，为制造强省乃至制造强国的建设做出积极的贡献。

本书编委会

2023 年 10 月

目　录

第一章　新材料产业发展情况

第一节　国际新材料产业发展概况

一、总体概况

随着全球竞争格局的变化，科技创新和产业创新成为推动全球经济和社会发展的新引擎，信息技术、能源技术、制造技术、材料技术相互渗透、交叉融合、协同应用，取得了群体性突破，推动了传统产业转型升级和战略性新兴产业发展。新材料是高端制造、国防军工和民生保障等领域不可或缺的物质基础，新材料产业是我国基础性、战略性和先导性产业，在满足社会经济需求、应对各类复杂竞争和挑战、实现制造业高质量发展、推动供给侧结构性改革、增强产业核心竞争力等方面都具有重要战略意义。为此，世界各国纷纷加速研究新材料前沿技术和颠覆性技术，加剧了新材料产业的竞争。全球新材料行业正处于快速发展阶段，产值规模加速增长，年复合增长率维持在10%以上。2022年，全球新材料行业产值规模达到3.8万亿美元。早在2011年6月，美国总统奥巴马就推出了“先进制造业伙伴关系”(AMP)计划，并于2014年发布了《材料基因组计划战略规划》(MGI)，以帮助企业提升发现、开发和应用新材料的速度。美国政府不断建立、完善法律保障机制，健全风险投资机制，并以麻省理工学院、斯坦福大学、加利福尼亚大学伯克利分校等全球顶尖的新材料高等学府为抓手，依托陶氏化学公司、3M公司、埃克森美孚公司等新材料国际巨头逐步开展新材料研发工作，进行政策完善，特别是在半导体、稀土等重点领域加大政策支持力度，联合盟友制定国际规则，加强产业链回归。日本注重长期的国家科学技术基本计划，把开发新材料列为国家高新技术的第二大目标，建立了高效的产学研合作机制，推动高校、科研机构和企业联合开展新材料研究，并突出其在纳米材料、碳纤维材料等高精尖材料方面的优势，加强创新集群建设。德国重视传统材料的价值提升，利用合作等宏观调控，以工业需求为导向，强化非政府组织协调合作，推动新材料特色产业集群建设，大力扶持科技型中小企业，建立、完善工业标准化体系和公共服务体系，促进新材料企业竞合和高质量发展。韩国注重国家级战略支持和投入，鼓励“官民一体”的全员协作创新模式，鼓励大企业改革重组，发挥集中效用，注重以技术创新主体企业为基础进行人才培养，锚定可再生能源材料、信息材料、纳米材料等重点领域发展，把电池核心技术与半导体技术并列为国家战略技术，期望建立核心产业安全供应链。在各国政府对于新材料产业高度重视和密集政策干预下,据中国工程科技知识中心预测,至2025年,全球新材料产业产值规模有望突破5.6万亿美元。

二、趋势与展望

(一)新能源材料、生物材料等领域技术研发不断获得新突破,引领新材料产业绿色低碳高质量发展

各国纷纷在电池材料、太阳能材料、可降解材料等领域持续发力:美国能源部西北太平洋国家实验室开发出了一种铝镍熔盐电池,其理论能量密度高于铅酸电池和液流电池,在热循环的情况下,12周内可保持92%的电池容量;韩国电工技术研究院下一代电池研究中心开发出了具有空心核的一维锂限制多孔碳结构,并在空心核中添加金纳米粒子,制造出了具有更高倍率性能和稳定性的高容量锂金属电池;俄罗斯斯科尔科沃科学技术研究院开发出了一种新的快速充电电池阳极材料NiBTA,并揭示了该材料的电荷存储机制;中国合肥工业大学和美国得克萨斯大学奥斯汀分校合作开发出了用于钠金属电池的基于聚1,3-二氧戊环的准固体电解质,改善了全固态电池的整体性能;英国伯明翰大学利用糖基原料创造了一个新的聚合物系列,既保留了普通塑料的所有品质,也可进行降解和机械回收;澳大利亚皇家墨尔本理工大学开发出了一种坚固、可持续和可堆肥的自清洁生物塑料;日本理化学研究所开发出了一种坚固、有弹性、可自我修复的聚合物材料,该材料在断裂前可以拉伸到原始长度的近14倍,切断后可在5分钟内自行愈合;巴西圣保罗大学使用B型牛明胶制成了高拉伸强度、可食用、可生物降解的抗菌生物塑料薄膜,可保护食品免受病原体污染。

(二)关键材料供应链安全受到持续关注,关键矿产资源成为大国竞争焦点

美国、欧盟、澳大利亚等围绕关键矿产、新能源电池材料等出台了一系列文件。美国发布关键矿产清单、建立四方合作机制,同时与十三个国家建立矿业伙伴关系。美国在其发布的更新版《2022年关键矿产清单》中提出,扩大国内包括锂、稀土等在内的关键矿产生产规模,减少对外进口依赖;美国能源部提供3 900万美元用于开发商业上可扩展的技术,以增加国内清洁能源转型所需的铜、镍、锂、钴、稀土等关键矿产供应。英国宣布将在提兹港建设欧洲首个大型商业锂精炼厂,为电动汽车、可再生能源系统供应链提供电池级材料。加拿大计划投资至少16亿美元,来推动镍、锂、钴等关键矿产资源的生产和加工。澳大利亚承诺在2022—2023年向关键矿物加速器倡议投入2亿澳元,并在3年内投入5 000万澳元,建立虚拟的国家关键矿产研发中心,加快推动矿石加工、提纯和回收技术的合作研究。

(三)全球电池需求量持续增加,各大经济体纷纷布局,电池材料领域的研究热潮还将延续

美国通过了《通胀削减法案》,正在努力建设电动汽车电池供应链,期望重振产业竞争力,并减少对中国主导的供应链的过度依赖;美国通用汽车公司宣布投资6.5亿美元,帮助开发位于内华达州的赛克帕斯(Thacker Pass)锂矿项目,并与嘉能可斯特拉塔股份有限公司签订了"为期数年"的钴供应协议,采购镍钴矿用于制造通用汽车公司的奥特能(Ultium)电池正极;英国国家科研与创新署(UK Research and Innovation)宣布,将为其

组织的法拉第电池挑战赛(Faraday Battery Challenge)中的17个项目提供2 760万英镑的资金支持，旨在通过建立和保障英国供应链、提高电池性能、降低电池成本、开发出可持续的电池等方式来提升英国在电池行业中的竞争力；韩国LG化学、浦项化学、乐天化学、SK集团等韩国化工巨头正在调整经营战略，加大对电池材料的投资，其中SK集团宣布2023年将在本土投资73万亿韩元来提升芯片、绿色能源及生物制造产品的生产能力，其中12.8万亿韩元投向电动汽车电池、氢能及其他可再生能源，期望通过产业链上游投资确保国际竞争力，在电池材料领域成为世界领先企业。

三、2022年国际新材料领域十大科技成果

(一)中澳联合研发出高强度钛合金材料

澳大利亚莫纳什大学联合中国科学院金属研究所以及上海理工大学等通过增材制造技术，利用热循环和快速凝固实现纳米超强孪晶微结构，研发制造出纳米超强孪晶钛合金，是迄今为止比强度最大的3D打印金属，为制造具有独特微观结构和优异性能的金属材料奠定了基础，可促进航空航天、能源和生物医学等领域的发展。

(二)英国研究团队创造出一种可经受超音速撞击的蛋白质材料

英国肯特大学团队创造了一种新的减震材料并获得了专利，这种材料可彻底改变国防和行星科学领域。这种新型的基于蛋白质的材料家族被命名为踝蛋白冲击吸收材料，代表了已知的第一个能够吸收超音速射弹冲击力的合成生物学材料，可经受住1.5千米/秒的超音速撞击，为开发下一代防弹装甲和弹丸捕获材料打下了基础，从而能够进一步研究太空和高层大气中的超高速撞击。

(三)麻省理工学院发现用于人造模拟突触速度的新材料

麻省理工学院研究人员使用实用的无机材料，显著提高了先前开发的一种人造模拟突触的速度极限，将设备的运行速度提高100万倍，约比人脑中的突触快100万倍。这种无机材料还使电阻器非常节能。与早期版本的设备中使用的材料不同，新材料与硅制造技术兼容，因此可使制造纳米级设备成为可能，并可为集成到深度学习应用的商业计算硬件的开发铺平道路。

(四)韩国科研人员研发可调谐“元表面”纳米材料

韩国蔚山科学技术院科研团队利用光复刻制造二氧化钒金属图案后，再加热产生热氧化反应从而固定二氧化钒，依靠控制温度保证太赫兹波频率内的透明电极性质，研发出可作为6G通信元器件的“元表面”新纳米材料。实验表明，该二氧化钒“元表面”透明电极在保持一定的太赫兹波通过的同时，还可调谐电导率至数千倍左右，成为6G通信元器件或太赫兹波、近红外线混合通信技术的最佳器件材料。该方法还可用于其他二维物质材料的研发和应用。

(五)美国科研团队研发可实现类脑功能芯片新材料

美国科研团队研发出了一种新材料——钙钛矿镍酸盐，可帮助计算机芯片实现类脑功能。新材料由钕、镍和氧三种元素组成，可以帮助芯片以类脑的方式重新配置电路，从

而实现神经形态的电路和计算机体系结构,使计算机可以更快、更准确地执行复杂任务,消耗能量更少。该团队在这种材料中注入氢气并连接电极,以不同的电压施加电脉冲。在不同的电压下,氢的最终位置和浓度会引发计算机芯片的开关电流,从而使其具有类似于大脑中突触和神经元的独立行为能力。

(六)澳大利亚科学家发现一种可以让分子开关在室温下工作的新材料

澳大利亚科学家利用量子力学研发出一种可以让分子开关在室温或室温以上条件下切换的新分子材料,解决了分子开关只有在温度低于－250 ℃时才能工作的难题。新材料还可以用于传感器、碳捕捉和储存,使电池使用寿命增加、计算机运行速度加快。

(七)瑞典研发出可在阳光下将二氧化碳转化为燃料的新材料

瑞典隆德大学开发了一种新的共价有机框架(COFs),它可利用太阳能将二氧化碳转化为一氧化碳燃料,无须输入额外能量。COFs是有机物通过共价键形成的多孔稳定材料,牢固而稳定,通过利用COFs的高效吸光作用,向COFs中添加铼-二亚胺羰基配合物,推动二氧化碳转化为一氧化碳的双电子反应,成功地在没有其他能量输入的情况下将二氧化碳转化为一氧化碳。这一突破可能是未来减少大气中温室气体水平的解决方案之一。

(八)美国研制出首个集成在铌酸锂芯片上的激光器

美国哈佛大学科学家研制出了首个集成在铌酸锂芯片上的激光器。在芯片上,激光器位于蚀刻在铌酸锂中的小孔或沟槽中,并在同一平台制造的波导中提供高达60毫瓦的光功率,为高功率通信系统、全集成光谱仪、光学遥感以及量子网络的高效变频等应用的研发铺平了道路。

(九)英国利用生物相容性材料制成新人工神经细胞

英国科学家首次在实验室利用生物相容性材料水凝胶制造出了人工神经细胞。人工神经细胞直径约为0.7毫米,比人类神经细胞宽约700倍。这项创新有朝一日可能会被用于合成人体组织,以修复心脏或眼睛等器官。

(十)美国利用3D打印技术开发出双相纳米结构高熵合金(HEA)

美国马萨诸塞大学阿默斯特分校和佐治亚理工大学科学家将HEA与先进的3D打印技术——激光粉末床熔融结合,制作出一种双相纳米结构高熵合金材料,其强度和延展性优于现有其他先进的3D打印材料,有望催生出可用于航空航天、医学、能源和运输等领域的高性能部件。

第二节　国内新材料产业发展概况

一、总体概况

2022年,我国新材料产业规模迅速扩大。据工信部统计,2022年,我国新材料产业总产值约6.8万亿元,较2012年增长了近6倍。新材料领域中小企业特色产业集群数18个,占总集群数的18%，主要集中在锂电材料、陶瓷材料、金属新材料、磁性材料、纤维材料等细分领域。截至2022年年底，新材料领域国家级先进制造业集群累计7个，主要集中在碳材料、电池材料、磁性材料、稀土材料等领域，分布在江苏、浙江等省份。

创新主体能力逐步提升。截至2022年年底，新材料领域国家制造业创新中心数量累计达到6个，占国家制造业创新中心总数的25%。新材料领域制造业单项冠军示范企业占25%，其中山东省和江苏省的新材料企业占比最大，浙江省次之；单项冠军产品占21%，其中浙江省占比最大；专精特新“小巨人”企业数量累计达到1 972家，约占总数的22%。在第七届“创客中国”中小企业创新创业大赛50强名单中，有14家新材料相关企业，占28%。

绿色低碳稳步推进。2022年，国家部委围绕推进黄河流域工业绿色发展、有色金属及建材行业实现碳达峰、经营管理领军人才培训、智能制造试点等出台一系列政策，旨在促进新材料企业等制造业生产企业绿色低碳健康发展。新材料领域获得国家级绿色工厂的相关企业数约占国家级绿色工厂总数的10%。新材料领域工业产品绿色设计示范企业数约占第四批工业产品绿色设计示范企业数的18%。

科技创新能力持续增强。根据商务部发布的《中国禁止出口限制出口技术目录(征求公众意见版)》中公布的技术，在新材料领域至少有24项技术处于全球领先地位。低维无机非金属材料生产技术，稀土的提炼、加工、利用技术等3项技术列入禁止出口名单；人工晶体生长与加工技术、聚合物基复合材料生产技术、光伏硅片制备技术等21项技术列入限制出口名单。智慧芽数据显示，2021年12月—2022年11月，中国新材料产业的发明专利申请量超16万件，同比增长19%，高于全行业增速约6个百分点；发明专利授权量超9万件，同比增长达16.1%，高于全行业增速约2个百分点。通过专利量来看，我国新材料企业的技术研发能力在逐年提升，多项产品技术水平达到国际领先或国际先进水平，实现进口替代。2022年，世界首个纳米金属工艺数据库建设启动，该数据库将实现金属材料设计模式的新突破，支撑中国在纳米金属领域进一步实现自主创新。“转炉—连铸—轧制”钛合金化耐磨钢浇注技术实现产业化应用，填补了国内“转炉—板坯连铸”生产高钛钢技术的空白。世界首创用100吨电炉冶炼工艺生产的高强高韧低密度(密度低于7.0克/厘米^3)钢板制备成功。年产300吨集成电路-高纯四氟化硅气体实现规模化投产。国内首台自主研发、拥有完全自主知识产权的全碳纤维复合材料国产轻型飞机正式首飞；我国首个万吨级48K碳纤维国产线投用，生产的产品性能达到国际先进水平。世界首套万吨级聚乙醇酸可降解材料实现工业化生产。国内首套3 000吨高等规聚丁烯-1工业示范装置开车，实现进口替代。各项性能指标达到国际领先水平的0.1～1毫米规格的氮化硅陶瓷微珠实现批量生产。防水透气、强度高、质量轻的闪蒸纺超材料3 000吨级生产线正式投产，填补了国内空白。

政策支撑体系逐步完善。新材料作为先进制造业的基石，2022年，国家部委围绕原材料工业“三品”(增品种、提品质、创品牌)、锂离子电池、光伏产业链供应链协同发展，提高新材料产业在制造业中的支撑作用。同时，我国政府高度重视人民群众的健康生活，采取多项举措积极推进新材料在医疗器械产业中的可靠性应用。《重点新材料首批次应用示范指导目录(2021年版)》中单独列出生物医用及高性能医疗器械用材料板块，加快高生物相容性血液透析膜、医用敷料、用于微创介入医疗中空纤维管、药用疫苗用中硼玻璃管等新材料的产业化推广应用。2022年年底，工业和信息化部办公厅、国家药监局综合司联合发布了《关于组织开展生物医用材料创新任务揭榜挂帅(第一批)工作的通知》，旨在推进生物医用材料上下游协同创新攻关，加快高分子材料、金属材料、无机非金属材料等生物医用材料生产及应用进程，支撑医疗器械产业高质量发展。经过多年攻关，我国首台国产体外膜肺氧合机(ECMO)获批上市，涉及的核心材料有聚4-甲基-1-戊烯(PMP)中空纤维，此材料以往长期被国外垄断，此次国产的ECMO设备和耗材套包均是自主研发的，性能指标达到国际同类产品水平。为贯彻《中华人民共和国国民经济和社会发展第十四个五年规划和2035年远景目标纲要》，落实《"十四五"原材料工业发展规划》，推动石化化工行业高质量发展，工业和信息化部等六部门联合印发了《关于"十四五"推动石化化工行业高质量发展的指导意见》(工信部联原〔2022〕34号)。

二、2022年中国新材料领域十大科技成果

(一)北京高压科学研究中心利用生物基平台化合物首次成功制备金刚石纳米线

金刚石纳米线是一种一维的金刚石基纳米碳材料，具有与碳纳米管相媲美的强度，但其应用一直受限于产物结构的无序性。2022年11月，北京高压科学研究中心研究人员以生物基平台化合物脱水粘酸(2,5-呋喃二甲酸)作为反应单体，首次在高温高压条件下合成了具有原子级有序结构的金刚石纳米线，并发现其可用作锂离子电池材料。该研究为生物质的加工利用提供了新思路。

(二)中国科学技术大学受宣纸三维结构启发，成功开发出新型可折叠显示膜

中国科学技术大学俞书宏院士团队特任副研究员管庆方等科研人员受宣纸多尺度结构的启发，通过将微米纤维和纳米纤维组装成多尺度结构，制备了一种新型透明薄膜。这种多尺度结构赋予了该薄膜高强度、高韧性、高透光率、高雾度、极佳柔韧性和可折叠性等优异的综合性能，并且可以通过卷对卷的工艺进行连续化生产。此外，该薄膜还具有优异的热稳定性，与广泛使用的不可持续的石油基塑料薄膜相比，在250 ℃下也没有明显的变化。基于该薄膜制作的柔性近场通信电路电子器件兼具高透明度、高雾度和优异的柔韧性，在弯曲时仍然可以准确地记录和读取信息，展示了该薄膜作为柔性电子器件基底的应用潜力。

(三)天津工业大学成功研制出可高效分离水中抗生素的新型复合膜

天津工业大学分离膜与膜过程国家重点实验室的研究人员和该校化学学院的孙跃教授等人，创新性地提出"横梁与立柱"的连接设计策略，以刚性大环柱芳烃作为"立柱"，以化学蚀刻方法制备层状MXene(横向尺寸600～900纳米)材料作为"横梁"，通过缩合反应共价连接，制备合成柱芳烃-MXene纳米片(横向尺寸为5～8微米)，同时采用真空辅助自组装方法构建了新型复合膜材料，实现了抗生素水的高效纯化。该复合膜除了能分离水中的抗生素外，由于其具有高效的物质选择性，因此在气体分离、离子筛分、海水淡化和能量存储等领域也具有很大的应用潜力。

(四)西南交通大学成功研发出具备超强集水能力的仿蛛丝微纤维

西南交通大学孟涛教授团队从细胞内外水相分区的结构中得到启发,使用基于双水相层流的微流控纺丝技术,利用双水相分区效应的机理,使水相在界面上快速交联形成纤维,并阻止后续物质的扩散和继续反应,从而形成仿蛛丝中空微纤维。研究发现,该仿生微纤维悬挂液滴体积是纺锤节体积的 1 663 倍,集水能力数值远超已有文献报道的数值。该材料为生物相容性材料,不仅可用于集水,还可用于医药、化妆品、环保、军工等领域。比如仿蛛丝中空微纤维可作为伤口敷料应用于医药领域。

(五)南京大学成功研发出可实现层数可控外延生长的大面积双层二硫化钼

南京大学王欣然教授团队与东南大学王金兰教授团队合作,利用高温退火工艺,在蓝宝石表面获得了均匀分布的高原子台阶,实现了双层二硫化钼的层数可控外延生长,并获得了厘米级的双层二硫化钼连续薄膜。随后,团队制造了双层二硫化钼沟道的场效应晶体管器件阵列。电学性能评估表明,拥有双层二硫化钼材料的器件,均一性得到了大幅度提升,开态电流高达 1.27 毫安/微米。

(六)云南大学成功开发出集智能控温与自供电传感于一身的多功能纳米织物

云南大学材料与能源学院万艳芬团队开发了混合炭黑纳米颗粒或钛酸钡纳米颗粒且具有温度调控功能的聚丙烯腈仿生纳米织物,该织物通过纳米材料结构和光学特性的调控,集户外人体智能控温、密码信息传输以及自供电传感等功能于一体,实现了户外人体热管理的功能——在阳光辐照下,穿上这种纳米织物可实现使模拟皮肤的温度升高 8.7 ℃或降低 2.5 ℃,解决了传统可穿戴电子设备依靠外源供电、功能单一以及灵敏度较低等问题,为实现多功能集成可穿戴设备提供了一个新的解决方案。同时,该材料在智能家居控制、人机交互系统、纳米机器人等领域也展现出了潜在应用价值。

(七)山东大学研发出可检测降解抗生素的环境友好型红外材料

山东大学化学与化工学院刘鸿志教授课题组制备了一种有机-无机杂化的倍半硅氧烷基近红外多孔聚合物,该新材料可同时实现对氯化小檗碱的检测、降解两大功能,这使其在环保领域展示出潜在应用价值。该红外半导体发光材料的激发带与抗生素的紫外吸收带相重合,由于内滤效应,可以对抗生素进行检测;同时,这种红外半导体发光材料能够在水中产生过氧自由基($\cdot O_2^-$)和空穴(h^+),它们可以与抗生素产生作用,进而发生开环等一系列反应,最终将抗生素降解生成二氧化碳和水。

(八)包头稀土研究院利用等离子喷涂技术研发出高生产效率的稀土新磁材

包头稀土研究院的稀土材料研究所磁性材料表面技术团队,依托内蒙古重大专项与内蒙古工业大学合作,利用等离子喷涂-晶界扩散法在几乎不降低剩磁的条件下,用重稀土氧化物将牌号为 50M 磁体的矫顽力提升了约 60%。这一效果与在磁体表面磁控溅射金属铽相当,而加工效率可提高 2～3 倍,成本可降低 50%以上。该技术易于推广,可以对纯金属或合金以及陶瓷、塑料等大多数非金属进行表面改性,有望在航空航天、机械制造、石油化工等领域得到广泛应用。

（九）东华大学成功开发出新型透明导电薄膜

基于溶胶-凝胶技术，东华大学先进低维材料中心特聘研究员唐正课题组通过多次逐层沉积工艺，制备多层薄膜，来提高氧化锌薄膜中的氧空位的浓度，从而大幅提高紫外光掺杂的效率，成功将紫外光掺杂后的氧化锌的导电率提高到了500西门子/厘米，比早期研究报道的紫外掺杂的氧化锌薄膜的导电率高了2～5倍。由于逐层沉积工艺制备出的紫外掺杂氧化锌薄膜还具有紫外屏蔽作用，这相当于给有机光伏器件擦了一层“防晒霜”。相对于基于氧化铟锡(ITO)的器件，该薄膜展示出了更加优异的器件使用寿命。

（十）中国科学院金属研究所成功开发出兼具高弹性、高电导率和高强度的新型银基电接触材料

中国科学院金属研究所刘增乾研究员、张哲峰研究员团队利用银和镍钛之间超过300 ℃的熔点差异，采用工业生产电接触材料中常用的无压熔渗工艺，将银熔体浸渗到热压烧结的多孔镍钛骨架中，并通过综合调控骨架烧结温度和熔渗温度，在避免发生界面反应的前提下，实现了银熔体完全填充骨架，获得了不含杂质的致密银-镍钛块体复合材料。在变形过程中，该电接触材料实现了超过1.7%的大弹性变形能力，这种能力是常用块体导电金属材料的3倍以上。此外，该电接触材料还表现出较好的抗压和抗拉强度，与现有银基电接触材料相比，在同等电导率条件下，强度约提高1倍，有望在电路与电气等领域获得广泛应用。

第三节　山东省新材料产业发展概况

山东省工业优势突出。2022年，山东省制造业增加值24 807亿元，居全国第4位，规模以上工业增加值同比增长5.1%，高出全国平均值1.5个百分点，有16个制造业大类排名全国前五，稀土冶炼分离产品等11类产品产量排名全国前五。2022年，全省新能源新材料产业实现营业收入13 822.7亿元，增加值2 512.4亿元，分别同比增长1.9%和11.4%。

一、创新能力持续提升

第一，坚持把创新放在各项任务的首要位置，为高水平科技自立自强提供坚实支撑。全省新材料领域国家企业技术中心21个、省级以上重点实验室37个、制造业创新中心4个。2022年6月，国家新材料测试评价平台(济南区域中心)建设筹备研讨会召开，下一步山东省将形成“国家测试评价平台主中心青岛实验室”加“济南区域中心”双强格局。蓬莱市超硬复合材料大直径超细硬质合金棒材等12个项目入围山东省关键核心技术“揭榜挂帅”名单，新材料产业累计实施重大科技创新工程任务190项、重大基础研究近30项。第二，加快高端人才引育。山东省聚焦新材料关键领域，积极争取各项人才政策支持。2022年，新材料领域22人入围工信部高层次海外人才工程、29人获评泰山产业领军人才、15人获得省重点产业链尖端技术人才奖励。

二、关键技术取得突破

CCM40X 碳纤维、6 英寸(1 英寸＝2.54 厘米)碳化硅衬底材料等 10 项关键“卡脖子”材料实现技术突破。威海光威复合材料股份有限公司攻克了高强高模高延伸碳纤维制备技术,成功研发出 CCM40X 碳纤维,该材料可被应用于新一代战机、战略导弹等高端装备。山钢集团实现了 EH550、EH690 超高强海工钢和 420 兆帕级海洋风电钢的批量稳定生产,在国内率先实现稀土轴承钢、齿轮钢、轧辊钢、球磨钢的 5 炉连浇,填补了国内产品及技术空白。工信部在山东省布局全国第 4 个国家新材料测试评价平台区域中心,将建设国际一流、开放共享的新材料测试评价体系,全面提升山东省新材料产业测试评价能力和水平;遴选发布威海拓展纤维有限公司高强度碳纤维高效制备技术产业化项目、烟台泰和新材集团股份有限公司防护用高性能间位芳纶高效集成产业化项目等 32 个产品高端、技术先进、示范推广意义强的新材料创新示范项目。

三、项目建设支撑有力

国泰大成新材料科技产业园一期碳纤维项目等 53 个总投资 973 亿元的产业链重点项目完成投资 332 亿元,建设任务顺利推进。泰山玻璃纤维有限公司年产 12 万吨无氟无硼无碱环保型玻纤生产关键技术的研发及产业化项目等 13 个新材料项目被列入山东省新旧动能转换重大产业攻关项目。省级设立的 3 只产业基金认缴规模合计 94.9 亿元,其中引导基金认缴出资合计 21.4 亿元,截至 2022 年年底,累计投资新材料产业项目 169 个,基金投资 175.2 亿元,带动社会资本投融资 529.1 亿元。

四、领军企业培优塑强

第一,落实省高质量发展奖励政策。2022 年,泰山玻璃纤维有限公司、万华化学集团股份有限公司等 10 家新材料企业获得奖励资金 4 500 万元,政策实施两年以来,共有 17 家新材料企业累计获得奖励资金 9 900 万元,有力推动了新材料产业高质量发展。第二,实施新材料首批次保险补偿政策。2022 年,国家级和省级政策支持碳纤维、玻璃纤维、铝合金等领域企业 48 户次,补贴 9 403 万元,带动新产品销售 24 亿元。第三,修订发布《山东省重点新材料首批次应用示范指导目录(2022 年版)》,向社会推广 244 种技术水平高、市场前景好的新材料产品。新培育新材料领域国家级单项冠军企业 8 家、省级单项冠军企业 15 家、独角兽企业 1 家、瞪羚企业 41 家。

五、创新驱动产业集聚发展

成功举办世界先进制造业大会新材料论坛,签约碳纤维等新材料项目 5 个,总金额 22.2 亿元;组织开展第二届山东省新材料产业智能制造大赛、第三届山东省新材料产业创新创业大赛,遴选优秀参赛项目 20 个。新培育认定新材料“雁阵形”产业集群 5 个,特色产业集群 4 个,“新材料・山东淄博高新技术产业开发区”和“新材料(轻量化铝)・山东滨州邹平”入围国家新型工业化产业示范基地。

第二章　山东省新材料产业重点领域发展情况

第一节　先进基础材料

一、先进有色金属材料

(一)国内外产业发展情况

有色金属是制造业的上游,涉及行业多,从行业属性上大致可以分为三类:贵金属、工业金属、稀有金属。贵金属包括金、银、铂等,工业金属包括铜、铝、铅、锌等,稀有金属包括稀土、锂、钴、镍等。贵金属中的黄金、白银导电性优异,在电子工业中有着非常广泛的用途。工业金属用途最广,如铜、铝可应用在建筑、轨道交通、机械、电子等领域。稀有金属用途相对局限,但随着新能源行业的发展,其角色越来越重要,如风力发电机中的永磁体离不开稀土,电动车的电池离不开锂、钴、镍等。

1.先进铝合金

从汽车领域看,美国的雷伊路菲公司和法国的西贝内公司相继开发了 2036-T4、AU2G-T4 铝合金板材,用于汽车车身;美国铝业公司(ALCOA)开发了 X5085-O、5182-O 等铝合金,用于车身内板;挪威海德鲁铝业公司相继开发了 HHS360 及 HHS400 合金,用于汽车制造;采用美国肯联铝业公司开发的 HSA6 系列高精度挤压型材制造的汽车,与采用传统铝合金材料制造的全铝汽车相比,可减重 15%～30%;印度的诺贝丽斯铝业公司推出了 AdvanzTM 系列合金 Ac5754R,进一步减轻了汽车质量;美国的奥科宁克公司成功开发了新一代汽车板生产设备与工艺“Micro-Mill”技术,极大地提升了汽车车身和覆盖件用铝板的性能,使汽车综合性能提升 20%,成本降低 30%。从船舶领域看,目前以 5083 合金以及其改进型合金为主,变形铝合金主要有美国的 5086、5456 合金,日本的 5083 合金,英国的 N8(5083)合金,苏联的 AMr6(5A06)、AMr61、B48-4(01980)、K48-1、K48-2 合金,俄罗斯的含钪(0.1%～0.3%)的高强度 Al-Zn-Mg 系合金;铸造铝合金主要有苏联的 BAП5、AП4M(ZL111)、AП8(ZL301)、AП13、AП25、AП27 合金,美国的 356(ZL101)、SEM328(ZL106)、514(ZL302)、515、518(YL302)、520(ZL301)、X250 合金等。从航天领域看,美国铝业公司和法国铝业公司研发了具有高强高损伤容限的 2026 和 2027 合金,其挤压件(厚度为 12～82 毫米)和板材(厚度为 12～55 毫米)的性能比 2024 合金分别提高

20%～25%和10%；7×××系铝合金主要有美国铝业公司、法国铝业公司以及德国爱励铝业公司开发的具有低淬火敏感性的高强韧铝合金7085、7140、7081；超高强铝合金主要有法国铝业公司开发的7056-T79/T76合金，已被用于A380飞机翼壁板等；Al-Li合金主要有俄罗斯开发的1460合金，美国开发的Weldlite系列合金和2097、2197、2195 Al-Li合金；美国肯联铝业公司开发的低密度、高韧性和高损伤容限性能的2050和2198合金（Al-Cu-Li-Mg-Ag）。

2.先进铜合金

从高强高导铜合金领域看，近年来，美国、日本和德国企业相继开发了耐热Cu-Cr-X系合金引线框架带材，如KME集团的C18160、维兰德集团的C18080、三菱伸铜株式会社的C18141等，抗拉强度为540～630兆帕，导电率为79%～84% IACS（国际退火铜标准），目前国内主要在Cu-Cr-Zr系合金的成分优化和组织结构调控等方面进行了系统研究。从耐磨耐蚀铜合金领域看，国外主要生产商有日本三宝伸铜株式会社、住友重机械工业株式会社，国内相关机构正在联合攻关大规格Cu-Ni-Sn合金特殊铸造环境下的铸坯连续铸造技术及成套装备、合金形变热处理制度、变形组织结构和内应力分布特征及其调控技术。从超高强弹性铜合金领域看，美国Materion集团、日本永木精械株式会社等企业生产规模较大，生产技术和装备水平处于世界领先地位。从先进铜基复合材料领域看，先进铜基复合材料是液氢/液氧火箭发动机内衬、超高压开关、电极等部件的关键用材。通过引入碳纳米管和石墨烯，发展高强度、高电导率的碳纳米管/石墨烯增强铜基复合材料成为国内外研发的前沿方向之一。从高精度铜合金微丝、超薄箔材领域看，国内市场直径在0.04毫米以上的铜导线供大于求，竞争激烈；超细（直径为0.015～0.04毫米）铜导线的国内需求大于生产能力，60%以上依靠进口；直径在0.015毫米以下的超精细铜导线则基本依赖进口。

2022年，我国规模以上有色金属工业企业实现营业收入79 971.9亿元，同比增长10.5%；利润总额3 315亿元，同比下降8.0%，为历史第二高值，其中矿山企业利润增加，冶炼、加工企业利润下降。总体来看，2022年我国有色金属工业运行平稳向好。从上游矿选看，有色金属矿采选业企业以央企为主，包括中矿资源集团股份有限公司、中国有色金属建设股份有限公司等龙头企业。2022年，全国规模以上有色金属矿采选业企业1 204家，实现营业收入3 631.3亿元，同比增长15.3%；营业成本2 426.3亿元，同比增长12.6%；利润总额542.8亿元，同比增长37.3%。从下游加工看，2022年，全国规模以上有色金属冶炼和压延加工业企业实现营业收入76 343.6亿元，同比增长10.3%；利润总额2 571.5亿元，同比下降16.1%。从进出口贸易看，2022年有色金属进出口贸易总额（含黄金）3 273.3亿美元，同比增长20.2%。其中，进口额2 610.5亿美元，增长18.7%；出口额662.8亿美元，增长26.7%。国内铝土矿、菱镁矿、稀土矿资源丰富，但金矿、铜矿、锂、钴、镍非常稀少，很多资源都分布在非洲、南美、印尼等政治环境比较复杂的地区，供给侧存在天然的瓶颈。2022年，我国10种有色金属产量6 774.3万吨，同比增长4.3%。其中，精炼铜、原铝、铅、锌产量分别为1 106.3万吨、4 021.4万吨、781.1万吨、680.2万吨，同比分别增长4.5%、4.5%、4.0%、1.6%。全国10种有色金属产量前10的省份分别是山东、内蒙古、云南、新疆、河南、甘肃、广西、安徽、青海、江西。其中，山东省10种有色金属产量排名第一，累计产量为865.1万吨。

(二)山东省产业发展情况

1.高端铝合金

山东省拥有中国宏桥集团有限公司、信发集团有限公司、山东南山铝业股份有限公司、山东创新金属科技有限公司、兖矿轻合金有限公司、丛林铝业科技(山东)有限公司等一批先进铝合金冶炼企业和先进铝合金加工企业。按照应用领域来看,在3C电子市场,山东省生产的铝合金产品经后续加工后服务于苹果、华为、联想、小米、OPPO、vivo等品牌,在笔记本电脑、平板电脑、手机、可穿戴设备等多领域应用;在汽车轻量化市场,山东省各企业生产的铝轮毂、铝活塞、防撞梁、发动机壳体、新能源电池包、转向节等部件成功服务于奔驰、宝马、奥迪、丰田等知名品牌,实现了以铝代钢,降低了整车自重。山东南山铝业股份有限公司是国内首家乘用车四门两盖铝板生产企业和国内锂离子电池用正极集电体铝箔最早生产企业;布局研发异形罐、拉环瓶盖、单一合金罐、再生铝罐等产品,自主研发的旋开式开启、可重复密封的"铝瓶罐"产品达到国际领先水平;实现了7050铝合金板材向波音公司、庞巴迪公司批量供货,空中客车公司认证正在有序推进。山东创新金属科技有限公司已成为SMC的核心铝棒供应商并实现国产替代进口,与特斯拉达成合作规划。公司的铝合金轮毂具备较大产能;生产的超强高导线缆被成功应用于国家西电东输项目70%以上的特高压导线;生产的保险杠防撞梁、吸能盒、车门防撞梁、车门踏板、副车架、底盘件、车身结构件、铝合金导轨、行李架等汽车零部件产品具有一定的质量优势,其中应用7系铝合金生产的汽车保险杠屈服强度达到450兆帕,自主设计的K6005A高铁车体材料抗拉强度可达360兆帕,航空锻件抗拉强度高达600兆帕。

随着近几年研发投入的不断加大,超薄罐材取得突破,旋开、可重复密封的铝瓶罐产品打破国际专利壁垒。目前,0.238毫米、3104罐体料带材制品、0.208毫米5182C超强减薄罐盖料处于国际领先水平,电池托盘材料及成品成功供货于宁德时代新能源科技股份有限公司。山东省拥有全国最大的铝模板生产基地,形成了自铝合金铸造、精密模具制造、高精度铝型材生产到全铝家具、铝模板开发、全铝爬架、PC(聚碳酸酯)及高强铝合金PC模具的铝合金深加工产业链条。山东省铝合金生产企业具备时速140～600千米高铁、磁悬浮列车、城市有轨电车、地铁和特种车整车材料研制能力,并与韩国大稳系(Dawonsys)公司合作开发了韩国仁川、首尔地铁及城际列车;自主开发的铝制冷藏/特种集装箱,占马士基(中国)集装箱型材份额的80%以上,占中远寰宇集装箱型材的份额超过30%;采用全铝车架型材的轻型及重型卡车,车架减重达40%;铝合金天桥被应用于北京东单/崇文门天桥改造工程,铝合金幕帘、穹顶结构在上海外滩复星艺术中心、南京牛首山大佛顶宫等大型工程中也得到广泛应用。山东兖矿轻合金有限公司的飞轮储能产品被成功应用于新能源场站、轨道交通制动系统。中科力祥科技股份有限公司采用铝基复合材料及铝镁合金的铸造、锻造等工艺生产的铝镁合金复合材料被应用于航空航天用飞行器舱体。青岛宇远新材料有限公司生产的高强韧轻量化结构件压铸铝合金产品,抗拉强度大于400兆帕。

2.先进铜合金

山东省拥有阳谷祥光铜业有限公司、山东恒邦冶炼股份有限公司、东营方圆铜业有限公司等一批铜冶炼加工上游企业和中色正锐(山东)铜业有限公司、烟台万隆真空冶金股份有限公司、烟台孚信达双金属股份有限公司等一批下游铜深加工企业，优势领域主要包括压延铜箔、大型锻件、铜铝复合导线等。2022年，山东省溅射靶材用Cu-Ni-Si合金背板试样通过下游客户使用检测，造币铜合金带材成功拉铸合金铸锭，高耐热性微合金压延铜箔完成订单196吨，锂电池用高强高导铜合金箔确定箔材合金及合金母材全流程工艺。烟台万隆真空冶金股份有限公司生产的动车组牵引电机转子铬锆铜端环与导条实现国产化，端环的生产采用环轧工艺代替国外的模锻工艺和国内的自由锻与离心铸造工艺，属国内首创。铬锆铜结晶器铜板供货于中国宝武钢铁集团有限公司，托卡马克核聚变环向场装置用大型特种铜合金铸锻件，被成功应用于核工业西南物理研究院"HL-2M"装置、新奥集团"玄龙-50"装置。高可靠性键合丝在各类LED(发光二极管)光源器件产品以及部分小型扁平式集成电路(IC)封装产品中得到了迅速的应用，填补了国内空白。铜铝连铸复合材料占据了国内新能源市场65%以上份额。山东金宝电子有限公司生产的5G用高频高速极低轮廓(HVLP)系列铜箔、5G用高频高速系列覆铜板、IC封装基板用铜箔实现3C电子关键领域产品自主可控。高铁及动车组用粉末冶金制动闸片销往德国、日韩、印度及巴基斯坦。济南东方结晶器有限公司生产的高精度、大口径、高拉速结晶器总成大大提高了炼钢效率，填补了国内空白。山东金鼎电子材料有限公司生产的超细粉体分散技术、6微米精密涂布技术、磁控溅射技术取得重大突破，超薄低介电高频微波挠性覆铜板批量为华为、OPPO、三星电子等企业供货。山东德通新材料有限公司生产的粉末冶金制动闸瓦闸片、合成材料制动闸瓦闸片通过欧盟UIC(国际铁路联盟)认证，高铁制动系统用铜合金闸片摩擦稳定性、热稳定性、强度、耐热冲击度都优于国内外同类产品，打破了高速列车制动闸片领域的国外技术垄断，已成功销往德国、日韩、印度及巴基斯坦。烟台孚信达双金属股份有限公司生产的水平连铸铜铝复合材料和产品填补了国内外空白，全球技术领先，实现了铜-铝复合材料、铜-铝合金复合材料两大材料种类，扁排、扁线、圆线、圆棒四大系列产品的规模工业化生产，通过了ABB、施耐德两大全球知名电气设备厂家供应商认证。

3.其他有色金属

山东省拥有国内产能较大的钛及钛合金板生产基地。山东盛阳金属科技股份有限公司拥有较强钛合金板材压延及表面处理加工能力，产品涵盖TA1、TA2、TA4、TA10、TA18、TC4、GR1、GR2、GR3、GR9系列板材。青岛新力通工业有限责任公司生产的镍基高温合金离心铸管及静态铸件被广泛应用于乙烯裂解炉炉管，制氢转化炉炉管，高端板材生产线用辐射管及炉棍、玻璃输送棍、耐高温耐磨铸件。青岛钢研德凯精铸有限公司拥有年产超千吨航空航天用高温合金母合金和航空航天发动机用精铸件的能力，在航空发动机用镍基高温合金、尾喷口高温合金铸件、大型机匣及结构件制备领域具有较强优势。依托山东瑞福锂业有限公司，山东省锂材料已形成锂矿石加工→锂电池原材料(碳酸锂、氢氧化锂)→正极材料→电材组装→锂电池回收、锂渣综合利用的完整产业链条，其中锂盐产能35 000吨/年，在国内市场的占有率超过15%，位居全国第三。威海多晶钨钼科技有限公司的高性能大直径细晶钨电极、均匀细晶大直径钨棒材、抗下垂耐高温高性能钨丝、长寿命发热体等多项高性能钨制品在国内市场的占有率达71%,在国际市场的占有率达26%。威海万丰镁业科技发展有限公司具备镁合金材料6 000吨/年的产能,重点产品涵盖镁合金轮辋、车辆配件、通信器材壳体、航空航天配件、高速列车部件、卡丁车整车等。山东银光钰源轻金属精密成型有限公司具备年产镁铝合金压铸件1万吨、挤压型材0.5万吨、熔铸件1.1万吨、半固态触变成型件0.1万吨,镁铝合金产品机加工175万件的能力,主要供货于汽车轻量化零部件、航天军工、轨道交通、防腐保护工程等领域。淄博德源金属材料有限公司采用移液法半连续电磁铸造工艺生产的宽幅高性能镁合金铸板,是目前国内幅面最宽的铸板,幅宽达到1 000~1 500毫米,厚度为400毫米,其加工技术、幅面宽度、产品性能处于国内领先水平;直径为1.2毫米的镁合金焊丝,是目前国内最细的焊丝,可以代替进口。

二、先进纺织材料

(一)国内外产业发展情况

随着各国环保意识的增强、环保标准的提高,纺织纤维行业需不断向生物基纤维、采用可循环回收系统、提高智能化生产水平、提高产品生产工艺等方向发展。根据可持续纺织促进会2022年发表的报告,2021年全球纤维产量达到1.13万吨,呈逐年增长趋势,其中合成纤维产量增长最高,达到6 100万吨,占全球纤维产量的54%,但整体回收纺织占比不到1%。根据国家统计局数据,2022年我国化学纤维产量为6 697.8万吨(2021年化学纤维产量为6 708.5万吨),比上年下降0.2%。化学纤维行业规模以上企业数达到2 167家,营业收入为10 901亿元,同比增长5.3%;化学纤维行业规模以上企业利润总额241亿元,同比下降62.2%。化学纤维行业在不断寻求智能化、高端化新发展。中国石化仪征化纤有限责任公司年产23万吨智能化涤纶短纤项目完成封顶,项目建成后可有效提升水刺产品和原生涤纶中空纤维的竞争力。新凤鸣集团股份有限公司牵头构建了面向PTA(精对苯二甲酸)—聚酯—纺丝—贸易的聚酯纤维全产业链工业互联网凤平台体系,形成了基于凤平台商业智能的聚酯纤维协同生产全流程业务决策管控的数字化解决方案,使聚酯纤维行业实现了智能制造和绿色化生产。2022年,全球陆续发布《终止塑料污染决议(草案)》《生物基、生物降解和可堆肥塑料的政策框架》《关于化纤工业高质量发展的指导意见》等,推动了生物基材料行业的快速发展,聚乳酸(PLA)纤维、纤维素纤维等技术不断取得突破,产业规模逐步扩大。在聚乳酸纤维方面,据统计,2022年,中国聚乳酸表观消费量为7.5万~8万吨,其中,净进口1.2万吨(约进口2万吨,出口8 000吨)。我国聚乳酸两大生产企业分别为安徽丰原生物纤维股份有限公司、浙江海正生物材料股份有限公司,聚乳酸合计销量近6万吨,其中浙江海正生物材料股份有限公司2022年实现聚乳酸树脂销售2.93万吨。安徽丰原生物纤维股份有限公司采用改性聚乳酸纤维制备关键技术,已实现综合性能优异的聚乳酸纤维系列产品稳定产业化;润益(嘉兴)新材料有限公司采用抗菌聚乳酸纤维及三维卷取聚乳酸纤维制备关键技术,已制备出贴身穿用产品并实现产业化,提升了企业竞争力,两项技术均达到国际先进水平。江苏阳光股份有限公司与安徽丰原生物纤维股份有限公司、东华大学联合研发出了将聚乳酸纤维嫁接到羊毛羊绒中的制备技术，并成功制备出羊毛羊绒聚乳酸纤维系列面料且建成批量化生产线，整体达到国际先进水平。该产品具有绿色环保、抑菌舒适、人体相容性好、可微生物降解、循环可持续等特性，可满足消费者对绿色环保、亲肤舒适、长效抑菌功能性纺织品的应用需求。在纤维素纤维方面，奥园美谷科技股份有限公司建设的医美基材10万吨莱赛尔纤维项目的一期4万吨生态友好型绿色生物基纤维顺利投产。全球最大的纤维素纤维生产企业——赛得利集团推出三款零碳纤维：优可丝(EcoCosy)®、赛得利莱赛尔和纤生代™(FINEX™)。这三款产品均已获得PAS 2060碳中和核查声明，并开始投放市场。新乡化纤股份有限公司推出首款零碳再生纤维素长丝产品，并获得SGS(瑞士通用公证行)颁发的PAS 2060碳中和宣告核证证书。赛得利集团在中国布局的赛得利(常州)纤维有限公司第一条10万吨莱赛尔生产线正式投产。丝丽雅集团旗下公司利用100% Circulose® 回收浆实现再生纤维素纤维长丝规模化生产，产品品质达到由原生纤维原料生产的纤维素纤维长丝的品质。

(二)山东省产业发展情况

2022年，山东省将现代轻工纺织产业列入新旧动能转换"新十强"产业，并相继出台了《关于加快纺织服装产业高质量发展的意见》《山东省现代轻工纺织产业2022年行动计划》等政策，提出大力发展差别化、功能化、绿色化新型纤维材料，高端产业用纺织品等先进纺织材料，探索突破"新技术＋新材料＋新应用"，推动基础产业向高端化、产业链现代化方向发展。2022年，山东省年产化学纤维80.46万吨，同比增长4.34%，位居全国第六。开发高强、阻燃、抗静电、抗紫外、导电等差别化化学纤维，细旦、超细旦化学纤维，生产全流程绿色制造＋数字化等已逐渐渗透到化学纤维行业的整体发展中。

在超细纤维产业方面，潍坊昌邑是国内最大的绒面超细纤维生产基地，山东昌诺新材料科技有限公司联合青岛大学研发了拥有生产全流程绿色环保、制品使用过程健康安全等特性的新型超细纤维复合材料绿色生产关键技术，打破了绿色高端超细纤维复合材料产业技术国际壁垒，技术水平达到国际先进水平。山东凯泰超细纤维有限公司总投资1.08亿元新建汽车内饰用环保型高仿真超细纤维面料产品技术升级改造项目，采用国际上最先进的涤纶定岛超细纤维技术，实现年产汽车内饰用环保定岛型涤纶超细纤维1 200万米。山东同大海岛新材料股份有限公司继研发出技术水平处于国内领先的生物基超细纤维产品后，于2022年开始研制"低碳足迹生物基超纤革"及"水晶套色龟裂效应超细纤维合成革"制品，积极践行绿色低碳环保理念。

在生物基纤维方面，山东鸿泰鼎新材料科技有限公司目前拥有年产10万吨莱赛尔纤维的能力，该生产线采用国际领先的"溶剂纺丝法"生产工艺，技术成熟，是目前世界上最先进的溶剂法生产纤维素纤维技术。山东同邦新材料科技有限责任公司采用同济大学一步法生产工艺技术，投资38亿元建设年产30万吨乳酸、20万吨聚乳酸、10万吨聚乳酸纤维生产线，项目分两期建设，全部达产后，可实现年销售收入130亿元以上。山东银鹰化纤有限公司成功研发出新型纺织用高性能阻燃再生纤维素纤维并实现产业化，产品具有阻燃性能高、阻燃作用持久、安全系数高、可降解、着色度好、穿着舒适、耐洗涤等优良特点，填补了国内高性能阻燃再生纤维素纤维技术空白。

在产业数字化方面,威海魏桥科技工业园有限公司与东华大学、山东大学(威海)、哈尔滨工业大学(威海)等开展合作,加快推动纺织产业高端化、数字化、智能化、绿色化发展。2022 年,该公司投资 3 亿元建设了新型纤维绿色智能一体化改造项目,项目采用企业自主研发的智能系统,结合智能机器人等先进技术,完成了全流程纤维流传输的无人化,用工同比减少 80%,产品质量可追溯率达 100%,项目达产后将年产新型纤维 1 万多吨。山东正凯新材料股份有限公司 2022 年继续深化互联网平台应用,建设数字化纺纱产业园项目,加强 5G 智能应用的研究,打造国内首个 5G+纺织工业互联网的智慧纺织园区。在纺织品循环利用方面,初创企业青岛阿脒诺材料技术有限公司致力于聚酯以及聚酯混纺面料的分离和回收利用,独立研发了聚酯混纺面料新工艺,整个分离回收过程不会损害混纺面料中的氨纶组分,首次在世界范围内实现氨纶和聚酯纤维的完整分离。

三、先进化工材料

(一)国内外产业发展情况

从全球看,2019—2021 年,全球化工新材料市场规模呈快速增长态势,2021 年,全球化工新材料总产值约 2.8 万亿元。据前瞻产业研究院统计,2022 年全球范围的化工新材料企业中,上市企业占 1%,其中北美地区、欧洲的英法德、亚太的中日韩三个区域上市企业的比重均超全球平均水平。从上市企业数量来看,中日韩地区上市企业数量最多,达 515 家;欧洲的英法德地区上市企业数量仅为 40 家。从上市企业占比来看,目前北美区域上市企业 144 家,占比达到 3.64%,远超全球平均水平,且北美区域的资本化程度更高。

2022 年 4 月 7 日,《关于"十四五"推动石化化工行业高质量发展的指导意见》发布,该意见提出要加快发展高端化工新材料产品,积极布局前沿化工新材料,提高绿色化工产品占比,鼓励企业培育创建品牌。"十四五"末,化工新材料的自给率要达到 75%,占化工行业的整体比重要超过 10%。"十四五"期间,我国化工新材料行业要保证总量平稳增长,主营业务收入年均增长 12%左右,到 2025 年达到 1.2 万亿元,占化工总产值的 10%以上。受益于战略性新兴产业的发展,近三年来,化工新材料的消费量呈逐年递增趋势,自给率也在不断提升。2019 年,我国化工新材料的消费量为3 104万吨(国内产量约1 720万吨),总体自给率 55%。2020 年,化工新材料的消费量达到3 683万吨(国内产量约2 617万吨),总体自给率 71%。2021 年,化工新材料的消费量高达4 050万吨(国内产量约2 900万吨),总体自给率 71.6%。

1.特种橡胶及其他高分子材料

特种橡胶也叫特种合成橡胶,是指具有特殊性能和特殊用途且能在苛刻条件下使用的合成橡胶。该种橡胶具有耐高低温、耐油酸碱介质、耐臭氧、耐老化和高气密性等性能,如氟橡胶、硅橡胶、氢化丁腈橡胶、丁基橡胶、聚氨酯橡胶等。氢化丁腈橡胶目前全球仅有阿朗新科、日本瑞翁、赞南科技(上海)有限公司以及山东道恩高分子材料股份有限公司四家企业具备规模化生产能力。阿朗新科和日本瑞翁 2022 年均在提升产能,在现有产能的基础上提高 10%,以满足日益增长的需求。在硅材料方面,根据中国氟硅有机材料工业协会(CAFSI)统计,2022 年年末,中国有机硅甲基单体产能已达到 498 万吨,同比增长

30.71%，约占全球有机硅甲基单体产能的67%。

2.特种工程塑料

特种工程塑料主要有聚苯硫醚(PPS)、聚酰亚胺(PI)、聚醚醚酮(PEEK)、聚砜、液晶聚合物等。在聚醚醚酮材料方面，英国的威格斯(Victrex)公司为全球最大的聚醚醚酮生产商，产能约7 000吨/年，约占全球总产能的60%。2021年，中国聚醚醚酮消费量约为1 980吨，市场规模约为61 776万元，预计2027年聚醚醚酮市场规模将达到11.98亿元。吉林省中研高分子材料股份有限公司是国内第一家聚醚醚酮产能超千吨的企业，是全球第二家能够使用5 000升反应釜进行聚醚醚酮聚合生产的企业，生产的产品主要被应用在航空航天、高端医疗、电子、汽车等领域。2022年，该公司实现营业收入2.48亿元。在聚苯硫醚材料方面，2021年全球聚苯硫醚产能约为22.73万吨，主要来源于日本、中国，日本主要产能约为11.43万吨，占全球总产能的50.28%。浙江新和成股份有限公司是国内聚苯硫醚材料产能最大的企业，目前拥有产能2.2万吨，2022年新材料领域实现营业收入11.66亿元。

3.聚酰亚胺材料

据环洋市场咨询(Global Info Research，GIR)调研，按收入计，2022年全球聚酰亚胺收入约为9 001.9百万美元，主要生产企业有美国杜邦公司、沙特基础工业公司、日本宇部兴产株式会社、日本钟渊化学工业株式会社、赢创德固赛等，全球前五大生产企业约占有70%的市场份额。国内与国外相比仍有一定差距。深圳瑞华泰薄膜科技股份有限公司是国内规模最大、产线最多的高性能聚酰亚胺专业生产企业，主要产品有热控PI薄膜、电子PI薄膜、电工PI薄膜、航空航天用PI薄膜、柔性显示用无色透明PI薄膜，多项产品填补了国内空白。2022年，公司PI薄膜产量近800吨，实现营业收入3亿元。安徽国风新材料股份有限公司主要生产挠性覆铜板(FCCL)用聚酰亚胺黄色基膜、遮蔽用聚酰亚胺黑膜和聚酰亚胺碳基膜，主要被应用于柔性显示、集成电路、芯片、5G、新能源汽车、电气电子等领域。2022年，公司总投资2.79亿元建设的新型柔性电子用聚酰亚胺膜材料项目，主导产品为柔性线路用PI膜、石墨导热用PI膜、新能源汽车用PI膜、芯片柔性封装用PI膜以及柔性显示用PI膜，设计年产能350吨。在液晶高分子(LCP)材料方面，据中国石油和化学工业联合会统计，2021年全球总产能约6.78万吨，主要集中在美国、日本，占总产能的近70%，美国塞拉尼斯目前产能第一。随着5G技术的推进及新能源汽车的应用，对液晶高分子的需求量持续增加，预计2025年全球产能将达到8万吨。2021年，中国产能约1.68万吨，预计2023年将达到4.25万吨。上海普利特复合材料股份有限公司作为全球唯一一家拉通产业链，具备LCP树脂合成、改性、薄膜和纤维技术及量产能力的企业，现拥有2 000吨/年LCP树脂聚合、5 000吨/年LCP共混改性、300万平方米/年LCP薄膜以及150吨/年LCP纤维生产能力。南京清研高分子新材料有限公司在宁夏投资建设的1万吨液晶高分子材料和1万吨聚芳砜醚项目，预计2023年实现产业化，将带动国内特种工程塑料和高性能膜材料的产业化及下游相关行业的发展。金发科技股份有限公司2022年的液晶高分子材料销量达0.34万吨，已在电气部件上得到规模化应用。该公司基于LCP薄膜专用树脂和薄膜产业化技术，建立了专用树脂—薄膜成型产业链，推进了LCP薄膜在柔性覆铜板领域的应用验证；同时，启动了1.5万吨LCP合成树脂项目，预计2024年

12月投产。深圳市沃特新材料股份有限公司已实现液晶高分子、聚砜、聚芳醚酮等特种工程树脂的产业化布局，在液晶高分子材料方面已成为电子设备散热系统和电子烟行业主要供应商；导电级的液晶高分子材料已完成高速通信领域行业头部客户的测试和认证；目前正在建设年产2万吨LCP树脂材料项目；聚砜和聚芳醚酮已完成小批量生产，聚苯硫醚改性产线也投入使用。2022年，特种高分子材料实现营业收入5.9亿元。

4.膜材料

据中国塑协统计，2022年我国各种塑料薄膜产量达1 692.9万吨，约占塑料制品总量的21.8%。光学级BOPET(双向拉伸聚酯薄膜)、电容器用BOPP(双向拉伸聚丙烯薄膜)、高阻隔BOPA(双向拉伸尼龙薄膜)等高性能膜材料逐渐被应用在新能源、5G、航空航天、电子等高端领域。当前，国内BOPA高阻隔膜的产能约27万吨，主要生产企业有沧州明珠塑料股份有限公司、昆山运城塑业有限公司、佛山佛塑科技集团有限公司、中仑新材料股份有限公司等。BOPP电容膜、BOPET光学膜目前生产企业有浙江大东南股份有限公司、河北海伟电子新材料科技股份有限公司、航天彩虹无人机股份有限公司、国风塑业股份有限公司、安徽铜峰电子股份有限公司等。浙江大东南股份有限公司拥有年产1.5万吨BOPP膜的能力，位居全国前三，产品主要被应用于感光材料、电气、磁记录材料等领域；拥有年产9万吨BOPET膜的能力，位居同行业前列，产品主要被应用于电动汽车、特种电机、LED等领域。安徽铜峰电子股份有限公司主要生产电容器用BOPP膜、BOPET膜等，2022年电子级薄膜材料产量为2.25万吨，实现营业收入4.83亿元。万凯新材料股份有限公司是我国瓶级PET(聚酯薄膜)的龙头企业，年产能240万吨。在此基础上，该公司不断开发新的产品，2022年已实现光伏背板膜级PET规模化生产。

5.电子化学品

电子化学品主要有超高纯试剂、光刻胶、特种气体等。随着半导体行业的迅速发展，电子化学品市场的需求迅速扩张。在光刻胶方面，ArF干式和浸没式光刻胶是集成电路制造领域需求量最大的光刻胶产品。晶瑞电子材料股份有限公司可生产负型光刻胶系列、宽谱正胶系列、g线光刻胶系列、i线光刻胶系列、KrF光刻胶系列等数十个型号的产品，KrF(248纳米深紫外)光刻胶产品的分辨率达到了0.13～0.25微米的技术要求。在特种气体方面，根据华经产业研究院数据，2021年中国电子特种气体市场规模约167亿元，预计2022年将达到189亿元，并于2024年增至230亿元，2022—2024年的复合增长率将达到10.31%。江苏南大光电材料股份有限公司生产的三氟化氮品质已达到5N的国际先进标准，产能位列全球第三。氢类电子特气主要有磷烷、砷烷，纯度达到6N级，主要被应用于LED行业。2022年，特气产品销量达927吨，实现销售收入11.95亿元。

6.超高纯试剂

根据中国电子材料行业协会数据，半导体和IC、PCB(印制电路板)是电子化学品的主要终端用途，其中半导体和IC占据电子化学品市场的主要份额。2021年，全球电子化学品的市场规模约为477亿美元，同比增长6%。全球使用湿电子化学品的总量达到458.3万吨，其中IC领域湿电子化学品需求量达到209万吨，新型显示领域湿电子化学品需求量达到167.2万吨。2021年，我国湿电子化学品行业总计需求量达213.52万吨，与上一年度相比增加了36.58%。据共研产业资讯发布的消息，2022年，全球电子级硫酸市场收入约

2.93亿美元，较2021年增长0.16亿美元。2022年，中国电子级硫酸市场收入约0.86亿美元，较2021年增长0.07亿美元。晶瑞电子材料股份有限公司在半导体材料方面布局的高纯双氧水、高纯氨水及高纯硫酸等产品品质已达到SEMI（国际半导体设备与材料协会）最高等级G5水准，金属杂质含量均低于10 ppt，半导体用量最大的三个高纯湿化学品整体达到国际先进水平。其他高纯化学品如BOE（缓冲氧化物刻蚀液）、硝酸、盐酸、氢氟酸等产品品质全面达到G3、G4等级，可应用于平板显示、LED、光伏太阳能等领域。公司建设的一期3万吨半导体级高纯硫酸已实现生产，成为国内规模最大的半导体级高纯硫酸基地；二期6万吨项目正在建设中，预计2023年上半年建成。

（二）山东省产业发展情况

山东省先进化工材料依托产业门类齐全、规模长期领先的基础化工产业不断发展，在聚氨酯、氟硅材料等化工新材料领域涌现出一批全国领先的龙头企业，如万华化学集团股份有限公司、东岳氟硅科技集团有限公司等，实现了在全国化工新材料产业“领跑”。

1.特种橡胶方面

东岳氟硅科技集团有限公司2022年含氟高分子材料销售收入64.87亿元，氟材料主要有聚四氟乙烯、氟橡胶、聚偏氟乙烯等。公司突破聚偏氟乙烯纯水处理膜产品疏水性大的问题，开发出亲水性水处理膜级应用产品；解决了锂电池级聚偏氟乙烯产品多项指标的稳定性难题，打破了国外技术垄断，助力我国新能源行业发展；成功研发出新一代低槽压氯碱用全氟离子交换膜DF2808。

2.橡胶及助剂方面

山东阳谷华泰化工股份有限公司2022年防焦剂等主要橡胶助剂产品产量约21万吨，产品被广泛应用于汽车轮胎、涂料、新能源等领域，实现总营业收入35.17亿元。山东玲珑轮胎股份有限公司推出了首款可持续绿色轮胎，轮胎使用51%可持续材料、全新低滚阻设计技术，可使滚动阻力较普通产品降低20%。公司建成了全球首条百吨级的蒲公英橡胶生产线，并设计制造了国内首条3D打印标准规格聚氨酯轮胎和首条智能发电轮胎，自主开发了国内第一条自修复轮胎自动化生产线，拥有国内第一套自修复静音棉一体化生产设备，并于2022年6月成为国内首家发布自修复静音棉一体化轮胎的企业。2022年，公司销售各类轮胎产品6 184万条，实现营业收入170.06亿元。三角轮胎股份有限公司2022年销售各类轮胎2 221.21万条，实现营业收入91.48亿元。公司创新开发了超高性能轮胎全电磁感应加热直压硫化智能制造技术及成套装备，并进行了样机测试，提升了轮胎硫化效率，显著改善了产品动平衡性，大幅降低了硫化单耗成本，减少了CO_2排放量。赛轮集团股份有限公司2022年销售各类轮胎4 390.3万条，实现营业收入201.5亿元。公司在国内首发液体黄金轮胎乘用车系列产品，在湿地制动、滑行测试、高速电耗等方面具有极大优势；参与的“合成橡胶连续液相混炼关键技术开发及产业化应用项目”荣获2022年度山东省技术发明奖一等奖。

3.改性塑料方面

山东道恩高分子材料股份有限公司2022年销售各类改性塑料32万吨，收入约34.49亿元；重点开拓了PC合金、长玻纤聚丙烯（PP）塑料、高温耐酸低翘曲材料等产品，产品应用领域拓展到了充电桩、蓄电池、显示器、车载电子产品等;同时,开发了满足强度和光老化要求的光伏支架材料及应用于新能源汽车充电插座且满足阻燃以及跌落试验要求的高性能无卤阻燃 PA66 材料。

4.热塑性弹性体方面

山东道恩高分子材料股份有限公司 2022 年销售各类热塑性弹性体材料 2.9 万吨,收入约 5.41 亿元;研发了应用于新能源汽车无边框车门的自润滑接角料,解决了接角料的升降异响问题,满足了耐磨性等指标,实现了进口替代;突破了汽车轮胎气体阻隔层用 DVA(动态硫化合金)材料与胎面的贴合、接头焊接技术难题,采用 DVA 制备的轮胎,气密性与传统的丁基橡胶气体阻隔层相比,可提高 7～10 倍。DVA 产品已被应用于自愈合轮胎,实现了小批量供货。公司还开发了应用于新能源汽车电池碳管分散剂的 HNBR(氢化丁腈橡胶)产品,且已具备批量生产条件。目前,公司正在拓展 HNBR 产品在电池正极、隔膜涂层的黏结剂领域的应用。青岛国恩科技股份有限公司 2022 年在高分子改性材料方面销量达 65.5 万吨,实现营业收入 75.97 亿元,其中在新能源领域,重点加快新能源电池隔膜用超高分子量聚乙烯材料、耐酸碱低各向异性环氧丙烷材料、耐电解液聚苯醚材料、超耐候阻燃 PC/ABS(丙烯腈-丁二烯-苯乙烯)、耐高温高湿耐水解 PC、阻燃增强 PA(聚酰胺)、低析出低腐蚀性无卤阻燃增强 PA 材料等的开发,不断完善相关材料在新能源领域的布局。

5.生物可降解改性材料方面

青岛国恩科技股份有限公司围绕增强、耐温、合金、生物相容等方向已开发 PLA、PBAT(聚己二酸/对苯二甲酸丁二醇酯)、PBS(聚丁二酸丁二醇酯)等多种生物可降解改性材料,产品被广泛应用于可降解包装袋、膜产品等领域。2022 年,该公司生产的高分子复合材料销量达 17.3 万吨,实现营业收入 19.95 亿元;开发出高强度、免喷涂复合材料皮卡后斗等关键功能性部件产品,进入吉利汽车供应链,这也是国内首款新能源电动皮卡项目;开发了第四代非金属直流终端充电桩、壁挂式充电桩、长城 WEY 定制单桩等壳体,并推出了箱式变电站的轻量化非金属大壁板、防尘罩、百叶窗、非金属顶盖等产品,且实现批量供货。

6.聚氨酯方面

万华化学集团股份有限公司 2022 年在尼龙 12、硅共聚 PC、光学级 PMMA(聚甲基丙烯酸甲酯)等关键材料方面陆续实现产业化,拓宽了产品在高端医疗及光学领域的应用。公司持续培育聚氨酯新应用,世界首套连续化无醛胶合板投产且基本稳定;聚氨酯硬泡回收中试技术开发成功,正在与下游企业合作,争取早日实现产业化应用;成功开发出全球首款 100%生物基原料制造的热塑性聚氨酯弹性体(TPU)产品,可最大限度地减少终端消费品的碳排放,该产品还以优异的高强度、高韧性、耐油、抗黄变等性能,不断为鞋服、薄膜、消费电子、食品接触等领域的绿色转型赋能。美瑞新材料股份有限公司 2022 年销售 TPU 产品 6.1 万吨,实现营业收入 14.47 亿元。公司年产 20 万吨弹性体一体化项目于 2022 年年初开工建设,目前项目的主体结构已完成,预计 2023 年部分投产。山东隆华新材料股份有限公司 2022 年销售各类聚醚多元醇约 29 万吨,实现营业收入 30.36 亿元;2022 年,公司 36 万吨高性能聚醚多元醇扩建项目建成投产,现拥有 72 万吨/年聚醚多元醇产能。随着我国已二腈关键技术的突破，尼龙66的应用领域不断扩大，公司紧抓机遇，开始布局尼龙66项目，目前正在建设一期16万吨/年尼龙66项目。

7.特种工程塑料方面

中节能万润股份有限公司2022年开发的热塑性聚酰亚胺材料已完成中试验证，主要应用于光纤连接器、航空航天复合材料等产品制造领域。公司积极布局光刻胶单体、光刻胶树脂、光致产酸剂以及半导体制程中清洗剂添加材料等半导体制造材料领域相关产品。2022年，公司年产65吨光刻胶树脂系列产品项目通过安全验收。山东明士新材料有限公司成功实现光敏聚酰亚胺(PSPI)量产，填补了国内空白。山东凯盛新材料股份有限公司现有聚醚酮酮设计产能100吨/年；在建产能1 000吨/年，该生产装置已安装完毕，正在进行分产品序列的生产调试。

8.高性能树脂方面

2022年，联泓新材料科技股份有限公司投资建设2万吨/年超高分子量聚乙烯和9万吨/年醋酸乙烯联合装置项目，延长产业链，实现在聚乙烯高端纤维料、锂电池隔膜料领域的产业布局，拓宽在新能源领域的应用。鲁西化工集团股份有限公司主要生产聚碳酸酯、尼龙6、己内酰胺、多元醇、有机硅、氟材料等化工新材料，其中尼龙6切片产量为31.6万吨，己内酰胺产量为36.4万吨，多元醇产量为79.5万吨。2022年，化工新材料实现营业收入168.4亿元。利华益维远化学股份有限公司现有聚碳酸酯、聚碳酸酯改性合金产能分别为13万吨、1万吨，2022年分别实现营业收入17.63亿元、1亿元。济南圣泉集团股份有限公司2022年电子化学品产量约6.1万吨，实现营业收入12.6亿元，较去年同期增长7.63%。公司电子级酚醛树脂及特种环氧树脂已在半导体封装模塑料、IC载板、高性能覆铜板、印制线路板油墨等领域应用。光刻胶用线性酚醛树脂已被松下电器(Panasonic)、广东生益科技股份有限公司等国内外知名企业采用。

9.其他化工新材料方面

2022年，山东泰和科技股份有限公司水处理剂销量26.28万吨，实现营业收入24.8亿元。目前，公司在向新能源领域布局，锂电池分散剂、氟代碳酸乙烯酯、碳酸二甲酯等产品合成技术已完成小试。年产10 000吨磷酸铁锂高端正极材料项目及年产2万吨VC(碳酸亚乙烯酯)项目正在进行试生产。

四、先进钢铁材料

(一)国内外产业发展情况

随着我国核电、石油、天然气等重大战略工程的推进和对钢管与冷弯型钢品种升级的要求，尤其是大口径、高钢级、合金管、厚壁管、高强钢、耐火钢、复合钢的生产开发，对轧辊等工模具性能的要求越来越高，而国内低档次的工模具已经无法满足生产要求，成为发展高档次钢材产品的瓶颈。长期以来，国内外钢管及冷弯型钢轧辊等工模具设计使用的材料均为合金锻钢。以工模具中的轧辊为例，代表国际先进水平的轧辊材质是美国的D2、H13，德国的X155CrMoV121、X40CrMoV5-1，日本的SKD11、SKD61。该类钢种由于选材的高合金化，冶炼、锻造和热处理技术要求极高，生产成本和售价居高不下。然而，在实际使用中也会出现辊面开裂、辊轴松动等失效问题。由于技术装备和生产成本所限,我国轧辊业的发展一直以跟踪模仿国外轧棍业为主,国内设计材质主要有 86CrMoV7、3Cr2W8V、9Cr2Mo、Cr12、GCr15 等,这些低档次轧辊存在耐磨性能差、易开裂、易“粘钢”、易划伤钢管表面等问题,先进轧钢装备所使用的高档次轧辊仍依赖大量进口。

(二)山东省产业发展情况

山东钢铁集团有限公司中厚钢板具有较强实力,公司−50 ℃低温冲击韧性的最大厚度达到 100 毫米的 Q690E、最大厚度为 80 毫米的 Q890D、国际上焊接应用强度最高的 Q1100E 等产品被应用于“世界第一吊”4 000吨履带式起重机、世界最大4 000吨浮式起重机、世界最大2 600吨轮式起重机、世界第一高 10 米液压支架的生产。山东省拥有国内最大的子午胎用钢和焊接用钢生产基地,钢帘线、胎圈钢丝用钢盘条、特种焊接用钢盘条、高强弹簧扁钢等产品具有较高的市场知名度。青岛特殊钢铁有限公司的导向臂用钢、轴承钢、齿轮钢、弹簧圆钢、易切削非调质钢、工程机械用钢、桥梁缆索用钢、低合金高强度钢、高压合金管坯钢、合金结构钢、锚链钢、磨球钢等行业高端特种用钢处于国内领先水平。青岛云路先进材料技术股份有限公司在铁基非晶材料领域突破了小流量熔体精密连铸技术“极端冷凝控制技术”等极端制造核心技术,单条生产线可实现连续生产 20 吨以上非晶合金薄带产品,年产能超过万吨,居世界前列。惠博新材料股份有限公司专业生产 55%镀铝锌硅钢板、耐指纹板及各种黑白铁延压板材等高性能环保金属材料,其中镀铝锌硅板材国内单项产品市场占有率 17%,填补了 0.15 毫米以下热镀铝锌硅钢板产品的空白。山东省拥有国内最大的锯切加工用锯片生产供应商和国内最大、最专业钢管轧辊等工模具生产基地。黑旋风锯业股份有限公司的“硬质合金锯片基体”占全国 55.9%的市场份额,金刚石专用钢突破了国外企业对硬质合金高端锯切材料的垄断。公司采用拥有自主知识产权的新型热处理生产线,材料性能指标达到国际先进水平。山东四方钢管设备制造有限公司的新型高铬合金近终型铸造成型设备可节能 70%、节材 40%,钢管矫直辊已被宝钢、武钢、鞍钢、包钢、华菱钢铁等国内大型钢管企业采用,市场占有率达 80%;“ERW 焊管(直缝电阻焊管)及冷弯型钢用新型高铬合金轧辊”被广泛应用于进口机组,实现了高档轧辊的国产化,产品已出口到美国、德国、俄罗斯、韩国、印度、印尼、泰国、以色列、南非、阿曼、荷兰、乌克兰、白俄罗斯、墨西哥等 20 多个国家。山东金鼎实业股份有限公司的固溶强化铁素体球墨铸铁,通过了西班牙铸造研究中心(Azterlan)实验室全性能检测,被批量应用于风电机组的发电机系统、制动系统、偏航系统等核心部分,且成功供货于世界最大风电企业——维斯塔斯,填补了国内空白,摆脱了我国对印度进口的依赖。临清市金光机械制造有限公司的 QT850-6 球墨铸铁支架,室温抗拉强度可达到 850 兆帕,屈服强度可达到 560 兆帕,延伸率可达到 6%,“高牌号汽车平衡悬架支架铸件”“奥贝球铁铸件”等产品已成为中国一汽、中国重汽、北方奔驰、卡特彼勒、日本小松、日本神钢、徐工集团、山推、三一重工、中国龙工以及美国爱科、意大利 CIFA 等知名公司的关键配套产品;QT850-6、QT900-5、QT1000-6 等诸多高牌号球墨铸铁件,被广泛应用于汽车平衡轴支架、前接梁、前承梁、板簧支座等高承载负荷的零件,并实现了产业化,高端液压泵、液压马达专用铸件通过了美国 HMC 认证。威海银兴预应力线材有限公司拥有预应力钢绞线 35 万吨/年生产能力，LNG(液化天然气)工程用耐低温特种预应力钢绞线全国市场占有率排名第一。金永和精工制造股份有限公司生产的特殊钢汽车发动机精密铸件、镍基高温合金旁通阀式涡轮增压器精密铸件、铁基高温合金可变截面涡轮(VTG)增压器精密铸件等产品性能优越，其材料致密性、轻量化、抗疲劳、耐高温高压、耐腐蚀等关键性能指标均已达到国际先进水平。山东大业股份有限公司是中国最大、世界第二的胎圈钢丝生产企业，胎圈钢丝、钢帘线、胶管钢丝和其他高性能钢丝产品在国内市场的占比为30%、在全球市场的占比为16%，是包括普利司通、米其林、固特异等世界轮胎三巨头在内的全球轮胎十强的主力钢丝供应商。蓬莱市超硬复合材料有限公司拥有硬质合金辊环产能1 800吨/年，在国内市场的占有率达40%，在全球市场的占有率达27%，为钢铁行业加工提供了硬质合金辊环支撑。烟台台海玛努尔核电设备有限公司三代主管道的市场占有率接近60%，新一代小型核反应堆冷却剂主管道的市场占有率接近80%，主泵泵壳的市场占有率为50%，大型海水循环泵叶轮填补了国内空白，市场占有率为95%以上，核反应堆压力容器用508-Ⅲ钢锻件的市场占有率为15%，拥有四代核电快堆蒸发器锻件，AP1000爆破阀铸件，屏蔽电机主泵用飞轮护环锻件，常规岛海水循环泵超级双相不锈钢叶轮铸件，主蒸汽隔离阀，容器支承等核一、二、三级铸锻件生产能力，产品覆盖了从核电站前端燃料组件到后期核废料处理的核电装备全领域。山东瑞泰新材料科技有限公司拥有航空发动机、舰船燃气轮机用高温合金材料、特种合金材料及其制品生产能力。山东德坊新材料科技有限公司年产15万吨高强薄壁汽车底梁和工程车辆履带钢。山东鲁银新材料科技有限公司具备年产20万吨钢铁粉末生产能力，同时拥有还原制粉、水雾化制粉、高性能合金特种粉末材料生产线。山东泰山钢铁集团有限公司不锈钢产品覆盖了430、410S、409L、420、304、310S、321、316L、“泰山不锈”(TSCr9LP)刀具钢、2205双相钢等百余个品种规格，其中400系不锈钢占全国25%的市场份额。山东经典重工集团股份有限公司拥有50万吨/年装配式建筑生产能力，“智能化等离子多弧柔性复合焊接技术”在细分领域实现关键技术首创。山东安泰克工程材料有限公司双相不锈钢预埋槽道疲劳性能在无预埋条件下可达到150万次。山东以利奥林电子科技有限公司取向电工钢供货于山东泰开变压器有限公司，具备年产15万吨电磁铁芯生产能力。

第二节 关键战略材料

一、高性能纤维及复合材料

(一)国内外产业发展情况

1.碳纤维

碳纤维属于技术密集型、资金密集型产业，具有产业链长、工艺技术复杂、研发周期长、资金投入量大、行业技术性强等特点，行业进入壁垒高。从需求领域看，2022年全球碳纤维市场需求量13.5万吨，同比增长14.4%，市场规模43.86亿美元，同比增长29.0%，增量主要来自体育器材和压力容器,分别同比增长29.7%和34.5%,航空航天领域增长22.2%。2022年国内碳纤维需求量约7.44万吨,同比增长19.3%。从用量领域看,2022年国内碳纤维风电领域用量2.25万吨,占全球的68.1%,其中2万吨供给世界碳纤维巨头丹麦维斯塔斯,其余2 500吨主要用于预浸料和碳布灌注;体育用品领域1.75万吨,占全球的94.6%,多为国外品牌自行车代工。从产能看,2022年国内碳纤维运行产能11.2万吨,占全球运行产能的43.3%,远超美国的4.8万吨。国内碳纤维产量约4.5万吨,占比较2021年提升46.9%,首次超越进口碳纤维比重。第一梯队企业包括中复神鹰碳纤维股份有限公司、江苏恒神股份有限公司、威海光威复合材料股份有限公司、吉林碳谷碳纤维股份有限公司、吉林宝旌炭材料有限公司,产能占比约77%;第二梯队企业包括兰州蓝星纤维有限公司、上海金山石化碳纤维有限责任公司、中简科技股份有限公司、威海拓展纤维有限公司等企业,产能占比约为13%;其他企业产能累计占比10%左右。从技术水平看,国内碳纤维技术升级主要集中在更高强度(如T1100级别)和更高模量(如M55级别)碳纤维制备工艺的研发和工程化应用,以及更高制备效率(如高速纺丝和大丝束)。此外,在预氧化炉、低温碳化炉和高温碳化炉等生产设备方面,中复神鹰碳纤维股份有限公司主要依靠进口和自行研发制造,江苏恒神股份有限公司等多家企业则主要依靠从美国、德国进口。整体来看,虽然我国碳纤维产业在突破"卡脖子"装备和技术上取得了巨大突破,但与日本东丽等国际巨头之间仍存在产品性能跨代差距,尤其是超高纯石墨加热材料、原丝喷丝板、精密计量泵等工艺技术、装备技术等领域仍有大量的"卡脖子"技术急需攻关,国内碳纤维设备国产化进程还有待提高。

2.玻璃纤维

玻璃纤维是以叶蜡石、石英砂、石灰石、白云石、硼钙石、硼镁石六种矿石为原料经高温熔制、拉丝、络纱、织布等工艺制成的,单丝直径为几微米到二十几微米,其绝缘性好、耐热性强、抗腐蚀性好、机械强度高,但是性脆、耐磨性较差。目前,世界玻璃纤维产业已形成从玻璃纤维、玻璃纤维制品到玻璃纤维复合材料的完整产业链,其上游产业涉及采掘、化工、能源,下游产业涉及建筑建材、电子电器、轨道交通、石油化工、汽车制造等传统工业领域及航空航天、风力发电、过滤除尘、环境工程、海洋工程等新兴领域。全球玻璃纤维生产消费大国主要是美国、欧洲、日本等发达国家和地区,其人均玻璃纤维消费量较高。与国外相比,我国玻璃纤维产品品种规格少,应用范围窄,人均玻璃纤维消费量较低。从应用领域看,全球玻璃纤维主要应用集中在建筑建材、交通运输、电子电器、工业应用以及新能源环保等领域,占比分别约为35%、29%、15%、12%和9%。从产能分布看,玻璃纤维制造领先的企业主要有中国巨石股份有限公司、泰山玻璃纤维股份有限公司、重庆国际复合材料股份有限公司、美国欧文斯科宁公司、日本电气硝子株式会社、美国佳斯迈威,这六大玻璃纤维生产企业的玻璃纤维年产能合计占全球玻璃纤维总产能的68%。我国玻璃纤维市场空间广阔,玻璃纤维及其制品需求规模呈持续增长态势。2022年,全国玻璃纤维纱产量达到687万吨,增速为10.1%;进口总量为9.33万吨,均价3.02万元/吨,同比上升63.5%;出口总量为112.69万吨,均价0.87万元/吨,同比下滑6.3%。

3.芳纶纤维

2022年,国际形势复杂多变,对全球芳纶纤维行业格局产生了较大影响,国际龙头企业的供应受到不同程度的影响。从市场方面看，随着《防护服装——阻燃服》《个体防护装备配备规范》等国家强制标准的实施，间位芳纶国内防护领域的需求总体向好，工业过滤领域则受水泥、钢铁、筑路等行业的影响产生较大波动，海外市场受通货膨胀影响需求偏弱；对位芳纶市场相对较好，国内持续保持较高增长态势，光通信、胶管、防弹先后成为市场主力，海外市场的防弹、光通信需求也比较旺盛。从应用领域看，国际上间位芳纶主要用于电气绝缘与安全防护织物，分别占比 34%、29%，我国以防护服及工业高温过滤材料为主，总计占比为 80%，芳纶纸需求占比为 10%，通信和新能源汽车领域占比为 10%。从产能分布看，2022 年芳纶纤维全球需求量 13 万吨，国内需求量 2.5 万吨。间位芳纶方面，全球产能主要集中于美国、中国、日本、韩国四国，2022 年四国产能总计 4.7 万吨。其中，美国杜邦公司凭借22 000吨/年的产能居全球首位，占总产能的 46%；2022 年泰和新材集团股份有限公司间位芳纶新扩产5 000吨，在全球市场的占比提高到 34%，超美斯新材料股份有限公司是国内另一家间位芳纶生产企业，占比约为 6%。对位芳纶方面，2022 年全球对位芳纶产能约 8.5 万吨，其中，美国杜邦公司和日本帝人公司产能合计占比为 75%，韩国占比为 7.6%。目前，国内对位芳纶装置名义产能超过 2 万吨，但由于大部分企业仍处于小规模生产或者中试阶段，实际有效产能和产量远小于名义产能，其中泰和新材集团股份有限公司以6 000吨/年产能占全球 7%的市场份额，是国内最大的对位纺纶生产商。芳纶纸方面，2022 年全球芳纶纸名义产能约2 万吨，有效产能约 1.2 万吨，美国杜邦公司产能最高，占据全球总产能的 60%。国内厂商通过技术攻关，实现了间位芳纶纸国产化，目前产量居全球第二位。国内芳纶纸中低端领域产品已全面铺开，高端领域正逐步替代进口产品。国内共有规模化生产企业两家，目前芳纶纸供不应求，仍需进口。

4.其他纤维

超高分子量聚乙烯纤维在欧美等地区开发应用得较早，起初市场规模增长速度较慢，随着技术的不断进步，在深海养殖网箱、深井采油、防护服装、交通运输、消防软管、传送带增强、光缆电缆增强、短纤维增强混凝土等新应用领域，市场需求得到进一步释放。我国拥有超高分子量聚乙烯纤维生产企业 20 余家，部分企业产品性能接近国际先进水平，其中江苏九九久科技有限公司设计产能10 000吨/年，是目前我国超高分子量聚乙烯纤维产能最高的企业，山东爱地高分子材料有限公司和北京同益中特种纤维技术开发有限公司分别位列第二、三。尽管我国超高分子量聚乙烯纤维行业企业的产能较高，但是开工不足，满负荷生产企业少，产量2 000吨/年以上企业少，同时受限于中国纺丝级专用树脂生产技术欠缺，纺丝技术及生产设备水平较发达国家略差。中国本土企业产品主要以中低端产品为主，高端产品主要被荷兰国家矿业公司(DSM)、美国霍尼韦尔国际公司与日本三井化学公司等具备核心技术的外资企业垄断。国外实现连续玄武岩纤维产业化的国家主要有乌克兰、俄罗斯、美国等，其生产技术主要采用单元炉拉丝工艺，漏板孔数多为 200 孔、400 孔。国内连续玄武岩纤维生产厂家有 70 余家，其中产能在3 000吨/年以上的企业有 12 家。国内连续玄武岩纤维产量占全世界的 50%，四川产量最高。陶瓷纤维是一种重要的耐火材料，在国内耐火材料市场结构中，石油化工占比在 33%以上，其次是陶瓷，为 13%。

（二）山东省产业发展情况

1.碳纤维

依托山东省碳纤维及复合材料制造业创新中心、山东省碳纤维技术创新中心，山东省加快建设高性能碳纤维研发及产业化生产线项目，全力攻坚 T800S 级碳纤维、M65J 级高强高模碳纤维制备技术以及上浆剂的国产化和产业化制备。威海光威复合材料股份有限公司的 CCF700G 碳纤维通过装机评审，新一代航空用 T800H 级碳纤维产业化有序推进。2022 年，内蒙古光威碳纤有限公司一期年产4 000吨碳纤维项目的 24 个建筑单体全部竣工，进入设备调试阶段。山东瑞城宇航碳材料有限公司建成了世界第四条、国内第一条中间相沥青基碳纤维高性能自动化生产线。青岛晶易新材料科技股份有限公司具备碳基复合材料从预制体到成品的生产能力。烟台鲁航炭材料科技有限公司拥有多晶硅氢化炉和还原炉用隔热屏、U 形发热体、铸锭炉盖板，单晶硅拉制炉用坩埚、热压陶瓷模具，及各种浸渍增密板材、外导流筒生产能力，碳基复合材料飞机刹车盘已被成功用于多种国产新型飞机，在国内市场的占有率达 30%。胜利新大新材料股份有限公司的碳纤维连续抽油杆已在胜利油田、中原油田、大港油田、华北油田应用1 000余口井，累计应用碳纤维连续抽油杆近 200 万米。目前，国内领先的中复神鹰碳纤维股份有限公司、江苏恒神股份有限公司等大型央企正在加速提升产能，推动碳纤维及其复合材料新项目重复扩张和推广。相较而言，山东省碳纤维企业明显规模偏小、产能偏低，未来几年碳纤维产业将面临市场份额被进一步挤压、行业地位被进一步挑战的危机。下一步应抢抓“双碳”战略、海洋强国和国产大飞机项目等重大战略机遇，加强与中国商飞、明阳智慧能源集团股份公司、中国船舶集团有限公司等龙头企业合作，积极拓展碳纤维在风电能源、轨道交通、压力容器、船舶海工等民用领域的应用。

2.玻璃纤维

泰山玻璃纤维有限公司现有玻璃纤维产能 126 万吨，主导产品有无捻粗纱、短切毡、方格布、多轴向经编织物、热塑性纤维、电子细纱及电子布、耐碱玻璃纤维等，其中高强高模玻璃纤维在国内规模最大，市场占有率约 45%。淄博卓意玻纤材料有限公司拥有 16 万吨/年玻璃纤维纱生产能力，产品包括 ECER 玻璃纤维纱、C-CR 特种玻璃纤维纱、经编网布、砂轮网布等玻璃纤维及其制品。山东兴国大成电子材料有限公司电子级玻璃纤维布主要用于高频高速、高耐热性、高导热、高密度互联（HDI）等高性能材料及多层板的无卤、无铅、无磷及高品质 FR4 等环保型高性能胶系、覆铜箔层压板板材。

3.芳纶纤维

山东省拥有泰和新材集团股份有限公司、山东凯盛新材料股份有限公司、中芳特纤股份有限公司、山东聚芳新材料股份有限公司等一批国内先进的芳纶原料、芳纶纤维、芳纶纸生产企业以及中国航空工业集团公司济南特种结构研究所、中国兵器工业集团第五三研究所、山东玲珑轮胎股份有限公司等一批优秀下游应用企业，形成了以间位芳纶、对位芳纶、芳纶纸为骨干产品，上起苯二甲酰氯、苯二胺等芳纶原料，下至国防军工、航空航天、高温过滤、轨道交通、安全防护、信息通信等应用领域完整的芳纶产业链条，芳纶产业化技术达到国际先进水平，芳纶产能占国内总产能的 50%以上。泰和新材集团股份有限公司突破了原液着色、沉析纤维、易染纤维等系列化间位芳纶产品制备技术，实现了高性能国产间位芳纶的大规模化、差异化生产。

4.其他纤维

山东莱威新材料有限公司于 2022 年在莱芜高新区新上 9 条超高纤生产线及 8 条复牵生产线，年产能达12 000吨，位居全国第一。山东南山智尚科技股份有限公司依托山东省裕龙石化项目优势，打造3 600吨/年超高分子量聚乙烯产业园区，生产精纺呢绒、服装。威海德瑞合成纤维有限公司是国内高性能锦纶 6 膨体长丝龙头企业，先后研发并生产了原液染色锦纶膨体长丝，抗静电锦纶膨体长丝，差别化染锦纶膨体长丝，超细旦锦纶膨体长丝，抗起球、抗静电、阻燃锦纶膨体长丝，抗紫外、石墨烯改性锦纶膨体长丝，抗菌锦纶膨体长丝等。星宇安防科技集团股份有限公司拥有年产超高分子量聚乙烯1 200吨产能，新产品具备超高防切割、高耐磨、超高强度、有色、超细旦、抗静电六种功能，通过共混改性，其纤维防切割性能提升 8%，达到国际领先水平。山东凯泰新材料科技有限公司可实现年产超细纤维面料1 500万米。山东鲁阳节能材料股份有限公司拥有氧化铝纤维、可溶纤维 48 万吨/年的生产能力，是亚洲最大的陶瓷纤维制造基地，陶瓷纤维建筑隔热板、陶瓷纤维复合模块等四项产品达到国内领先水平。山东东珩国纤新材料有限公司的氧化铝连续纤维耐受温度可高达1 400 ℃，拉伸强度达 2.0 吉帕，可用于航空涡喷发动机热端部件。聚纳达(青岛)科技有限公司是国内唯一一家集设备、材料、工艺和终端产品于一体的纳米纤维全产业链企业，具备电纺功能纳米纤维新材料规模化生产能力，产品在工业烟尘过滤、机车过滤、空气净化、废水处理、海水淡化及特种分离领域应用广泛。山东路德新材料股份有限公司主要生产经编涤纶土工格栅、经编玻璃纤维土工格栅、碳纤维格栅、玄武岩纤维土工格栅、土工布、复合土工膜等土工合成材料，年生产能力为 2 亿平方米。山东鲁普科技有限公司主要生产高性能合成纤维纺制绳缆，产品主要被应用于空间卫星垃圾回收网、登山绳、矿用耙装绳、深海浮标系泊缆、大型海上养殖软体网箱等。

二、生物医用材料

(一)国内外产业发展情况

生物医用材料又称生物材料，是和生物系统相互作用，用以对生物体进行诊断、治疗、修复和置换损坏的组织及器官或增进其功能的材料，主要包括金属材料、高分子材料、医用无机材料、生物衍生材料、医用复合材料等。2022 年，全球生物医用材料及其制品占医疗器械产品市场的份额为 40%左右。目前，我国生物医用材料产业仍处于起步阶段，高端市场多被国外巨头占据，形成“寡头”垄断局面。我国 70%的高端产品依靠进口。究其原因主要是，生物医用材料行业技术、资质和资金壁垒较高，专业技术研发周期长，新进入者难以在短期内形成规模效应。因此，行业竞争主要在少数具备技术优势且已成规模的企业间展开，市场集中度较高。

近年来，我国出台了诸多利好政策来推动生物医用材料发展，《国家中长期科学和技术发展规划纲要(2006—2020 年)》《“十三五”国家科技创新规划》《“十三五”材料领域科技创新专项规划》《“十四五”生物经济发展规划》《中国制造 2025》等明确指出要大力发展新一代生物医用材料,推动生物医药及高性能医疗器械重点领域的突破发展。目前,我国已在心血管支架、封堵器、生物型硬膜补片、骨创伤修复器械等部分生物医用材料方面实现进口替代。2022 年 3 月,我国自主研发的全球首款全降解铁基可吸收冠脉支架顺利完成中国确证性临床研究首例受试者入组,该产品可有效避免植入永久支架可能带来的一系列远期预后问题。华南理工大学研究的力-电耦合生物材料可显著提高骨整合和脊髓神经损伤修复效果。中国科学院研究人员开发的一种减少癌症化疗副作用的富勒烯氨基酸衍生物,极大提高了化疗的耐受性。成都建设完成了我国第一个国家级生物医学材料研发机构——国家生物医学材料工程技术研究中心,建成成都生物医学材料产业示范园,依托市域内医药健康、新型材料等领域重大创新平台,通过重大项目招引,“校企双导师”“高校教学＋企业实践”双模式,强化创新平台建设和人才支撑,加快技术创新服务,逐步形成“研发＋制造”一体化发展的特色产业集聚区,助力国家生物医用材料发展。

(二)山东省产业发展情况

山东省生物医用材料已进入高速发展阶段,在骨科生物材料、心血管医用材料、生物型硬膜补片等领域处于国内领先、世界先进的水平,已初步在济南、烟台、青岛、淄博、威海等地区形成集聚效益。2022 年,山东省工业和信息化厅按照《工业和信息化部办公厅 国家药监局综合司关于组织开展生物医用材料创新任务揭榜挂帅(第一批)工作的通知》(工信厅联原函〔2022〕325 号)积极组织企业申报,审核并推荐血管支架可降解锌合金材料等 39 个揭榜挂帅项目,涵盖了骨科生物医用材料、牙科生物医用材料、心血管生物医用材料、生物再生医用材料等。

1.骨科生物医用材料

山东省在骨科生物医用材料全链条研发联合体建设方面和产业化发展方面取得了显著成效。2022 年,山东威高骨科材料股份有限公司承担的国家重点研发计划“碳纤维/聚醚醚酮(CF/PEEK)复合骨科植入材料及器械研发与产业化”项目获科技部立项,项目研究期5 年,总经费4 470万元。项目由华中科技大学附属协和医院邵增务主任担任项目负责人,联合吉林大学、四川大学、中国航空制造技术研究院、中国科学院长春应用化学研究所、中国科学院大连化学物理研究所、威海拓展纤维有限公司等单位,建立了从医用 PEEK 材料制备到骨科器械全链条设计、制造及产业化的研发联合体,目前正在按项目任务积极实施,对未来实现相关医疗器械国产化和产业化有重要的意义。2022 年,公司实现营业收入 1.848 亿元。烟台正海生物科技股份有限公司生产的具有诱导活性的“药械组合”骨支架材料,可以使 rhBMP-2 在损伤部位保持高浓度而不随体液扩散,这将进一步提高公司在骨科材料市场的竞争力。2022 年,公司全年实现骨修复材料生产完工并入库约 16.80 万瓶,同比增长 3.45%,实现营业收入 394.78 万元,占营业总收入的 9.11%。

2.牙科生物医用材料

山东省在牙科生物医用材料及其产品方面继续保持稳步增长状态。山东国瓷功能材料股份有限公司致力于成为全球化的口腔修复解决方案综合供应商,为全世界广大口腔专业人士及口腔患者提供可靠、可负担的牙科修复解决方案。目前,公司拥有纳米级复合氧化锆粉体、氧化锆瓷块、玻璃陶瓷、树脂基陶瓷、数字化解决方案等产品,具备临床直接修复系列、临床间接修复系列等修复类产品体系。2022 年，公司加速国际化布局，积极丰富产品管线，投资韩国斯派丹(Spident)公司，成功将产品管线在牙医临床端进一步延伸，市场空间得到拓宽，实现生物医疗材料板块营业收入 7.54 亿元。山东沪鸽口腔材料股份有限公司主要生产合成树脂牙、全瓷义齿用氧化锆、牙科 3D 打印设备及树脂耗材等，2022 年被北京大学口腔医院认定为“口腔生物材料和数字诊疗装备国家工程研究中心”创新联合体成员单位。

3.心血管生物医用材料

在心血管生物医用材料领域，山东省依靠内生和外延并重的发展路径，近年来得到快速发展。蓝帆医疗股份有限公司“A＋X”战略基本落地，在结构性心脏病介入领域的重磅产品 Allegra™经导管介入主动脉瓣膜，已在 18 个国家实现销售，国际电商平台扩展到蓝帆医疗、蓝帆新材料以及山东蓝帆健康科技 3 个，与拼量、苏宁易购等商家合作，建立了终端市场的口碑，已发展成为“以中国为核心、面向全球的跨国医疗器械综合平台型企业”。其自主研发的柏腾™优美莫司涂层冠状动脉球囊扩张导管(BA9™ DCB)在中国作为创新医疗器械获批。2022 年，公司实现蓝帆医疗股份营业收入 49 亿元。山东华安生物科技有限公司自主研发的生物可吸收冠脉雷帕霉素洗脱支架系统，可用于治疗原发冠状动脉粥样硬化患者的血管内狭窄，改善患者冠状动脉血流并预防再狭窄的发生，其最终降解产物为水和二氧化碳，可减少晚期血栓困扰。2022 年，该支架系统在印尼获得进口医疗设备许可证。

4.生物再生医用材料

山东省生物再生医用材料在基础研究、产业发展、标准制定等方面均取得重大突破。山东省医疗器械和药品包装检验研究院承担并完成首批中国药品监管科学行动计划重点项目——“医疗器械新材料监管科学研究”项目，制订可降解材料生物学评价国家标准 3 项、行业标准 3 项，参与制修订可降解生物材料国际标准 1 项，实现了我国新型可降解生物材料器械监管技术体系“从无到有”的突破。烟台正海生物科技股份有限公司牵头承担的国家重点研发计划——“脊髓损伤及脑损伤再生修复生物材料产品的研发”项目、参与的“出生缺陷组织器官再生修复产品的研发”均完成项目综合绩效评定，顺利通过验收，并相继取得了新产品“自酸蚀粘接剂”“活性生物骨”“硬脑(脊)膜补片”的注册证书，成功通过了国家专精特新“小巨人”企业和国家知识产权示范企业的复审，其产品已在全国 31 个省份实现省级挂网，各省级产品挂网超过2 340个品次，2022 年实现营业收入 4.33 亿元。

三、稀土功能材料

(一)国内外产业发展情况

稀土作为国家战略性矿产资源，是发展新兴产业和国防军工不可或缺的关键元素。据美国地质调查局统计数据，2022 年全球稀土矿产量总计 30 万吨，其中中国贡献 21 万吨，占比达到 70%，其他稀土矿产量较多的国家为美国、澳大利亚、缅甸，产量分别达到 4.3 万吨、1.8 万吨、1.2 万吨。我国稀土资源主要分布在内蒙古、江西、四川、广东等地，并具有“南重北轻”的分布特点。2022 年，稀土配额指标分配给了中国稀土集团有限公司、中国北方稀土(集团)高科技股份有限公司、厦门钨业股份有限公司及广东省稀土产业集团有限公司,并明确提出禁止出口稀土的提炼、加工、利用技术,限制出口稀土采矿工程技术。此举将进一步保障我国稀土行业技术的领先水平,维护中国稀土产业链的全球主导地位。预计未来我国稀土及钕铁硼磁材的出口将逐步下降。此外,虽然美国及澳大利亚等国家相继开始打造本国稀土产业链,但短期难以形成较大供应,同时缅甸稀土由于多年开采,储量及品位均有所下滑,中国稀土产业仍将占据全球主导地位,发展势头依旧迅猛。

(二)山东省产业发展情况

山东省稀土产业经过多年发展,逐步形成了济宁地区、淄博地区、烟威地区和青岛地区四大稀土产业集群,山东省已成为国内稀土功能材料门类较为齐全的省份之一。

济宁市设立了山东梁山稀土新材料循环经济产业园,以中稀天马新材料科技股份有限公司为龙头,又相继引入山东南稀金石新材料有限公司、山东烁成新材料科技有限公司等企业,形成了集稀土氧化物萃取、金属合金加工、磁材加工于一体的闭合产业链,2022年稀土新材料产业实现营业收入73.87亿元,同比增长61.74%。中稀天马新材料科技股份公司自动化萃取技术取得新的突破,稀土纯度由原来的99.5%提高到99.9%~99.99%。山东南稀金石新材料有限公司研发的具有自主知识产权的“氟化物体系金属钕冶炼工艺新技术”等一批先进工艺技术,达到国内领先水平。山东烁成新材料科技有限公司总投资2亿元的年产5 000吨稀土高性能磁材加工项目获批,项目投产后可生产烧结钕铁硼高端磁材,同时项目生产过程中产生的废料可提供给中稀天马新材料科技股份有限公司回收再利用。山东蒙稀新材料有限责任公司年产3 000吨稀土功能抛光材料生产项目目前已部分建成,正在小批量试生产。山东华创稀土新材料有限公司年产1 100吨高纯稀土靶材项目正在建设。按照规划,济宁市将于2025年前建成完善的稀土产业链园区,稀土产业年经济规模将达到300亿元。

淄博市作为省内稀土产业冶炼分离及高附加值应用产业基地,淄博包钢灵芝稀土高科技股份有限公司投资10.8亿元,主要建设25 000吨/年氯化稀土冶炼分离和15 000吨/年稀土应用新材料系列生产线。投产后,稀土抛光粉产量将达到全球第一,可实现年销售收入约80亿元,利税20亿元。山东盛和新材料科技有限公司“6 000吨/年氯化稀土技术改造及15 000吨/年抛光粉项目”环境影响评价获得审批,项目总投资4.3亿元。淄博加华新材料资源有限公司是国内外重要的稀土应用及深加工产品研发制造基地、世界单体产量最大的汽车尾气催化材料生产企业,技术水平居国际领先水平。淄博盛金稀土新材料科技股份有限公司建有“淄博市高性能钕铁硼永磁材料工程技术研究中心”,自主研发的组合型强磁铁表面磁场高达17 000高斯(1.7特斯拉),处于国内领先地位。公司能够生产多种超高牌号稀土钕铁硼永磁材料,其中N38EH、N42UH、N48H、N48SH、N50H、N52M技术水平名列前茅。

烟台市正海磁性材料股份有限公司拥有低重稀土磁体、无重稀土磁体、超轻稀土磁体三大产品线,建有国家级企业技术中心、国家地方联合工程研究中心、山东省磁性材料工程技术研究中心、博士后科研工作站等创新研发平台。2022年,公司高性能钕铁硼永磁材料产品共搭载 349 万台套节能和新能源汽车驱动电机，成为全球稀土永磁行业首家 Q1 工厂，并通过了 TISAX（可信信息安全评估标准）审核。目前，公司已具备年产 2.4 万吨的生产能力，2022 年实现营业收入 63.19 亿元。烟台东星磁性材料股份有限公司是国内磁性材料行业由国家发展计划委员会批准并通过验收的“国家高技术产业化示范工程”实施单位。公司主要生产高性能烧结钕铁硼永磁材料产品，生产能力为 1.2 万吨/年，与博世、本田、丰田、大众、现代等诸多世界 500 强企业建立了长期稳定的合作关系，产品出口欧、美、日、韩等 30 多个国家和地区，出口比例达 50%，2022 年实现营业收入 48 亿元。位于威海市荣成市的有研稀土（荣成）有限公司，设有稀土国家工程研究中心分中心、威海市工程技术研究中心、威海市重点实验室及企业技术中心等研发平台，在微尺寸高性能烧结钕铁硼磁体研发及产业化制备方面形成了特色，产品面向智能电子器件、工业节能电机、新能源汽车等领域，客户群覆盖下游电声领域头部企业，2022 年出货量近 50 亿片。

青岛市是重要的稀土材料终端应用及贸易集散基地，拥有青岛海尔集团、青岛中加特电气股份有限公司、青岛云路先进材料技术股份有限公司、中车青岛四方机车车辆股份有限公司等知名企业，在轨道交通、变频家电、商用车辆、电子通信等稀土材料终端应用产业形成了一定的市场规模。2022 年，青岛海尔集团获得的中国专利金奖增至 11 项，海外发明专利超 1.6 万件，均为行业第一；累计主导和参与国际标准发布 97 项、国家标准和行业标准发布 706 项；实现气悬浮压机、零嵌冰箱、航空温控集装箱等原创技术重大突破，自主研发的航空温控箱实现国际首飞；新增“国际领先”技术鉴定 23 项，累计 264 项，位居行业第一，实现营业收入3 506亿元、生态收入 450 亿元。青岛云路先进材料技术股份有限公司与清华大学共建清华大学（电机系）-青岛云路先进磁性材料与高效能量变换联合研究中心，旨在充分发挥公司在先进磁性材料领域的技术积累和产业化优势，结合清华大学在全球能源互联网领域的科研积累和人才优势，瞄准新一代磁性材料在新型能源系统、移动载荷、航空航天等领域的应用前沿，推进产学研用协同创新，力争向行业输出最先进的绿色循环产业化技术。青岛中加特电气股份有限公司的核心产品——异步变频调速一体机、永磁同步变频调速一体机采用一体化集成方式将变频器与电动机有机整合，可替代“变频器＋电动机”分体式传动方式，在煤炭、油气、工程机械高端传动装备领域取得突出成果，在港口、冶金行业高端传动装备领域取得突破，2022 年实现营业收入 15.26 亿元，目前正积极准备在主板上市。

四、新一代光电信息材料

（一）国内外产业发展情况

根据世界半导体贸易统计组织（WSTS）的数据，2022 年全球半导体市场规模5 735亿美元，比 2021 年增长了 3.2%。半导体行业推动了半导体材料的发展。2022 年，国内整体材料端企业收入合计约 150 亿元，而国内晶圆制造材料需求为 500 亿～600 亿元，国产化率仍较低，但在逐步提升。在半导体衬底材料方面，据国际半导体产业协会（SEMI）统计，2022 年全球半导体硅晶圆出货面积达 147.13 亿平方英寸（1 平方英寸＝6.451 6×10^{-4}平方米），较 2021 年增加 3.9%，增长幅度实现跃升；硅晶圆总营业收入为 138 亿美元,同比增长9.5%,均创新高。国际上8～12英寸等大尺寸半导体硅片主要被应用在逻辑电路、存储器等集成电路领域,国内仅有少数企业可以生产大尺寸硅片。TCL中环新能源科技股份有限公司于2022年开展半导体12英寸硅片技术研发,目前12英寸功率器件、逻辑器件、存储器件用硅片已实现量产。据Yole(悠乐)预测,2022年全球碳化硅市场规模或将达15.34亿美元,同比增长40.72%,预计到2027年市场规模可达62.97亿美元,2021—2027年复合增速超30%。目前,我国研制碳化硅衬底的企业近30家,主要有北京天科合达半导体股份有限公司、山东天岳先进科技股份有限公司、中国电子科技集团有限公司等企业,但产品大部分以6英寸以下为主,8英寸仅有个别企业研发成功。北京天科合达半导体股份有限公司于2022年年底研发成功8英寸导电性碳化硅衬底,将于2023年小规模批量生产。在光电功能晶体材料方面,LED行业作为蓝宝石材料的主要应用领域之一,约80%的LED芯片以蓝宝石为衬底。据Trendforce集邦咨询预计,2026年LED市场产值有望增至303.2亿美元,2021—2026年复合增长率达11%。浙江晶盛机电股份有限公司拥有8英寸晶体生长、切片、抛光、CVD(化学气相沉积)等环节生产设备,12英寸长晶、切片、研磨、抛光、减薄等环节生产设备,产品质量已达到国际先进水平;掌握行业领先的8英寸碳化硅衬底和大尺寸蓝宝石晶体等技术和生产工艺,已成功生长出8英寸N型碳化硅晶体和全球领先的700千克级蓝宝石晶体。2022年,公司材料板块实现营业收入14.55亿元。在新型显示材料方面,根据Omdia数据,2022年全球OLED(有机发光二极管)面板市场规模为433亿美元,同比增长3%。OLED面板需求持续提升,助力OLED材料市场快速增长,2022年全球OLED材料产值达22.3亿美元。在其他光电信息材料方面:①靶材:2022年我国靶材市场规模约395亿元,34%的产品应用于平板显示领域,29%的产品应用于信息存储领域,11%的产品应用于半导体芯片领域。宁波江丰电子材料股份有限公司主要生产超高纯钛靶材及环件、超高纯钽靶材及环件、超高纯铜靶材及环件等,产品主要被应用于超大规模集成电路领域,2022年高纯靶材实现销售收入16.11亿元,同比增长36.4%。目前,国内仅有其掌握超高纯铜锰合金靶材制造的核心技术。②CMP(化学机械抛光)材料:2022年,中国CMP抛光材料行业市场规模3.96亿美元。湖北鼎龙控股股份有限公司作为国内全面掌握抛光垫全流程核心研发和制造技术的CMP抛光垫主要生产企业,2022年抛光垫领域实现销售收入4.57亿元;公司布局开发近40种抛光液产品,且逐步实现规模化生产,2022年实现销售收入1 789万元。③覆铜板:广东生益科技股份有限公司2022年生产各类覆铜板11 148.32万平方米,刚性覆铜板销售总额跃升至全球第二。④半导体封装材料包括芯片黏结材料、陶瓷封装材料、键合丝、引线框架、封装基板、切割材料等。目前,我国先进封装材料配套不齐,产能不足,质量不够稳定,主要依赖进口。高端稀缺的关键封装材料基本被海外供应商垄断,如TBA(临时键合胶)、封装PSPI(光敏聚酰亚胺)、底部填充(Underfill)胶主要由日本、欧美等材料厂商垄断供应。切割材料主要是金刚石线,在硅切片环节,该产品目前呈"细线化""薄片化"发展趋势,2022年度主流产品规格已迭代至38微米、35微米,最细产品规格已达33微米。长沙岱勒新材料科技股份有限公司2022年碳钢丝金刚石线产品小批量规模应用的最细规格为33微米,总体产品需求规格以38微米、40微米为主流,钨丝金刚石线产品小批量供应的最细线径为27微米,规模供应的规格主要是30～32微米。同时,公司自主研发的行业领先的"20线机"金刚石线生产设备投入应用。

（二）山东省产业发展情况

山东省高度重视光电信息产业的研发与产业化工作，省科技厅于2022年批准建设的重点实验室中，与半导体材料相关的有山东省新一代半导体技术与系统重点实验室、山东省平板显示材料重点实验室、山东省显示与集成电路用聚酰亚胺材料重点实验室，占比近20%。济南市引进比亚迪半导体项目后，瑞士汽车半导体公司Annex与特斯拉合资成立的半导体公司也于2022年10月落户济南；青岛惠科微电子有限公司、芯恩（青岛）集成电路有限公司等企业的晶圆半导体项目陆续投产，推动着包含材料应用需求、半导体元件、下游应用等的半导体全产业链的产业化迅速发展。

1.半导体材料

山东大学徐现刚教授团队攻克了8英寸碳化硅单晶生长及晶片加工关键技术，采用物理气相传输法（PVT）扩径制备了8英寸导电型4H-SiC单晶，并加工成厚度为520微米的8英寸4H-SiC衬底，该衬底各项关键指标均处于国际领先水平，为提升我国在碳化硅领域的国际竞争力奠定了良好的基础。山东大学陶绪堂教授团队使用导模法（EFG）成功制备出了外形完整的4英寸（001）主面氧化镓（β-Ga_2O_3）单晶；通过提拉法晶体生长工艺，制备出了2英寸外形规整、无裂纹、质量较高的晶体，晶体生长尺寸与德国IKZ（莱布尼茨晶体生长研究所）及美国空军实验室制备的相当，达到了国际先进水平。山东天岳先进科技股份有限公司在省内已形成济南、济宁碳化硅半导体材料生产基地；在省外建立了上海临港智慧工厂，该工厂将成为导电性碳化硅衬底主要生产基地。2022年，公司成功进入全球汽车电子知名企业——博世集团碳化硅衬底片供应商行列。目前，公司正在推进8英寸宽禁带碳化硅半导体单晶生长及衬底加工关键技术项目，突破8英寸SiC单晶生长、缺陷控制、衬底加工关键核心技术，已完成高品质8英寸导电型碳化硅衬底样品制备。2022年，公司碳化硅衬底销量6.3万片，实现主营业务收入3.2亿元。

青岛市重点规划集成电路产业发展，目前产业链企业已超110家，涵盖设计、制造、封装测试、材料生产等环节。青岛华芯晶元半导体科技有限公司与山东大学共建氧化镓晶体材料实验室，投资2亿元加快核心专利的成果转化。2022年，青岛华芯晶元半导体科技有限公司投资7亿元建设第三代半导体化合物晶片衬底项目，建设半导体衬底智能生产工厂，项目采用碳化硅、氮化镓、氧化镓等第三代半导体化合物材料加工生产相关芯片衬底产品，达产后将实现年产第三代大尺寸半导体化合物晶片衬底33万片，年产值5亿元，税收2 500万元。

淄博市围绕半导体产业重点布局封装材料、功率芯片、下游显示器等产业项目。淄博芯材集成电路有限责任公司建设的集成电路封装载板项目，年产200万张集成电路封装载板，全部达产后可实现产值38.5亿元。新恒汇电子股份有限公司计划投资4.56亿元建设高密度双边/方形扁平无铅封装（QFN/DFN）材料产业化项目，扩大蚀刻引线框架产能5 000万条。

电子信息产业是德州市重点发展的先导产业之一，目前全市共有电子信息（集成电路）制造企业171家，规模以上企业35家，年产值约100亿元。然而，关键半导体材料重点企业主要有山东有研艾斯半导体材料有限公司、有研亿金新材料有限公司等:山东有研艾斯半导体材料有限公司 12 英寸集成电路用大硅片项目已进入量产化研究开发阶段;有研亿金新材料有限公司投资 6 亿元的集成电路用高纯溅射靶材生产项目正在建设,预计年产 5.3 万块高端溅射靶材,收入 2.2 亿元,致力于打造高纯铜及铜合金、高纯钴、高纯钽、镍基合金靶材以及粉末冶金靶材生产基地。

2.新型显示材料

随着新型显示产业规模的不断扩大,对新型显示材料的技术要求及需求不断提高,山东省目前除了烟台,还有青岛、淄博、枣庄、聊城等城市也在布局显示材料产业。中节能万润股份有限公司主要生产液晶中间体材料、高端液晶单体材料、OLED 成品材料、升华前单体材料和中间体材料等显示材料,建设的“OLED 显示材料及其他功能性材料一期项目”2022 年已投入使用,进一步提升了公司在 OLED 升华前材料行业的领先地位优势。其控股子公司江苏三月科技股份有限公司自主研发的 TFT(薄膜晶体管)用聚酰亚胺成品材料(取向剂)2022 年已经在下游面板厂实现供应;OLED 用光敏聚酰亚胺成品材料已完成产品开发。东旭光电显示新材料产业园项目落户青岛,一期投资 160 亿元,建设光电显示上游核心材料及高端智能装备,已于 2022 年7 月份投产,达产后预计年产值 126 亿元。枣庄山东钥熠材料科技有限公司于 2022 年建设的 OLED 发光材料生产基地项目,一期投资 3 亿元,建成后可实现 OLED 发光材料年产能 15 吨。聊城波米科技有限公司主要生产液晶面板制造的关键材料——聚酰亚胺液晶取向剂材料,于 2022 年获批建设山东省显示与集成电路用聚酰亚胺材料重点实验室,致力于研发“卡脖子”技术产品,取代进口。

3.光电功能晶体材料

济南市将光电功能晶体材料作为重点打造的新材料产业链之一,发挥科研机构、高校的理论研究基础,积极开展强链行动,已形成从基础研发、单晶生长、晶圆加工、薄膜制备到产业化应用的全链条。2022 年,济南量子技术研究院与山东大学合作,建立了一种实时监测系统,用于原位观察铌酸锂的周期极化,来研究铁电畴反转动力学,实现了高质量 2 毫米厚的周期性极化 $LiNbO_3$ 晶体,在量子通信、激光显示、生物检测等领域的产业化应用具有重要意义。山东大学晶体材料研究所刘宏教授团队已成功研发出 8 英寸铌酸锂晶体,将为下游企业济南晶正电子科技有限公司提供价格更低的原材料,推动薄膜材料及光电子产业快速发展。济南晶正电子科技有限公司 2022 年投资 1.5 亿元扩产,建设年产 10 万片铌酸锂薄膜材料生产线,建成后将增加产值 4 亿元。

4.其他

枣庄市正全力打造光电信息材料产业集群,推动建设智光通信产业园、先进光子材料产业园、光纤预制棒项目,加快构建光棒、光纤、光缆、光元器件制造全产业链新材料产业体系。中国建材集团有限公司投资 4.64 亿元建设的年产1 000吨光纤预制棒等新材料项目,预计投产后实现年销售收入 3.3 亿元。

烟台在封装材料、电子铜箔等领域一直处于行业前列。烟台德邦科技股份有限公司自主研发的集成电路封装制程固晶膜成功通过行业关键客户的质量可行性验证,打破了国外厂商对集成电路封装制程固晶膜材领域的垄断,实现了进口替代。其中,公司高导热导电封装材料被成功用于第三代半导体功率器件芯片固晶制程。2022年，公司集成电路封装材料收入9 427.18万元。山东金宝电子股份有限公司主要生产高温高延伸性铜箔、低轮廓铜箔、反转处理铜箔和超低轮廓铜箔等电子铜箔，产品规格涵盖9～140微米；以及玻纤布基覆铜板、复合基覆铜板和铝基覆铜板等覆铜板。2022年，公司实现营业收入27.52亿元。目前，公司正在建设7 000吨/年高速高频板5G用超低轮廓铜箔项目。

其他地市分散布局光电信息材料。济南的山东金鼎电子材料有限公司专注于研发挠性覆铜板、导电胶、ITO膜等电子材料，可规模化生产有胶单、双面挠性覆铜板800万平方米、无胶挠性覆铜板(2L-FCCL)200万平方米，导电胶8万平方米，产品被广泛应用于高档智能手机、汽车、航空航天、可穿戴电子织物等电子产品上。临沂的山田新材料集团有限公司目前生产的金刚石线锯是一12线机，线径规格已缩小至55微米。菏泽的山东天厚新材料科技有限公司正在建设的总投资8亿元的超薄柔性织物项目，是国内唯一一条超薄柔性织物尖端生产线，突破了导电布产品金属结合力不强的问题，填补了国内市场空白，一期项目已于2022年9月投产，产品被广泛应用于军事装备和航空航天领域。

五、新能源材料

(一)国内外产业发展情况

1.锂电池材料

在电动汽车产量高速增长的带动下，我国锂电池产业继续保持快速增长态势，行业创新不断加速，新产品、新技术不断涌现，各种新电池技术也相继问世，呈现出市场规模持续增长、动力电池占比大且增长更快、上游原材料成本大幅波动的趋势。从正极材料领域看，厦门厦钨新能源材料股份有限公司、巴斯夫杉杉电池材料有限公司、天津国安盟固利新材料科技有限公司、天津巴莫科技有限责任公司、格林美股份有限公司占据的钴酸锂市场份额排名前五，宁波容百新能源科技股份有限公司、天津巴莫科技有限责任公司、北京当升材料科技股份有限公司、湖南长远锂科股份有限公司占据的三元材料市场份额排名前四，湖南裕能新能源电池材料股份有限公司和深圳市德方纳米科技股份有限公司在磷酸铁锂板块占据的市场份额居前两位。2022年，我国正极材料市场突破千亿元大关。从负极材料领域看，主要以人造石墨和天然石墨为主，发展趋势为向石墨负极中掺杂硅形成能量密度更高的硅基负极。其中，贝特瑞新材料集团股份有限公司、江西紫宸科技有限公司和宁波杉杉股份有限公司一直处于头部地位，占比分别为26%、15%、15%，广东凯金新能源科技股份有限公司近年市场占有率有所提高，达13%。从电解液领域看，电解液一般由高纯度的有机溶剂、电解质锂盐、必要的添加剂构成，主要有六氟磷酸锂、碳酸乙烯酯，国内锂电池电解液行业排名前三的企业分别为广州天赐高新材料股份有限公司、深圳新宙邦科技股份有限公司、张家港市国泰华荣化工新材料有限公司，市场占有率总计超过67%。2022年，我国锂电池电解液出货量达62.6万吨。从锂电池隔膜领域看，湿法隔膜性能较高、厚度更薄，可提高锂电池能量密度，干法隔膜的核心优势在于成本更低、产线投资额低、单位能耗低。我国的隔膜市场以湿法隔膜为主，其中，云南恩捷新材料股份有限公司的市场占有率超过50%，深圳市星源材质科技股份有限公司和中材科技股份有限公司位居第二梯队；干法隔膜中，深圳中兴新材技术股份有限公司、深圳市星源材质股份有限公司、河南惠强新能源材料科技股份有限公司、中材科技股份有限公司分列前四。2022年，我国锂电池隔膜出货量超150亿平方米，市场规模达36.7亿元。从集流体领域看，负极集流体铜箔成本高于正极集流体铝箔，占电池成本的5%～10%。目前，我国6微米锂电池铜箔市场较为广阔，但传统7～8微米铜箔市场竞争激烈，深圳龙电华鑫控股集团股份有限公司、诺德新材料股份有限公司、广东嘉元科技股份有限公司、安徽铜冠铜箔集团股份有限公司与九江德福科技股份有限公司分列前五。2022年，锂电铜箔出货18万吨。从包装材料领域看，铝塑膜是软包电池核心材料。2022年，我国铝塑膜行业市场规模达57亿元。从生产设备领域看，锂电池生产设备主要包括真空搅拌机、涂布机、辊压机、卷绕机、注液机、检测机等，分为前段、中段、后段设备。前段设备价值量最高，主要由日韩企业把控。我国在锂电设备中、后段制造生产方面技术领先，已达到国际先进水平，价格方面优势明显。

2.氢能材料

氢能产业链包括制氢、储存、运输以及氢气利用，其中，制氢是基础，储存和运输是氢气利用的核心保障。制氢的主要技术方式有化石能源制氢、副产制氢、可再生能源制氢、电解水制氢以及光解水制氢等；储氢的主要技术方式有低温液态、高压气态和金属氢化物储氢等。在制氢方面，德国、韩国、瑞典相继投入大量研发资金，以氢代煤用于炼铁工业。在储氢方面，丰田公司推出的Mirai氢燃料电池汽车储氢系统采用的是聚酰胺连线外加轻质金属的高压储氢罐，可承受70兆帕高压。在氢燃料电池方面，质子交换膜被美国杜邦公司和比利时苏威集团等企业长期垄断，日本企业的质子交换膜主要自给自足，供应丰田、本田等本国汽车厂商。以美国杜邦公司的Nafion系列、日本旭化成公司的Aliciplex系列、日本旭硝子公司的Flemion系列、日本氯工程公司的C系列为代表的长支链全氟磺酸膜，其使用寿命远远高于其他膜材料，具有优良的氢离子传导特性，是现在市场上应用最广泛的质子交换膜；以比利时苏威集团的Hyflon、美国陶氏化学的Xus-B204为代表的短支链全氟磺酸膜，适宜于高温的燃料电池，可以提高催化剂活性，抗一氧化碳中毒，但制备过程复杂且价格较高，目前未能完全实现产业化生产；以美国戈尔公司的GoreSelect、美国3M公司的PAIF为代表的复合膜，通过聚四氟乙烯和杂多酸进行杂化，可以降低氟化程度和对水分的依赖性，在低水环境应用中具有较好性能。目前，国内全氟磺酸树脂几乎完全依赖进口，成为国内燃料电池产业发展的“卡脖子”关键环节。山东东岳集团代表着国内质子交换膜最高发展水平，实现了全磺酸树脂和全氟磺酸膜技术研发和生产能力的突破，其生产的DF系列产品在开路电位情况下耐久性超过600小时，使用寿命超过6 000小时，得到奔驰与福特合资公司AFCC的认可和采购。此外，武汉理工新能源有限公司、上海神力科技有限公司、新源动力股份有限公司和上海华谊三爱富新材料有限公司都有全氟磺酸型质子交换膜的生产能力；在复合膜方面，武汉理工新能源有限公司已向国内外数家研究单位提供测试样品；中国科学院大连化学物理研究所和上海交通大学也在质子交换膜的研究领域有所突破。

3.其他新能源材料

从光伏领域看，光伏原材料的最上游是硅矿，从硅矿到金属硅再到多晶硅，共同构成光伏产业链的最上游环节。2022 年，我国多晶硅产量 82.7 万吨，同比增长 63.4%，通威股份有限公司、保利协鑫有限公司、新疆大全新能源股份有限公司三大龙头企业并驾齐驱，市场占有率分别为 29%、22%、17%。东方希望集团有限公司、新特能源股份有限公司和亚洲硅业(青海)股份有限公司紧跟其后。2022 年，我国硅片产量约为 357 吉瓦，同比增长 57.5%，处于世界领先地位。从太阳能电池领域看，钙钛矿领域的研究已进入规模化生产的探索阶段，代表企业有昆山协鑫光电材料有限公司、杭州纤纳光电科技股份有限公司、极电光能有限公司等。从光热电站保温材料领域看，陶瓷纤维已经被成功应用于全球最大的塔式光热电站——Ivanpah(伊万帕)光热发电项目，2021—2025 年有望带来 8.29 亿元的陶瓷纤维新增需求，平均每年增加 1.66 亿元的陶纤需求，相当于当年国内市场总量的 3%左右。从风电材料领域看，树脂基体材料在风电叶片原材料成本中占 33%，夹芯材料占 25%，增强材料占 21%。环氧树脂、乙烯基酯树脂、不饱和聚酯树脂、聚氨酯树脂、尼龙 66 和生物基尼龙 56 是目前用于生产风电叶片的基体材料。2022 年，国内环氧树脂产能 283 万吨，产量保持在 140 万～160 万吨之间，国内共有 42 家企业生产环氧树脂，其中南亚电子材料(昆山)有限公司、江苏三木集团有限公司等 9 家企业有效产能大于 10 万吨，产能合计为 157.8 万吨，占总产能的 55.7%。风电叶片增强材料中，玻璃纤维是主流，碳纤维潜力较大；夹芯材料主要包括巴沙木、聚氯乙烯(PVC)泡沫、PET 泡沫，分别占 38%、31%、25%。其中巴沙木 90%以上来自厄瓜多尔；PVC 泡沫因国外叶片技术转让从而进入国内市场，国外供货主要来自维赛，目前已实现国产化；PET 泡沫主要依靠进口，瑞士的 3A 公司、Armacell 公司和 Gurit 公司为全球 PET 泡沫的主要供应商，三家合计在全球市场的占有率达 80%以上，在中国市场的占有率高达 90%。

(二)山东省产业发展情况

1.锂电池材料

(1)集流体材料。目前，国内动力电池正在加快 6 微米铜箔替代 8 微米铜箔的导入步伐，头部电池企业 6 微米铜箔的渗透率已经超过了 90%。枣庄高新区龙电华鑫综合锂电产业园年产锂电负极集流体材料铜箔 10 万吨。

(2)正极材料。山东瑞福锂业有限公司是一家专业提取锂电池正极材料的原材料——电池级碳酸锂和氢氧化锂的国家高新技术企业，也是全球第一家从锂云母中提取碳酸锂的企业，锂盐产能是35 000吨/年，位居全国第三，目前正在新建30 000吨锂盐生产线，2022 年收购山东君乐益环保科技有限公司，切入废电池提锂领域。青岛乾运高科新材料股份有限公司拥有 20 余种锂电正极材料生产能力，包括高温型锰酸锂、动力型锰酸锂、单晶锰酸锂、5 伏锰酸锂、高镍三元、单晶三元等。山东丰元化学股份有限公司具备 6.5 万吨/年锂电池正极材料产能，包括磷酸铁锂(LFP)和三元材料(NCM)等，产品供货于比亚迪股份有限公司、宁德时代新能源科技股份有限公司，目前在云南玉溪与中国科学院共建研究院，开展黏土提锂技术研发攻关；在青岛建设了新型锂盐、新型电解质两条制备中试线。

(3)负极材料。山东益大新材料股份有限公司 2022 年新增针状焦 15 万吨产能，总产能达 34.5 万吨，国内市场占有率约 60%。山东金蒙新材料股份有限公司的特纯超细碳化硅微粉与石墨复合添加到锂电池负极材料中,可使电池容量达583毫安时/克,循环率大于95%,锂电池的使用寿命延长3倍。

(4)电解液材料。山东海容电源材料有限公司年设计产能为锂离子电池电解液1.2万吨,建设了国内最大的单套锂电池电解液生产装置,生产设备水平和工艺工程实力处于国际一流水平。山东松盛新材料有限公司年产5万吨有机酸酯类产品,应用于宁德时代新能源科技股份有限公司、松下、LG、比亚迪股份有限公司、三星等知名企业的锂电池中。亿恩科天润新能源材料(山东)有限公司于2022年5月建设了年产10万吨锂离子电池电解液生产线,生产线建成后整体年产电解液产量将达13万吨。山东永浩新材料科技有限公司具备1,3-丙烷磺内酯、氟代碳酸乙烯酯、碳酸亚乙烯酯等锂离子电池功能材料产能1万吨/年,产品供应给宁德时代新能源科技股份有限公司、比亚迪股份有限公司、(惠州)亿纬锂能股份有限公司、广州天赐高新材料股份有限公司、深圳新宙邦科技股份有限公司、张家港市国泰华荣化工新材料有限公司、宁波杉杉股份有限公司等锂电池生产企业,同时供应给LG、松下、三星等国际知名电子产品企业。

(5)隔膜材料。中材锂膜有限公司已建成湿法同步拉伸、异步拉伸生产线28条,合计产能16亿平方米,建成全球首条4米幅宽、车速达50米/分、智能化程度最高的湿法同步双向拉伸生产线,主要产品为5～20微米湿法双向同步拉伸隔膜及各类涂覆隔膜,同时具备3～20微米兼顾同步和异步工艺定制基膜研发和产业化能力,在行业内率先开发和批量应用7微米产品,具备应用于不同电池技术路线和应用场景的多工艺涂覆产品系列研发和产业化能力,供货于新能源汽车动力电池、3C消费电池、储能电池等领域。山东国瓷功能材料股份有限公司具备锂电池隔膜用高纯超细氧化铝生产能力。泰和新材集团股份有限公司2022年进行高性能芳纶隔膜中试调试。

2.氢能新材料

(1)制储运加关键材料。山东能源集团有限公司具备较强氢气供应能力,重点向氢气下游利用延伸。山东重工集团有限公司掌握了焦炉煤气制氢、高纯氢气分离等一批制氢核心技术,率先建成了国内首座融合"氢、电、醇、气、油"的综合能源补给站。山东兖矿轻合金有限公司在储氢瓶罐材领域具备一定技术储备,利用高精度大规格无缝管材一体化挤压成形技术开发的氢气能源储运装备被中国一汽、陕汽控股、欧曼等知名企业采用。山东奥扬新能源科技股份有限公司2022年产能达1吉瓦,8月份首台1 200米^3/时的碱式电解水制氢装备正式下线,填补了国内空白。

(2)固态储氢材料。中稀(微山)稀土新材料有限公司是山东省内目前唯一从事稀土储氢合金粉生产制造的企业,主要产品有稀土储氢材料和稀土速凝薄片,总产能为3 400吨/年,储氢合金产品有20余种细分型号。

(3)氢燃料电池。东岳氟硅科技集团有限公司研发的DMR100x系列质子膜被应用于北汽福田汽车股份有限公司、宇通客车股份有限公司、北京亿华通科技股份有限公司、上海重塑能源科技有限公司等企业的不同车型上,这些汽车的实际行驶里程超过2 000万千米,单车行驶里程超过11万千米。

3.其他新能源材料

东营欣邦电子科技有限公司拥有国内最先进的生产线17条,年可生产耐电晕、碳化、透明、黑色聚酰亚胺薄膜2 000余吨，产品被应用于锂电池、OLED、微电子等领域。临沂临虹无机材料有限公司具备固态燃料电池电极材料和电解质材料产业化生产能力。

六、先进陶瓷材料

（一）国内外产业发展情况

先进陶瓷材料主要包括功能陶瓷材料和结构陶瓷材料，据行业统计，2022 年全球先进陶瓷材料市场规模达4 060亿元，中国市场规模达 922 亿元。其中，功能陶瓷材料市场规模约 712 亿元，同比增长 1.7％；结构陶瓷材料市场规模约 210 亿元，同比增长 10.6％。美国固态电池开发商与日本综合性陶瓷加工制造商 NGK（日本特殊陶业株式会社）合作共同开发陶瓷材料，采用 3D 打印形式生产固态电池。德国赛琅泰克集团研发出抗弯强度达 450 兆帕的氮化铝基板。日本村田公司在无锡投资约 445 亿日元用于扩产 MLCC（多层片式陶瓷电容器）用陶瓷材料，以满足未来市场需求。国内先进陶瓷材料产业重点企业有河南天马新材料股份有限公司、江苏联瑞新材料股份有限公司、潮州三环（集团）股份有限公司等重点企业。河南天马新材料股份有限公司作为高性能精细氧化铝粉体行业龙头企业，2022 年电子陶瓷用粉体材料实现营业收入7 876.39万元，目前正在建设年产5 万吨电子陶瓷粉体材料生产基地项目和年产5 000吨高导热填充粉体材料项目。江苏联瑞新材料股份有限公司作为电子级二氧化硅微粉龙头企业，持续聚焦芯片先进封装、新一代高频高速覆铜板、新能源汽车动力电池模组、先进毫米波雷达和光伏电池胶黏剂等下游应用领域，2022 年成功开发先进芯片封装用电子级亚微米球形硅微粉、高填充低黏度防沉降有机硅灌封胶用高导热球形氧化铝项目，高可靠车载板用低杂质硅微粉、超低损耗高速基板用球形二氧化硅、陶瓷烧结助剂用亚微米硅微粉等项目，保持核心竞争力。成都旭瓷新材料有限公司主要生产氮化铝粉体、氮化硅粉体、基板等，2022 年实现 200 瓦/（米・开尔文）高导热氮化铝基板产业化，230 瓦/（米・开尔文）高导热氮化铝基板已完成中试调试。公司年产 200 吨氮化铝粉体生产线建设完成，2024 年年底形成 500 吨/年产能；年产 100 万片的氮化铝基板生产线完成建设，预计 2023 年年底形成 300 万片/年产能。陶瓷膜是以氧化铝、氧化锆和氧化钛等粉体原料经特殊工艺制备而成的膜。江苏久吾高科技股份有限公司作为生产陶瓷滤膜的龙头企业，开发的陶瓷膜连续反应分离技术已被应用到冶金、钢铁行业的一氧化碳尾气制燃料乙醇的核心工艺中。

（二）山东省产业发展情况

山东省先进陶瓷材料种类丰富、技术水平较高，已形成以淄博先进陶瓷产业集群、东营和德州功能陶瓷材料、潍坊和临沂结构陶瓷材料等为主的产业布局。

淄博依托雄厚的日用陶瓷和建筑陶瓷产业基础，目前新型功能陶瓷材料产业发展迅速全面，拥有电子陶瓷、生物陶瓷等功能陶瓷材料和高温陶瓷、高强陶瓷、耐腐蚀陶瓷等结构陶瓷材料，已形成从粉体到制品较完整的产业链。淄博新引入山东煜辉电子科技有限责任公司 5G 陶瓷滤波器和天线项目，年产 5G 陶瓷滤波器 1 亿只。东营和德州主要生产蜂窝陶瓷、MLCC 介质陶瓷材料等产品，主要被应用于汽车、电子等新兴领域。潍坊和临沂主要生产碳化硅陶瓷及制品，产品被广泛应用于军工、液晶显示、光伏、医药等战略新兴领域。目前，山东省重点企业生产的MLCC介质陶瓷材料、陶瓷蒸发舟、液晶基板用碳化硅陶瓷材料等产品均处于国内领先水平，市场占有率高，拥有山东国瓷功能材料股份有限公司、山东工业陶瓷研究设计院有限公司、山东华美新材料科技股份有限公司、山东鹏程特种陶瓷有限公司等重点企业。

山东工业陶瓷研究设计院有限公司已形成透波陶瓷研究所、防隔热陶瓷研究所、特种陶瓷纤维研究所、陶瓷膜事业部4个主导产业创新平台，2022年与德国弗劳恩霍夫应用研究促进协会共同成立了先进陶瓷材料中德联合实验室，深入合作，不断提升公司在陶瓷行业的生产制造、新材料研发能力。目前，公司主要产品有陶瓷透波材料、陶瓷防隔热材料、陶瓷膜材料，2022年实现营业收入近3亿元。中材高新氮化物陶瓷有限公司作为国内主要生产高端轴承用高性能氮化硅陶瓷轴承球、氮化硅高导热基片等氮化硅陶瓷制品的生产企业，其产品被广泛应用于新能源汽车、风力发电、航空航天等领域。2022年，公司投资13.9亿元建设的年产180吨热等静压氮化硅陶瓷球、70万片高导热基片的高性能氮化硅系列产品产业化项目，产品制备技术打破了美国阔斯泰(Coorstek)公司、日本东芝(Tochiba)公司在高性能氮化硅陶瓷轴承球和高导热陶瓷基片的垄断。山东国瓷功能材料股份有限公司通过多方布局，已在电子、生物医疗、新能源等多个领域实现产品供应，并具有较强的市场竞争力，2022年实现营业收入31.66亿元。在电子材料板块，公司销售产品5 967吨，实现营业收入5.15亿元，作为全球领先的MLCC介质粉体生产厂商，目前公司基本实现了所有类型的基础粉和配方粉的生产。新研发的辊印浆料成功通过客户验证并小批量供应。随着电子产品的陶瓷化，公司生产的用于手机背板、智能穿戴等领域的纳米级复合氧化锆粉体销量持续提升。在催化材料板块，公司销售蜂窝陶瓷载体968万升，实现营业收入4.1亿元，生产的蜂窝陶瓷载体已在商用车、乘用车、非道路机械和船机等领域应用。在商用车市场，产品在微卡领域已取得明显优势；在乘用车市场，产品已被应用于国内传统燃油车、新能源混合动力车部分车型。在生物医疗材料板块，公司销售产品2 403吨，实现营业收入7.54亿元，拥有纳米级复合氧化锆粉体、氧化锆瓷块、玻璃陶瓷、树脂基陶瓷等产品。在临床直接修复系列、临床间接修复系列等修复类产品体系的基础上，2022年，公司继续丰富产品管线，投资韩国Spident公司，产品延伸到了牙医临床端。在新能源材料板块，公司销售产品8 661吨，实现营业收入2.39亿元，主要产品被用于隔膜陶瓷涂覆领域。2022年，公司建设完成1.5万吨高纯超细氧化铝和2.5万吨勃姆石产线，新研发的液态勃姆石已批量生产并应用。目前，公司在开发多种用于锂电池正极的包覆和掺杂用添加剂，以提升锂电池的安全性能、能量密度和循环寿命。公司研发的滴定法氧化锆微珠，具备密度高、强度高、耐磨性能良好、使用寿命长等优势，能实现新能源电池材料纳米级超细研磨和分散，改善电池性能，目前已实现下游批量化应用。在精密陶瓷板块，公司销售产品441吨，实现营业收入1.69亿元，具备从粉体制备到陶瓷球制造的一体化生产能力，新研发的氮化硅陶瓷轴承球已通过多家下游用户验证，满足新能源汽车800伏高压快充对电机轴承的性能需求。公司完成了从陶瓷粉体、陶瓷基片到金属化的一体化产业链布局，持续推进国内陶瓷基板的进口替代进程，2022年研发量产的230瓦/(米·开尔文)高导热氮化铝陶瓷基片，性能指标达到国际头部厂商的同等水平，有效填补了国内市场的空白，目前产品已实现批量供应。2022年，山东奥福环保科技股份有限公司研发完成了低膨胀系数、低背压柴油机颗粒捕集器(DPF)改进优化项目，产品主要被应用于国六阶段、欧六阶段商用车尾气治理用颗粒捕集器的生产，实现营业收入2.03亿元。

第三节　前沿新材料

一、石墨烯

(一)国内外产业发展情况

消费电子、新能源等领域的快速发展，极大带动了石墨烯的产业化，截至2022年，全球石墨烯行业市场规模约99.39亿美元。智慧芽统计显示，2022年全球石墨烯相关专利申请量为13 159个。我国石墨烯企业数量逐年递增，已形成长三角、珠三角、京津冀鲁三大聚合区，其他地区分布式发展的石墨烯产业格局。生产产品以石墨烯粉体和薄膜为主，且规模不断扩大，石墨烯制备技术不断取得突破，下游产业化应用逐步拓宽。据智研咨询发布，2022年中国石墨烯材料市场规模增长至7.12亿元，其中石墨烯粉体市场规模增长至6.46亿元，石墨烯薄膜市场规模增长至6 590万元左右。中国石墨烯产业规模在335亿元左右，从近几年来看，我国石墨烯产业规模约占全球石墨烯产业规模的30%以上，并有逐年提高的趋势。其中，超级电容及锂电池领域市场份额较大，达212.22亿元，占63.35%。石墨烯主要被应用在电容器(32%)、显示器(15%)、结构材料(14%)等领域。为助推我国石墨烯产业创新发展，2022年，工信部批复组建国家石墨烯创新中心，该中心汇聚浙江、江苏、广东等14个省份的科技创新力量，对加快构建推动石墨烯产业高质量发展的标准体系、加强石墨烯产业创新能力、提高石墨烯材料应用能力具有重要意义。

苏州格瑞丰纳米科技有限公司作为高质量薄层石墨烯的头部企业，已实现薄层石墨烯的规模化、低成本化制备，产品有锂电用导电浆料、涂料领域用石墨烯分散液及涂料添加剂、消费电子等领域用散热涂料。2022年，公司开发的一种由多层石墨烯堆叠而成的具有机械性能好、导热系数高、质量轻、柔韧性好等特点的高定向散热膜，被广泛应用于智能手机、平板电脑、LED照明设备、医疗设备、新能源汽车动力电池等领域。常州富烯科技股份有限公司攻克了石墨烯导热膜宏量制备的技术壁垒，在全球范围内实现了石墨烯导热膜的首次大规模产业化应用，2022年产品产量为77.17万平方米，实现营业收入2.62亿元。宝泰隆新材料股份有限公司现拥有50吨/年物理法和100吨/年化学法石墨烯产能，研发的石墨烯导热膜产品2022年年底通过下游验证，并逐步应用于消费电子领域。同时，公司也在积极拓展无人机、动力电池、新能源汽车等其他领域导热市场，目前正在建设500吨石墨烯导电油墨项目、20吨高浓缩石墨烯分散液项目、400吨石墨烯纸项目、2 000吨石墨烯多元磷酸盐正极材料项目。广州墨睿科技有限公司一直以下游应用为主体，开展石墨烯基础理论研究，研发石墨烯导热膜、石墨烯微纳腔超导膜、石墨烯导热相变材料等定制化石墨烯产品。2022年，公司在石墨烯纳米半导体的精准构造和能带调控方面取得重要进展，未来将围绕航空航天、生物医疗等高端领域开发石墨烯元件等材料。深圳市深瑞墨烯科技有限公司突破石墨烯膜连续化卷烧及辊压技术，成功实现石墨烯导热膜卷材产品的批量化生产，目前可生产 25～250 微米不同厚度、高密度卷材膜，产品层间结合强度高，成品率高。烯旺新材料科技股份有限公司以石墨烯发热膜技术为核心，不断向医疗健康、热管理、供暖系统、改性涂料等领域拓展。2022 年，公司与智能健康可穿戴品牌 SKG 达成合作，在智能健康穿戴领域共同布局健康、科技、专业的产品。目前，公司已进驻新能源领域，与北京天润新能投资有限公司合作，共同打造风力发电塔筒石墨烯改性防腐涂料的标杆示范应用。常州第六元素材料科技股份有限公司为海上风电塔筒设计了一种防腐石墨烯涂层底漆，为富锌环氧底漆提供了一种经济高效的替代品。该涂层石墨烯含量为 1%，将锌粉需求量减少了 50%以上，首次应用在如东海区风力发电机组上，盐雾试验超过2 500小时，展现了其卓越的性能，彻底改变了风力发电机组的防腐系统。东旭光电科技股份有限公司开拓内生与外延的产业链整合优势，积极拓展新能源汽车及石墨烯领域，努力构建“高端材料—石墨烯基锂离子电池—新能源汽车”产业链闭环，为公司的快速发展增添了新活力。其中，2022 上半年石墨烯产业化应用营业收入1 181.50万元，占营业收入的 0.45%。

（二）山东省产业发展情况

山东省石墨烯产业集中度高。青岛依托得天独厚的矿产优势，逐步形成较完善的石墨烯产业链条。青岛莱西是国内最大的石墨新材料产业集群，拥有石墨新材料企业 30 余家，产品涉及天然改性石墨、高纯鳞片石墨、石墨烯等高附加值产品。2022 年，公司引入碳一新能源项目，建设石墨深加工、球形石墨等 10 个石墨新材料相关子项目，项目达产后预计年总产值约 120 亿元。青岛洛唯新材料有限公司主要生产高纯球形石墨，目前正在投资 15 亿元建设石墨提纯及锂电池负极材料前驱体生产项目，预计 2023 年年底投产，达产后可实现年产值超 50 亿元。新华锦集团有限公司依托青岛森汇石墨有限公司的石墨矿资源，目前在石墨提纯、氧化石墨烯制备及应用等方面与科研机构开展了技术研发及合作。2022 年，公司生产石墨 1.17 万吨。青岛昊鑫新能源科技有限公司主营石墨烯导电剂和碳纳米管导电剂，已达到年产 2 万吨导电浆料产能。青岛森麒麟轮胎股份有限公司 2022 年成功开发了石墨烯导静电低滚阻高抗湿滑轮胎，湿地制动距离缩短 1.8 米，抗湿滑性能提升 6%，轮胎行驶里程提升 1.5～1.8 倍，打破了传统的轮胎性能“魔鬼三角”定律(高耐磨、高抗湿滑、低滚阻不可兼得)。青岛华高墨烯科技股份有限公司与中国海洋大学通过共建“新型碳材料联合实验室”，成立了“中国海洋大学-青岛华高墨烯科技股份有限公司研究生联合培养基地”，共同开展石墨烯相关的新型碳材料的研发工作及产业技术攻关，取得了较好的研究成果。公司拥有石墨烯材料和石墨烯应用产品研发团队，专注于石墨烯材料研发及石墨烯应用产品的开发，经过多年创新发展，自主研发了 70 余项石墨烯制备及石墨烯应用技术专利，另有 5 项专有技术，主导或参与制定石墨烯技术国家及行业标准 20 余项，其中 10 项已发布实施；自主研发了石墨烯粉体、石墨烯浆料等石墨烯材料，石墨烯智能健康采暖系列产品、石墨烯导静电轮胎、石墨烯泛水电池、石墨烯复合载热剂、石墨烯电热保暖救生衣及电热保暖潜水服等石墨烯应用产品。

除青岛外，山东省新材料科研机构及其他地市新材料企业也在不断探索研究石墨烯粉体的低成本化及在其他领域的应用。山东中医药大学石墨烯医学研究院揭牌成立，作为全球首家石墨烯医学研究院，该研究院聚焦石墨烯在医疗、预防、保健等方面的科研创新和成果应用，开展前沿关键技术创新实践，实现石墨烯在健康领域的产业化应用。山东沃烯新材料科技有限公司利用 EIS(电化学阻抗谱)物理液相剥离法生产石墨烯粉体的规模化制备工艺取得突破，该制备工艺可实现零污染智能化生产，年产高品质石墨烯粉体 50 吨以上。山东利特纳米技术有限公司作为山东省石墨烯产业链的链主企业，致力于石墨烯产业链的建链、补链、强链，逐步实现石墨烯在基础先进材料、电池和超级电容器、电子工业热管理材料、汽车轻量化材料与聚合物复合材料、柔性电子、可穿戴电子设备、智能涂料、膜分离材料等领域的工业化应用。公司现有石墨烯粉体生产线产能 200 余吨/年；在建产线 4 条，全部建成后石墨烯粉体产能可达1 000吨/年。山东鲁泰控股集团有限公司利用石墨烯的超高强度、自润滑性能，与 PVC 复合后成功制备高流动性的 PVC 改性注塑料，实现进口替代，主要应用于水处理领域的大型 PVC 注塑件，目前已批量应用。维波斯新材料(山东)有限公司正在建设年产3 000吨水性分散剂、石墨烯分散剂项目，该项目建成后，可打破国外公司对高端分散剂技术和市场的垄断，有效填补国内空白、实现进口替代。2022 年，公司实现销售收入 1.5 亿元，利税1 100万元。

二、3D 打印材料

(一)国内外产业发展情况

现阶段，3D 打印材料仍然是限制 3D 打印技术应用的关键因素，无论是材料开发单位还是科研院所，都试图开发出更高性能的材料。美国航空航天局(NASA)研究团队开发出了一种适用于 3D 打印的新型高性能合金，该合金是一种氧化物弥散强化合金，与当前最先进的材料相比，在约1 000 ℃时，其抗压断裂强度翻倍、压裂前拉伸/弯曲灵活性增强 3.5 倍、在高温应力下的耐久性提升超过1 000倍，可用于制造航空航天高温应用环境下的零件，如飞机和火箭发动机内部的零件，它可以在达到断裂点之前承受更严酷的环境。江西宝航新材料有限公司发布了一种适用于 SLM(选择性激光熔化)工艺的超高强度铝合金粉末材料，该材料的抗拉强度可达 620 兆帕，断裂延伸率为 8%，有望帮助解决航空航天等尖端应用部门对轻质高强材料的需求问题。Desktop Metal(美国的一家 3D 打印企业)采用 FreeFoam 树脂和 ETEC Xtreme 8K DLP 系统进行 3D 打印，开发了新型泡沫材料，该材料在 160～170 ℃的烘箱中通过短暂加热循环可以实现按需膨胀，能够制造同时保持座椅预期性能和舒适度的轻型汽车和卡车泡沫座椅。BCN3D(西班牙的一个 3D 打印机制造商)推出了一种新型的高黏度树脂立体光刻制造(VLM)技术，该技术能够处理比行业标准高 50 倍的高黏度树脂，获得 3 倍于刚性材料的抗冲击性和 200%的抗撕裂强度增量。Grid Logic(美国的一家公司)公司开发的是一种采用传统粉末冶金技术进行多材料 3D 打印的工艺，该工艺可以实现在同一工作中 3D 打印金属和陶瓷。中国采用 3D 打印建设大坝的项目，在 2022 年获得了国内外的广泛报道，研究团队已研发了多种人工智能机器人协同作业的填筑工程+3D 打印装备技术系统和多种新材料应用，开展了多项示范工程实践。羊曲水电站于 2021 年 12 月 26 日开工，预计到 2024 年完工。新材料、新技术的使用能够使人们摆脱繁重、重复和危险的工作。华中科技大学史玉升教授团队在PEEK 激光烧结设备研制与临床应用以及 SiC 粉末床 3D 打印成套技术方面取得了重要进展，丁烈云院士团队在月球基地 3D 打印方面则实现了“从 0 到 1”的重大突破。上海交通大学王浩伟教授团队制备出具有超高疲劳强度的 TiB_2 改性 $AlSi_{10}Mg$ 合金，其疲劳极限高达 260 兆帕，是其他 3D 打印铝合金的两倍，并超过了传统锻造铝合金。据 3D 打印行业报告《Wohlers Report 2023》显示，2022 年全球 3D 打印制造产品和服务的收入达到 180 亿美元左右，同比增长了 18.3%，3D 打印行业已经连续 25 年保持两位数的增长趋势。在全球 3D 打印市场中，中国的增长速度最快，截至 2022 年，3D 打印技术产业市场规模已达 330 亿元。

（二）山东省产业发展情况

整体来看，山东省 3D 打印材料产业发展迅速，拥有山东凯盛新材料股份有限公司、济南圣泉集团股份有限公司、万华化学集团股份有限公司、青岛云路新能源科技有限公司、山东三迪时空集团有限公司、山东迈尔医疗科技有限公司、山东威高骨科材料股份有限公司等优势企业。山东凯盛新材料股份有限公司建有 100 吨/年的聚醚酮酮生产线，预计 2024 年将建成2 000吨/年的聚醚酮酮树脂及成型应用项目，多方位布局 3D 打印材料。济南圣泉集团股份有限公司坚持“化学新材料及复合材料”和“生物质新材料及新能源”为企业长期发展方向，以“科技创新＋产业重塑”为战略路径，在铸造用陶瓷产品 DLP(数字光处理)、3DP(3D 打印)、ME-3DP(材料挤出式 3D 打印)系列 3D 打印技术的开发上取得突破性进展。2022 年，公司成功开发了航空航天高端陶瓷材料的异型、复杂、多维结构的 3D 打印制造技术，实现营业收入 95.98 亿元。山东三迪时空集团有限公司建有山东省首个数字化口腔 3D 打印基地，建成了国内首个 3D 打印数字化口腔诊所，打造的 3D 打印数字化口腔医疗生态系统可实现 72 小时快速交付。

山东创瑞激光科技有限公司是一家集高端金属 3D 打印装备与 3D 打印材料研发生产于一体的高新技术企业，申请专利 68 项，已授权 56 项，主要产品金属 3D 打印机获评山东省装备制造业优秀新产品奖、烟台市“市长杯”工业设计大赛银奖，入围中国优秀工业设计奖，被推荐参评中国优秀专利奖。除此之外，公司还拥有山东增材制造设计验证创新平台、山东制造工程技术研究中心、山东工研院增材制造协同创新中心等科研机构。山东第一医科大学附属省立医院口腔科完成了山东省首例 3D 打印聚醚醚酮材料修复颧上颌复合体骨缺损畸形。山东迈尔医疗科技有限公司通过三维工业互联网设计平台，使用个性化精准医学 3D 打印技术，形成了全新智能制造口腔行业新业态，取得了国内首个钴铬合金激光熔融 3D 打印定制式固定义齿产品注册证及首个钛合金激光熔融 3D 打印支架定制式活动义齿注册证，率先在全国建立数字化假牙智能制造工厂，将中国传统假牙制作升级为数字化智能制造产业，产品定制交货期由 8 天缩减到 3 天，大幅提高了生产效率，2022 年实现营业收入6 000多万元。

三、超高温材料

就目前而言，超高温材料没有明确的温度界限。由于各种超音速飞机、航天飞机在飞行中其表面与空气摩擦产生的温度可高达 1 800～2 000 ℃，因此，为了研究方便，将超高温材料定义为：在有应力和氧化的环境下，能够在 1 800～2 000 ℃温度下照常使用的高级材料。目前，超高温材料主要包括难熔金属及其合金、金属间化合物、碳-碳复合材料、陶瓷及其复合材料等。

(一)国内外产业发展情况

随着现代科技的飞速发展，特别是随着航空航天、核工业和国防等领域高新技术的快速发展，材料在高温领域的应用日益广泛，材料的使役环境温度越来越高。近年来，美国能源部先后投资超4 400万美元，组织研发燃气轮机超高温材料和涂层材料，主要针对两个目标温度水平，来寻求开发超高温材料：单独使用材料在 1 300 ℃(2 372 ℉)下连续工作，或者在有涂层和冷却的情况下在1 800 ℃(3 272 ℉)下连续工作。日本东京理工大学研发了一种可用于高超音速飞机和火箭的基于锆(Zr)和钛(Ti)合金的碳纤维增强超高温陶瓷复合材料，可承受超2 000 ℃的超高温。在国内，中国工程院院士、中国科学院上海硅酸盐研究所研究员董绍明带领的科研团队，将高熵超高温陶瓷与陶瓷基复合材料概念相结合，首次制备并报道了 Cf/(Ti0.2Zr0.2Hf0.2Nb0.2Ta0.2)C-SiC 高熵超高温陶瓷基复合材料，为耐极端高温陶瓷基复合材料及热结构的设计制备提供了全新的思路和解决方案。中国科学院沈阳分院金属研究所热结构复合材料团队采用高压辅助固化-常压干燥技术，并通过基体微结构控制、纤维-基体协同收缩、原位界面反应制备出耐超高温隔热-承载一体化轻质碳基复合材料。该材料厚度为 7.5～12.0 毫米时，正面经1 800 ℃、900 秒氧乙炔火焰加热考核，背面温度仅为 685～778 ℃，且热考核后线收缩率小于 0.3%，并具有更高的力学强度，表现出优异的耐超高温、隔热和承载性能。湖北航聚科技股份有限公司的“大型飞行器发动机的内、外防-绝热材料制备与成套装备及重大应用”项目，针对飞行器发动机高温下严苛的长历时、高抗剪切、抗烧蚀的要求，发明了“苯醚撑硅氧烷共聚物”，攻克了硅氧烷高温环化降解难题，提升了材料的抗烧蚀能力，并通过可陶瓷化填料体系的设计与优化，发明了新的外防热涂层材料，解决了高温高速气流烧蚀和冲刷破坏的关键难题，研制的 9621D 绝热材料在2 000～3 000 K温度下具备良好的抗烧蚀、抗冲刷性能和低的热导率。公司自主研发了国内第一条内绝热层材料和外防热涂层材料智能喷涂工艺设备，研制的内绝热材料和外防热材料已批产列装，为国防重器列装服役做出了重大贡献，近三年直接经济效益 4.64 亿元，工艺技术达到了国际先进水平。

(二)山东省产业发展情况

山东省在超高温材料领域具有一定的研究基础，产业化进程在逐步加快。由山东鑫聚龙动力科技集团有限公司主导的山东省重大科技创新工程项目——“能源与航空高温合金材料及核心零部件关键技术研发与应用”，构建了基于集成计算的高温合金成分—工艺—组织—性能关系的数据库；突破了高温合金铸件均质化及夹杂物控制技术，实现了铸锻件氧、氮、硫等元素含量的有效控制；突破了高温合金铸件及锻件晶粒度的均匀性控制技术，实现了合金承温能力提升及中小锻件纵截面、横截面上的晶粒度级差控制；研制出了铸造高温合金喷嘴环、涡轮盘、导向器等航空发动机用系列关键高温部件，镍基高温合金螺栓紧固件及密封环等燃机、汽轮机用关键零件，实现新增产值 1.15 亿元，新增利润2 350万元，新增税收1 058万元,出口创汇3 242万元。山东瑞泰新材料科技有限公司自主研发的特种高温合金材料被国产大飞机 C919 采用,为中国逐梦“星辰大海”贡献“山东制造”。

四、新兴功能材料

(一)国内外产业发展情况

新兴功能材料又被称为功能材料、特殊材料或精细材料,涵盖范围广,是指在经过光、电、磁、热、化学、生物化学等作用后具有特定功能的材料,包括光电功能、磁性功能、分离功能、形状记忆功能等性能,是信息技术领域、生物技术领域、能源技术领域、国防建设领域等高技术领域的重要基础材料。

目前,我国从事光膜材料的企业主要有江苏双星彩塑新材料股份有限公司、宁波激智科技股份有限公司、康得新复合材料集团股份有限公司、航天彩虹无人机股份有限公司、四川东材科技集团股份有限公司等,但由于国内光膜行业技术匮乏,生产能力落后,生产原料自给力差等,国内本土光膜行业企业市场占有率总计占比仅有 15%左右,高端光膜市场仍旧被国际厂商垄断。日本在偏光片领域占据市场领先地位,美国、日本和韩国企业在背光组光学膜领域占据主导地位,扩散膜领域则被韩国和日本企业占有。

在超导材料方面,我国已拥有一大批代表性企业,主要包括西部超导材料科技股份有限公司、北京英纳超导技术有限公司、上海超导科技股份有限公司、上海上创超导科技有限公司、苏州新材料研究所有限公司、宝胜科技创新股份有限公司、天津海泰超导电子有限公司、综艺超导科技有限公司、天津百利机械装备集团有限公司以及北京原力辰超导技术有限公司等。我国超导材料基础研究能力不断突破,全球首条 35 千伏千米级超导电缆在沪投运,完成国际热核聚变实验堆(ITER)计划用超导线材供货任务、高性能钇钡铜氧(YBCO)涂层导体实现产业化、高电压等级超导限流器实现挂网、癌症治疗用加速器实现应用、超导弱电技术实现军民两用等。2021 年 12 月,工业和信息化部、科技部、自然资源部联合发布的《“十四五”原材料工业发展规划》则作为纲领性文件,提出发展超导材料的前瞻布局行动,强化应用领域的支持和引导,明确了超导材料在现代产业中的定位,我国超导材料迎来了发展的新机遇。

在记忆合金材料方面,国内主要有安泰科技股份有限公司、有研新材料股份有限公司、兰州西脉国际医疗有限责任公司、上海形状记忆合金材料有限公司、江阴佩尔科技有限公司、上海微创医疗器械(集团)有限公司等企业。上海形状记忆合金材料有限公司与四川大学、海军军医大学合作研发的“生物可降解左心耳封堵器”有望尽快植入人体,这将拉开其临床试验的帷幕,也标志着全球左心耳封堵介入器械的发展即将进入新纪元。兰州西脉国际医疗有限责任公司记忆合金腔镜肋骨产品连续三次荣登世界三大胸心血管外科杂志之一的《胸外科年鉴》。

(二)山东省产业发展情况

山东省在新兴功能材料部分领域优势突出,但整体仍处于发展阶段。非晶合金薄带全球第一企业——青岛云路先进材料技术股份有限公司与清华大学共同建立了“清华大学(电机系)-青岛云路先进材料技术股份有限公司先进磁性材料与高效能量变换联合研究中心”,

通过搭建校企合作平台，持续增强公司的自主创新能力和核心竞争力。2022 年，公司新增年设计产能 3 万吨非晶扩产项目，建成全球最大非晶生产基地，同时首次将产品推广至南美洲部分市场，向全球输出云路材料方案。2022 年，公司实现营业收入 14.47 亿元，其中非晶合金薄带及其制品销售收入为 11 亿元，占营业收入总额的 76.02%，增长率为 72.93%；纳米晶产品销售收入为 2.14 亿元，占营业收入总额的 14.79%，增长率为 1.59%。山东胜通光学材料科技有限公司年产20 000吨超薄 MLCC 用光学级聚酯基膜技术改造项目开工，总投资 2.37 亿元，预计 2024 年建设完成，产品主要被应用于消费电子、汽车电子、5G 等领域，2022 年实现营业收入 4.56 亿元。山东利特纳米技术有限公司致力于石墨烯材料的生产、应用研究和前瞻性探索，形成了以自主知识产权为核心的研发体系，逐步实现石墨烯在基础先进材料、电池和超级电容器、汽车轻量化材料与聚合物复合材料、柔性电子和可穿戴设备、智能涂料与膜材料等领域的工业化应用。烟台显华化工科技有限公司主营液晶和 OLED 材料及定制精细化学品，并布局半导体材料及功能性高分子材料。

第三章　山东省各地市新材料产业发展情况

第一节　济南市

一、概况

近年来，济南市认真贯彻国家产业发展指导方针，大力发展新材料产业，有机高分子材料、特种功能纤维、高性能金属材料、光电子材料、环保节能节材建筑材料等领域的产业基础较好，拥有一批市场竞争力强、市场占有率高的名牌产品。济南市目前共有124家新材料企业，企业产品涉及当今新材料领域的多个方面。

二、政策举措

济南市新材料产业目前最大的优势是新材料产业政策环境较好、落地速度较快。为贯彻落实省委、省政府关于建立制造业重点产业链"链长制"和市委、市政府关于打造高水平产业链群的部署要求，济南市工信局牵头起草并以"两办"名义印发了《济南市打造先进制造和数字经济标志性产业链群实施方案(2022—2025年)》和《济南市新材料产业链发展行动方案》，进一步明确了目标、任务和路径，提出聚焦先进高分子材料、晶体材料、粉末冶金材料、特种尼龙材料等重点领域，以龙头企业为依托，精准补链强链，加快突破行业关键核心技术，提升产能和技术优势，扩大产业链协作配套，打通产业链关键环节，延伸产业链条，形成以生产为核心、下游应用全面发展的新材料产业集群。为贯彻落实济南市委、市政府《关于加快建设工业强市的若干政策措施》要求，济南市工信局以加快新材料首批次奖补政策为工作重点，制定了省内第一个新材料首批次销售直接奖补政策——《济南市新材料首批次应用产品项目认定奖励实施细则(试行)》，以加大对济南市新材料创新产品的推广力度。2022年，全年奖补企业10家，拟奖补资金1 960万元。

三、创新工作

一是坚持产业链链式发展，持续深化调研。围绕济南市新材料产业链持续开展调研，解剖梳理特种尼龙、粉末冶金等5个重点产业链，寻找产业链优化提升路径，明晰发展思路。围绕"链主"企业和重点培育企业，建立了包括上下游配套企业和研发、金融、智库等服务机构在内的产业链长效合作机制。

二是产业集群和领军企业加速壮大。根据市发展和改革委员会《关于申报 2022 年度“十强”产业“雁阵形”集群和集群领军企业的通知》要求，积极组织济南市新材料企业山东天岳先进科技股份有限公司、山东泰山钢铁集团有限公司、山东鲁润热能科技有限公司完成 2022 年度“十强”产业集群领军企业申报工作。

三是产融合作成效显著。聚焦新材料产业链（主要是高性能纤维及复合材料、先进金属材料等先进材料标志性产业链，以及先进陶瓷、稀土功能材料、石墨烯等重点产业链），济南市各区县共征集 9 家有融资需求的新材料企业。推荐济南市金刚石科技有限公司进入国家层面的金融服务机构开展对接活动。

四是创新研发力度大，加大对新材料“卡脖子”工程的研发投入。完成济南市 21 家重点新材料企业“卡脖子”环节攻关突破情况的汇总，针对济南市重点新材料产业链基础薄弱环节，已对接各区县工信部门进行征集。组织圣泉集团等 4 家企业对关键领域短板材料进行攻关。

四、特色产业链

（一）精品钢产业链（见图 3-1）

图 3-1　精品钢产业链

（二）高端化工材料产业链（见图 3-2）

图 3-2　高端化工产业链

(三)先进金属材料产业链(见图 3-3)

图 3-3 先进金属材料产业链

(四)半导体材料产业链(见图 3-4)

图 3-4 半导体材料产业链

第二节 青岛市

一、概况

青岛市现有 144 家新材料企业。青岛市新材料产业目前特色最为鲜明的是有机高分子材料。该产业领域包括的塑料合金、橡胶新制品、高性能涂料、纤维新材料、合成树脂新材料、石油化工新材料等企业不仅拥有一批一流的实验室和具有世界先进水平的生产装置，承担了一系列国家级的高水平研究开发项目，取得了大量优秀的研发成果，而且已经具有相当规模的产业化能力，并在全国范围内形成了较大的影响。其中，青岛海尔新材料研发有限公司在特殊性能改性工程塑料领域已达到年销售收入20亿元的规模；青岛颐中格栅股份有限公司已经建成了年产6 000吨高性能聚合物格栅材料的生产线；青岛宏达塑胶总公司开发的各类功能膜高分子材料具有较高的市场占有率，已在全国有了一定的知名度。青岛市新材料产业另外两个有望形成鲜明特色的领域是特种金属材料领域和具有一定资源禀赋优势的无机非金属材料领域。其中，特种金属材料是青岛市新材料产业所有领域中仅次于有机高分子材料的第二大产出领域。目前，该领域包含的镁合金材料、彩色钢板材料、表面智能无氟钢管和粉末冶金新产品已经成为青岛经济发展格局当中一个重要的增长点。

二、组织架构

青岛市坚持突出规划引领，建立了由市领导担任链长的产业链发展协调领导机制，研究成立了由工业和信息化局、发展和改革委员会等相关部门组成的产业链工作推进专班。链长指导专班围绕产业谋划、企业培育、项目招引、园区建设、政策保障等多个方面，研究制定了产业链工作打法。结合青岛市新材料产业发展实际，在深入调研的基础上，围绕新材料产业发展重点方向，青岛市工业和信息化局印发实施了《青岛市先进高分子及金属材料产业链高质量发展三年行动方案(2022—2024年)》。

三、政策扶持

一是培育重点企业。指导中车青岛四方机车车辆股份有限公司加快建设国家高速铁路装备材料生产应用示范平台，建成高铁用铝合金、碳纤维等新材料应用示范线6条，突破行业关键共性技术12项，顺利通过工业和信息化部验收，为18个国家级新材料生产应用示范平台中唯一的轨道交通领域平台。组织推荐青岛市企业申报省新材料创新应用示范项目，3家企业获评。指导赛轮集团股份有限公司“合成橡胶连续液相混炼技术产业化应用”项目获得山东省技术发明一等奖，指导该公司申报并入选省技术创新示范企业。青岛云路先进材料技术股份有限公司非晶带材新产线投产，建成年产超10万吨的全球最大、最先进非晶带材绿色产业基地。国家高速列车青岛技术创新中心获批国家铁路局先进结构材料铁路行业工程研究中心，是13个研究中心中唯一的新材料领域中心。

二是开展平台建设。做好2022中国先进材料产业博览会协办工作，组织动员企业参展，用好平台开展招商引资。大会于2022年8月25—27日在青岛市成功举办，为全市新材料产业宣传推介创造了良好条件。

四、特色产业链

（一）新能源汽车材料产业链（见图 3-5）

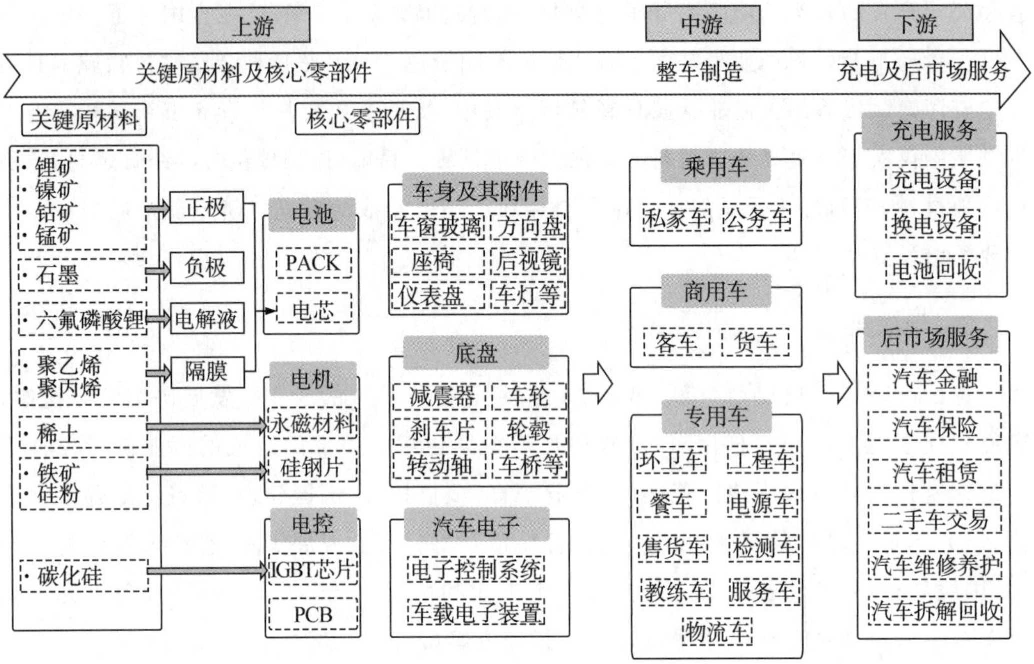

图 3-5　新能源汽车材料产业链

（二）先进高分子材料产业链（见图 3-6）

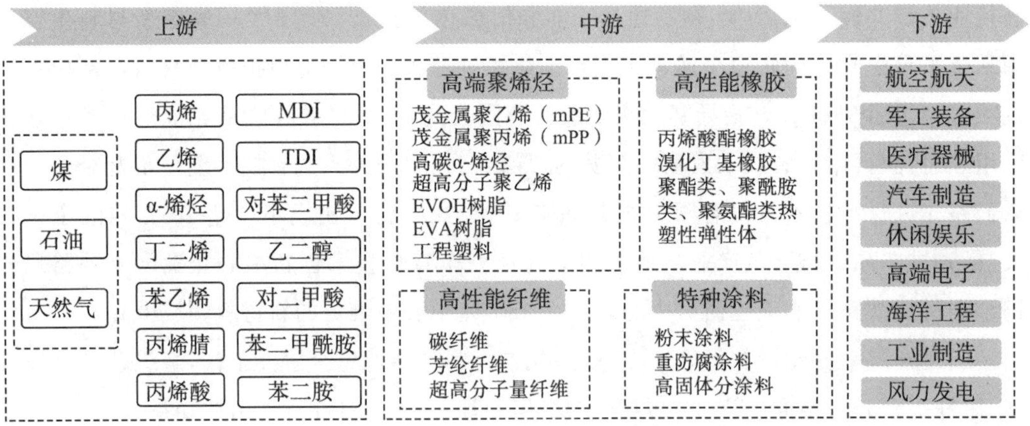

图 3-6　先进高分子材料产业链

（三）先进金属材料产业链（见图 3-7）

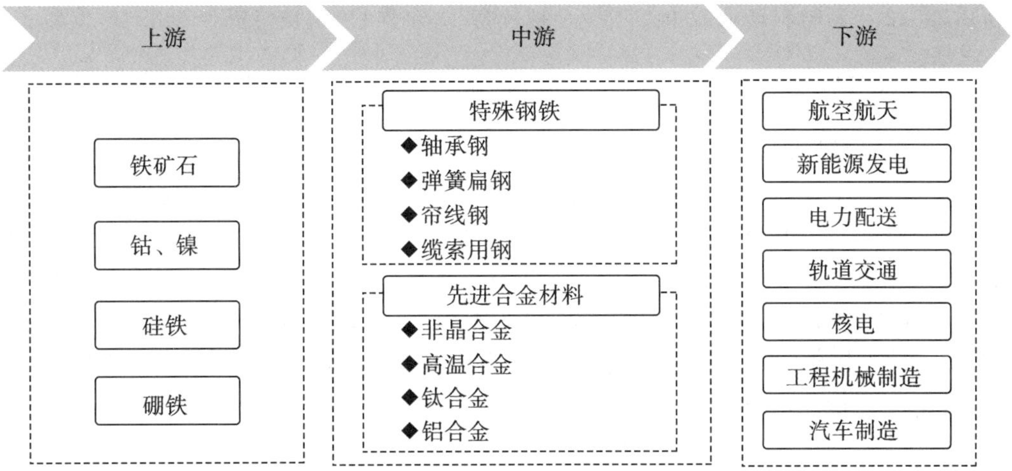

图 3-7　先进金属材料产业链

第三节　淄博市

一、概况

近年来，淄博市大力发展新材料企业，坚持创新驱动，优先引进新材料技术成熟度高的项目，推进新材料产业智能化、集群化发展，形成规模总量大、龙头企业支撑引领的产业格局，全力打造特色鲜明、拥有核心竞争力的新材料产业发展高地。淄博市加快推进新材料产业链全链条优化提升，制定印发了《淄博市新材料产业专班 2022 年工作推进计划》，从落实政策、项目带动、骨干培育、招商引资和创新平台建设等五方面明确专班责任，定期调度工作进展。2022 年，全市规模以上新材料企业 630 家，工业增加值占全市规模以上工业企业的 33.9%，同比增长 11.6%。

二、创新工作

一是突出重点项目带动。抓好重点新材料产业项目的跟踪调度和全程服务，每月对项目进展情况进行调度，推动项目快落地、快投产、快见效。2022 年，全市 30 个新材料产业年度重点调度项目开工率 100%，完成年度投资 65.7 亿元，年度投资完成率 98%。二是突出重点企业培育。2022 年 1 月，省工信厅公布 2021 年度山东省新材料领军企业培育入库名单和 50 强名单，淄博市 45 家企业进入省培育库，山东一诺威新材料有限公司、山东凯盛新材料股份有限公司、山东华夏神舟新材料有限公司等 8 家企业入选 50 强。三是加强政策激励。制定印发了《关于修改促进新材料、智能装备、新医药、电子信息产业加快发展若干政策的通知》及配套申报指南，支持全市新材料产业实现集聚化、高端化发展。经过企业申报、区县初审、市级审核(专班审核、会计师事务所审核)、市直部门绿色门槛审核、网站公示后，2022 年新材料产业政策专项资金拟扶持 13 个项目，拟扶持资金 644.49 万元。

三、特色产业链

(一)氟硅材料产业链

淄博市氟硅材料产业发展迅速，已形成了从有机氟、有机硅到氟硅高端新材料、各种功能膜材料的产业链。其中，绿色制冷剂、聚四氟乙烯产品产能全球第一；东岳氟硅材料产业园为亚洲最大的氟硅材料产业园区；山东东岳有机硅材料股份有限公司形成了从有机硅单体、中间体到硅橡胶、硅油等下游深加工产品的完整产业链，现有聚硅氧烷产能 11.8 万吨，位列全球前十、中国第四。目前，全市新型环保制冷剂系列生产能力近 60 万吨/年，含氟高分子材料 13 万吨/年，有机硅单体 30 万吨/年。

氟硅材料产业链图谱如图 3-8 所示。

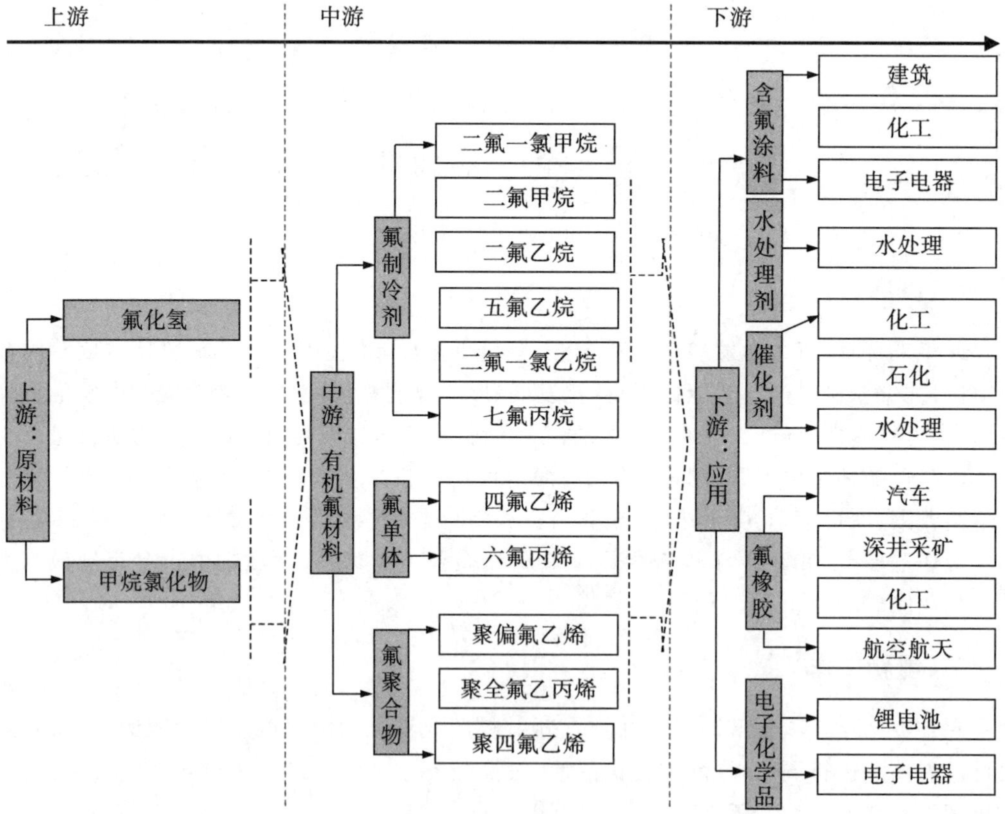

(a)氟材料产业链

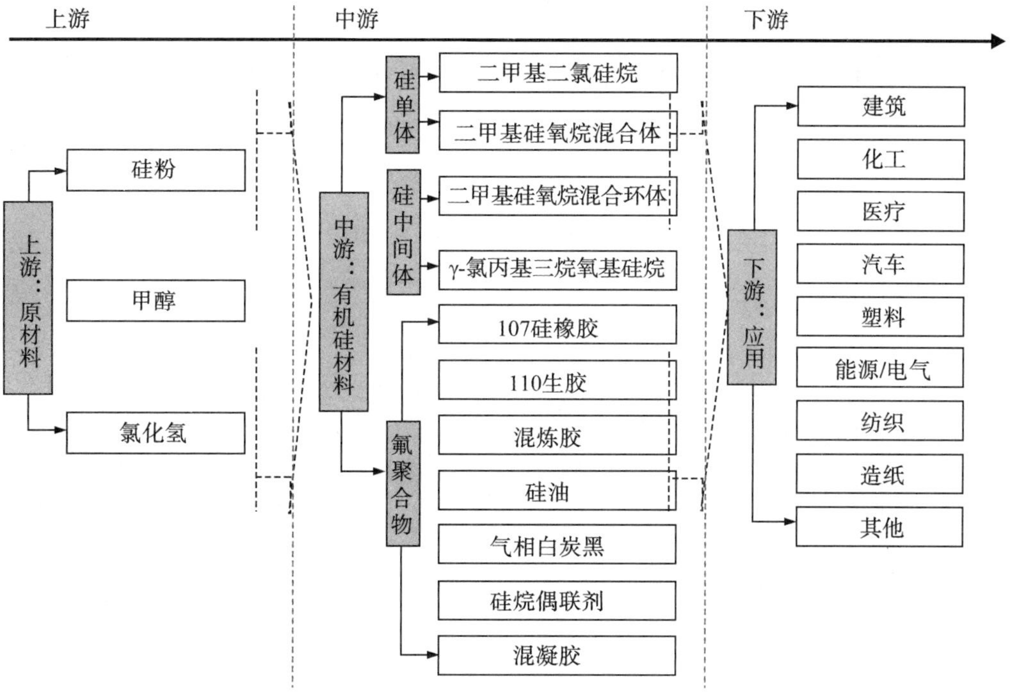

(b)硅材料产业链

图 3-8 氟硅材料产业链

(二)聚氨酯产业链

淄博市聚氨酯产业发展较为成熟，具有行业影响力的聚氨酯生产企业有 20 余家，已形成从原料(环氧丙烷、己二酸、聚醚多元醇)到各种规格牌号的中间体，再到制品的较为完整的产业链，是环渤海湾聚氨酯基地的龙头地区，国内重要的聚氨酯研发、生产基地。目前，全市聚醚多元醇、各类组合聚醚、预聚体年产能 180 万吨左右。其中，山东蓝星东大有限公司 25 万吨/年聚醚多元醇、山东一诺威新材料有限公司 6 万吨/年聚氨酯预聚体、山东隆华新材料股份有限公司 8.3 万吨/年高端聚合物多元醇等产品的产能位居国内前列，补天新材料技术有限公司的化学发泡剂为全球首创。

聚氨酯产业链图谱如图 3-9 所示。

(三)尼龙产业链

淄博市目前已建成 10 万吨/年粗苯加氢、35 万吨/年环己酮、30 万吨/年己内酰胺、8 万吨/年尼龙 6 等配套装置，形成了从苯到尼龙 6 较为完整的产品链。在下一步的发展中，淄博市将扩大上下游装置的规模，进一步增强在尼龙行业的市场地位，并建成国内重要的己内酰胺及尼龙生产基地。规划项目包括 30 万吨/年粗苯加氢、30 万吨/年己内酰胺、2×20 万吨/年尼龙 6 聚合物、3 万吨/年尼龙 6 弹性体，并同步扩大双氧水、硫黄制酸配套装置的规模。

尼龙产业链图谱如图 3-10 所示。

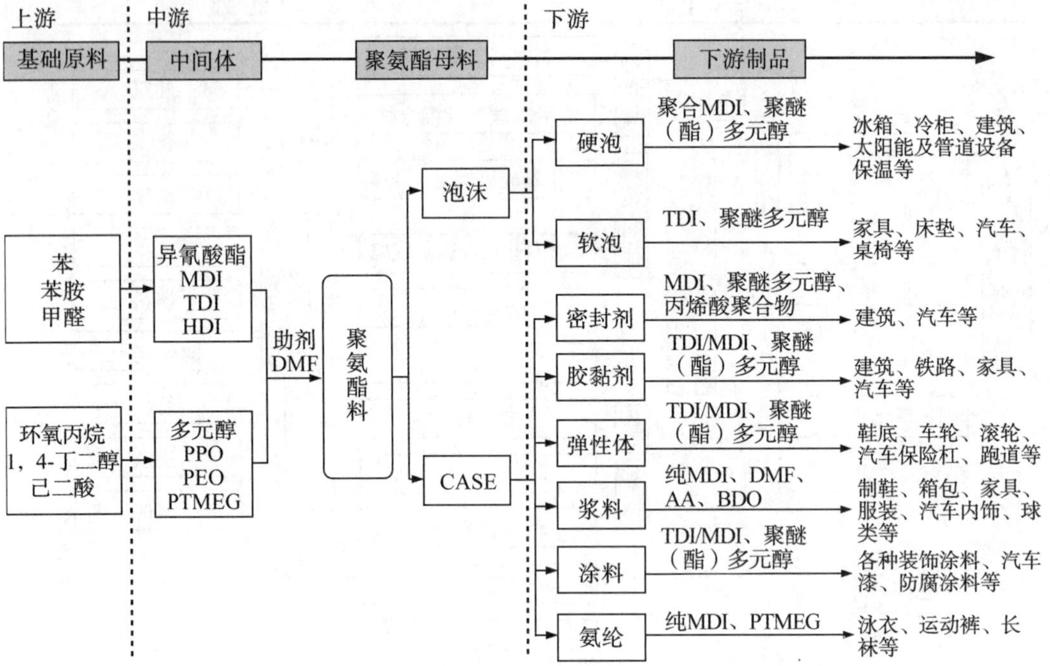

图 3-9　聚氨酯产业链

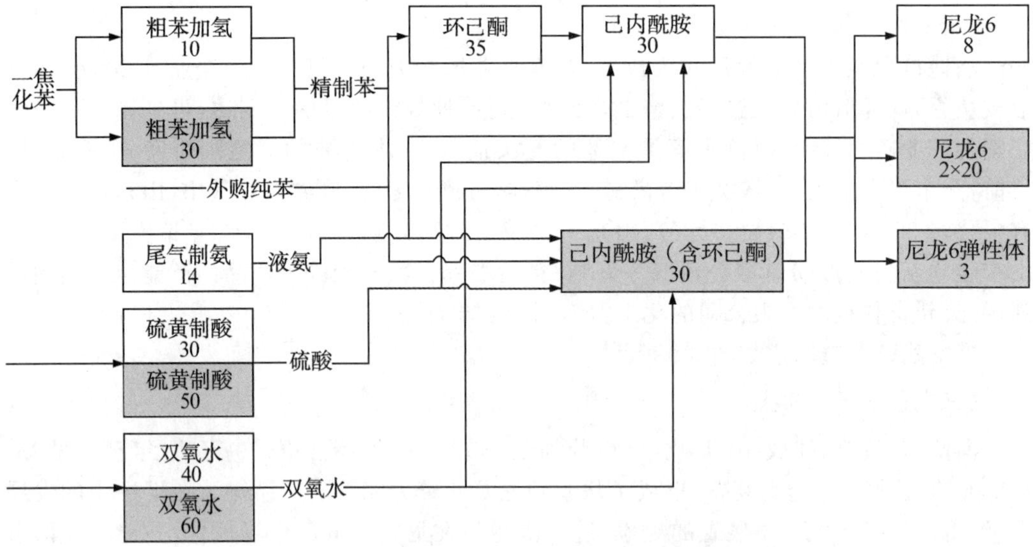

图 3-10　尼龙产业链(单位:万吨/年)

(四)PMMA 产业链

淄博市 PMMA 产业链以液化气碳四作为起始原料,通过液化气原料预处理后,对富异丁烷碳四进行脱氢,得到富异丁烯碳四,富异丁烯碳四可用于生产 MMA。目前,PMMA 产业链现有的装置主要包括液化气原料预处理装置、MTBE(甲基叔丁基醚)装置、异丁烷脱氢装置、MMA 装置(两套),其他配套装置有正丁烷异构化装置、高纯异丁烯装置和 PSA(气变压吸附)氢提浓装置。

PMMA 产业链图谱如图 3-11 所示。

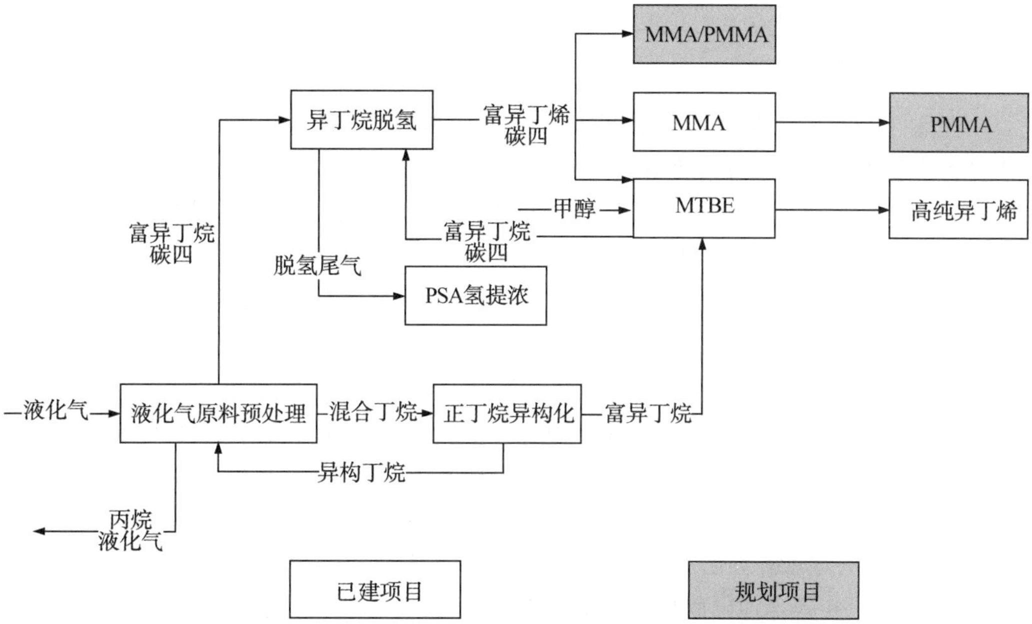

图 3-11 PMMA 产业链

第四节 枣庄市

一、概况

2022 年,枣庄市工业和信息化局按照“工业强市、产业兴市”战略部署,立足资源优势,加快培育发展新材料产业,重点推进化工新材料、锂电新能源材料、高性能纤维及复合材料等优势领域特色新材料的开发应用,不断完善新材料产业体系,产业规模持续壮大,逐步成为枣庄市工业发展的重要支撑。2022 年,枣庄市新材料产业实现营收约 450 亿元,2 家企业被认定为山东省技术创新示范企业,36 家企业进入省科技型中小企业库;累计培育国家企业技术中心 1 家、国家工程研究中心 1 家、国家高新技术企业 12 家、小巨人企业7家、各类省级平台50余家，截至目前，拥有省“专精特新”企业40家，省瞪羚企业22家。

二、工作机制

目前，枣庄市新材料产业“链长制”工作机制正逐步健全。枣庄市多次召开工作会议，围绕新材料产业链工作进行专题部署，分析产业打造形势，提出具体要求，制定推进措施。成立了枣庄市新材料产业发展工作专班，组织召开联盟成立大会，成立了5个子联盟+1个行业协会，建立了“链长+链主+产业联盟”协同发展工作机制。

三、产业布局

一是骨干企业作用强化。坚持“重点抓、抓重点”，突出重大企业、重点项目培育，辐射提升全产业链在建项目水平。滕州金晶玻璃有限公司二期项目、山东中岩重科新材料科技有限公司智能技改项目等顺利投产，滕州市华光科技有限公司光芯棒等项目成功开工。通过“水泥+商混+水泥制品(装配式)”“房地产+建材”等共建活动，推动建材企业营收增长。2022年，全市营收过亿元的新材料企业83家，其中过5亿元的企业16家。

二是重点项目建设加快。2022年以来，枣庄市新材料产业新签约亿元及以上项目11个，新开工亿元及以上项目7个，坚持以项目建设为抓手，跟踪服务，推动在建项目尽快投产达效。重点推动联泓新材料科技股份有限公司2万吨/年超高分子量聚乙烯和10万吨/年醋酸乙烯联合装置项目、10万吨/年锂电材料-碳酸酯联合装置项目，山东泰和水处理科技有限公司2万吨/年VC(碳酸亚乙烯酯)项目，山东丰元锂能科技有限公司7.5万吨/年正极材料项目，山东嘉驰新型化工有限公司2万吨/年VC项目，中材锂膜有限公司三期产能5.6亿平方米/年锂电池隔膜项目加快建设。

三是重点核心链条初步形成。枣庄市新材料产业目前已形成3条较为完善的核心子产业链。烯烃相关材料产业链，依托兖矿鲁南化工有限公司、联泓新材料科技股份有限公司等龙头企业形成原料煤—甲醇—甲醛—聚甲醛(POM)、原料煤—合成氨—己内酰胺—聚酰胺6的工程塑料产业链条，甲醇—乙烯—乙烯-醋酸乙烯共聚树脂(EVA树脂)、超高分子量聚乙烯的高端聚烯烃产业链。锂电池材料产业链，依托山东泰和科技股份有限公司、山东丰元锂能科技有限公司、山东精工电子科技股份有限公司、中材锂膜有限公司、山东吉利欣旺达动力电池有限公司等重点企业，打造正极材料、负极材料、电解液、隔膜材料—动力锂电池制造—控制系统及检验检测—废电池回收产业链等一系列完整的产业链条。高性能纤维及复合材料产业链，依托正凯新材料股份有限公司加强功能性纤维材料与新型织造技术的结合优势，山东联润新材料科技有限公司高性能涤纶、腈纶等功能性新纤维纱线的生产优势，打造纤维—纱线—面料—纺织品的产业链条。

四是产业集群发展逐步完善。通过不断引导和调整，枣庄市逐步形成了化工新材料产业集群、锂电产业集群两大优势产业集群，先进建筑材料、光电信息材料、无机功能材料、先进纺织材料四大特色新材料产业基地。目前，锂电产业，全市已实现正极材料产能

10 万吨、负极材料 4 万吨、锂电隔膜 16 亿平方米、电解液 13 万吨，锂电产业集群已成功入选国家科技部创新型产业集群试点；煤基化工新材料产业，滕州市（煤基精细化工）特色产业集群入选省级特色产业集群，为全市化工新材料产业的发展提供了雄厚的原材料基础。

四、特色产业链

先进化工材料产业链如图 3-12 所示。

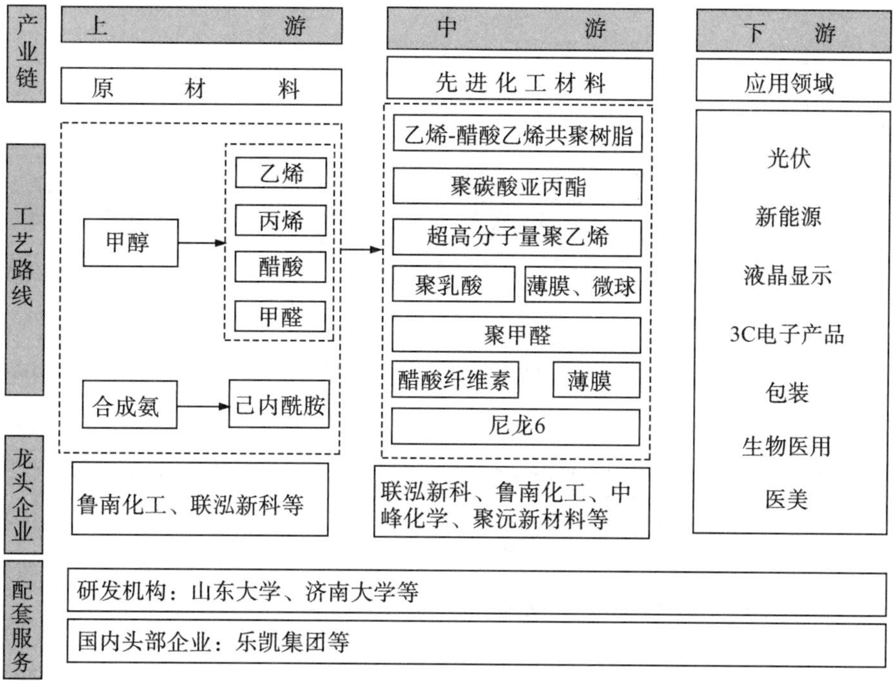

图 3-12　先进化工材料产业链

第五节　东营市

一、概况

东营市现有规模以上新材料企业 56 家，2022 年新材料产业实现产值 403.7 亿元，同比增长 2.8%。按照新材料产业分类，东营市新材料产业涉及 24 个行业，近 40 种产品，其中功能陶瓷材料、稀土催化材料、高性能纤维及复合材料、铜基新材料、化工新材料是东营市重点推动发展的行业领域，具有优良的产业基础。

二、特色产业链

东营市新材料产业链图谱如图 3-13 所示。

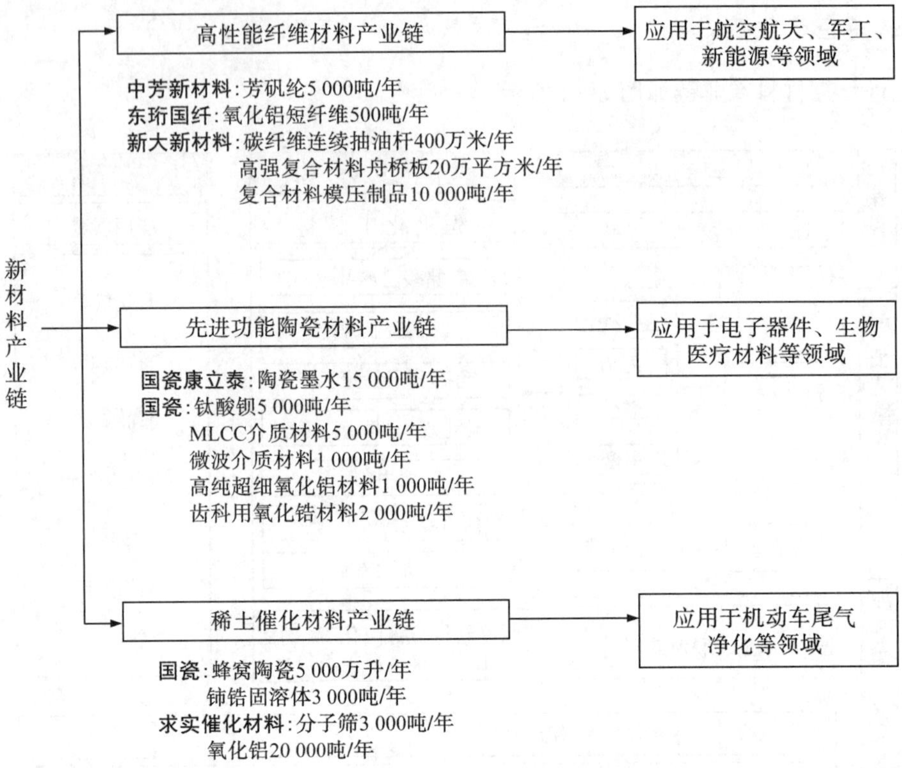

图 3-13　新材料产业链

(一)功能陶瓷材料方面

山东国瓷功能材料股份有限公司是全球最大的超细纳米钛酸钡粉体的生产企业,同时也是全球第一家使用水热法生产氧化锆和氧化铝纳米粉体的企业,MLCC 用系列功能陶瓷材料在国内市场的占有率已达到 80%以上,在全球市场的占有率已达到 35%以上;主持或参与制修订国际标准、国家标准、行业标准和团体标准 33 项;现已成为国内最大的特种陶瓷材料生产商、国内最大的高端功能陶瓷材料生产商,是国家级技术创新示范企业、制造业单项冠军企业。2022 年,公司实现营业收入 32.5 亿元,研发投入 2.3 亿元。图 3-14 以图示形式给出了东营市先进功能陶瓷材料产业链。

(二)稀土催化材料方面

骨干企业主要有山东国瓷功能材料股份有限公司和贵研催化剂(东营)有限公司,其中山东国瓷功能材料股份有限公司历经多年技术攻关,成功打破美国、日本的多方垄断,实现汽车尾气净化用高端蜂窝陶瓷载体的国产化,成长为国内最大的蜂窝陶瓷载体生产商,可以满足国六标准全系列蜂窝陶瓷需求,保障了国家汽车产业链安全。贵研催化剂

(东营)公司由昆明贵研催化剂有限责任公司、潍柴动力空气净化科技有限公司和稀土催化创新研究院(东营)有限公司联合发起成立，主要从事蜂窝陶瓷的催化剂涂覆，公司拥有具有自主知识产权的“多金属分子筛催化剂技术”，解决了我国柴油重型车后处理行业的“卡脖子”问题。该公司多项研究成果已实现产品批量化生产，下游客户主要有潍柴动力股份有限公司、广西玉柴机器集团有限公司、一汽解放汽车有限公司等企业。2022 年公司投资 3 亿元建设了1 200 万升/年机动车尾气净化催化剂涂覆项目，计划未来产能提升至4 800 万升/年，产值突破 20 亿元。图 3-15 以图示形式给出了东营市稀土催化材料产业链。

(三)高性能纤维及复合材料方面

中芳新材料有限公司是全球唯一一家芳砜纶生产企业，拥有独家芳砜纶完整自主知识产权。目前，该公司产品已经被应用到探月工程三期嫦娥五号探测器、火星探测工程着陆巡视器以及多个军工产品中，在航天军工领域有着不可替代的作用，同时在民用领域也有着广泛应用。山东东珩国纤新材料有限公司依托山东大学国家胶体材料工程技术研究中心，致力于高性能氧化铝纤维及系列产品的研发、生产和销售，主导产品有氧化铝短纤维、氧化铝连续纤维、三元催化器衬垫，是全球第三家、国内唯一一家采用国际领先的“溶胶—凝胶”制备工艺进行氧化铝纤维生产的企业。胜利新大新材料股份有限公司是中国复合材料工业协会公布的综合实力前三强企业，主要产品涉及复合材料管道、容器等 5 大类 30 多种系列产品，是国内最大、产品技术序列最为齐全的石油系统复合材料专业供应商，业务范围遍布石油石化、市政、军工、煤层气、电力、海洋、轨道交通、航天等领域。图3-16以图示形式给出了东营市高性能纤维及复合材料产业链。

(四)铜基新材料方面

山东合盛铜业有限公司是深圳龙电华鑫控股集团股份有限公司的全资子公司，主要生产标准铜箔、锂电铜箔、5G 铜箔等产品，已被广泛应用于新能源汽车动力锂电池、印刷线路板、消费电子、5G 通信等行业。目前，公司产能 2 万吨/年，计划到 2025 年完成投资 35 亿元，产能拓展至 5 万吨/年，预计可实现年销售收入 45 亿元，利税 6.5 亿元，成为全国重要的电子铜箔生产基地。东营兆源机电科技有限公司专业从事高端电磁线系列产品的研发及生产，产品主要被应用于高速列车牵引机、各种发电机、防爆电机、变压器等。公司先后与中国中车集团有限公司、东方电机有限公司、西门子股份公司、庞巴迪公司等国内外企业建立了良好的合作关系。目前，公司产品在轨道交通领域的市场份额为 70%，在清洁能源发电领域的市场份额为 50%。2022 年，东营市引进深圳市中金岭南有色金属股份有限公司对东营方圆铜业有限公司进行整合重组，公司计划按照“整体规划、分步实施”的全产业链发展思路，通过实施绿色智能升级改造、工业固体废物资源化利用及铜基新材料制造三大工程，打造全国千亿级现代化铜产业集群高质量发展示范区。图 3-17 以图示形式给出了东营市有色金属产业链。

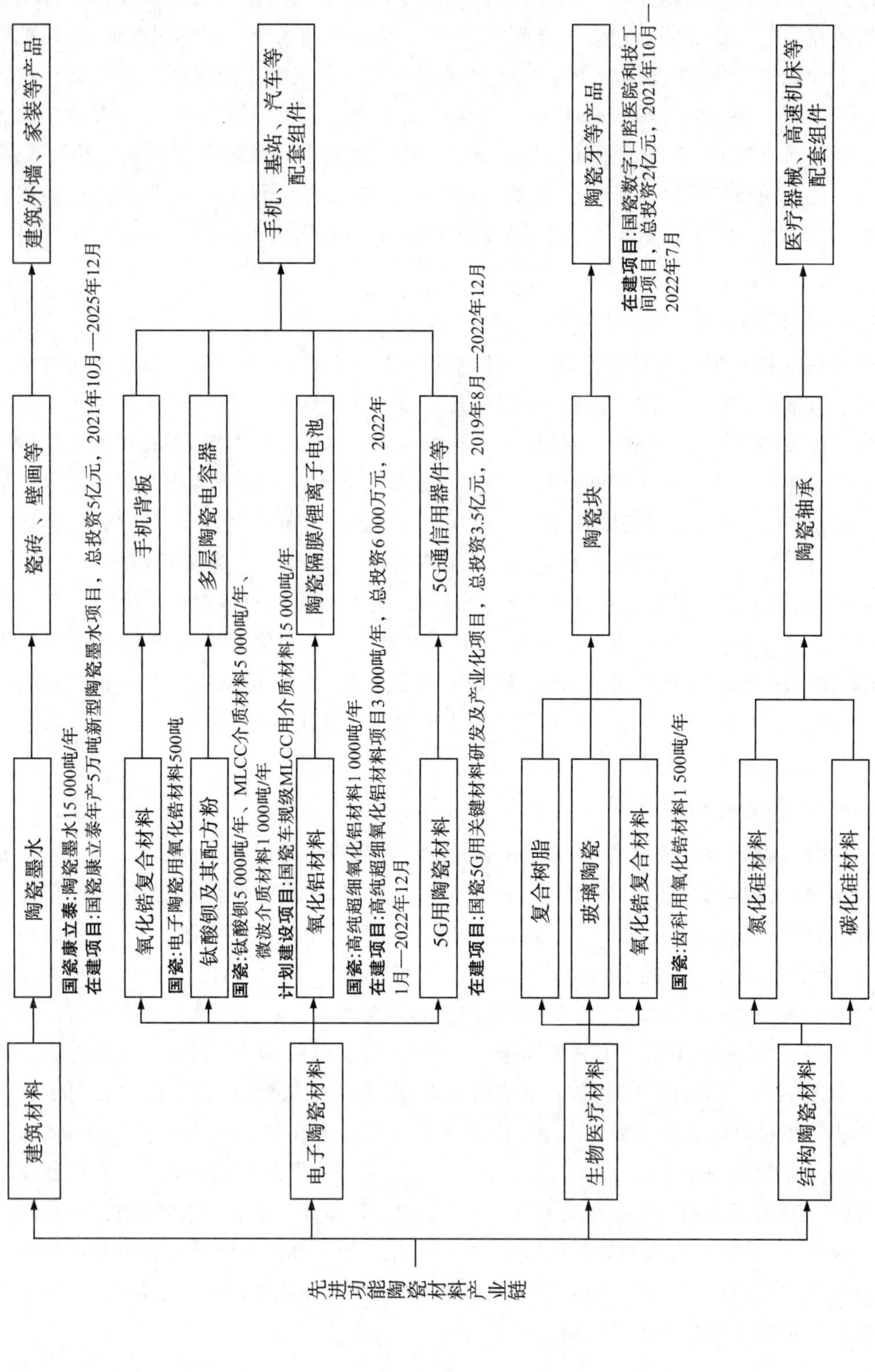

图3-14 先进功能陶瓷材料产业链

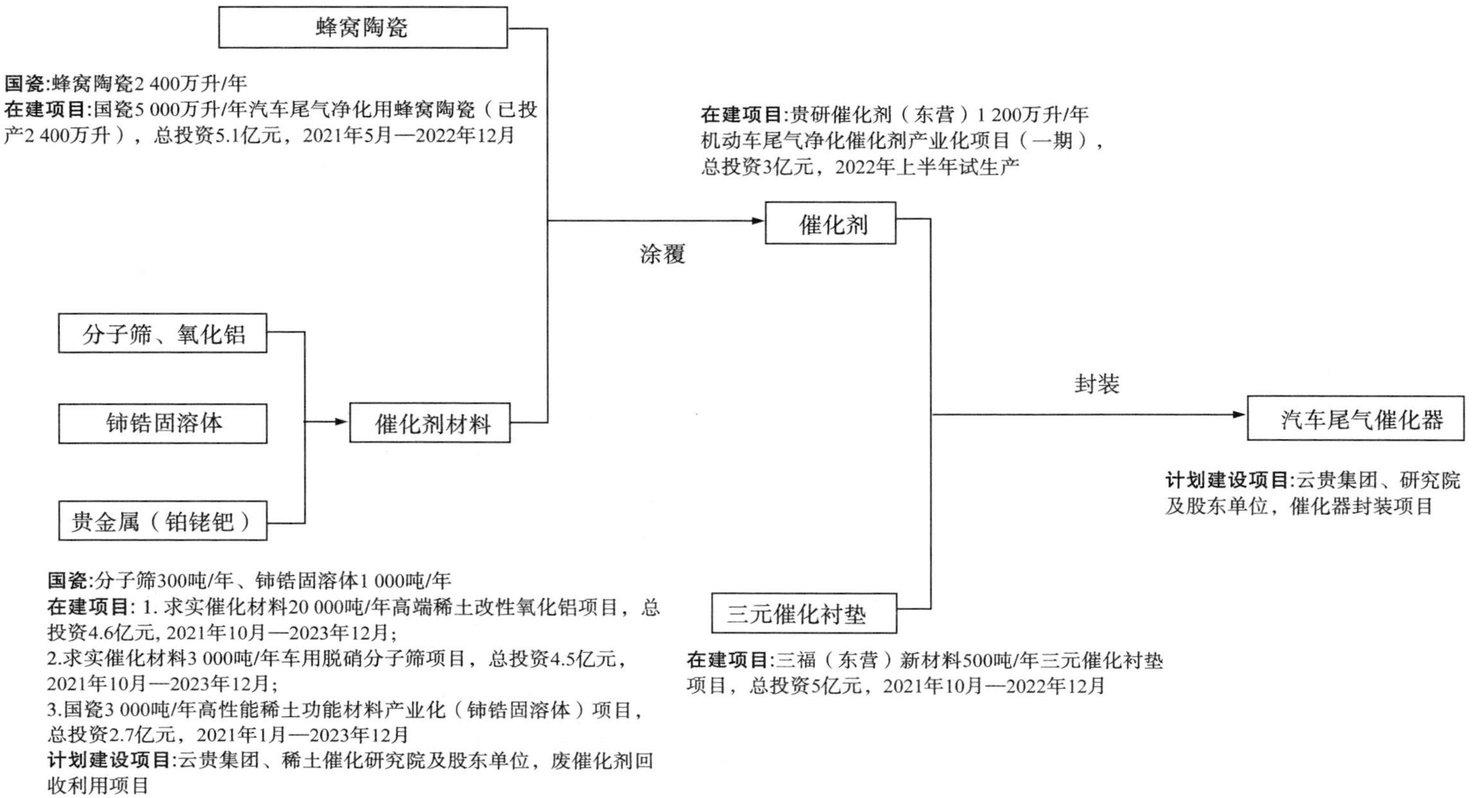

图3-15　稀土催化材料产业链

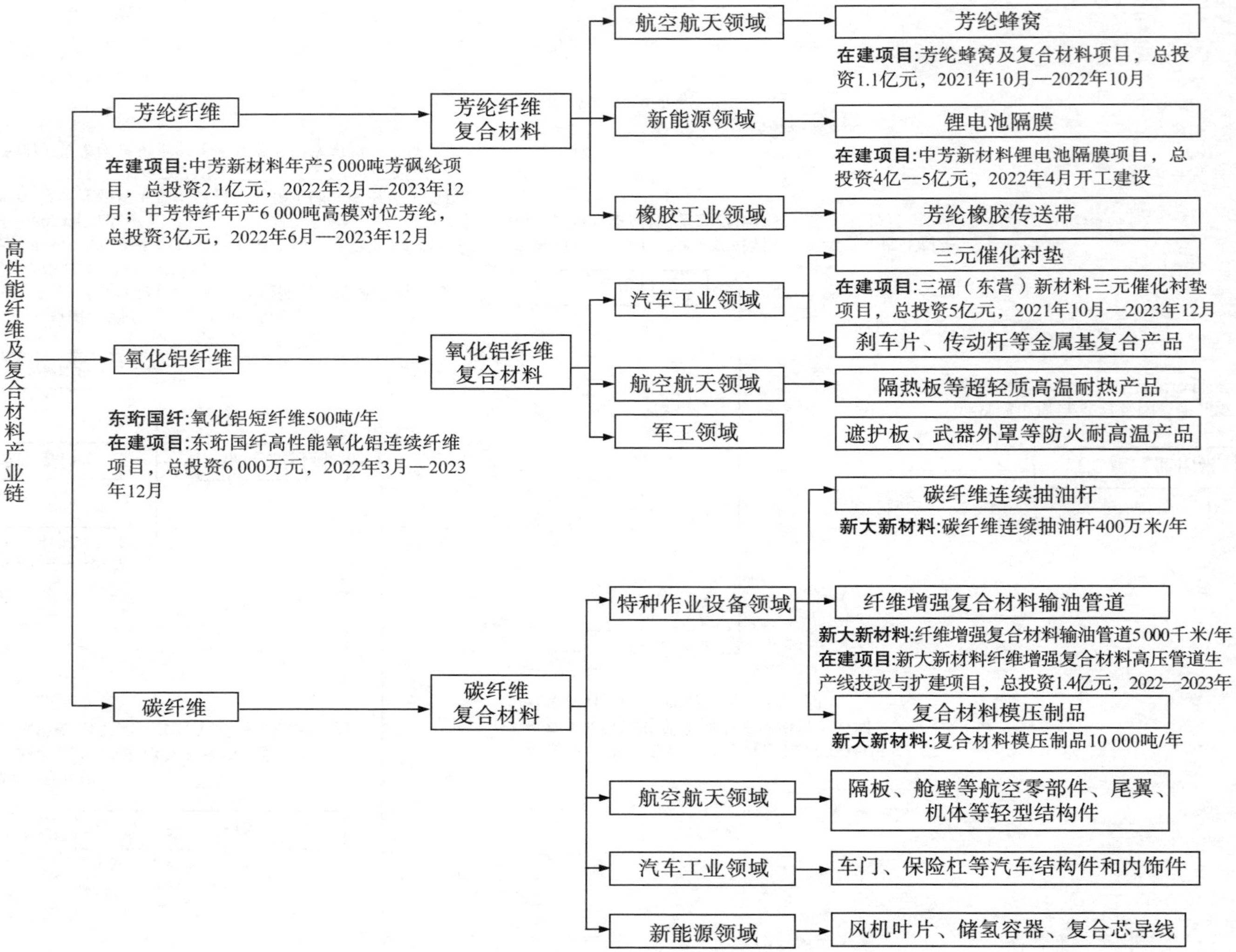

图3-16　高性能纤维及复合材料产业链

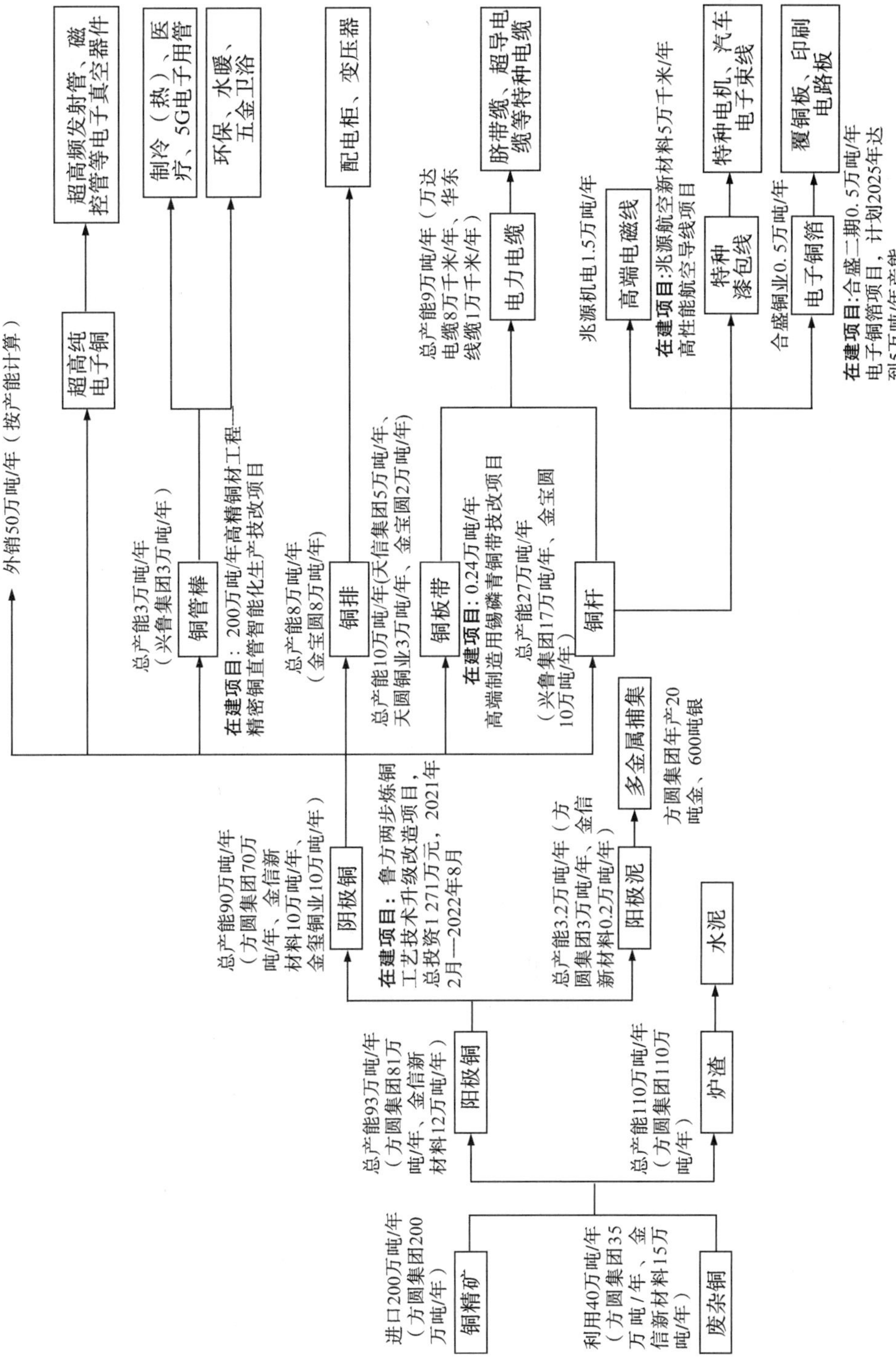

图3-17　有色金属产业链

(五)化工新材料方面

东营市石油化工产业产值占全市工业的60%左右,近年来,东营市积极推动企业从炼油向高端化工品和化工新材料领域转型发展。2022年,化工新材料实现产值310亿元,占全市新材料产业的76.8%。其中,利华益集团股份有限公司居中国石油和化工民营企业100强第5位,拥有"炼油—丙烯/乙苯—丙烯腈/苯乙烯—高性能ABS树脂""炼油—丙烯/异丁烯—MMA—光学级PMMA""苯酚、丙酮—双酚A—聚碳酸酯"等多个产业链。胜华新材料集团股份有限公司围绕碳酸酯类产品,聚焦新能源、新材料领域,打造立体化完整产业链,纵向延伸精细化工品业务,横向开拓锂电新材料产品。目前,公司在全球碳酸酯高端溶剂市场的份额已超过40%,下游客户覆盖了全球范围内电解液龙头厂商,是全球唯一能够同时提供锂离子电池电解液溶剂、溶质、添加剂产品的全产业链公司。山东诺尔生物科技有限公司的高吸水性树脂产品质量达世界一流水平,市场占有率位居全国前列。2022年,公司在东营港投资60亿元建设的水溶性功能高分子系列项目,一期于2023年一季度末投产。项目全面投产后,预计年销售收入达百亿元,利税23亿元,高吸水性树脂产量将达到全球前列。

第六节　烟台市

一、概况

近年来,烟台市高度重视新材料产业发展,把培育新材料产业作为制造业强市战略主抓手,在多个领域实现了技术和产业化突破,产业规模不断壮大,创新能力稳步提升,集聚化发展态势初步形成。2022年,烟台市1家企业获批全省新材料领域高质量发展奖励资金2 200万元,2家企业获批国家重点新材料首批次应用保险补偿资金1 948万元,5家企业获批省级新材料首批次保险补偿资金588.1万元;19家企业入选全省新材料产业领军企业培育库,10家企业入选领军企业50强,2个项目入选第二批全省新材料创新应用示范项目。

二、政策举措

烟台市坚持打造产业政策体系。科学谋划产业规划布局,明确政策落地路径,出台《烟台市石化及化工新材料产业链实施方案》《烟台市战略新兴产业实施方案》等文件,以聚氨酯、高性能纤维及复合材料、热塑性弹性体、改性工程塑料为代表,以高端化、链条化、集聚化、绿色化发展为目标,打造技术先进、带动力强、集约集聚、安全绿色的先进结构材料产业体系，对产业发展产生了积极的推动作用，引领产业集群蓬勃发展。

三、创新工作

一是提升创新能力。积极整合科技要素，加大对创新平台建设投入和政策支持力度，不断完善以企业为主体、市场为导向、产学研用相互结合的创新体系。鼓励支持万华化学集团股份有限公司“国家聚氨酯工程技术研究中心”、山东南山铝业股份有限公司“国家铝合金压力加工工程技术研究中心”、道恩集团有限公司“高性能热塑性弹性体动态硫化技术国家地方联合工程实验室”、烟台正海磁材有限公司“钕铁硼磁性材料及表面处理技术国家地方联合工程研究中心”等平台成为突破关键技术、主导产业发展的重要载体。

二是拓展和延伸产业链。培育了以万华化学集团股份有限公司为龙头的化工新材料产业链，以山东南山铝业股份有限公司为龙头的高端铝材料产业链，以烟台万隆真空冶金股份有限公司、烟台孚信达双金属股份有限公司为代表的先进铜合金产业链，以泰和新材集团股份有限公司为龙头的高性能纤维及复合材料产业链，以烟台正海磁材有限公司、烟台东星磁性材料股份有限公司、烟台希尔德新材料有限公司为龙头的稀土功能材料产业链等。支持万华化学集团股份有限公司打造聚氨酯上下游产业链，打造特色鲜明、具有示范引领作用的国内一流高端化工新材料产业基地；支持山东南山铝业股份有限公司以国家级铝精深加工工业化产业示范基地为载体，打造国际领先的高端铝材研发生产基地。

三是推进产才融合发展。实施重点产业人才集聚行动，建设产才融合发展示范园区，绘制“材料产业、专业人才需求地图”，切实把人才的“引育管用”同企业增产增值融合起来。以哈尔滨工程大学烟台研究(生)院启用为契机，稳步引进国内外知名高校资源，建设校企双师联合培养新模式。实施重点人才引进工程，发挥海外人才离岸创新创业基地、留学人员创业园等创新平台的作用，加快集聚业内顶尖人才、关键技术特殊人才、相关产业创新创业人才。策划举办各类高层次节、展、赛、会，支持面向高校大学生的创新大赛、科技交流论坛等活动。

四是进一步加快园区建设。依托6个省级化工园区和7个化工重点监控点，积极承接区域内化工企业转移，通过大项目带动和持续推动园区外企业进区入园，使企业实现链条式发展，集聚效应进一步突出，产业安全环保水平不断提升，从而可实现高质量发展。2022年1月和9月，烟台化工产业园、蓬莱化工产业园、莱阳化工产业园3个园区分两批成功完成省级层面扩区审批，在全省尚属首次。

五是加快重点项目建设。积极推动万华化学集团股份有限公司聚氨酯产业链一体化—乙烯项目及产业链延伸系列项目、山东裕龙石化有限公司炼化一体化项目、华润化学材料科技股份有限公司40万吨尼龙智能化产业升级项目、中节能万润股份有限公司环保材料建设项目等一批高端化工重点项目建设,通过延伸特色化产业链,培育壮大化工新材料产业,并与烟台市其他支柱产业形成有效对接,打造从基础资源到面向终端消费的完整产业链条,逐渐形成结构完善、产品丰富、新材料特色突出的产业结构。通过重点项目的实施,可为新旧动能转换提供不竭动力,为烟台市下一步更快更好地发展打下基础。

四、特色产业链

(一)铝产业链

铝产业链图谱如图3-18所示。

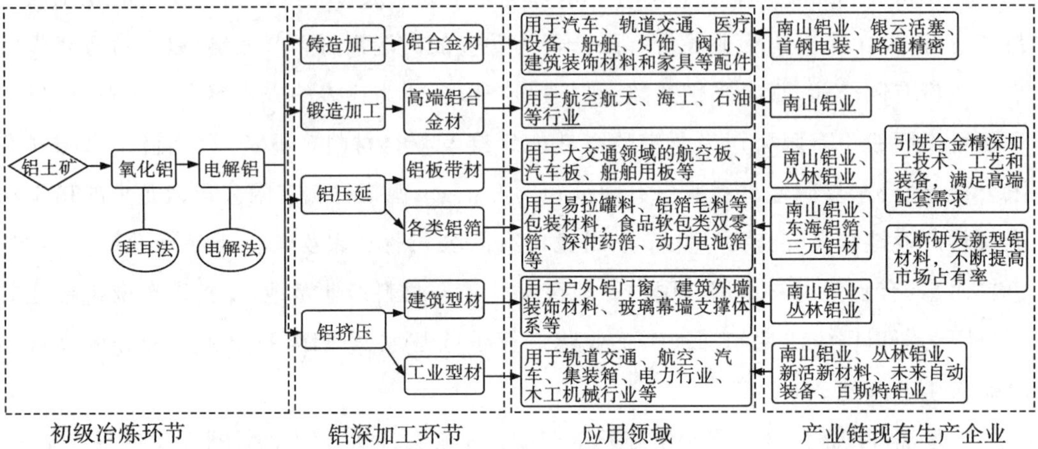

图3-18 铝产业链

(二)聚氨酯产业链

聚氨酯产业链图谱如图3-19所示。

(三)石油化工产业链

石油化工产业链图谱如图3-20所示。

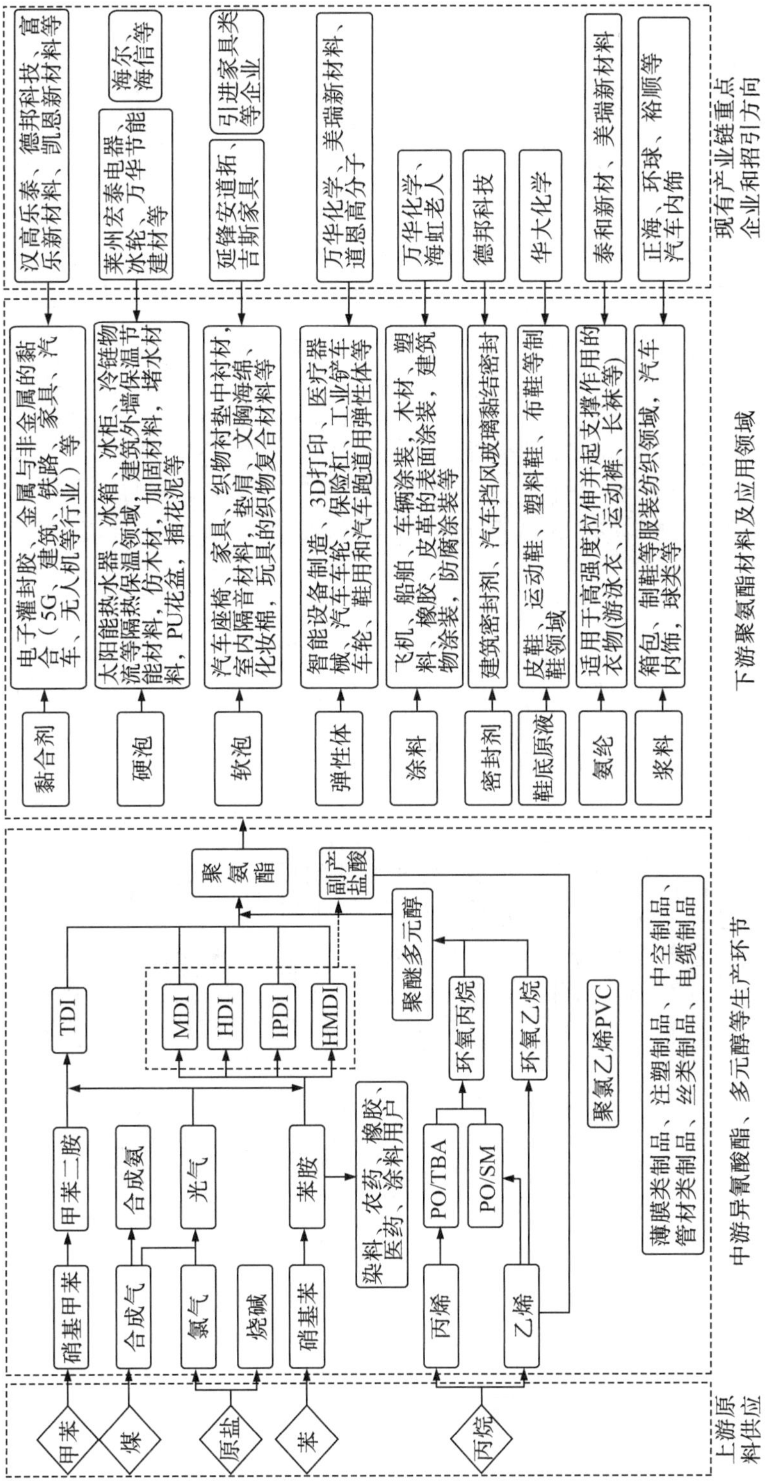
上游原料供应
甲苯
煤
原盐
苯
丙烷
中游异氰酸酯、多元醇等生产环节
硝基甲苯
甲苯二胺
TDI
合成气
合成氨
氯气
光气
烧碱
硝基苯
苯胺
MDI
HDI
IPDI
HMDI
染料、农药、橡胶、医药、涂料用户
丙烯
PO/TBA
PO/SM
环氧丙烷
乙烯
环氧乙烷
聚醚多元醇
副产盐酸
聚氨酯
聚氯乙烯PVC
薄膜类制品、注塑制品、中空制品、管材类制品、丝类制品、电缆制品
下游聚氨酯材料及应用领域
黏合剂
电子灌封胶、金属与非金属的黏合（5G、建筑、铁路、家具、汽车、无人机等行业）等
硬泡
太阳能热水器、冰箱、冰柜、冷链物流等隔热保温领域，建筑外墙保温节能材料，仿木材，加固材料，堵水材料，PU花盆，插花泥等
软泡
汽车座椅、家具、织物衬垫中衬材、室内隔音材料、垫肩、文胸海绵、化妆棉，玩具的织物复合材料等
弹性体
智能设备制造、3D打印、医疗器械、汽车车轮、保险杠、工业铲车车轮、鞋用和汽车跑道用弹性体等
涂料
飞机、船舶、车辆涂装，木材、塑料、橡胶、皮革的表面涂装，建筑物涂装，防腐涂装等
密封剂
建筑密封剂、汽车挡风玻璃黏结密封
鞋底原液
皮鞋、运动鞋、塑料鞋、布鞋等制鞋领域
氨纶
适用于高强度拉伸并起支撑作用的衣物(游泳衣、运动裤、长袜等)
浆料
箱包、制鞋等服装纺织领域，汽车内饰、球类等
现有产业链重点企业和招引方向
汉高乐泰、德邦科技、富乐新材料、凯恩新材料等
莱州宏泰电器、冰轮、万华节能建材等
海尔、海信等
延锋安道拓、吉斯家具
引进家具类等企业
万华化学、美瑞新材料、道恩高分子
万华化学、海虹老人
德邦科技
华大化学
泰和新材、美瑞新材料
正海、环球、裕顺等汽车内饰

图3-19 聚氨酯产业链

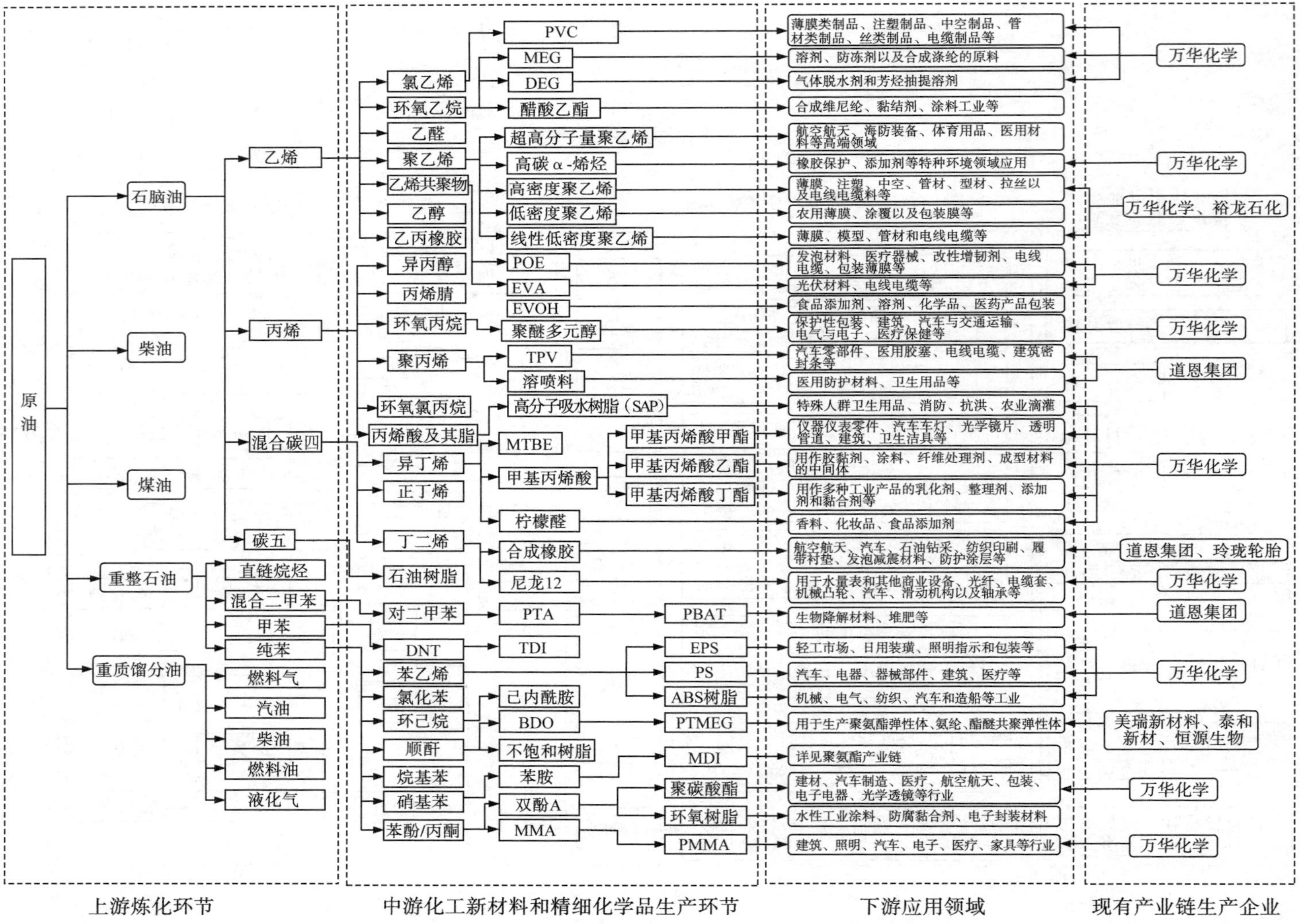

图3-20　石油化工产业链

第七节　潍坊市

一、概况

潍坊市现有新材料企业 188 家，数量多、规模大。2022 年，潍坊市新材料产业实现营业收入1 353.18亿元，同比增长 13.02%，利润总额 21.69 亿元，产品增加值 254.9 亿元，占 GDP 的 3.5%。

二、创新工作

一是推动特色新材料产业链发展。潍坊市特色新材料产业链有碳化硅结构陶瓷、新型防水材料、特种钢铁 3 条。潍坊市成立特色新材料产业链工作专班，建立工作机制，明确工作职责，扎实开展“链长制”各项工作；分产业链确定了龙头企业并赴寿光、坊子、安丘等地对链主企业开展调研，摸清了每个产业链龙头企业基本情况、产业发展现状及存在问题；将潍坊市 3 条新材料产业链的上、中、下游产业串联制定产业图谱，深入分析产业链发展的国内、国外、省内形势，分析潍坊市产业链的基本优势、薄弱环节。新材料产业发展势头好，2022 年 1—11 月，潍坊市新材料产业实现营业收入1 253亿元，同比增长 12.5%。

二是加快新材料领域荣誉争取。高信化学股份有限公司、山东中科恒联生物基材料有限公司、山东龙港硅业科技有限公司 3 家企业的项目入选 2022 年山东省新材料创新示范项目；山东金鸿新材料股份有限公司的碳化硅基复合陶瓷在装甲防护领域的应用研究与产业化和山东七维新材料有限公司的轨道交通客车用高性能水性涂层材料的研发与产业化 2 个项目入选山东省新旧动能转换重大产业攻关项目；潍坊华美精细技术陶瓷有限公司、潍坊东方钢管有限公司、山东英特医疗科技有限公司、富维薄膜（山东）有限公司 4 家企业申报省级新材料首批次保险补贴，加快新材料推广应用。潍坊市加快省级十强产业集群领军企业培育，新增山东星宇手套有限公司领军企业 1 家，共有 3 家企业入选省级十强产业集群领军企业，企业户数位居全省前列。

三是推动钢铁行业高质量发展。2022 年 1 月 20 日，工信部、发改委、生态环境部联合出台《关于促进钢铁工业高质量发展的指导意见》（工信部联原〔2022〕6 号），明确提出现有城市钢厂应立足于就地改造转型升级、不宜搬迁的原则要求。为贯彻落实国家稳增长稳市场主体保就业、经济大省勇挑大梁、稳定经济大盘，推动钢铁行业转型升级高质量发展等要求，潍坊市工业和信息化局聘请了中国冶金规划研究院相关专家，具体指导潍坊市钢铁行业转型升级。经过前期的对接沟通，召开了编制建设潍坊市特种金属材料产业基地调研报告的视频会议，并与中国冶金规划研究院签订了合同。同时，邀请冶金行业国家级专业研究机构对潍坊市钢铁行业进行系统研究、分析论证和发展定位，形成了《关于潍坊市建设特种金属材料产业基地的研究报告》。结合2022年国家经济发展主基调的总要求,以及从产业融合度和锻造稳定的产业链供应链视角考虑,潍坊市钢铁企业应在原址转型升级、高质量发展,不宜进行异地搬迁转移。同时,潍坊市正在打造世界级动力装备先进制造业集群,立足现有企业的基础条件,建设特种金属材料产业基地,推动钢铁行业转型升级、高质量发展,这些举措是潍坊市经济社会发展的必然选择和客观要求,有利于发挥多方优势,实施产业链式组合、协同创新和高质量发展。

四是坚决完成钢铁粗钢调控的同时全力保障全市民生供暖和生产稳定。2022年,山东省下达给潍坊市的粗钢产量控制目标为510万吨,在2021年压减186万吨的基础上再压减77万吨,与2020年相比压减263万吨,压减幅度为33%,是全省压减幅度的2.3倍。为坚决完成省工信厅下达的粗钢产量目标,市工信局制定了压减工作方案,建立了月报、周报、日报制度,联合市直相关部门进行数据联审,定期组织现场核查。在坚决完成粗钢产量调控目标的前提下,为全力保障全市民生供暖和生产稳定,市工信局多次积极向省工信厅汇报,争取省里支持,省工信厅为潍坊特钢集团有限公司增加12万吨粗钢产量指标,同时,抓住当前钢铁市场波动较大、省内部分企业生产意愿不强、粗钢产量指标有富余的时机,从泰安、德州、临沂3市借用87万吨粗钢产量指标。同时,积极落实全省推动钢铁企业稳生产保增长政策,山东寿光巨能特钢有限公司争取奖励资金34万元。

三、特色产业链

(一)碳化硅结构陶瓷材料产业链(见图3-21)

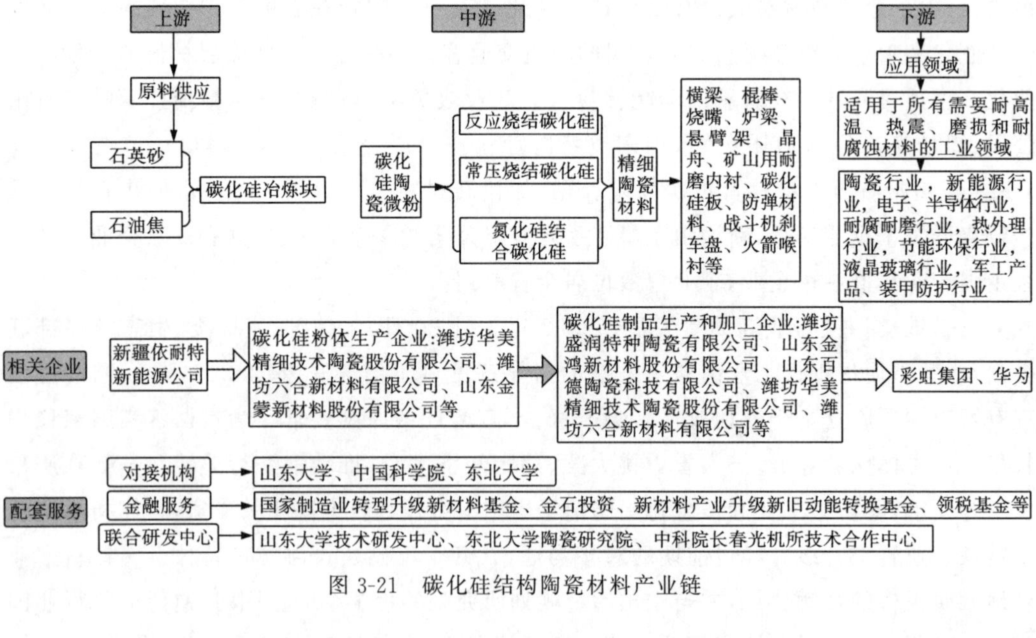

图3-21 碳化硅结构陶瓷材料产业链

（二）新型防水材料产业链（见图 3-22）

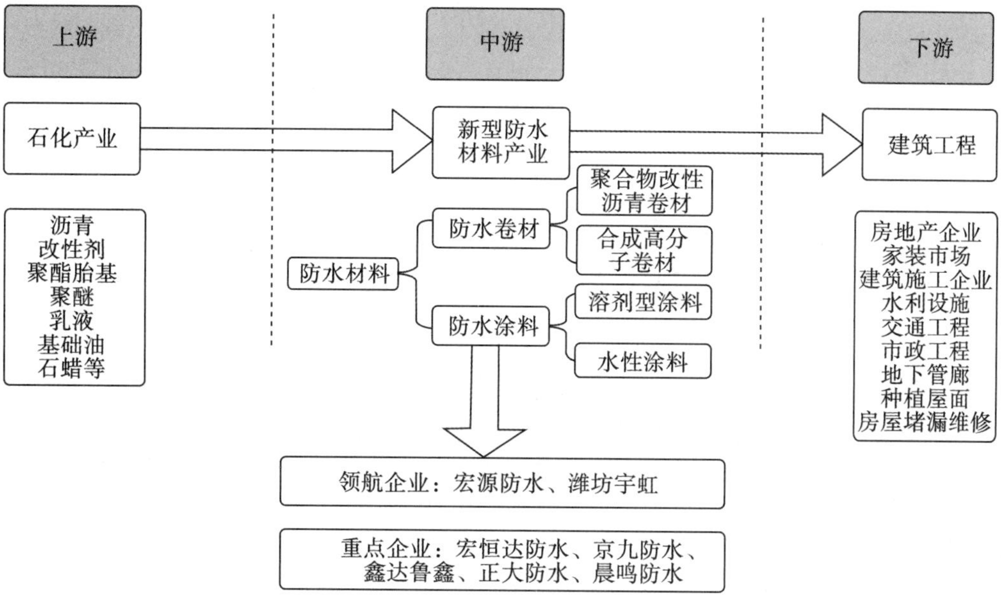

图 3-22　新型防水材料产业链

（三）特种钢铁产业链（见图 3-23）

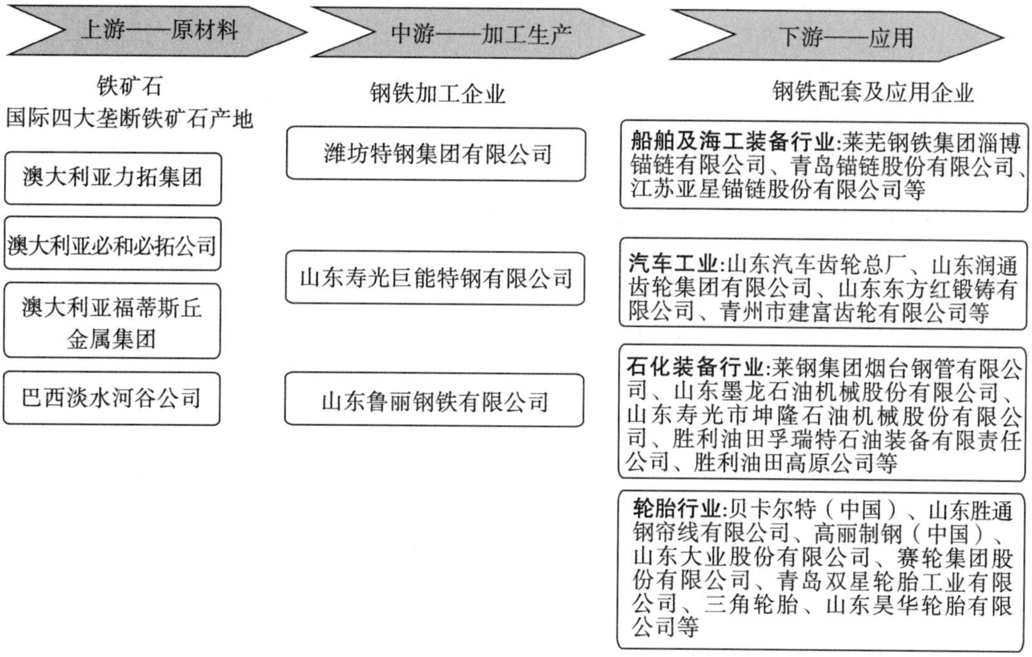

图 3-23　特种钢铁产业链

第八节　济宁市

一、概况

济宁市新材料产业将聚焦先进碳材料、稀土、化工及生物基新材料“三大产业”,实施强企打造、科技创新、集群培育、品牌创建“四大工程”,以更坚定的决心、更有力的措施、更扎实的作风,推动形成“科技—产业—金融”的良性循环,加快建设现代化新材料产业体系。济宁市现有新材料企业123家。2022年,济宁市新材料产业实现营业收入381.1亿元,利润总额26.4亿元。

二、创新工作

一是进一步落实新材料首批次保险补偿,推进新材料产品应用。组织山东天安华力新材料科技有限公司、山东金利特新材料有限责任公司、山东晨阳新型碳材料股份有限公司等企业参与修订了《山东省重点新材料首批次应用示范指导目录(2022年版)》,5家新材料企业的7种新材料产品被纳入2022年示范指导目录,为下一步的补偿资金申报工作提供了基础。推荐泰山玻璃纤维邹城有限公司申报2021年度国家新材料首批次产品保险补偿,获批国家级补偿资金189万元。推荐泰山玻璃纤维邹城有限公司、中稀(微山)稀土新材料有限公司、凯赛(金乡)生物材料有限公司申请2022年度山东省新材料首批次应用保险补偿,申报金额总计225.84万元。开展2022年度省级新材料首批次保险补偿项目绩效评价工作,通过绩效评价的开展,企业普遍对该政策及项目执行的满意度较高。

二是组织企业参加论坛、大赛等活动,提高济宁市新材料企业知名度。组织山东睿安生物科技有限公司参加2022世界先进制造业大会成果展。组织山东益大新材料股份有限公司、山东松盛新材料有限公司等5家企业参加第三届山东省新材料产业创新创业大赛,其中山东益大新材料股份有限公司从钕铁硼废料中回收氧化钕的新技术研究项目,获得第三届山东省新材料产业创新创业大赛三等奖,使济宁市实现了该项目“从0到1”的突破。组织中稀(微山)稀土新材料有限公司、山东圣润纺织有限公司、济宁辰星碳素有限公司等4家企业参加第二届山东省新材料产业智能制造大赛,其中济宁辰星碳素有限公司的纺丝沥青智能化集成生产管控系统获得大赛优秀奖。

三是加快推动重点项目建设。会同市制造强市指挥部下沉一线,实现项目调研全覆盖。与园区、企业、驻企干部的业务沟通实现常态化,做到进展情况“一口清”。难点、卡点着力突破,及时与要素保障部门对接解决,有力有效推动项目早开工、早建设、早投产。重点保障山东益大新材料股份有限公司10万吨/年针状焦高精细化学材料综合利用项目、泰山玻璃纤维邹城有限公司6万吨/年高模高强玻璃纤维生产线等新开工项目顺利实施;山东硅科新材料有限公司5万吨/年硅烷偶联剂系列产品、中稀天马新材料科技股份有限公司2万吨/年钕铁硼废料回收处理扩产至3.6万吨/年等重点项目年内完工投产;济宁碳素集团有限公司15万吨/年低消耗预焙阳极及余热综合利用、梁山新翔新材料有限公司7.5万吨/年新型环保高分子添加剂等项目完成年内建设目标。

四是积极开展对上争取工作,扶持重点企业。推荐山东硅科新材料有限公司申报新材料领域高质量发展奖励资金支持,获批奖励资金200万元,入选数量位居全省第四。推荐16个项目申报2020年度山东省新材料创新应用示范项目,其中山东晨阳新型碳材料股份有限公司100吨/年煤系沥青基通用级熔喷碳纤维、泰山玻璃纤维邹城有限公司超细电子纱产业化、泰山玻璃纤维邹城有限公司6 700万米/年电子布生产线、山东京能新材料科技有限公司炭微球基等静压石墨（极细颗粒高纯石墨）生产及研发、嘉祥洪润电碳有限公司碳碳复合材料科技园、中稀天马新材料科技股份有限公司从钕铁硼废料中回收氧化钕的新技术研究等6个项目入选第二批山东省新材料自主创新示范项目名单，华勤橡胶科技研究院的橡胶新材料平台入选第二批山东省新材料创新平台项目名单，项目数量位居全省第1。推荐泰山玻璃纤维邹城有限公司、凯赛（金乡）生物材料有限公司等10家企业申报山东省新材料领军企业培育库，10家企业全部进入山东省新材料领军企业培育库，其中4家企业[泰山玻璃纤维邹城有限公司、凯赛（金乡）生物材料有限公司、中稀天马新材料科技股份有限公司、中稀（微山）稀土新材料有限公司]入选2021年度山东省新材料领军企业50强，入选数量位居全省第四。

三、特色产业链

（一）生物基新材料产业链（见图3-24）

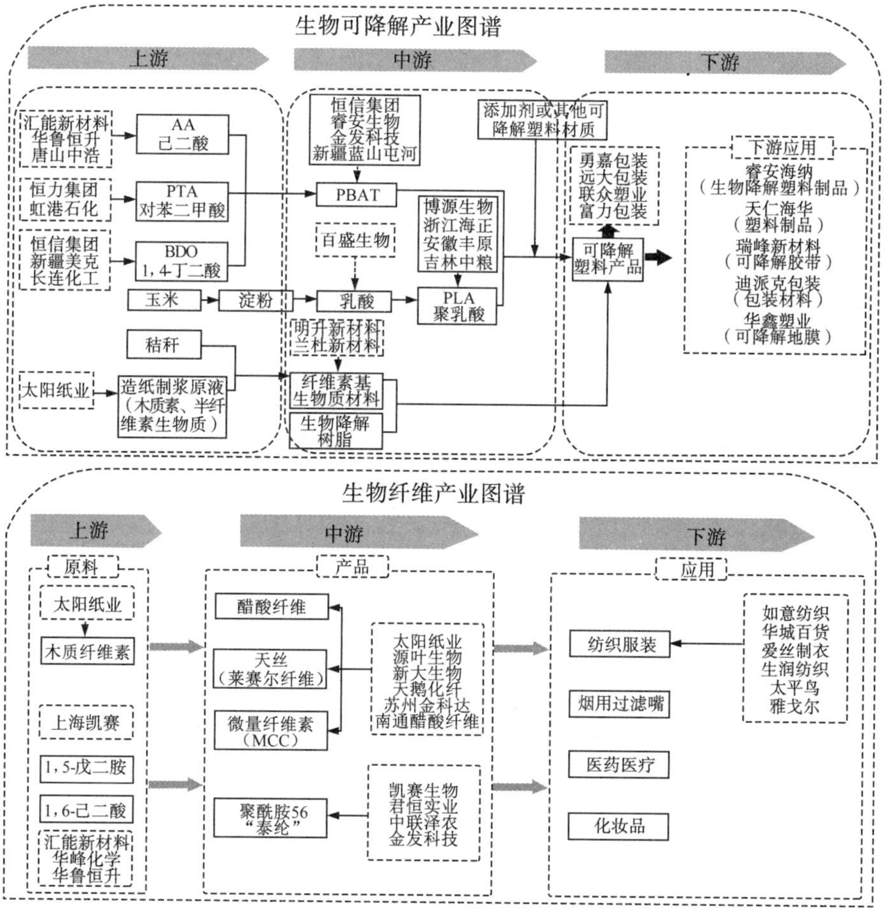

图3-24　生物基新材料产业链

（二）碳基新材料产业链（见图3-25）

（三）稀土新材料产业链（见图3-26）

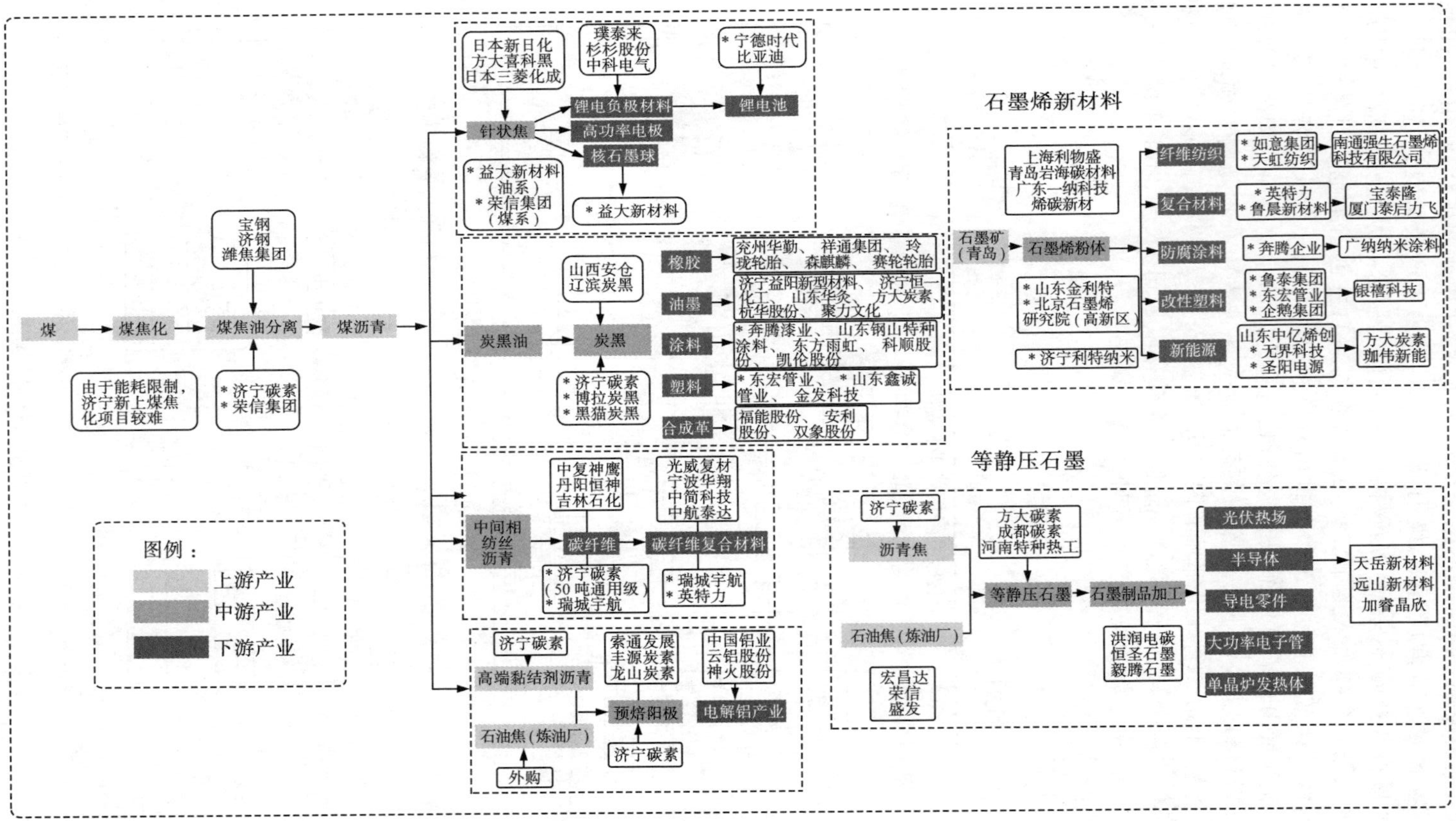

图3-25　碳基新材料产业链

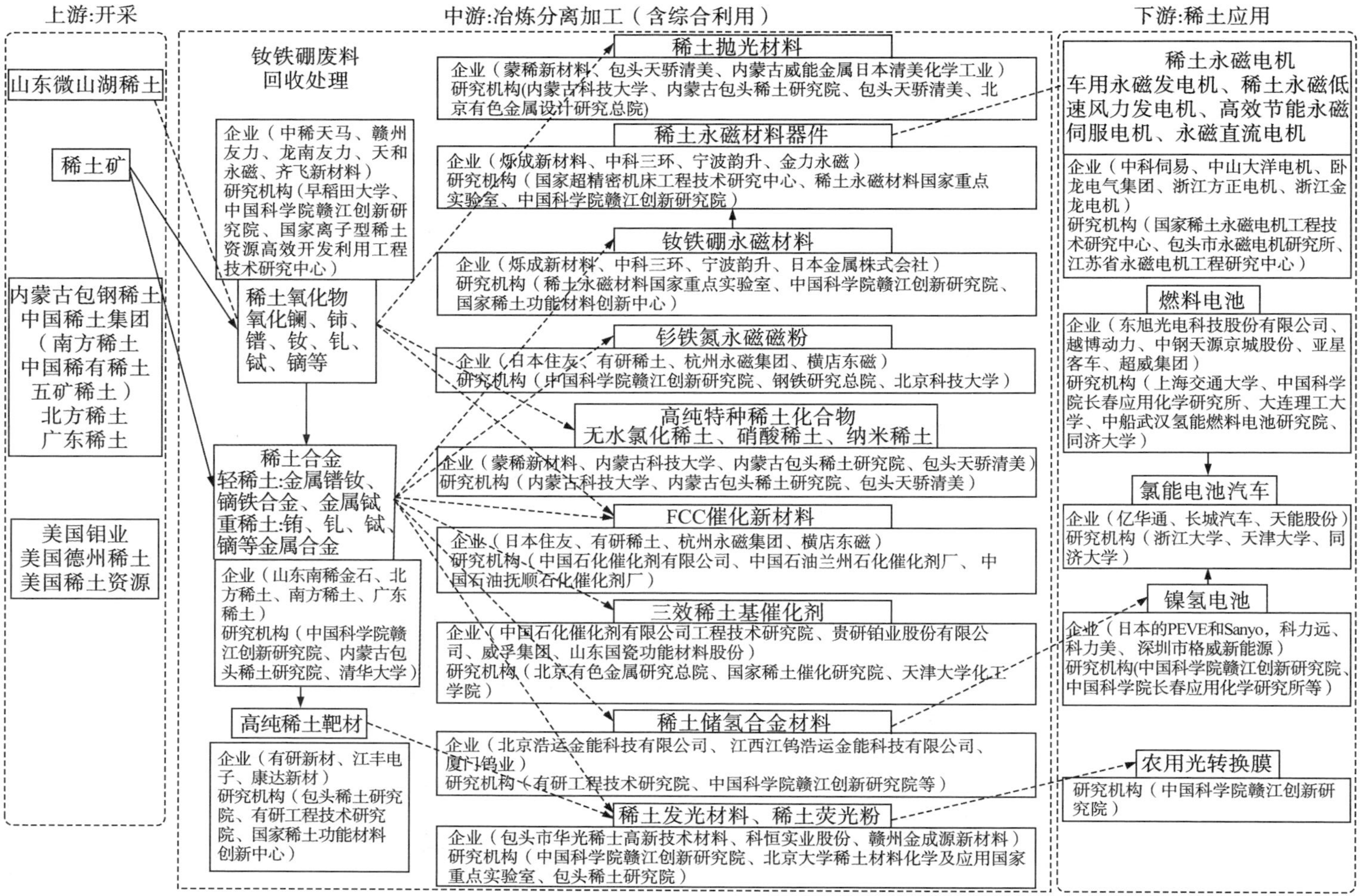

图3-26 稀土新材料产业链

第九节　泰安市

一、概况

近年来,泰安市大力发展新材料产业,现有新材料企业121家。2022年,泰安市规模以上新材料企业40家,前三季度实现营业收入404.6亿元,同比降幅2.3%;实现利润49.6亿元,同比降幅8.8%。

二、创新工作

一是积极做好山东省新材料产业链相关工作。首先按照省新材料产业链工作有关部署积极开展工作,充分发挥泰山玻璃纤维有限公司及泰开集团有限公司链主企业优势,整合优势资源,推动新材料产业链高质量发展。同时,结合泰安市实际情况,对新材料产业链重点企业进行调度分析,及时掌握产业情况,了解行业动态,为下一步工作开展打好基础。

二是积极做好充实山东省新材料领军企业培育库的工作。经过推荐,泰安市山东路德新材料股份有限公司、鲁普耐特集团有限公司2家企业列入2021年度山东省新材料领军企业50强名单;山东泰鹏环保材料股份有限公司、华能(泰安)光电科技有限公司等9家企业列入2021年度山东省新材料领军企业培育库入库名单。

三是认真做好国家及省转移支付上年度预算执行情况绩效自评工作。经认真梳理,国家及省上年度总体绩效目标和绩效指标均圆满完成。企业新材料产品研发力度显著增强,产品质量与技术水平明显提升,有力推动了泰安市新材料产业转型升级。下一步将继续强化各级财政专项转移资金应用,定期对资金使用情况进行监督检查和绩效考核,确保资金执行到位。

四是认真做好征集新材料产业企业融资需求工作。根据省工信厅有关通知,为进一步掌握新材料企业资金融资需求现状,切实有效地缓解企业融资难问题,市工信局积极向新材料产业企业征集有关资金需求,为下一步助力经济稳增长做好准备工作。

五是认真落实好各项支持政策。第一,认真做好新材料首批次保险补偿工作。通过认真核查及推荐申报,拟申请国家级2021年度新材料首批次保险补偿资金1 371万元,2022年已落实到位资金626万元,剩余部分待第二次核查;落实省级新材料首批次保险补偿资金555.8万元;2022年8月,推荐山东一滕新材料股份有限公司等4家企业申报2022年省级新材料首批次保险补偿,拟申请省级新材料首批次保险补偿资金757.2万元。第二,认真做好省级新材料领域高质量发展奖励资金申报工作。经过遴选审查,推荐泰山石膏有限公司、泰山玻璃纤维有限公司2家企业申报新材料领域高质量发展奖励资金支持企业,2022年9月份落实省财政奖励资金200万元,由泰山玻璃纤维有限公司获得。

六是组织进行第二批山东省新材料创新应用示范项目申报工作。经遴选审查,推荐泰山石膏有限公司、泰安博洋化工科技有限公司、山东鑫天河新材料科技有限公司、伊明泰(山东)生物科技有限公司4家企业申报第二批山东省新材料创新应用示范项目。泰山石膏有限公司有1个新材料产品入选第二批省级新材料创新应用示范项目(自主创新示范项目)。

七是编制完成了新材料产业行动计划。为进一步做好加快推动新材料产业高质量发展工作,对照省级新材料产业规划,在对泰安市新材料产业发展情况进行总结的基础上,市工信局制定了《泰安市新材料产业 2022 行动计划》。

八是进行了“十强产业”新材料规模以上企业的调研工作。通过对 40 家规模以上新材料企业进行调研，认真分析企业运营情况，从培育、纳统等方面提出有针对性和操作性的措施。全面梳理“应纳未纳”企业，指导符合条件的企业纳入“十强产业”和“工业战略性新兴产业”的考核范围。通过协调统计部门及高新区经发部，争取将大明协好金属科技有限公司纳入统计范围。

九是积极组织新材料行业各类比赛。组织指导全市有关企业、单位、创新创业团队或个人积极参加“第三届山东省新材料产业创新创业大赛”及“第二届山东省新材料产业智能制造大赛”，目前该项工作正在进行中。

十是加强指导和政策支持引导。第一，对省《重点新材料首批次应用示范指导目录(2021 年版)》修订意见进行征集，申报新增指导目录 10 个，修订 1 个；第二，组织新材料企业开展工业稳增长财税金融政策落实情况线上调研工作，泰安市共有 6 家新材料企业参加调研；第三，做好 2022 年度省级资金绩效运行监控工作，确保全年绩效目标如期完成。

三、特色产业链

(一)高性能纤维及复合材料产业链

高性能纤维及复合材料产业链图谱如图 3-27 所示。

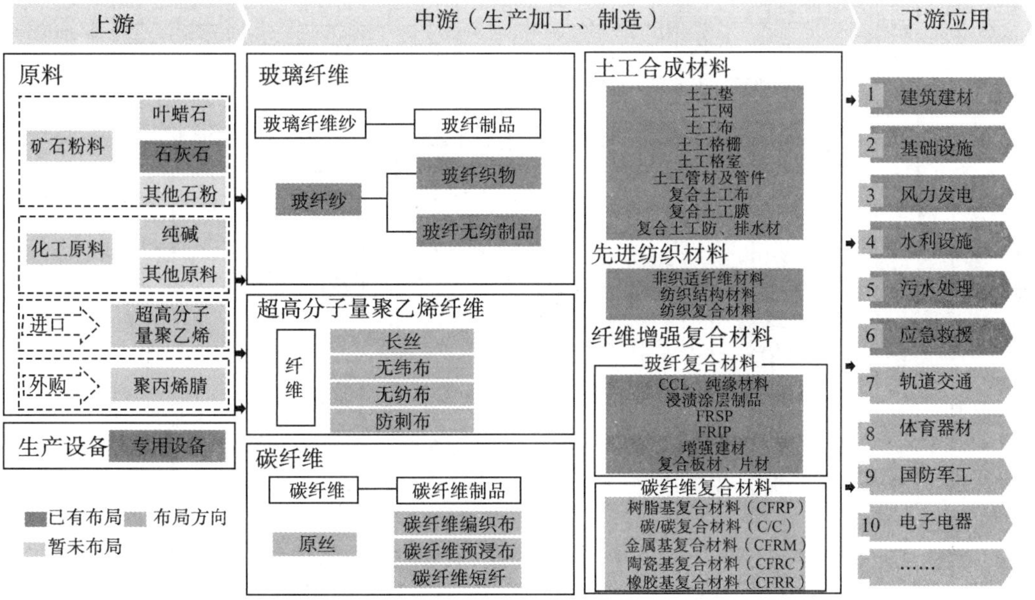

图 3-27 高性能纤维及复合材料产业链

(二)特色金属材料产业链

特色金属材料产业链图谱如图 3-28 所示。

(三)新型建筑材料产业链

新型建筑材料产业链图谱如图 3-29 所示。

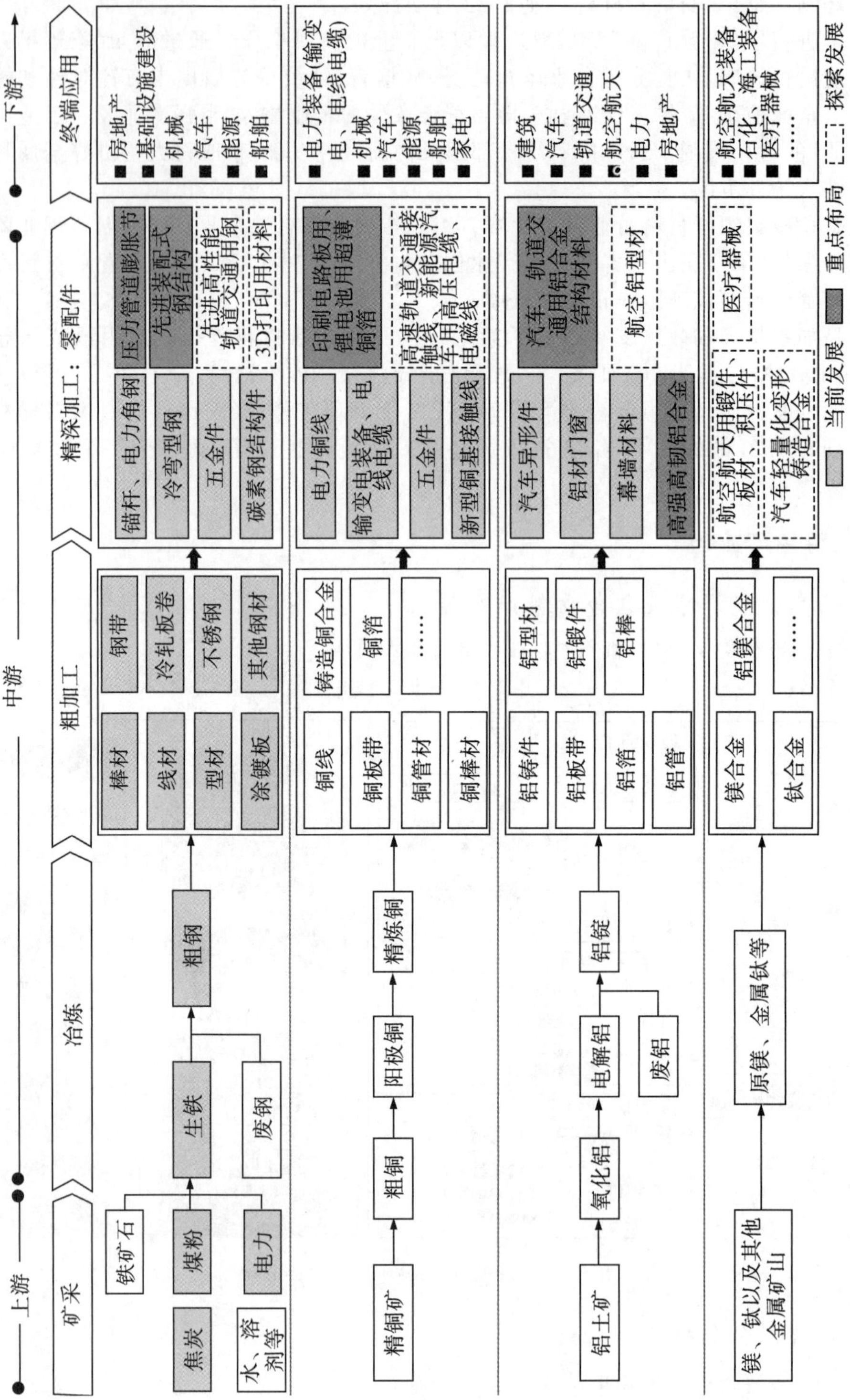

图3-28　特色金属材料产业链

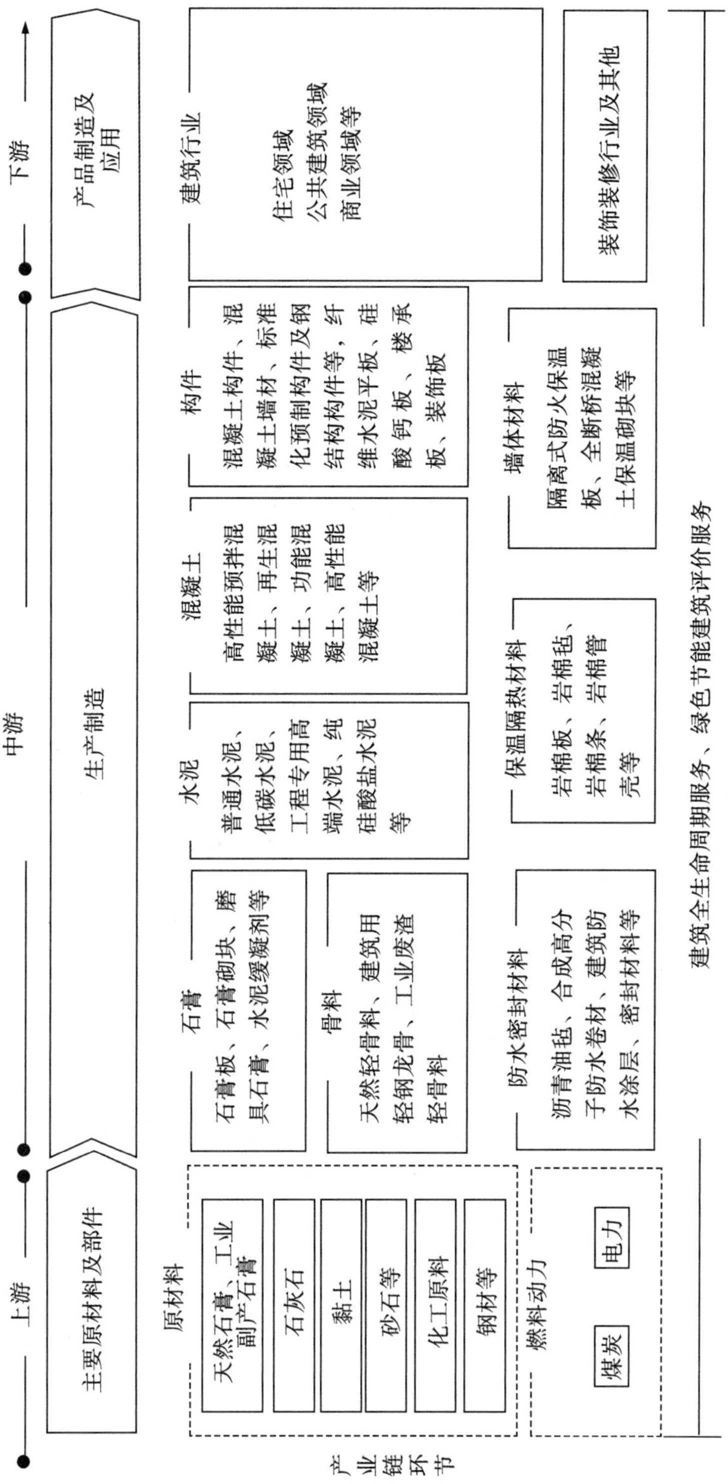

图3-29　新型建筑材料产业链

第十节　威海市

一、概况

威海市现有新材料企业133家。2022年，威海市新材料产业实现营业收入229.14亿元，利润总额39.86亿元，同比增长67.8%，产业增加值40.9亿元，占GDP的1.2%。

二、创新工作

一是推动创新平台建设，创新能力大幅提升。围绕碳纤维产业关键共性技术研发和产业化应用，支持威海光威复合材料股份有限公司牵头建设山东省碳纤维及复合材料制造业创新中心，联合省内碳纤维龙头骨干企业和山东大学等国内知名院校，突破了高效高柔性自动铺丝机设计制造等技术，并全力攻坚T800S级碳纤维、M65J级高强高模碳纤维制备技术上浆剂的国产化和产业化制备。开展"一企一技术"研发中心梯次培育工作，先后培育了威海宝威新材料科技有限公司、威海拓展纤维有限公司等36家省级和市级"一企一技术"研发中心，进一步提升了企业的创新研发能力。开展技术创新示范企业培育工作，威海光威复合材料股份有限公司获评国家级技术创新示范企业，威海联桥新材料科技股份有限公司等4家企业获评省级技术创新示范企业。推动山东省技术创新项目建设，有研稀土新材料股份有限公司的烧结钕铁硼永磁材料新型表面防护工艺研究等16个新材料项目被成功列入2022年项目库。实施新材料创新应用示范工程，威海长和光导科技有限公司的"600吨光纤预制棒二期(400吨)"项目、威海拓展纤维有限公司的高强度碳纤维高效制备技术产业化项目2个项目入选第二批山东省新材料创新应用示范项目，支持企业不断扩大新材料产品应用领域。

二是强化招才引智力度，人才引育成果显著。围绕新材料等重点产业领域高端人才需求，开展产业高层次人才引进工作，广泛发动组织企业引育高层次人才，先后引进杜善义院士团队、马军院士团队等6个国内权威专家团队，与新材料企业开展30多次对接，达成合作6项。开展产业领军人才工程申报工作，成功推荐3名碳纤维产业领域人才入选工信部高层次人才工程、4名人才入选省级产业领军人才工程，推荐威海拓展纤维有限公司董事长丛宗杰成功入选山东省重点产业链尖端技术人才。

三是加快推进项目建设，持续壮大产业规模。推动省级重点项目建设，引导支持企业加快项目建设进度，威海拓展纤维有限公司高强高模高性能碳纤维、豪雅光电科技(威海)有限公司光学玻璃生产等10个新材料项目入选省优选项目库，2022年完成投资20.13亿元，占年度计划的130.61%。推进市级重点项目建设，威海北途威碳科技有限公司纤维高端制品制造等44个新材料领域市级重点项目，2022年完成投资52.34亿元，占年度计划的131.54%。威海光晟航天航空科技有限公司复合材料火箭发动机壳体研发及产业化项目已建设厂房3栋，建成生产线6条；山东亘元生物科技有限公司锂电池电解液添加剂氯代碳酸乙烯酯项目已完成投资5.61亿元。

三、政策扶持

一是围绕产业精准发力，加大政策支持力度。制定出台了《支持碳纤维及复合材料产业链发展的若干政策措施》，并将其作为第一批威海市 2022 年支持产业高质量发展政策清单印发实施。通过市级支持先进制造业和数字经济发展等专项资金为碳纤维及复合材料产业提供资金支持1 295万元。推荐威海拓展纤维有限公司等 5 家企业获批省级新材料首批次应用保险补偿资金 693.8 万元，争取到省新材料产业“雁阵形”集群奖励资金 75 万元；推荐文登恒润锻造有限公司获批省级支持高质量发展奖励资金（新材料产业）200 万元。

二是解决企业融资难题，融资方式多元高效。创新产业链融资模式，举办威海市碳纤维及复合材料产业链企业金融辅导对接会，截至 2022 年年底，已累计为 28 家碳纤维产业链企业发放贷款 14.2 亿元。推动产业基金股权投资，成立航融临港（威海）股权投资基金，先后对北京科泰克科技有限责任公司氢气瓶、山东浩然特塑股份有限公司新研发材料、威海晨源分子新材料有限公司树枝状高分子等新材料项目进行考察论证，北京科泰克科技有限责任公司氢气瓶项目被列入重点跟踪项目，待企业来威海注册子公司后完成基金出资。

四、特色产业链

碳纤维及复合材料产业链图谱如图 3-30 所示。

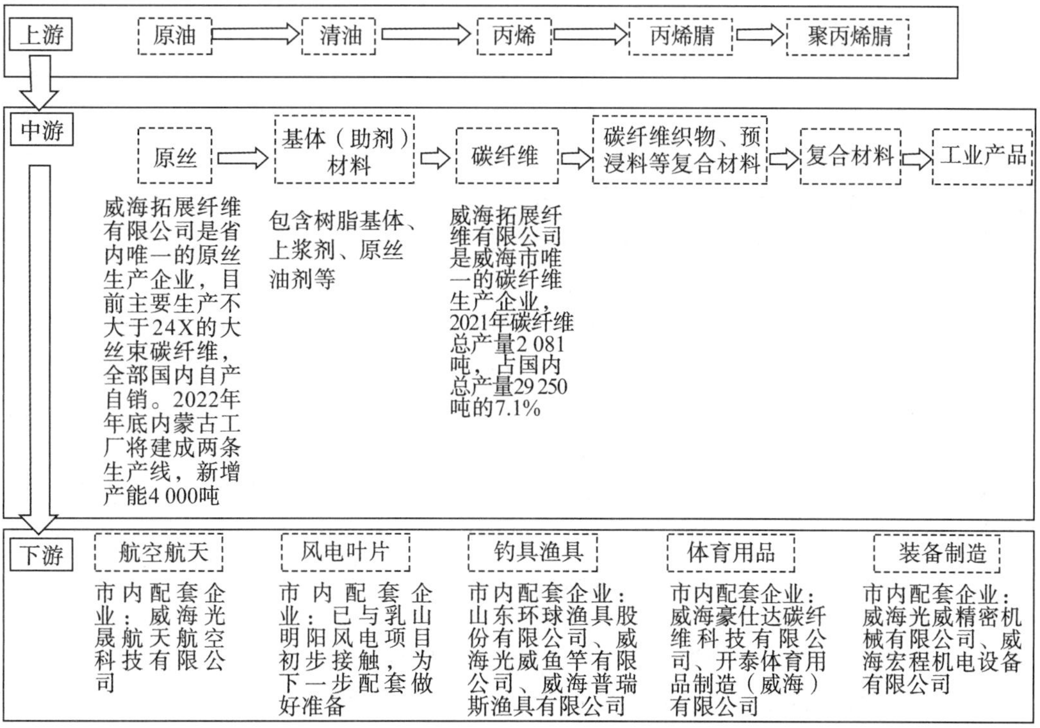

图 3-30　碳纤维及复合材料产业链

第十一节　日照市

一、概况

日照市现有新材料企业 53 家,规模以上新材料企业共 44 家,2022 年全年完成工业总产值 340.6 亿元,同比下降 2.9%。

二、创新工作

一是做好新材料企业培育工作。日照市将抓好新材料企业培育作为产业发展的首要任务,建立市级新材料企业信息库,通过有针对性地加强指导帮扶,重点培育山东钢铁集团日照钢铁有限公司、日照瑞华新材料科技有限公司、聚力新材料科技(日照)有限公司、山东沪鸽口腔材料股份有限公司等骨干企业,新增省新材料领军企业培育库入库企业 3 家、省"专精特新"企业 12 家。企业品牌意识和质量意识不断提升,2022 年 3 家企业入选省高端品牌培育企业。积极助力新材料产品推广,2022 年新申报新材料首批次应用保险补偿项目 1 个,新材料产品市场不断扩大,聚力新材料科技(日照)有限公司的主导产品药芯焊丝国内市场占有率为 22%,山东丰华塑胶科技有限公司的光学膜国内市场占有率达 20%。

二是重点项目建设进展顺利。山东德重新材料技术有限公司、旭科新材料(山东)有限责任公司等公司的 4 个新材料项目被列入 2022 年省重大项目,17 个新材料产业项目纳入全市百项重点工业项目,年度计划投资 34.39 亿元,实际完成投资 36.18 亿元。山东德重新材料技术有限公司产业园项目从洽谈、签约到落地,用时不足一个月,实现 6 月份完成基础厂房改造,7 月份新设备到厂调试,8 月份正式开工。旭科新材料(山东)有限责任公司 3 万吨/年可降解聚酯(PBAT/PBS)项目建成投产后,日照市高端塑料产业链将进一步完善。

三是产业集群做大做强。日照先进钢铁制造产业集群是山东省首批十强产业"雁阵形"产业集群之一,依托山东钢铁集团日照钢铁有限公司、日照钢铁控股集团有限公司两大龙头企业,已形成了上下游联动发展的全产业链发展模式,已培育和发展出交通运输用钢、船舶海工用钢、基础设施用钢、关键零部件用钢等一批拥有自主知识产权、核心竞争力强的先进钢铁拳头产品,2022 年,集群完成工业总产值 1 803.9 亿元。日照市将先进钢铁产业链作为市十条重要产业链之首,市区联动,坚持创新驱动,加快数字赋能,延伸产业链条。推动组建了涵盖 56 家企业、15 家区直部门、4 家科研院所的产业链党建联盟,以及由山东钢铁集团日照钢铁有限公司、日照钢铁控股集团有限公司牵头,共 59 家企业组成的钢铁产业联盟,2022 年新签约先进钢铁制造产业链配套项目 10 个,计划投资 66 亿元。

四是创新能力持续提升。积极推进产学研结合,新增省级重点实验室 1 个,入选省级制造业创新中心培育名单 1 个、省级"一企一技术"研发中心 2 个,认定市级企业技术中心、工程研究中心、“一企一技术”研发中心等 23 个。27 家企业申报高新技术企业，105 家企业参加国家科技型中小企业信息库入库评价。新增省级新材料产业创新应用示范项目 1 个，推荐 1 个项目申报省科技型中小型企业创新能力提升工程项目(第二批)。

五是要素保障能力不断增强。为 3 家新材料企业发放“技改专项贷”4 800万元；三三智能科技(日照)有限公司等 3 家企业申报工信部高层次海外人才、省泰山产业领军人才工程；组织 3 期市内企业家培训，新材料产业企业家参与人次达 60 人次；开展企业家差异化高端培训，5 名新材料产业企业家到哈尔滨工业大学威海校区参与领军人才培训。新材料领域有 5 位高层次人才申报创新领军人才(团队)，有 9 位高层次人才申报创新人才。

三、特色产业链

生物健康医疗器械产业链图谱如图 3-31 所示。

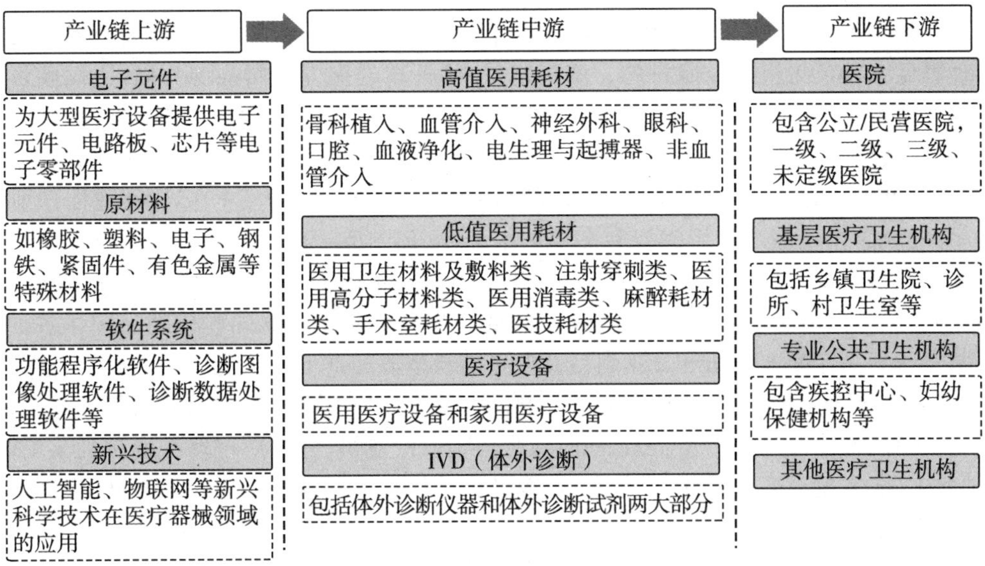

图 3-31　生物健康医疗器械产业链

第十二节　临沂市

一、概况

近年来，临沂市新材料产业发展势头强劲，形成了高端不锈钢、铝及镁铝合金等金属新材料，碳化硅、硅溶胶、光伏玻璃、电子玻璃等无机非金属材料，锰锌铁氧体磁粉、软磁复合材料等稀土功能材料，以及聚酯纤维、玻璃纤维等复合材料产业集群。2022 年，新材料规模以上企业达到 168 家，完成产值 618.2 亿元，同比增长 36%。

二、创新工作

一是优势延伸,打造高端不锈钢生产基地。针对目前不锈钢产业链不完整等问题,重点补齐上游热轧产品和下游深加工产能,将临沂市打造成为高端不锈钢生产基地。第一,向冶炼、熔炼产业链延伸,补齐初加工产能。加快建设临港热轧产线,实现不锈钢产业链上游供给,并与焦化新能源项目配套。第二,通过技术创新研发新产品,提高产品附加值。发挥本地冷轧不锈钢优势,重点发展双相不锈钢等高附加值不锈钢品种,加强技术支持和售后服务,鼓励企业成立产品设计中心。第三,发展下游精加工产业,由提供原材料向提供终端产品延伸。向下游延伸,发展航空航天零部件、医疗器械、汽车家电等不锈钢产品。鼓励冶金企业与应用企业主动对接,围绕用户的个性化需求,提供材料推荐、产品设计、后续加工使用方案等一系列延伸服务。

二是做精做强,打造特色无机非金属材料基地。围绕临沂市无机非金属材料本地基础,立足推动产业高端化、特色化发展,重点支持高端陶瓷、高性能玻璃纤维及制品研发生产,做精做强特色无机非金属材料。第一,打造临沂高端陶瓷材料品牌。以"中国临沂陶瓷"商标获批为契机,一方面,重点依托山田研磨材料有限公司等重点企业,围绕石油、化工、微电子、汽车、航空航天等应用领域,推动碳化物陶瓷、氧化物陶瓷等特种陶瓷在高温耐蚀部件、高温和高频范围的电子设备零部件等领域的应用,着力打造特种陶瓷产业园区;另一方面,围绕高端日用陶瓷和高档艺术瓷,聚焦陶瓷产品差异化、时尚化、创意化发展,重点发展白瓷、骨质瓷、炻瓷、银玉瓷、艺术瓷等产品,进一步优化罗庄陶瓷产业结构,助推陶瓷产业向高端化集聚,加快构建由区域品牌和企业品牌共同构成的品牌体系。第二,重点发展高性能玻璃纤维及其制品。重点围绕玻璃纤维下游行业应用,以山东玻纤集团股份有限公司为龙头,加强玻璃纤维及制品相关企业招引,重点发展高强、低介电、高硅氧、耐碱等高性能玻璃纤维及制品,同时加强与建材产业协同,拓展玻璃纤维在汽车工业、石油化工、航空航天等领域的应用,打造"高性能玻纤—玻纤织物—玻纤复合材料"深加工产业体系。

三是下游拓展,做大做强稀土功能材料。围绕提升磁电产业技术创新和产业链协同水平,以龙头企业为引领,加强产业上下游企业的招商引资,重点开展高性能磁电材料和电子元器件研发生产,培育打造特色磁电产业集群。第一,加强高性能磁电材料产业协同,以临沂高新产业投资公司和临沂市产业技术研究院为主导,联合山东春光科技集团股份有限公司、山东精创磁电产业技术研究院、山东龙立电子有限公司等企业,建立山东高新磁电产业技术研究院,开发兼具高饱和磁感应强度、高磁导率、低损耗和低磁致伸缩系数的软磁材料;加快镍锌铁氧体研发、生产和市场推广,开发高性能、高稳定性的非晶、纳米晶快淬磁粉及具有高各向异性的 HDDR(吸氢—歧化—脱氢—再复合)磁粉,提升产业技术创新水平和产业链上下游配套水平,打造高新区磁电产业集群。第二,拓展磁电元器件应用,围绕 5G、新能源汽车、智能制造、医疗器械、车载电子等下游应用领域产业的快速发展,有针对性地引进磁电产业下游应用领域企业及产业关联度高的电子功能材料企业,重点研发汽车领域用新型高效电机,小型化、功率化、高频化的电感产品,微型化、节能型、环保型的电子变压器,小型化、高频化、薄膜化、高精度的片式电阻器,超小尺寸、纳米级

MLCC介质材料，超微型多层陶瓷电容器等，深化磁性材料在5G、新能源汽车、航空航天等领域的应用。

三、特色产业链

（一）特钢产业链（见图3-32）

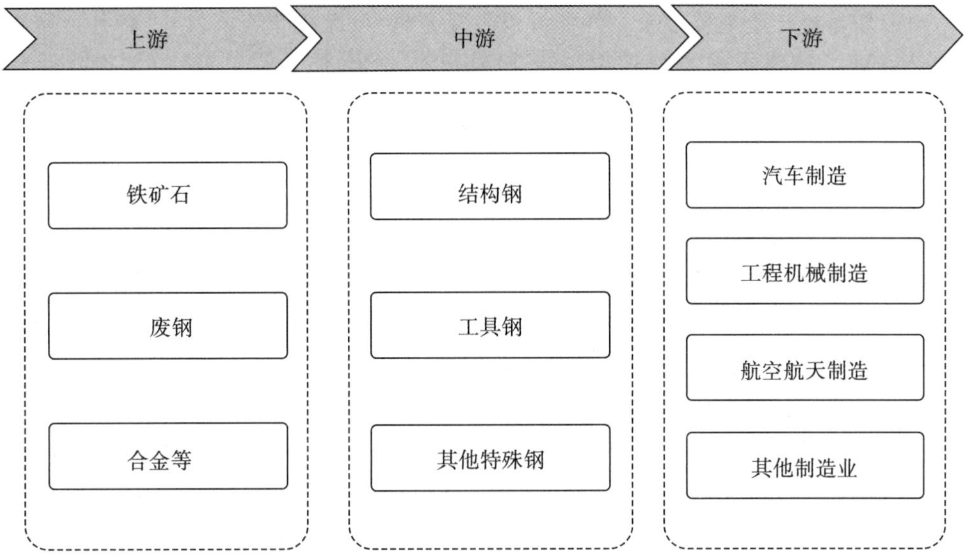

图3-32　特钢产业链

（二）高性能磁电材料产业链（见图3-33）

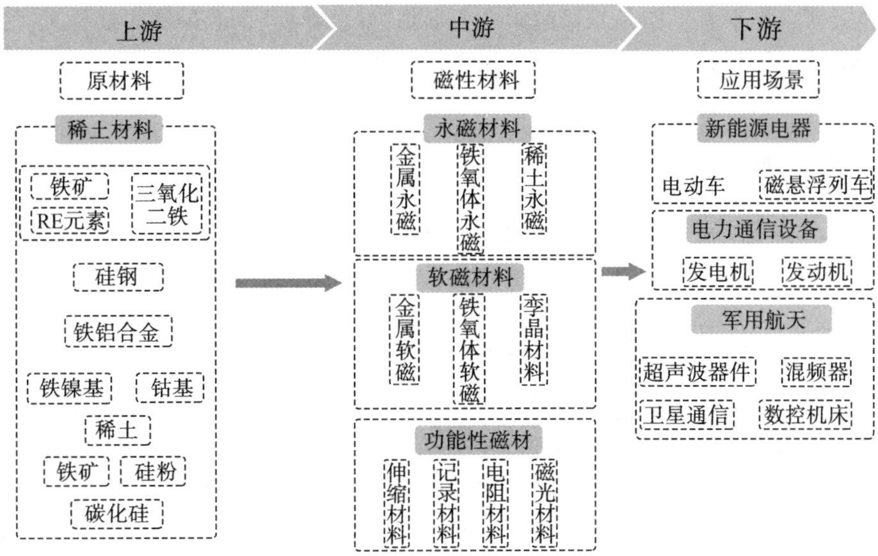

图3-33　高性能磁电材料产业链

第十三节　德州市

一、概况

德州市新材料产业主要涉及高性能纤维及复合材料、无机非金属材料、特色金属材料三个细分行业。德州市现有规模以上企业 150 家，2022 年 1—11 月份，实现营业收入 270.6 亿元，支撑带动能力强的 16 家骨干企业营业收入 137.2 亿元，占比达 50.7%。

二、政策举措

德州市深入实施产业链提升工程。2022 年，德州市优选 11 个关键产业链集中突破，先进材料产业链为 11 个关键产业链之一。先进材料产业链主要涉及高性能纤维及复合材料、无机非金属材料、特色金属材料三个领域，通过对产业链重点发展领域、支撑园区、链主企业、重点项目进行梳理，确定产业链任务目标，制定链主企业发展规划。一是做好产业链招商事宜。多次邀请山东春汇控股集团有限公司、中国冶金科工集团有限公司、山东大学碳纤维工程技术研究中心等企业和科研院所来德州市对接考察，做好产业链招商事宜。二是做好产业链调研。多次赴德州市立尊焊丝有限公司、山东宝元硬质合金有限公司、浩阳环境股份有限公司、山东银盾金属制品有限公司、索通发展股份有限公司、山东奥福环保科技股份有限公司等企业调研，了解企业经济运行情况，并就解决企业难题和需求进行座谈。三是积极对接基金。对接深圳前海青松创业投资基金管理企业，洽谈招引项目投融资事宜。赴山东百仕达地标产业有限公司对接，洽谈中农农业研究院平台建设、产业基金运营合作事宜。四是积极组织企业参加“专精特新”企业融链固链活动。组织山东中恒景新碳纤维科技发展有限公司参加省工信厅举办的先进材料产业链融链固链对接交流活动，同时进行路演。

三、创新工作

一是推动实施一批重大项目。大力推动重大项目建设。2022 年，德州市集群内重点技改项目有 19 个，主要包括山东华鲁恒升化工股份有限公司尼龙 66 高端新材料项目、山东宝元硬质合金有限公司高端硬质合金新材料制品智能化生产线建设项目、凯盛晶华玻璃有限公司 800 吨/天特种玻璃生产线项目等，项目总投资 144 亿元，占 110 个市级工业重点技改项目总投资的 20%。定期调度项目建设推进情况，确保项目尽快开工达产。推动数字化赋能增效。德州科顺建筑材料有限公司入选 2021 年德州市智能化改造标杆企业名单，天鼎丰非织造布有限公司入选 2021 年德州市智能工厂、数字车间名单。

二是培育壮大产业集群。积极推动德州市加强型工程塑料产业集群内骨干企业培植工作，并积极打造新材料单项冠军、专精特新“小巨人”及省新材料领军企业。2022 年，山东奥福环保科技股份有限公司、山东江山纤维科技有限公司 2 家企业入选第四批专精特新“小巨人”企业；德州市立尊焊丝有限公司等18家新材料企业成功入选2022年山东省“专精特新”中小企业；有研半导体材料股份有限公司等4家企业入选2022年度山东省“瞪羚”企业公示名单；山东格瑞德集团有限公司等3家企业入选2021年度省新材料领军企业50强；天鼎丰非织造布有限公司入选第七批全国制造业单项冠军示范企业，德州圣祥金属制品有限公司入选第六批山东省制造业单项冠军企业，山东格瑞德集团有限公司定长缠绕玻璃纤维增强塑料入选第六批山东省制造业单项冠军产品。截至2022年年底，集群内国家级单项冠军企业3家，国家级专精特新“小巨人”企业6家，上市公司4家，省新材料领军企业50强3家。

三是全面提升自主创新能力。第一，山东天庆科技发展有限公司入选2022年山东省技术创新示范企业；德州市鑫华润科技股份有限公司新型高止滑弹性体鞋底材料制备及其应用、德州科顺建筑材料有限公司高延伸湿铺防水卷材的研发等5个项目入选2022年度山东省技术创新项目计划。第二，山东泰山瑞豹复合材料有限公司、山东中威空调设备集团有限公司和山东鼎昌复合材料有限公司3家企业入选第七批省级工业设计中心认定名单。第三，山东泰山瑞豹复合材料有限公司定制化服务入选2022年度省级服务型制造示范企业。

四是加快重点产品推广应用。第一，做好国家新材料首批次应用保险补偿申报工作。工业和信息化部公示2021年度重点新材料首批次应用保险补偿试点工作拟补助项目（第二批），德州市山东奥福环保科技股份有限公司、山东格瑞德集团有限公司2家企业榜上有名。2022年度重点新材料应用保险补偿拟补助项目分两批次公示127家企业，其中山东省有13家企业入选。组织对企业拟补助项目进行信息核查，确保财政资金使用效果。第二，组织企业对《山东省重点新材料首批次应用示范指导目录（2021年版）》提报修订意见，最终，推荐提报山东宝鼎重工实业有限公司高性能齿轮钢和山东军钛金属材料有限公司钛及钛合金薄板两个产品纳入省级指导目录。

四、特色产业链

（一）金属新材料产业链（见图3-34）

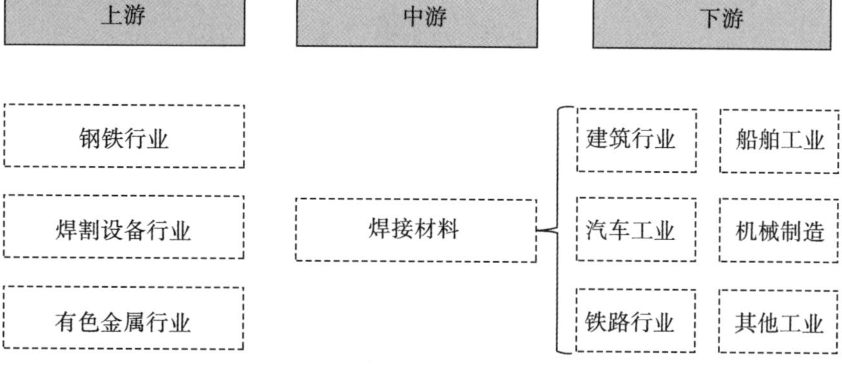

图3-34　金属新材料产业链

(二)高性能纤维及复合材料产业链(见图 3-35)

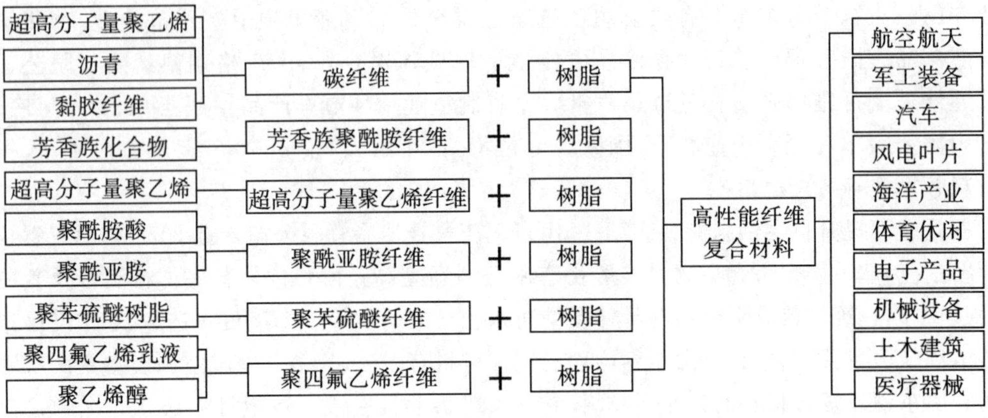

图 3-35　高性能纤维及复合材料产业链

(三)先进陶瓷产业链(见图 3-36)

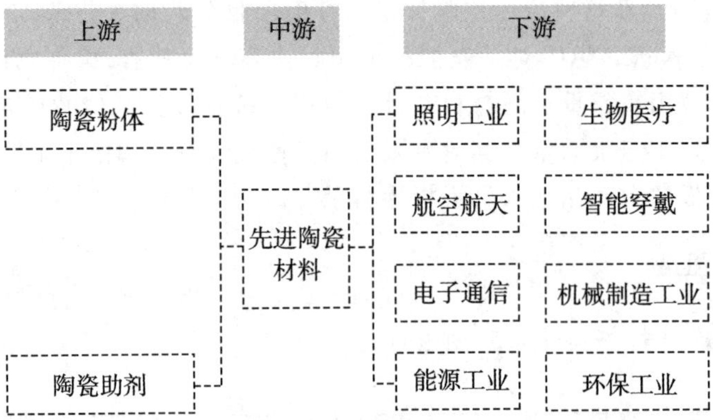

图 3-36　先进陶瓷产业链

第十四节　聊城市

一、概况

近年来,聊城市新材料产业蓬勃发展,产业链条日趋完善,形成了以山东信发铝电集团有限公司精深加工为引领,鲁西化工集团股份有限公司己内酰胺、中色奥博特铜铝业有限公司高精度压延铜箔等新材料为支撑,波米科技有限公司聚酰亚胺材料和关键基础材料快速崛起的产业格局。2022 年 1—11 月，聊城市新材料产业实现营业收入 771.3 亿元（含 93 家规模以上企业），同比增长 10.6%，利润总额 13.7 亿元，同比增长 10.9%。

二、政策举措

聊城市出台了支持新材料产业发展的政策。对新列入省新材料领军企业培育库的企业，给予最高 20 万元的一次性奖励；对新评选为省新材料领军企业 50 强的企业，给予最高 50 万元的一次性奖励。

三、创新工作

一是加快有色金属产业链式发展，编写了黑色金属和有色金属产业打造领航企业优化提升重点产业链实施方案，绘制了“1 张图谱”和“N 张清单”。

二是塑优培强龙头企业。培育山东齐鲁油漆有限公司、山东时风（集团）有限责任公司入选省新材料领军企业 50 强，山东昌润钻石股份有限公司、山东上达稀土材料有限公司等 5 家企业入选山东省新材料领军企业培育库；组织茌平信源环保建材有限公司等 2 家企业申报省级支持高质量发展奖励资金；山东齐鲁油漆有限公司水性醇酸防腐涂料被认定为 2022 年省级制造业单项冠军荣誉称号；茌平信源环保建材有限公司绿色新型墙体材料智能工厂入选 2022 年建材工业智能制造数字转型典型案例名单，全省仅入选 5 个。

三是引导新材料领域企业加大研发投入。组织实施波米科技有限公司“高端芯片封装用光敏性聚酰亚胺电子材料制备关键技术及应用”等重大科技创新项目，搭建一批创新平台，持续壮大一批创新企业，引育一批创新人才。

四是大力实施“专精特新”融链固链活动。已召开有色金属（铝）产业融链固链对接会，使“链主”企业和“专精特新”企业强强联合，把产业链断点、堵点变为企业新的利润增长点，有效提升了产业链供应链稳定性。

五是组织召开全省先进材料产业链创新发展推进会暨 2022 山东省材料大会。2022 年 8 月 14 至 16 日，“全省先进材料产业链创新发展暨 2022 山东省材料大会”在聊城成功举办。大会邀请了诸多专家、领导以及省内部分高校、科研院所负责人，产业链牵头部门主要负责人，各领域重点企业负责人等 300 余人参加。大会共收集科技成果 116 项，征集聊城市企业技术需求 95 项、企业人才需求 22 项，达成合作意向 22 项，现场集中签约 6 项。借助大会召开，组织开展院士专家企业行活动，深入企业开展调研，进行技术洽谈和合作交流。

六是推动实施一批重大项目。鲁西化工集团股份有限公司 2022 年已投产高端氟材料一期、新型添加剂、1 号20 万吨/年双酚 A 项目等 3 个项目，总投资 39.4 亿元。经测算，3 个项目预计净增年产值46 亿元，预计 2023 年下半年开工 9 个高端化工和化工新材料产业链项目，总投资 110.2 亿元，全部建成后年增加产值 177 亿元。山东骏程金属科技有限公司年产 200 万件锻造铝合金车轮项目生产线自动化提升技术改造项目和年产 100 万只新能源汽车锻造车轮项目正在有序建设。

四、特色产业链

（一）铝加工产业链（见图 3-37）

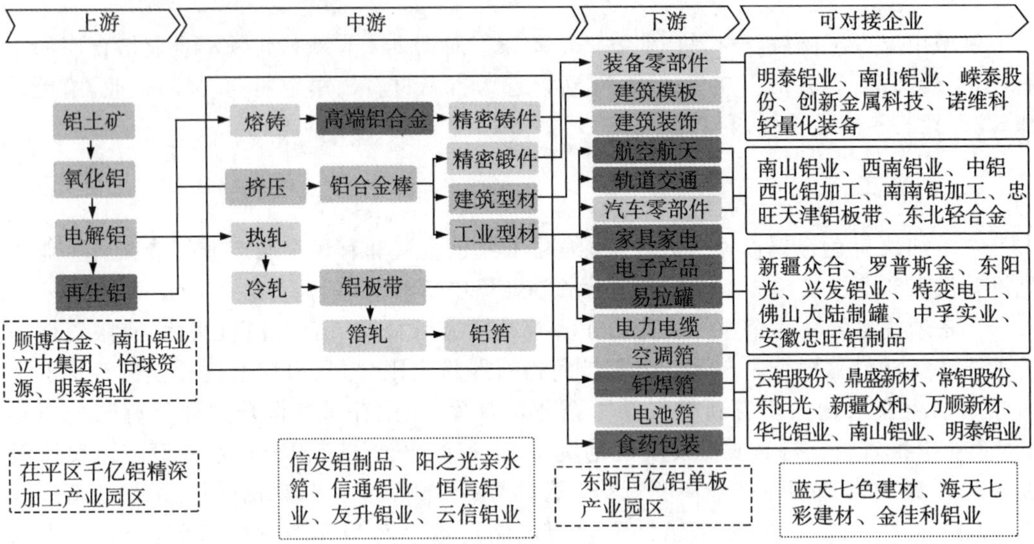

注：图中▇表示具有且较为完善的产业链环节，▇表示存在但规模不大的产业链环节，▇表示缺失或薄弱的产业链环节。

图 3-37　铝加工产业链

（二）铜加工产业链（见图 3-38）

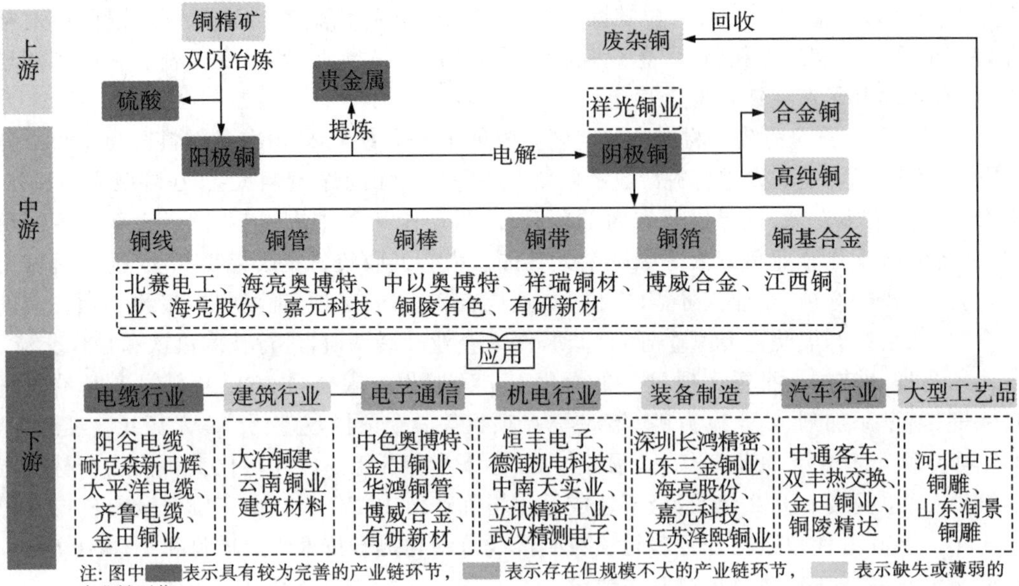

注：图中▇表示具有较为完善的产业链环节，▇表示存在但规模不大的产业链环节，▇表示缺失或薄弱的产业链环节。

图 3-38　铜加工产业链

第十五节　滨州市

一、概况

近年来，滨州市坚持强化项目带动、企业培育和对接交流，加大对新材料的支持力度，壮大发展实体经济，现有新材料企业 203 家。2022 年，滨州市新材料产业实现营业收入 1 874.41亿元，利润总额 26.67 亿元，产业增加值 272.2 亿元，占 GDP 的 9.1%。

二、创新工作

一是强化项目带动。建立新材料产业动态项目库，对入库的 40 个项目进行重点跟踪、重点调度、重点推进。益丰新材料股份有限公司、山东京博中聚新材料有限公司、国科天骥（山东）新材料有限责任公司3 家企业入选省新材料创新应用示范项目；山东京博中聚新材料有限公司、山东裕航特种合金装备有限公司、山东德利铝业科技有限公司 3 家企业获国家级新材料首批次应用保险补偿政策支持；西王金属科技有限公司、滨化集团股份有限公司 2 家企业荣获首届省新材料产业智能制造大赛三等奖。

二是强化企业培育。遴选一批创新能力强、引领作用大、研发水平高、发展潜力好的新材料骨干企业。山东宏桥新型材料有限公司等 19 家企业入选省级新材料领军企业培育库，3 家企业入选领军企业 50 强；山东达民化工股份有限公司等 4 家新材料企业入选省级制造业单项冠军，山东三元生物科技股份有限公司被认定为省级技术创新示范企业，山东创新金属科技有限公司入围 2022 年山东民营企业 100 强。

三是强化对接交流。依托新材料产业（创新）联盟，举办产学研对接会暨新材料产业发展推进会，邀请高校、金融机构、保险机构等的专家，对全市 50 余家新材料重点企业进行政策解读和案例分享。组织山东魏桥创业集团有限公司参加省先进材料产业链“链长”专题会议；山东宏和轻量化科技有限公司等 4 家企业参加世界先进制造业大会成果展，魏桥纺织股份有限公司与东华大学、魏桥国科（滨州）研究院共同签约“纺织新材料技术开发及产业化应用项目”。

三、特色产业链

（一）高端铝及铝合金产业链

高端铝及铝合金产业链图谱如图 3-39 所示。

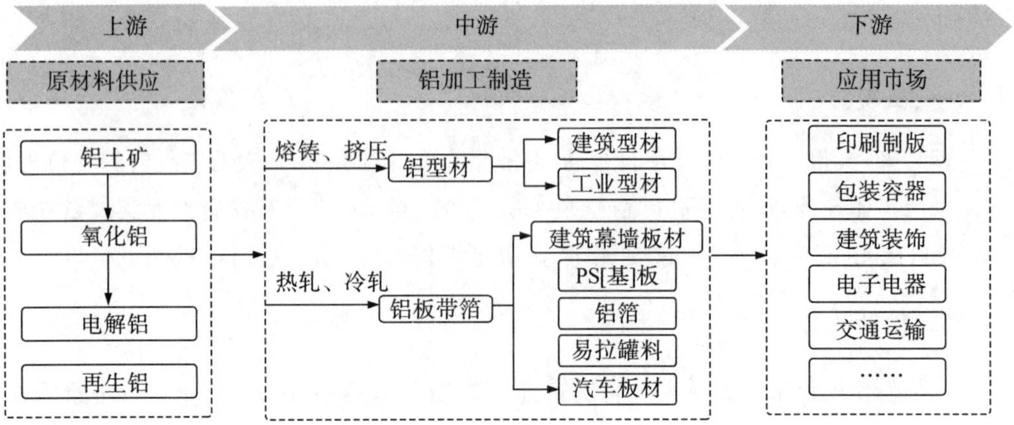

图 3-39　高端铝及铝合金产业链

(二)高端化工产业链

高端化工产业链图谱如图 3-40 所示。

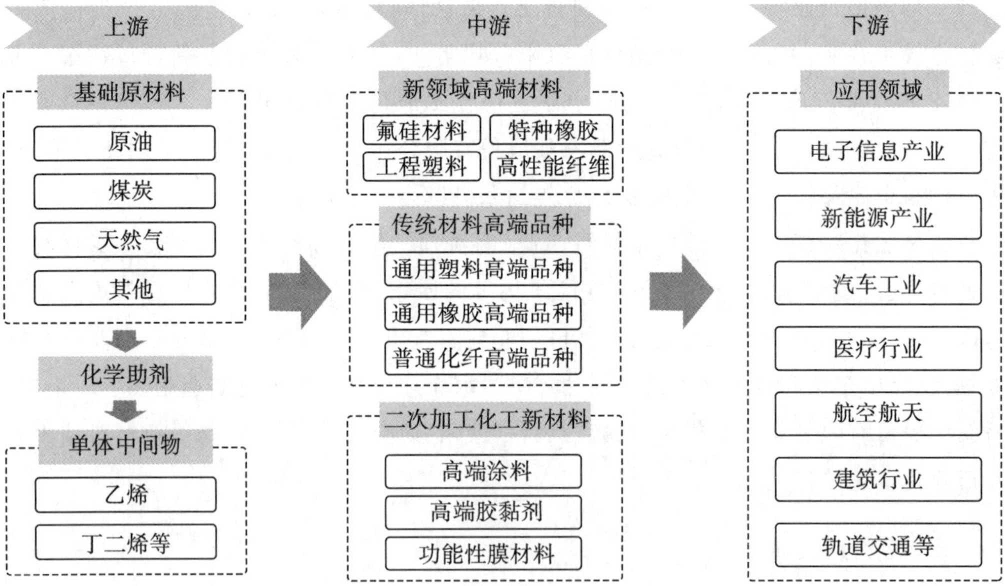

图 3-40　高端化工产业链

第十六节　菏泽市

一、概况

菏泽市现有新材料企业 91 家。2022 年，菏泽市新材料产业实现营业收入 321.18 亿元，同比增长 7.95%，利润总额 22.41 亿元，同比增长 14.42%，产业增加值 54.2 亿元，占 GDP 的 1.3%。

二、政策举措

一是充分发挥领航企业示范带动作用，积极引导企业申报省新材料领军企业库，遴选优质企业参加新材料产业化成果对接会，推动产业链上下游企业合作，促进关键技术协同攻关和重点产品配套使用，带动全链条优化提升。

二是认真贯彻落实黄河重大国家战略，深入实施《山东省新材料产业发展专项规划(2018—2022 年)》，深层次研究产业政策、区域产业定位、发展布局、产业链设计、市场开拓等特点，科学规划，统筹引领新材料产业发展。充分发挥新材料产业园区的聚集效应，加快推进定陶区 5G 新材料产业园、单县国家级高性能材料特色产业化基地等园区建设。

三是坚持创新驱动发展战略，深化产学研合作，引导企业与高校科研院所建立合作关系，共建重点实验室、工程研究中心等，激励企业与高校知名专家、海内外院士等高层次人才通过多种形式开展技术合作，推进新材料科研成果在菏泽市产业化。支持企业专利新产品批量化生产，推动企业生产组织结构向特色化、智能化、专业化转变。

三、创新工作

一是充分发挥新材料产业专班牵头抓总作用，围绕新材料产业，深入县区、企业一线进行专题调研，起草了产业发展报告，制订了 2022 年度特色产业发展行动计划，推动了特色产业发展。

二是聚焦新材料产业链，筛选确定了 3 个“链主”企业、20 家领航企业和 10 个重点项目，市级跟进指导，县级深入落实，助推重点产业转型升级提质增效。

三是围绕前沿新材料、关键战略材料、先进基础材料等重点领域进行项目申报。山东锐华氟业有限公司高纯四氟化硫绿色合成工艺技术研究及示范应用项目被列为自主创新示范项目。

四是组织东明恒昌化工有限公司参加第三届新材料产业创新创业大赛、山东成武易信环保科技有限公司参加山东制造对接会等活动，推动产业链上下游企业合作，助力培育一批高水平、高层次、高素质的创业团队和具有核心创新能力的高成长型企业。

五是围绕新材料重点产业链，推荐山东菏泽德通新材料科技有限公司、山东华达新材料有限公司申报山东省新材料领军企业。

四、特色产业链

(一)煤化工产业链(见图 3-41)

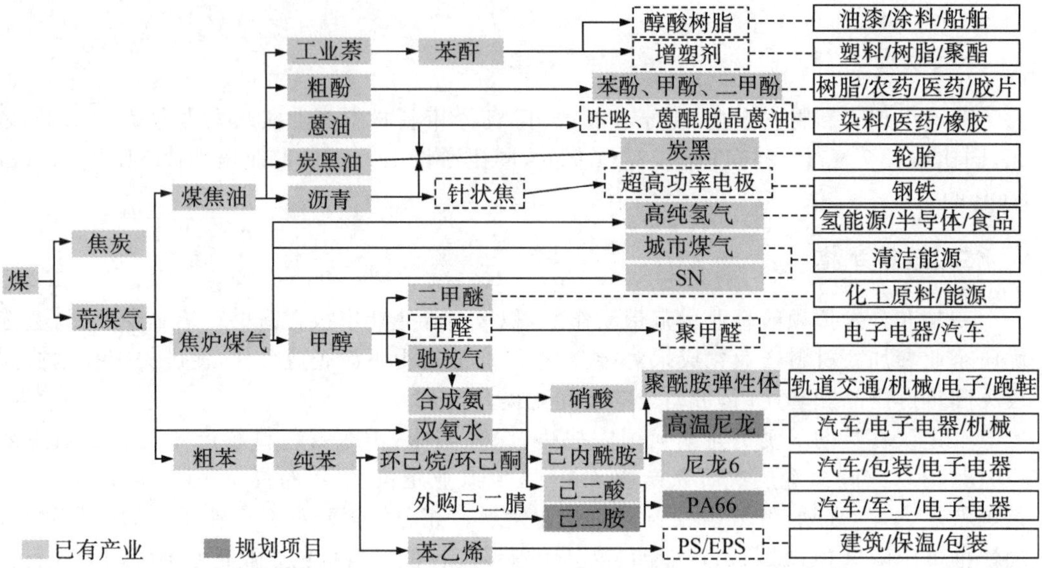

图 3-41 煤化工产业链

(二)锂离子电池材料产业链(见图 3-42)

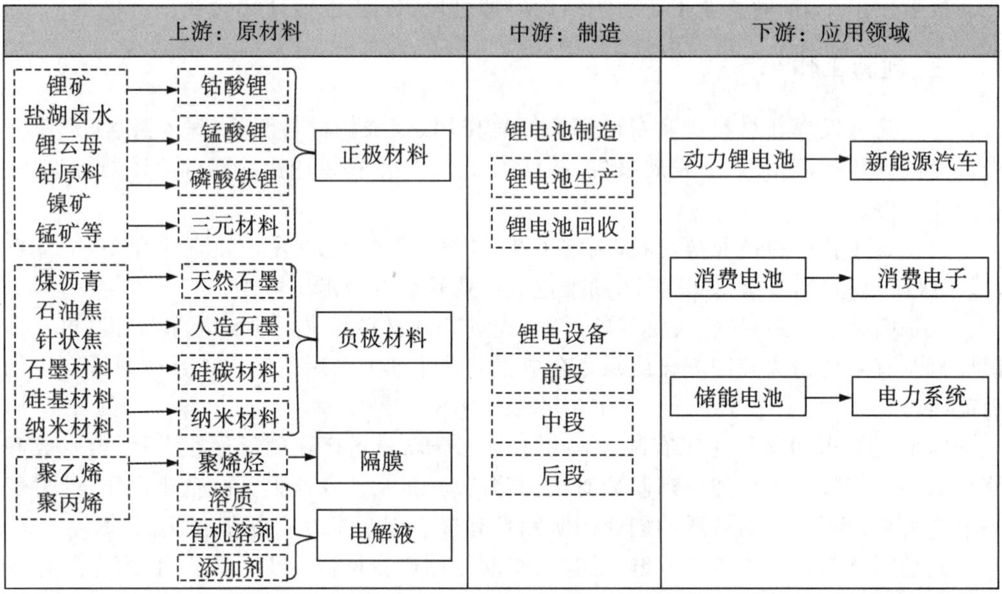

图 3-42 锂离子电池材料产业链

第四章　山东省新材料重点企业发展情况

第一节　山东国瓷功能材料股份有限公司

一、经营情况

公司主要从事各类高端陶瓷材料及制品的研发、生产和销售，已形成包括电子材料、催化材料、生物医疗材料、新能源材料、精密陶瓷和其他材料在内的六大业务板块，产品应用涵盖电子信息和通信、汽车及工业催化、生物医疗、新能源汽车、半导体、建筑陶瓷、太阳能光伏等领域。2022 年，公司实现营业收入 31.6 亿元，比上年同期上升 0.16%；归属于上市公司股东的净利润 4.9 亿元，比上年同期下降 37.49%；归属于上市公司股东的扣除非经常性损益后的净利润 4.7 亿元，比上年同期下降 32.73%。

二、技术创新情况

凭借优异的研发和技术能力，公司获批第七届中国工业大奖、国家技术创新示范企业、工信部第五批产业技术基础公共服务平台（产业创新成果类）以及工信部第四批服务型制造示范企业，申请并获批山东省专家服务基地、山东省电子陶瓷材料技术标准创新中心、山东省先进功能陶瓷制造业创新中心（培育）等平台，拥有实验室信息管理系统（LIMS）和中国合格评定国家认可委员会（CNAS）认可的检测中心，有效提升了新产品的研发效率和成功率。2022 年，公司累计新增授权专利 130 件，其中发明专利 69 件、国外专利 22 件。截至 2022 年年底，公司共拥有国内专利证书 389 件，包括发明专利 228 件。另外，公司已获外国专利授权 57 件，授权国家（组织）包括美国、韩国、澳大利亚以及欧洲专利局等。其中，“一种低温烧结薄介质多层陶瓷电容器用 COG 质陶瓷材料”荣获第二十三届中国专利优秀奖及第四届山东省专利奖二等奖。公司新参与或主导国际标准 1 项、国家标准 3 项、团体标准 6 项，发布国家标准 2 项、团体标准 4 项。

三、对外投资、与高校合作和项目建设情况

人才是公司发展的根本。2022 年，公司响应国家政策导向，与省内外高校科研院所积极开展校企合作，促进产教融合深入发展，始终立足于“产学融合，校企共赢”的合作愿

景，坚持以育才为导向、以供需为牵引的合作机制，加强信息互通、资源共享，创新合作模式，打造长周期、深层次、广覆盖、多元化、可持续的校企合作体系，着力构建互融共生的校企命运共同体。公司积极进行校企互访交流，并与多所高校签订校企战略合作协议，建立了山东省职业教育教师企业实践基地。同时，公司通过建立任职能力评估标准试点，实施职称和技能人才的自主评价，持续赋能人才。

第二节　威海光威复合材料股份有限公司

一、经营情况

公司以碳纤维制备及工程化国家工程实验室和山东省碳纤维技术创新中心、国家级企业技术中心为支撑，业务涵盖碳纤维、经编织物和机织物、系列化的树脂体系、各种预浸料、复合材料构制件和产品的设计开发、装备设计制造、检测[CNAS/DILAC(中国合格评定国家认可委员会/国防科技工业实验室认可委员会)认证国家和国防实验室]等上下游，依托在碳纤维领域的全产业链布局，成为复合材料业务的系统方案提供商。2022 年，公司实现营业收入 25.11 亿元，较上年同期下降 3.69%；归属于上市公司股东的净利润 9.34 亿元，较上年同期增长 23.19%；归属于上市公司股东的扣除非经常性损益的净利润 8.74 亿元，较上年同期增长 22.72%；公司业务综合毛利率同比上升 4.66%，公司净资产收益率同比上升 1.67%，公司整体盈利能力进一步增强，资产经营效率持续提升。公司继续保持健康、稳定的发展态势。

二、技术创新情况

截至 2022 年年底，公司累计获得专利 621 件，其中发明专利 35 件、实用新型专利 521 件、外观设计专利 50 件、国防专利 15 件。2022 年，公司获得授权专利 199 件，其中发明专利 4 件、实用新型专利 174 件、外观设计专利 21 件。

三、对外投资、与高校合作和项目建设情况

公司策划构建并有效运行体系 34 项，公司经营业务以国防军工、大飞机、轨道交通、汽车、风力发电、实验室认可等领域需求为中心，采用过程方法规范研发、生产、质量等过程管控环节，努力超越客户对公司产品及服务的期望，打造国际一流高质量发展的企业。公司在主持制定碳纤维和碳纤维预浸料两项产品国家标准的基础上，主持制定了高温碳化炉和石墨化炉两项产品的行业标准，以及多轴向纤维经编织物、高模型聚丙烯腈基碳纤维两项产品的团体标准。公司主持制定的这些标准，为相关产品和核心装备提供了技术标准规范，为系列化生产提供了强有力的保障。

第三节　万华化学集团股份有限公司

一、经营情况

2022年，公司实现销售收入1 655.65亿元，同比增加13.76%；归属于上市公司股东的净利润162.34亿元，同比减少34.14%；每股收益5.17元。2022年年末，公司资产总额2 008.43亿元，同比增长5.53%；归属于母公司的所有者权益768.45亿元，同比增长12.18%；公司加权平均净资产收益率22.75%，同比下降19.78%；每股净资产24.47元，同比增长12.14%；资产负债率59.50%，同比下降2.83%。

二、技术创新情况

公司2022年全年研发投入34.20亿元，主要围绕高端化工新材料及解决方案、新兴材料等新业务板块技术孵化投入，重点研发碳中和相关技术、聚氨酯下游应用、高性能材料[尼龙12、特种PC、POE(聚烯烃弹性体)、光学级PMMA等]、新能源储能及电池材料、CMP信息材料(电子材料)、分离与纯化等项目。在已产业化技术的工艺优化方面，光气化产品制造技术升级，福建MDI(二苯基甲烷二异氰酸酯)装置应用最新开发技术，一次性开车成功；TDI(甲苯二异氰酸酯)制造工艺优化效果显著，产品综合竞争力进一步提升。开展煤气化生产过程智能化研究，实现工艺参数精准控制；多款聚烯烃新产品得到客户认可。高端化工新材料及解决方案方面，尼龙12、硅共聚PC等自主研发装置一次性开车成功，完成10余项技术的中试调试，并陆续进入产业化阶段；柠檬醛、POE等关键技术产业化顺利推进。ADI(脂肪族异氰酸酯)型TPU(热塑性聚氨酯弹性体橡胶)材料等创新型产品成功投入市场，世界首套连续化无醛胶合板产线投产且基本稳定，推动无醛板材制造升级。新推出了高端医疗级PC和PMMS新产品，协同医疗用TPU材料，市场占有率逐步提升。在新兴技术研究领域，加大了新能源相关领域的资源投入，搭建了电池回收及盐湖提锂等新的技术平台，电池材料及电池化学品全产业链同步推进，提升了生态圈的闭环能力。在分离纯化膜领域，完成了产品的迭代升级，实现了关键客户的供应。在低碳技术开发方面，推动了可降解地膜与苹果反光膜等可降解材料的示范工程的实施；聚氨酯硬泡回收中试技术研发成功，正在与冰箱龙头企业合作推进；乙炔副产制合成气技术研发成功，有效减少了“三废”的排放；与高校合作，持续推进CO_2利用前瞻性技术基础研究工作。

三、对外投资、与高校合作和项目建设情况

(一)“人才年”工作情况

在人才招聘上，公司与重点高校通过密集和深层次的互动合作，不断提升公司的雇主

品牌力和影响力。在本科生和研究生招聘方面,公司与天津大学、华东理工大学、大连理工大学、四川大学建立"4+1校企柔性组织",开展常态化互动合作;通过教育部"供需对接就业育人"课题、校企共创论坛、万华实习生等项目,为化工高质量人才培养体系建设培育力量。在专科生招聘方面,围绕各产业基地,积极发掘周边高校,在多所高校建立万华产业学院或万华订单班。上述举措保证了公司人才引进的数量和质量,为公司打造化工行业人才高地打下了良好的基础。

(二)降本提效情况

2022年,公司降本提效工作再度深化,年度追踪落实生产和管理类降本提效项目841条,高质量投资类项目116条。经过两年的积累,公司将共性案例形成专题进行推广,提升了公司的竞争优势;不断优化激励措施,进一步深化了全员降本增效意识。

第四节　山东南山铝业股份有限公司

一、经营情况

山东南山铝业股份有限公司是一家全产业链的铝深加工企业,重点发展以汽车板、航空板、动力电池箔等为代表的高附加值产品。2022年,公司高端产品的销量占公司铝产品总销量的12.92%,较去年同期增长0.26%;高端产品毛利占公司铝产品总毛利的21.16%,较去年同期增长1.27%。未来随着高端产品的产能释放,公司高端产品的利润占比将会进一步提升。公司2022年实现营业收入349.5亿元,较上年同期增加21.68%;营业成本276.4亿元,较上年同期增加27.69%;净利润39.4亿元,较上年同期增加6.03%;归属于上市公司股东的净利润35.1亿元,较上年同期增加3.07%。

二、技术创新情况

(一)航空用铝生产技术开发

航空材料是高端制造中的最高端产品,性能要求高、工艺条件严苛、生产管理难度高。2022年,公司完成空客加拿大厚板认证及二期设备的扩项认证,获得波音厚、薄板6个数据包的批准。未来将继续进行产品优化、产品研发,做到全型号、全尺寸覆盖,将公司打造为世界一流铝加工企业。

(二)汽车轻量化用铝生产技术开发

公司持续加大高附加值产品研发投入,积极开展汽车用铝合金材料及零部件研发、生产、加工等全流程业务,扩大产品规格认证范围,加快推进新老客户产品认证工作。2022年,公司完成了相关车企6系外板材料及零部件认证,并对相关客户汽车外板进行批量供货,为公司进一步扩大汽车板市场占有率提供了坚实的基础。

(三)高延伸率铝塑膜箔开发

随着汽车动力锂电池的发展,锂离子电池铝塑膜箔的需求逐渐增大。2022 年,公司积极与国内铝塑膜客户合作,通过力学性能综合调控技术及成品退火工艺匹配技术,完成了新合金型号的铝塑膜坯料及铝箔研发工作并进行批量供货。

(四)罐料产品研发

2022 年,公司根据市场罐型的转换及环保需求,积极推进罐料减薄及新罐型、盖型的技术研发进度,不断增强公司的市场竞争力。公司还配合客户完成了无双酚 A 涂料食品罐的多规格测试。

三、对外投资、与高校合作和项目建设情况

(一)印尼二期 100 万吨氧化铝项目

为使 BAI(印尼宾坦氧化铝有限公司)氧化铝项目生产实现规模化效益,增强公司的行业竞争力,提高市场地位,提升 BAI 的盈利能力,公司与战略投资者马来西亚齐力铝业、印尼当地中小股东共同投资建设了印尼二期 100 万吨氧化铝项目。2022 年,印尼二期项目已完成建设并投产。

(二)高端轻量化铝板带项目

根据打造"汽车轻量化铝板龙头企业"的发展战略以及对市场的开拓、调研和预判,公司认为铝制汽车板是未来铝应用的主要发展方向,尤其是新能源汽车的快速推广、应用,将带动汽车铝板的需求飞速增加,汽车板市场前景广阔。公司决定扩大生产线,加快产线建设进度,快速实现产能扩张。项目建成后,将进一步提升高端产品产能、完善产品结构,保证公司先发优势,提高市场占有率。2022 年,公司正在加紧推进该生产线建设。

(三)高品质再生铝保级综合利用项目

在资源节约、节能减排、环境保护等政策影响下,公司出资设立了龙口南山再生资源有限公司,主要从事金属废料和碎屑加工处理,回收来源以罐体、罐盖、汽车板生产厂工艺废料为主,附加航材铣屑料。项目建成后,能够切实响应国家"双碳"政策目标,减少碳排放。截至 2022 年年底,项目厂房主体已施工完成,设备正在制造、安装中。

第五节　山东天岳先进科技股份有限公司

一、经营情况

山东天岳先进科技股份有限公司是一家国内领先的宽禁带半导体材料生产商,目前主要从事碳化硅半导体材料的研发、生产和销售,产品可被广泛应用于微波电子、电力电子等领域。2022 年,公司实现营业收入 4.1 亿元,较 2021 年同比下降 15.56%;归属于上

市公司股东的净利润－1.7 亿元，较上年同期减少 294.80%，主要受产能调整、研发投入加大、人才储备大幅增加等因素的影响。根据 Yole 报告，2022 年，公司在半绝缘碳化硅衬底领域，市场占有率连续四年保持全球前三，是国际上少数几家同时在导电型和半绝缘型碳化硅衬底产品领域均具有竞争力的企业。随着公司新建上海工厂产能的逐步释放，预计公司在 SiC 功率器件领域将获得更大的市场影响力。

二、技术创新情况

2022 年，公司继续加大前沿技术布局，持续加大研发投入(研发费用为 1.2 亿元)，研发实力不断增强。公司通过前期持续自主扩径，制备出高品质 8 英寸导电型碳化硅衬底，晶型均一稳定，具有良好的结晶质量，并在 2022 年国际碳化硅及相关材料(ICSCRM)会议上公布。公司围绕工艺创新、质量提升、智慧工厂等多方面开展技术创新，并积极推动知识产权保护和商业秘密保护。截至 2022 年年末，公司及下属子公司累计获得境内发明专利授权 143 件，实用新型专利授权 322 件，境外发明专利授权 9 件。根据 Yole 旗下的知识产权调查公司数据，公司在碳化硅衬底专利领域位列国内第一、全球第五。公司先后荣获国家知识产权局颁发的“国家知识产权示范企业”、山东省人民政府颁发的“山东省专利三等奖”等称号。

第六节　山东路德新材料股份有限公司

一、经营情况

山东路德新材料股份有限公司是一家集生产、销售、服务和研发于一体的基础设施建设用新材料生产企业，系国家级制造业单项冠军示范企业、国家高新技术企业、国家级守合同重信用企业、国家知识产权示范企业、国家技术创新示范企业。公司主要生产经营的基础设施建设专用新材料包括土工格栅、土工格室、土工布、土工网垫、复合土工膜等土工合成材料，产品主要被应用于高速公路、高速铁路的路基增强加筋，水利堤坝除险加固，隧道、地铁工程、岛礁工程及矿山巷道支护等，替代钢筋使用，被国家发改委节能中心认定为首批 15 个重点节能技术应用典型案例产品之一。2022 年，公司实现营业收入 16.27 亿元，同比增长 1.56%。

二、技术创新情况

公司高度重视科技创新工作，不断加强土工合成材料和前沿材料技术研发工作。2022 年，公司研发投入9 840万元，占当年营业收入的 6.05%。一是进一步优化了公司自主研发的高强智能集成纤维复合土工格栅，该产品集加筋加固与实时监测、安全预警于一体，主要应用于公路、铁路等领域，对公路、铁路受力状态进行实时监控，保障工程长期安全运行。该产品填补了行业空白。二是与东南大学联合研发的碳纤维增强多功能格栅，该产品质量轻、强度高、耐腐蚀，且具有融雪抑冰、实时监测预警等防灾减灾功能，有效解决了路面结冰积雪问题、工程实时安全监测预警问题，产品性能指标达到了国际先进水平，满足了更多复杂地质条件工程的需求。三是自主研发的“一步法”生产高强聚丙烯长丝纺粘非织造布，可应用于高铁无砟轨道隔离层、隧道防渗衬垫层、机场跑道隔离层、水利工程护岸护底、应急工程地基处理等领域，成功打破了国外垄断，有效降低了我国重大项目工程成本。四是与中国科学院长春应用化学研究所联合研发的生物基可降解三维护坡材料可用于边坡防护，其成本低、抗拉强度高、整体性强、力学性能稳定，能有效降解，更加绿色环保，是绿色低碳环保的新型土工材料。

三、对外投资、与高校合作和项目建设情况

为不断增强企业竞争力，公司加快推进高性能碳纤维土工格栅及高性能复合材料项目，积极布局聚丙烯长丝纺粘针刺无纺布、高强塑料格栅、碳纤维复合土工格栅、高强土工膜等新产品。项目采用成熟、环保的技术工艺，符合国家产业政策、地方发展规划和环境保护政策，2023 年 10 月可满负荷生产，达到年产高性能碳纤维土工格栅及高性能复合材料 5 270 万平方米产能，预计新增年销售收入 6 亿元，为社会提供就业岗位 100 个，可以有力地促进当地经济的繁荣发展和社会稳定。

第七节　山东东岳有机硅材料股份有限公司

一、经营情况

山东东岳有机硅材料股份有限公司专业从事有机硅材料的研发、生产和销售，主要产品包括硅橡胶、硅油、硅树脂、气相白炭黑等有机硅下游深加工产品以及有机硅中间体等。2022 年，公司实现营业收入 67.3 亿元，比去年同期增长 55.40％；归属于上市公司股东的净利润 5.1 亿元，比去年同期下降 55.58％。

二、技术创新情况

2022 年，公司持续推进先进有机硅材料与技术重点实验室建设，完成山东省博士后创新实践基地建设并启用，申报山东省有机硅材料技术创新中心并获批建设。公司有序推进各项精细化学品研发，全年完成 MQ 硅树脂、硅油、乳液等多个项目产业化立项。2022 年，公司新增授权发明专利 9 件：共轭微孔聚合物催化剂及其制备方法和应用，耐碱性表面活性剂及其制备方法，环氧修饰的聚硅氧烷光敏聚合物的制备方法，兼具亲水性和耐水洗性能的聚硅氧烷共聚物的制备方法及应用，电子用高纯度、黏度可控的硅树脂的制备方法，双硫化体系建筑密封胶及其制备方法，一种室温固化无溶剂型敷形涂料及其制备方法，一种快速准确测定含氢硅油中含氢量的方法，高效去除氯硅烷水解副产氯化氢中硅氧烷的装置及方法。

三、对外投资、与高校合作和项目建设情况

公司生产规模优势显著,有机硅单体合成单套装置生产能力居国内领先水平。有机硅单体合成反应机理复杂、副反应多,反应过程会受到流化床结构、原料纯度、催化体系、反应温度等多种因素的复杂影响,具有较高的技术壁垒。2022 年,公司募投项目“30 万吨/年有机硅单体及 20 万吨/年有机硅下游产品深加工项目”建成投产,现已具备 60 万吨/年单体合成装置设计、运行技术。随着生产规模的扩大,公司在原材料采购、生产管理、能源消耗、副产物综合利用、市场营销等方面的规模经济效益将进一步凸显。

第八节　山东钢铁股份有限公司

一、经营情况

山东钢铁股份有限公司具有从焦化、烧结、球团、炼铁、炼钢到轧钢完整的生产工艺系统,整体装备水平较高。钢材品种主要有中厚板、热轧板卷、冷轧板卷、H 型钢、优特钢、热轧带肋钢筋等,是全国著名的中厚板板材、齿轮钢和 H 型钢生产基地。其中,低合金结构钢热轧 H 型钢获国家冶金产品实物特优质量奖,船舶及海洋工程结构钢热轧宽厚钢板、非调质机械结构钢等 7 类产品荣获国家冶金产品实物质量金杯奖,履带用热轧型钢、锚杆用热轧带肋钢筋、保证淬透性结构钢获评中国钢铁工业协会冶金产品实物质量品牌培育“金杯优质产品”,公司油气工程用热轧型钢、大型机械装备用高强度中厚钢板连续两届获得“中国钢铁工业产品开发市场开拓奖”。公司产品被广泛应用于汽车、石油、铁路、桥梁、建筑、电力、交通、机械、造船、轻工、家电等多个重要领域,远销欧美、日本、韩国、中东、东南亚和中国香港等国家和地区。2022 年,公司全年累计生产生铁1 246.71万吨、粗钢1 555.48万吨、商品坯材1 620.18万吨;实现营业收入1 022.89亿元,利润总额 15.06 亿元,归属于上市公司股东的净利润 5.55 亿元。

二、技术创新情况

2022 年以来,公司开发了超重单齿履带钢、超高强船板用钢 EH690、超高强钢 Q690D、高强大梁钢 750L/BH750、高等级马氏体钢 1180MS、高级别船板海工钢 EH690、超高强钢 Q1350D、高等级耐候桥梁钢 Q420qDNH 等新品种,品种规格不断丰富,形成了水平较高的产品集群。2022 年,公司参与承担“抗疲劳高止裂非均质组织风电用钢研究”“基于钢铝协同的非石灰拜耳法赤泥增值冶金技术及工程示范”“钢铁轧制全流程工艺优化与管控软件开发”3 项国家重点研发计划,牵头和参与承担省重大科技专项 6 项。牵头完成的“超高强韧汽车用钢的关键制造技术及产业化应用”“高端制造装备用高品质稀土特殊钢关键技术研究及产业化”两个省重大科技专项均以综合评价“优秀”的成绩通过山东省科技厅验收。公司累计拥有有效专利 2 057 件,在 2022 年中国钢铁企业专利创新指数排名中位列第 7。

三、对外投资、与高校合作和项目建设情况

公司持续深化科技创新体制改革，加大技术研发投入，建立了开放的技术创新体系，现有国家级企业技术中心、博士后科研工作站、山东省院士工作站、博士后创新实践基地、山东省洁净钢工艺开发工程实验室等研发平台，系军队一级供应商。先后与山东大学、北京科技大学、东北大学等多家知名高等院校及科研机构建立了长期稳定的技术合作关系，共建了人工智能技术创新中心、低碳炼铁共性技术创新联盟、金属材料智能制造技术创新中心等多个联合研究中心，大大提升了研发能力和技术水平。

第九节 烟台正海磁性材料股份有限公司

一、经营情况

公司从事的主要业务有高性能钕铁硼永磁材料业务和新能源汽车电机驱动系统业务。2022 年，公司实现营业总收入 63.19 亿元，同比增长 87.52%；营业利润 4.33 亿元，同比增长 47.15%；利润总额 4.31 亿元，同比增长 53.84%；归属于上市公司股东的净利润 4 亿元，同比增长 52.47%。2022 年，由于新能源汽车等下游行业快速发展，公司紧抓市场机遇、加大市场开拓力度、深化客户合作关系，并积极推进产能建设、持续提高产品交付能力，使得高性能钕铁硼永磁材料产品销量提升，叠加产品销售价格上涨，公司营业收入及营业利润等指标均较去年同期大幅增长。

二、技术创新情况

公司拥有的正海无氧工艺（ZHOFP）、晶粒优化技术（TOPS）和重稀土扩散技术（THRED）三大核心技术是“研发双战略”的有效落地，三大核心技术的多组合运用，催生了公司低重稀土磁体、无重稀土磁体、超轻稀土磁体三大产品线，充分满足了下游市场的多层次需求。通过与战略客户的协同开发机制，公司能够准确把握细分领域发展方向，保持多维度技术领先，并不断进行新技术宣导，推动新技术应用面持续扩大。2022 年，TOPS 相关产品在公司产品中的覆盖率达到 90%，THRED 相关产品在公司产品中的覆盖率超过 75%，截至 2022 年年底，公司的 THRED 产能已超过 2 万吨。为提升公司产品的综合竞争力，保持公司技术研发的竞争优势，2022 年，公司的研发项目数量较去年同期增加 35%。为加强知识产权保护，公司 2022 年申请的专利数量大幅增加，相应研发投入资本化率较去年同期增加。

三、对外投资、与高校合作和项目建设情况

公司的募投项目“电子专用材料制造（高性能稀土永磁体研发生产基地建设）项目（一期）”是公司现有业务规模的提升、生产流程的升级，有助于公司把握市场发展机会，快速扩大市场份额、巩固行业地位。

第十节 山东玲珑轮胎股份有限公司

一、经营情况

山东玲珑轮胎股份有限公司是一家集轮胎的研发、制造与销售于一体的技术型轮胎生产企业,致力于打造世界一流技术水平、世界一流管理水平、世界一流品牌影响力。公司主要产品分为乘用及轻卡子午线轮胎、卡客车子午线轮胎和非公路轮胎,被广泛应用于乘用车、商用车以及工程机械车辆等。2022 年,公司实现营业收入 170.06 亿元,较上年同期 185.79 亿元减少 15.73 亿元,同比降低 8.47%;营业成本 146.91 亿元,较上年同期 153.72 亿元减少 6.81 亿元,同比降低 4.43%。公司销售收入减少主要是因为 2022 年轮胎销售数量较上期减少。

二、技术创新情况

依托完善的研发体系和强大的新产品开发能力,公司在低滚阻、高耐磨、超强操控性、“1+2”全生命周期过百万里程的轮胎、新能源轮胎等产品质量性能和技术研究方面处于世界一流水平。建成了全球首条百吨级的蒲公英橡胶生产线,并设计制造了国内首条 3D 打印标准规格聚氨酯轮胎和首条智能发电轮胎,自主开发了国内第一条自修复轮胎自动化生产线,拥有国内第一套自修复静音棉一体化生产设备,并于 2022 年 6 月首家发布自修复静音棉一体化轮胎,创新成果源源不断涌流。

第十一节 山东道恩高分子材料股份有限公司

一、经营情况

山东道恩高分子材料股份有限公司是一家集研发、生产、销售热塑性弹性体、改性塑料、色母粒和可降解材料等功能性高分子复合材料的国家火炬计划重点高新技术企业,致力于高分子新材料的进口替代及消费升级,产品被广泛应用于汽车交通、家电通信、医疗卫生、大消费等领域。2022 年,公司实现营业收入 45.2 亿元,较上年同期增长 6.21%;归属于上市公司股东的净利润 1.5 亿元,较上年同期下降 32.64%。截至 2022 年年底,公司资产总额 49.4 亿元,较年初增长 56.91%;归属于上市公司股东的所有者权益 29.9 亿元,较年初增长 43.54%。

二、技术创新情况

提升创新能力,加速新技术产业化落地。公司作为国家级高新技术企业和专精特新“小巨人”企业,一直致力于弹性体、改性塑料、色母粒的研发、技术创新和产品开发,经过多年发展和积淀，已形成四大(硫化、酯化、氢化和改性)研发平台和1+2+9(1个研究总院、2个研发创新中心和9个生产研发基地)的研发体系，2022年研发并量产新品2 128款。截至2022年年底，公司共获得授权专利109件，其中授权发明专利49件、实用新型60件。参与制定国际、国内和行业标准47项。获得全球回收标准(GRS)认可资质，累计103款材料获得消费后再生塑料(PCR)认证。

三、对外投资、与高校合作和项目建设情况

优化产业布局，增强发展后劲。2022年，公司增资收购了青岛周氏塑料包装有限公司，打通拓宽了“PBAT合成+PBAT改性+PBAT制品”全产业链业务。公司与青岛周氏塑料包装有限公司优势互补，增资控股青岛周氏塑料包装有限公司对公司快速布局和发展全生物降解塑料全产业链业务、在未来市场竞争中获得发展先机意义重大，有利于促进公司绿色低碳转变，积极响应国家“双碳”战略。

2022年，俄罗斯道恩英德尔工厂投产，完成海尔洗衣机筒体专用料的批量生产，实现了俄罗斯海尔洗衣机的即需即供。可转债募集资金投资建设的12万吨道恩高分子新材料项目，已完成土建、设备调试，正在加紧办理相关的生产手续。非公开发行募集资金建设的12万吨生物降解PBAT(一期)项目已完成土建、设备采购，具备联动试车条件。道恩西南重庆(一期)项目，正在土建施工中。自筹资金投资建设的道恩生物降解材料项目、道恩周氏(青岛)复合包装项目和道恩扩产项目(5万吨热塑性弹性体、15万吨改性塑料)，正在进行设计、相关行政手续办理和前期施工等工作，项目建成后将大大增强企业的发展后劲。

第十二节　山东泰和水处理科技股份有限公司

一、经营情况

公司主要产品为水处理剂及其联副产品，主要包括阻垢剂、缓蚀剂、杀菌灭藻剂、螯合剂、分散剂、反渗透药剂、助洗剂等，被广泛应用于水处理、采油、日化、纺织印染、造纸、电子清洗等领域。2022年，公司实现销量55.73万吨(其中，水处理剂销量26.28万吨，氯碱销量29.45万吨)(不含盐酸)，水处理剂销量同比上涨3.79%，总销量同比上涨120.10%；实现营业收入27.2亿元，同比上涨23.44%；营业利润和利润总额分别为4.75亿元和4.72亿元，同比分别上涨46.86%和46.30%；归属于母公司股东的净利润3.97亿元，同比上涨42.79%。

二、技术创新情况

公司高度重视科技创新，持续加大研发投入，技术实力不断增强。公司拥有国家级企业技术中心、国家博士后科研工作站2个国家级创新平台，拥有山东省工程实验室、山东省工业企业“一企一技术”研发中心等6个省级创新平台，荣获工信部认定的制造业单项

冠军示范企业、国家知识产权示范企业、全国企业标准"领跑者"、中国精细化工百强企业、山东省科技领军企业、山东省智能制造标杆企业、山东省"十强"产业集群领军企业、山东省技术创新示范企业等称号。公司有 24 项成果达到国际先进水平、12 项达到国内领先水平、6 项达到国内先进水平，其中 10 项成果填补了国内空白。获得有效授权发明专利 98 件、实用新型专利 71 件，主持或参与制修订国家标准 17 项、行业标准 22 项。

三、对外投资、与高校合作和项目建设情况

2022 年 3 月，山东泰和水处理科技股份有限公司全资子公司氢力新材料(山东)有限公司与枣庄中科化学有限公司签订《资产租赁协议》。2022 年 5 月，氢力新材料(山东)有限公司已开始生产。氢力新材料(山东)有限公司租赁的枣庄中科化学有限公司 30 万吨/年离子膜烧碱项目共分两期，目前在用 15 万吨，另外一期 15 万吨正在改造中。氯碱产品的主要原材料为原盐，通过电解盐水产生烧碱、副产氯气等产品。烧碱属于国民经济基础性化工原材料，被广泛应用于氧化铝、印染、造纸、黏胶等领域。氯气是用于生产水处理剂的主要原材料，可以延伸公司产业链，增强公司竞争力。

第十三节　山东宝龙达实业集团有限公司

一、经营情况

山东宝龙达实业集团有限公司位于山东省省级化工园区——"临朐化工产业园"区内，是一家集工业及民用年产 5 万吨高性能有机硅新材料，年产 2 万吨有机硅特种单体及系列产品研发、生产、销售于一体的高新技术企业。2022 年，公司实现营业收入 6.4 亿元，利润2 184万元，上缴税金2 006万元。

二、技术创新情况

公司先后与中国科学院、山东大学等多所拥有有机硅高分子材料研究项目的高校和科研院所开展产学研深度合作，搭建协同创新平台。公司坚持"科技创新、人才引领"的发展之路，设立了山东共聚有机硅技术研究院，拥有山东省院士工作站、山东省重点工程实验室、山东省工程技术研究中心、山东省企业技术中心、山东省中小企业"一企一技术"研发中心、山东大学·宝龙达先进有机硅材料实验室等科研平台 11 个，申报发明专利 35 件(其中授权发明专利 11 件)，起草国家(行业)标准 11 项，先后承担国家、省部级人才科技项目 9 项，引育各类高层次人才 9 人(全职引进外籍院士 1 名)，入选国家级重点人才、省"一事一议"人才项目。先后荣获国家专精特新重点"小巨人"企业、山东省优秀企业、山东省瞪羚(示范)企业、山东省隐形冠军企业、山东省制造业单项冠军企业、山东省五一劳动奖状等荣誉称号。

三、对外投资、与高校合作和项目建设情况

为进一步拉伸产业链条，增强企业竞争力，打造有机硅新材料产业闭环，公司新设立山东特龙谱新材料有限公司，在建有机硅特种单体及系列产品生产项目。项目总占地面积 110.19 亩（1 亩≈667 平方米），总投资 3 亿元。该项目主要产品有甲基苯基氯硅烷、八苯基环四硅氧烷、苯基生胶、苯基混炼胶、AB 加成型液体硅橡胶、氟硅生胶混炼胶、气相法白炭黑等，年产能 2 万吨，被广泛应用于航空航天、兵器装备、电子电器等国防科技领域和新能源汽车、大飞机制造、轨道交通、工业深冷装备等高端工业领域。目前该类产品主要依赖进口。本项目技术水平已达国际先进水平，项目投产达效后，预计可实现销售收入 15 亿元，利税 4.2 亿元。该项目的实施有助于我国打破国际垄断，填补国内空白，实现关键技术自主可控。

第十四节　山东东辰瑞森新材料科技有限公司

一、经营情况

山东东辰瑞森新材料科技有限公司是国内最早从事长碳链尼龙树脂开发、生产、销售的国家高新技术企业，专注长碳链尼龙生产和研发 22 年，是中国合成树脂协会常务理事单位和山东省新材料产业特种尼龙产业链链主单位，拥有 3 个省级研发平台、多项省级以上创新荣誉。公司主导产品“长碳链尼龙”是《中国制造 2025》中高性能结构材料、功能性高分子材料的发展重点，具有突出的耐候性、低温柔韧性和耐腐蚀性，被广泛应用于汽车、通信、机械、电子电器、轻纺、航空航天、军事、体育用品等领域。按照高端化、智能化、连续化的建设目标，公司建设了山东能源新材料产业园，实现了总产能 3 万吨/年，成为国内长碳链尼龙最大的生产、研发基地。2022 年，公司营业额突破 3 亿元，总资产达到 4.73 亿元，增长幅度超过 30%。

二、技术创新情况

（一）长碳链尼龙连续化生产关键技术的研究与突破

公司在长碳链尼龙行业内首次实现了国产化设备的连续聚合，打破了国外技术的封锁，解决了间歇生产方式的弊端，并建成年产5 000吨的长碳链尼龙连续聚合生产线，实现了产品产量与质量同步提升。

（二）长碳链尼龙共聚技术的研究与应用

公司先后开展了长碳链尼龙二元、三元及多元共聚技术，满足了高端化、特色化及多领域的市场要求，进一步拓展了长碳链尼龙的应用范围，提升了国产化长碳链尼龙的市场份额。

三、对外投资、与高校合作和项目建设情况

(一)加强产学研合作,展开联合技术攻关

为解决现有产业发展瓶颈等难题,公司积极与高等院校、科研院所展开联合技术攻关,并成为山东大学、西北工业大学、中北大学、青岛科技大学的教学实践基地和产学研合作基地。

(二)加大项目建设,实施提产扩能工程

公司持续打造山东能源新材料产业园续建项目,规划建设高性能尼龙合金、矿用轻量化复合材料以及3D打印尼龙等项目,将产能扩充至20万吨/年。

第十五节　烟台海德智能装备有限公司

一、经营情况

烟台海德智能装备有限公司成立于2001年12月,现为省级专精特新企业、省级瞪羚企业,厂区占地面积约140亩、员工420余人,拥有各类大中型设备400台(套),2022年产值1.51亿元。企业有国家特聘专家团队1个,设有中国科学研究院沈阳计算技术研究所烟台分所,具有高新技术企业资质、装备承制单位资质,先后通过了GJB9001C、AS9100D质量体系认证。企业现为中国铁道科学研究院、中国科学院有关院所、中国航天科工三院、中航沈飞股份有限公司等20余家科研院所的合格供方,产业布局包括精密加工制造、航空密封新材料、装备系统集成等。公司先后获得山东省专利明星企业、山东省国民经济动员中心等荣誉,作为中小企业代表,在胶东半岛地区具有较强的科研竞争力和品牌影响力。

二、技术创新情况

(一)膨体聚四氟乙烯密封材料的研发与产业化

该材料现为工信部民机材料上下游合作机制重点任务,属于“十四五”航空材料领域“卡脖子”Ⅱ类难题。2022年年初,企业已全部完成攻关所涉及的防水型、防油型产品研制,并通过了中航沈飞股份有限公司、中国科学院兰州化学物理研究所等多家权威单位的第三方检测认证。目前,国产化产品正在中国商用飞机有限责任公司开展装机试验,并已在中航工业江西洪都航空工业集团有限责任公司、中国航天科工集团有限公司某所实现了产品应用与成果转化的快速推广;2022年12月,该项目获第三届山东省新材料产业创新创业大赛企业组一等奖。

(二)高精度、高强度航空航天部件类产品研发与产业化

针对航空航天装备对部件级产品精度、刚性等有特殊要求的实际情况,公司采取建设

高精度机加工产品制备线、自动化部件制备线等方式，使部件加工水平达到 1 微米超高等级，在高强度耐烧蚀发射系统、高强度轻质量发射载具等细分领域取得了较好的建设成效。2021 年以来，该板块成果保障谷神星火箭发射 3 次，获得谷神星火箭发射保障奖 1 次，在中国空空导弹研究院、中船重工第七一三研究所得到了客户满意度 100％的良好评价。

三、对外投资、与高校合作和项目建设情况

（一）加强创新发展的建设投入

公司作为制造业中小企业的典型代表，始终把研发投入与创新建设摆在首位。“十四五”以来，企业自筹经费5 200万元建成8 000平方米研发中心，年自主投入研发经费不低于1 000万元，先后全职引进国家特聘专家 1 人、引进博士硕士团队 9 个，并在纳米吸能材料、磁流变智能材料、电化学污水处理设备等领域取得了阶段性成果。例如，2022 年 10 月产出的国内首个 30 kN 磁变流阻尼器，现已得到中国兵器工业集团内蒙古某院的工程应用。这些工作的开展有利于企业新兴板块的持续发展，有利于中小企业要素的持续聚集，对本土航空航天产业的做大做强也具有积极的助推作用。

（二）发挥横向合作的综合效能

目前，公司是中国科学院沈阳计算技术研究所、海军航空大学、烟台大学、烟台理工学院、烟台职业学院等高校、科研院所的签约单位，主要注重抓好两方面建设：①围绕“新材料”+“智能制造”方向积极与高校的创新人才、博士团队等进行深入合作，并每年在企业研发中心专拨 200 万元，支持高校专家、青年骨干创新创业。2021 年以来，已先后有 2 名烟台市级创业大赛科技之星在园区落地生根。②针对制造业蓝领团队青黄不接的短板，公司采取与应用型本科院校、职业技术学院提前对接、跟产实践、免费食宿等方式，吸引本科生、大专生到制造一线就业，使得企业蓝领团队得到了较好的补充。目前，企业 30 岁以下制造业工人已占企业一线产业工人数量的 10％。

（三）聚焦重点项目的带动作用

公司现承担工信部民机材料上下游合作机制攻关任务 1 项、军队某自主可控攻关任务 1 项、省发改委新旧动能转换重点项目 1 项，均围绕航空航天领域高端密封材料、高端部件制造等开展创新攻关。截至 2022 年年底，所有项目进展顺利，在研究期内新取得产值效益近3 000万元的同时，也为企业在成果奖励、科研影响等方面赢得了良好口碑。2021—2022 年，企业阶段性创新成果已获山东省新材料行业一等奖 1 项，获省市级奖励 2 项；建成烟台市“一企一技术”研发中心 1 个、烟台市工业设计中心 1 个；新取得知识产权成果 11 个。

第十六节　昌邑森汇新材料有限公司

一、经营情况

昌邑森汇新材料有限公司成立于2011年11月，主要产品有可膨胀石墨、球化石墨、高纯石墨等，是一家集科研、设计、生产、维修、销售和系统集成于一体的科技型企业。公司坐落于山东省潍坊市昌邑市滨海(下营)经济开发区，占地面积150亩，注册资金6 500万元，公司员工达160多人。近三年来，公司平均营业收入超2亿元，研发投入平均占比3%，并有授权专利20余件。公司技术和研发实力雄厚，被政府认定为“潍坊市专精特新”中小型企业、山东省“创新型中小企业”，被中国非金属矿工业协会认定为“绿色工厂”。

在国家“十四五”发展规划下，公司紧随行业发展趋势，谨遵刘书伟董事长的战略规划，坚持走大力发展新能源路线。目前，公司拥有产能25 000吨/年球形石墨负极材料的生产线，且计划在现有可膨胀石墨产能5 000吨/年生产线的基础上，打造产能为15 000年/吨、技术与设备领先的数字化智能车间。为实现公司发展“五年计划”，在稳定保持现有行业地位的同时，公司加大与深圳贝特瑞新材料集团股份有限公司、广东凯金新能源科技股份公司、韩国浦项制铁集团公司等主要客户合作的深度和广度；在提升国内知名度的同时，继续开拓海外市场。

公司人才结构合理，并成立了由总经理为技术带头人，主要成员包括2名博士、2名硕士、10名本科生等的技术攻关团队。为了开发真正满足企业需求的新产品和新技术，公司积极响应“千名博士进企业”行动，特聘叶欣博士担任研发部部长，同时引进潍坊职业学院刘苏亭博士(副教授)脱产在公司工作一年，并与学校签订战略协议，设立教师工作站。公司与青岛科技大学开展深度合作，共建高性能石墨基新材料实验室，研发定温膨胀石墨及锂电池负极材料等下游产品。公司紧密跟踪石墨深加工方面的技术和行业发展趋势，不断优化新技术，从而使客户得到最优质的服务和最好的回报。

公司自成立以来，始终坚持以人为本、诚信立业的经营原则，荟萃业界精英，将国内外先进的信息技术、管理方法及企业经验与公司的具体实际相结合，推行“7S”管理、ISO9001质量管理体系、ISO45001职业健康安全管理体系、ISO14001环境管理体系，努力创建标准化工厂，使公司在激烈的市场竞争中始终保持竞争力。“以科技为动力，以质量求生存”，公司以良好的信誉和过硬的产品质量，满足客户需求，取得了良好的经济效益，实现了可持续发展。

二、技术创新情况

（一）高起始温度可膨胀石墨工艺开发

公司持续加大对高附加值产品的研发投入，针对不同应用领域，积极开展可膨胀石墨的研发、生产等；扩大产品规格范围，加快推进新老客户产品认证工作，为进一步拓展国内外市场打下坚实的基础。

（二）定温可膨胀石墨及应用于锂电池材料的研发

为进一步完善产品产业链和提升话语权，进一步开发下游产品，公司已在可膨胀石墨控温生产上取得了突破，且满足技术要求。此外，公司也在加大力度研发定温可膨胀石墨在锂电池上的应用，争取早日实现成果转化。

三、对外投资、与高校合作和项目建设情况

（一）锂电池负极材料项目

近年来，公司加大了球形石墨作为锂电池负极材料的研发投入及产品投放，并投资建设了 1.5 万吨/年锂电池负极材料生产线，提高了高附加值产品的市场占有率。与同期相比，该项目预计将增加 30％的年销售收入。

（二）可膨胀石墨数字化生产线技术改造项目

公司可膨胀石墨数字化生产线技术改造项目，在原生产线项目的基础上进一步扩大生产规模，并淘汰老旧设备，实现可控智能化生产。该项目建成后，将进一步提升产品产能，提高产品质量，完善产品结构，提高市场占有率。

（三）高性能石墨基新材料实验室

伴随着国内新能源汽车行业的高速发展，公司在锂电池负极材料领域加大研发投入力度，与青岛科技大学共建高性能石墨基新材料联合实验室，进一步开发高端产品，布局知识产权，争取将科技成果快速转化，在市场上占领一席之地。

第五章　山东省部分高校和科研院所成果转化情况

第一节　山东大学

一、一种官能化α-胺基三乙氧基硅烷及其制备方法、基于巯基-烯点击反应的α-碳上连有硫醚键并含不同官能基的三烷氧基硅烷及其制备方法

转化时间:2022年1月。

转化金额:10万元。

成果简介:

(一)一种官能化α-胺基三乙氧基硅烷及其制备方法

本发明提供一种官能化α-胺基三乙氧基硅烷及其制备方法。本发明以工业副产物氯甲基三氯硅烷作为基本原料,经与乙醇反应生成氯甲基三乙氧基硅烷;然后和含有双键基团的有机胺发生取代反应制备双键官能化α-胺基三乙氧基硅烷。以制备的双键官能化α-胺基三乙氧基硅烷为原料,利用巯基-烯点击反应可制备一系列α-碳上连有胺基及碳硫醚键并含不同官能基的三乙氧基硅烷。本发明充分利用工业副产物氯甲基三氯硅烷,利用简单、温和的方法即可制备高纯度、较高收率的目标产物;所得产物结构中含有多种官能团,大大增加了烷氧基类硅烷偶联剂的种类,并进一步拓展了其应用空间。

(二)基于巯基-烯点击反应的α-碳上连有硫醚键并含不同官能基的三烷氧基硅烷及其制备方法

本发明涉及一种α-碳上连有硫醚键并含不同官能基的三烷氧基硅烷的制备方法。该方法先以氯甲基三氯硅烷与醇钠反应制备氯甲基三烷氧基硅烷,之后氯甲基三烷氧基硅烷在催化剂的作用下与硫脲进行反应制得α-巯甲基三烷氧基硅烷;通过光引发的巯基-烯点击反应,使得α-巯甲基三烷氧基硅烷与含双键化合物相连,得到α-碳上连有硫醚键并含不同官能基的三烷氧基硅烷。该方法的原料之一为工业副产物氯甲基三氯硅烷,为氯甲基三氯硅烷开辟了高效利用的途径,可减少有毒催化剂的使用,符合绿色环保的理念。本发明的原料和反应试剂易得,产物易分离纯化,符合原子经济;制备工艺简单,反应条件温和,成本低廉,适合大规模工业化生产应用。

二、一种α-取代丙烯酰氧基甲基三烷氧基硅烷的制备方法

转化时间:2022年1月。

转化金额:10万元。

成果简介:本发明涉及一种α-取代丙烯酰氧基甲基三烷氧基硅烷的制备方法,步骤如下:①将丙烯酸化合物、有机碱或氨气、阻聚剂和有机溶剂混合均匀,加入相转移催化剂和氯甲基三烷氧基硅烷,于70～110 ℃条件下反应1～10小时。②反应结束后,向反应液中加入1～2倍反应液体积的石油醚,搅拌20～40分钟,过滤去除固体,将滤液常压蒸馏以去除有机溶剂甲苯或苯以及石油醚和多余的有机碱;减压蒸馏,即得。本发明采用加入不产生水的有机碱或氨气的方法,可以降低能耗,简化生产步骤。

三、一种稳定的液相化学剥离制备氮化硼纳米片的方法、一种氮化硼纳米片增强陶瓷基复合材料及其制备方法

转化时间:2022年2月。

转化金额:16万元。

成果简介:

(一)一种稳定的液相化学剥离制备氮化硼纳米片的方法

本发明公开了一种稳定的液相化学剥离制备氮化硼纳米片的方法,其步骤包括:①将六方氮化硼与强酸混合浸润后,加入高铁酸盐混合均匀进行反应;②反应后将反应物滴加到蒸馏水中进行稀释;③将稀释后的溶液离心,去除大块未被剥离的氮化硼粉末;④抽滤上层液体得到反应产物,先用盐酸清洗,再用去离子水洗至中性,烘干产物,可得到氮化硼纳米片。本发明方法通过强酸与高铁酸盐的反应制备出氮化硼纳米片,原料易得,安全稳定,不产生污染,且操作简单,无须复杂昂贵的设备,产量较高,产品质量好。

(二)一种氮化硼纳米片增强陶瓷基复合材料及其制备方法

本发明公开了一种氮化硼纳米片增强陶瓷基复合材料及其制备方法,以氮化硼纳米片为增强相、陶瓷作基体。先将氮化硼纳米片和陶瓷粉体分别装入容器中,通过高速搅拌配合超声处理得到分散均匀的悬浮液。将两种悬浮液的pH值调节到一定范围以后,将氮化硼纳米片悬浮液逐滴滴加到陶瓷粉体悬浮液中,静置沉淀、抽滤、干燥后得到混合粉体。然后将混合粉体置于石墨模具中,在多功能烧结炉中热压烧结,保温一段时间后停止加热,使其在炉中自然冷却到室温,得到成品。本发明方法具有制备方法简单、产品性能好、成本较低、易实现规模化生产的特点,所得氮化硼纳米片增强陶瓷基复合材料力学性能和高温稳定性优异。

四、一种钛酸铋钙光电功能晶体及其生长方法与应用、一种具有纯面切变振动模态晶体切型及其在无损探伤领域中的应用

转化时间:2022年4月。

转化金额:40万元。

成果简介：

(一)一种钛酸铋钙光电功能晶体及其生长方法与应用

本发明涉及一种钛酸铋钙光电功能晶体及其生长方法与应用，该钛酸铋钙晶体的化学式为 $CaBi_4Ti_4O_{15}$，为单晶，属于正交晶系 2 毫米点群，非中心对称结构，晶胞参数为 $a=b=c=90°$。本发明还提供了钛酸铋钙晶体的生长方法和用途。本发明中的 $CaBi_4Ti_4O_{15}$ 晶体的熔点高于 1 200 ℃，且净偶极矩较大，是难得的同时具有非中心对称结构且高熔点的化合物，因此在压电和非线性光学领域具有明显优势。

(二)一种具有纯面切变振动模态晶体切型及其在无损探伤领域中的应用

本发明涉及一种具有纯面切变振动模态晶体切型及其在无损探伤领域中的应用，所述晶体材料为稀土磷酸盐晶体，确定出晶体的 X、Y 和 Z 轴方向，物理学坐标轴 X、Y 和 Z 轴分别平行于晶体学坐标轴 a、b 和 c 轴，具有纯面切变振动模态晶体切型为晶体绕着 X 轴旋转角度 α 或绕着 Y 轴旋转角度 β 或者绕着 Z 轴旋转角度 γ 进行切割获得的晶体。本发明中的具有纯面切变振动模态晶体切型，采用稀土磷酸盐晶体，只有面切变振动模态，能够激发出纯的 SH0 波，并且加工方法简单，只需要确定 X、Y 或 Z 轴所在方向，便可直接加工出最优晶体切型，不需要进行角度旋转，样品制备简便。

五、镱离子掺杂 ABGS 晶体及自倍频超短脉冲激光器

转化时间：2022 年 4 月。

转化金额：5 万元。

成果简介：本发明涉及镱离子掺杂 ABGS 晶体及自倍频超短脉冲激光器，该激光器包括沿光路设置的半导体激光泵浦源、聚焦系统、第一谐振腔镜 M_1、自倍频激光晶体、第二谐振腔镜 M_2、GTI 镜、第三谐振腔镜 M_3、第四谐振腔镜 M_4、可饱和吸收体；自倍频激光晶体为镱离子掺杂 $A_3BGa_3Si_2O_{14}$ 晶体，A＝Ca 或 Sr，B＝Nb 或 Ta。该晶体同时具有激光发射和非线性光学效应，通过锁模技术使用一块自倍频激光晶体，即可实现超短脉冲自倍频绿光输出。本发明成本低，采用一块自倍频激光晶体替代激光晶体和非线性晶体两块晶体，生产成本大大降低，同时也简化了加工和装配环节，提高了生产效率。

六、一种聚硅氧烷/二酚型苯并噁嗪的制备方法

转化时间：2022 年 10 月。

转化金额：10 万元。

成果简介：本发明提供了一种聚硅氧烷/二酚型苯并噁嗪的制备方法，具体步骤如下：将胺源、酚源、醛源按照一定的比例加入溶剂中，加热至回流反应，即得聚硅氧烷/二酚型苯并噁嗪；所述的胺源为含氨基的聚硅氧烷，所述的酚源为二酚化合物。采用该方法制备得到的苯并噁嗪材料的开环聚合温度降低、热稳定性以及韧性增加。本发明制备工艺简单，可控，合成效率高，成本低，适宜于大规模工业化生产，应用前景好。

七、一种超疏水、疏油有机硅海绵的制备方法

转化时间：2022 年 10 月。

转化金额：10 万元。

成果简介：本发明涉及一种超疏水、疏油有机硅海绵的制备方法，该方法先制备有机硅海绵 SS；然后准备有机硅海绵 SS C；最后将乙醇、含氟硅烷偶联剂、水混合均匀后，得混合液 c，将有机硅海绵 SS C 加入混合液 c 中，于室温条件下反应，得到超疏水、疏油有机硅海绵SS F。制得的有机硅海绵水接触角大于 150°且滚动角小于 10°，油类（正癸烷、汽油、甲苯、柴油、二碘甲烷、葵花籽油等）接触角均大于 118°；该海绵具有较好的热稳定性。

八、热塑性弹性体微孔发泡材料改性、工艺与装备

转化时间：2022 年 11 月。

转化金额：100 万元。

成果简介：热塑性弹性体是一种高性能聚合物，兼具热塑性塑料的易加工性和橡胶的弹性等优点，在学术界和工业领域受到广泛关注。为了拓宽热塑性弹性体的应用范围，本发明采用超临界流体发泡的工艺，赋予其良好的回弹性、隔热、降噪等性能。同时，对比传统化学发泡，超临界流体发泡具有绿色环保、无化学残留等优点，工艺参数方便可控。基于此，本发明致力于研究材料改性优化、工艺设计、效能提升及相应发泡装备，为提升生产效率、提高产品性能作出了贡献。

第二节　山东省科学院新材料研究所

一、富勒烯原灰增强 6013 铝合金复合材料设计与制备

转化时间：2022 年 1 月。

转化金额：28 万元。

成果简介：本成果通过在 6013 铝合金中加入富勒烯或富勒烯副产品，开发出组织均匀、性能稳定的富勒烯原灰增强 6013 铝合金复合材料，开发整套制备工艺与技术，其中包括富勒烯作为铝基材料添加项的分散技术、熔炼工艺、添加工艺等。富勒烯原灰增强 6013 铝合金复合材料挤压材 T6 热处理后屈服强度不低于 350 兆帕，断后延伸率不低于 9%，晶粒等级不低于 3 级。

二、环保及能源材料技术开发

转化时间：2022 年 6 月。

转化金额：50 万元。

成果简介：本成果开发了各类固体危险废物协同制造瓷化骨料技术和太阳能板在各领域的应用技术。根据实验场地和现有关键设备，构建各类固体危险废物协同制造瓷化骨料中试生产线；集合陶瓷太阳能板技术，设计陶瓷太阳能板在海水养殖、苦咸水淡化等各类极端条件下的应用技术方案，提升企业在环保、能源领域的技术优势。

三、切削铁泥处理单元开发项目

转化时间:2022 年 7 月。

转化金额:30 万元。

成果简介:本成果针对轴承钢珩磨产生的切削铁泥,开发专用处理单元,实现高价值金属资源与铁泥的高效分离与筛选,以满足产业化生产需求,处理能力达到百公斤级以上。本成果基于超声在溶体中的传导产生的空化、乳化等作用机理,开发切削铁泥专用分离单元;采用磁选、物理过滤等方法,开发切削铁泥专用筛分单元;整合分离与筛分单元,实现切削铁泥中高价值金属资源的再利用。

四、隔热油套管专用系列新型气凝胶隔热材料及应用技术

转化时间:2022 年 7 月。

转化金额:60 万元。

成果简介:针对目前淄博孚瑞特热能科技有限公司对隔热油套管专用气凝胶材料和自动化缠绕施工工艺的迫切需求,本成果开发了性能先进、耐久性强、保温性能稳定以及满足释气要求的气凝胶纤维毡复合材料,设计并制作基于该系列气凝胶材料的保温管道。通过对现有施工工艺进行提质升级,开发自动化缠绕包裹新技术,实现高效率、高品质机械化施工包裹。通过理论模拟计算、试验验证与示范工程相结合的方式,对材料的隔热性能进行综合评价。通过对气凝胶系列产品的质量检测与综合性能考察,发现其性能优于现有管道用保温材料制品要求,提升了企业在新能源领域的创新竞争力。目前,年产 15 万平方米气凝胶隔热油套管生产线运行良好,淄博孚瑞特热能科技有限公司后续将依托本合作项目继续开发新产品,开拓新市场。

五、先进房车专用胶黏剂开发

转化时间:2022 年 10 月。

转化金额:120 万元。

成果简介:由于房车墙板通常采用三明治发泡板结构,内外层材质不同,因此对于胶黏剂的要求较高。通常在三明治板负压成型过程中,胶黏剂的使用不当极易造成墙板与发泡板的脱层分离,造成墙板鼓包、脱落,严重影响房车的整体外观和使用时效。本成果针对目前房车墙板、地板、天花板用三明治板鼓包、分层等现象,开发三明治板专用双组分聚氨酯胶黏剂;针对房车使用环境,开发房车专用密封聚氨酯胶黏剂。以市场需求为导向,通过改进与创新,可以得到具有优良粘接性能的胶黏剂产品。这对于提升企业产品竞争力和推动产业领域技术革新,开拓我国房车的国际占有率具有重要意义。

六、绿色减碳材料技术开发

转化时间:2022 年 11 月。

转化金额:100 万元。

成果简介:本成果面向固体危险废物综合利用的需求,通过开发石英石锯泥综合利用

技术、无机石增韧技术及其他各类固体危险废物高附加值利用技术，制定绿色减碳材料的工艺设计和市场方案，同时利用各类固体危险废物协同制造瓷化骨料、泡沫陶瓷等高附加值产品。本成果针对企业绿色减碳发展需求，开展新产品方案设计、工艺优化、发展模式设计，着力提升企业的创新能力。该成果可实现固危废安全处置和资源化利用，经济效益显著。

七、钽酸钾单晶电光调制器件设计

转化时间：2022 年 11 月。

转化金额：20 万元。

成果简介：本成果根据钽酸钾晶体空间光调制应用的牵引性指标需求，提出了主要的研究内容，攻克了需要突破的关键技术，设计了针对宽频电光调制应用的钽酸钾晶体加工方案以及基于钽酸钾晶体的空间光调制器件研制方案，具体技术指标达到调制速度大于百兆赫兹(孔径为 2 厘米，厚长比大于 0.5)，接收视场不小于 30°。该成果在降低驱动电压、提高调制速度以及减小器件尺寸方面均具有优势，能够满足未来调制器件小型化、集成化、高效化发展的需要。

八、高性能有机硅材料项目

转化时间：2022 年 12 月。

转化金额：889.8 万元。

成果简介：该项目以高性能有机硅材料相关技术成果及知识产权作价入股，成立科技型企业——山东山科瑞森新材料科技有限公司。该系列成果以解决两用特种含硅化合物产品化关键技术突破和成果推广应用为核心任务，实现特种含硅化合物最佳结构设计及批量稳定化制备，实现低、中、高苯基含量硅油、硅橡胶生胶、混炼胶稳定制备和供应，实现电子产品用低温固化型有机硅披覆材料、高耐热低介电绝缘硅树脂材料以及有机硅材料用功能性助剂、催化剂的进口替代，形成从有机硅基础原料到终端系列产品的全链条技术和产品，从而可建成需求引导、技术创新、高效一流的高端有机硅材料创新技术企业。成果已陆续在航空航天等领域取得应用，在山东东岳有机硅材料股份有限公司、烟台德邦科技有限公司、滨州渤海活塞股份有限公司等企业推广成功，累计产生直接经济效益数千万元，市场前景十分广阔。

附录一　国家新材料产业相关政策

三部委关于促进钢铁工业高质量发展的指导意见

工信部联原〔2022〕6 号

各省、自治区、直辖市及新疆生产建设兵团工业和信息化、发展改革、生态环境主管部门，各有关中央企业：

钢铁工业是国民经济的重要基础产业，是建设现代化强国的重要支撑，是实现绿色低碳发展的重要领域。“十三五”时期，我国钢铁工业深入推进供给侧结构性改革，化解过剩产能取得显著成效，产业结构更加合理，绿色发展、智能制造、国际合作取得积极进展，有力支撑了经济社会健康发展。“十四五”时期，我国钢铁工业仍然存在产能过剩压力大、产业安全保障能力不足、绿色低碳发展水平有待提升、产业集中度偏低等问题。为贯彻落实《中华人民共和国国民经济和社会发展第十四个五年规划和 2035 年远景目标纲要》《国务院关于钢铁行业化解过剩产能实现脱困发展的意见》《“十四五”原材料工业发展规划》等文件，更好地促进钢铁工业高质量发展，制定本意见。

一、总体要求

（一）指导思想

坚持以习近平新时代中国特色社会主义思想为指导，全面贯彻党的十九大和十九届历次全会精神，立足新发展阶段，完整、准确、全面贯彻新发展理念，构建新发展格局，以推动高质量发展为主题，以深化供给侧结构性改革为主线，以改革创新为根本动力，充分发挥市场在资源配置中的决定性作用，更好发挥政府作用，加快推进钢铁工业质量变革、效率变革、动力变革，保障产业链供应链安全稳定，促进质量效益全面提升。

（二）基本原则

坚持创新发展。突出创新驱动引领，推进产学研用协同创新，强化高端材料、绿色低碳等工艺技术基础研究和应用研究，强化产业链工艺、装备、技术集成创新，促进产业耦合发展，强化钢铁工业与新技术、新业态融合创新。

坚持总量控制。优化产能调控政策，深化要素配置改革，严格实施产能置换，严禁新增钢铁产能，扶优汰劣，鼓励跨区域、跨所有制兼并重组，提高产业集中度。

坚持绿色低碳。坚持总量调控和科技创新降碳相结合，坚持源头治理、过程控制和末端治理相结合，全面推进超低排放改造，统筹推进减污降碳协同治理。

坚持统筹协调。统筹供给保障、绿色低碳、资源安全和行业发展，遵循钢铁工业发展规律，保持去产能政策的稳定性和前瞻性，提高供需的适配性、有效性。

（三）主要目标

力争到2025年，钢铁工业基本形成布局结构合理、资源供应稳定、技术装备先进、质量品牌突出、智能化水平高、全球竞争力强、绿色低碳可持续的高质量发展格局。

创新能力显著增强。行业研发投入强度力争达到1.5%，氢冶金、低碳冶金、洁净钢冶炼、薄带铸轧、无头轧制等先进工艺技术取得突破进展。关键工序数控化率达到80%左右，生产设备数字化率达到55%，打造30家以上智能工厂。

产业结构不断优化。产业集聚化发展水平明显提升，钢铁产业集中度大幅提高。工艺结构明显优化，电炉钢产量占粗钢总产量比例提升至15%以上。布局结构更趋合理，钢铁市场供需基本达到动态平衡。

绿色低碳深入推进。构建产业间耦合发展的资源循环利用体系，80%以上钢铁产能完成超低排放改造，吨钢综合能耗降低2%以上，水资源消耗强度降低10%以上，确保2030年前碳达峰。

资源保障大幅改善。资源多元化保障能力显著增强，国内铁矿山产能、规模、集约化水平大幅提升，废钢回收加工体系基本健全，利用水平显著提高，钢铁工业利用废钢资源量达到3亿吨以上。

供给质量持续提升。高端钢铁产品供给能力大幅增强，品种和质量提档升级，每年突破5种左右关键钢铁材料，形成一批拥有较大国际影响力的企业品牌和产品品牌。

二、主要任务

（四）增强创新发展能力。强化企业创新主体地位，营造产学研用一体的协同创新生态。采取“揭榜挂帅”等方式，推动行业公共服务创新平台和创新中心建设。重点围绕低碳冶金、洁净钢冶炼、薄带铸轧、高效轧制、基于大数据的流程管控、节能环保等关键共性技术，以及先进电炉、特种冶炼、高端检测等通用专用装备和零部件，加大创新资源投入。发挥新材料生产应用示范平台作用，建立健全关键领域钢铁新材料上下游合作机制，搭建重点领域产业联盟。鼓励有条件的地区建设钢铁行业创新平台，积极争创国家级创新平台。加强标准技术体系建设，制定发布一批基础通用的国家标准、行业标准，培育发展一批先进适用的高水平团体标准，满足市场和创新需求。

(五)严禁新增钢铁产能。坚决遏制钢铁冶炼项目盲目建设,严格落实产能置换、项目备案、环评、排污许可、能评等法律法规、政策规定,不得以机械加工、铸造、铁合金等名义新增钢铁产能。严格执行环保、能耗、质量、安全、技术等法律法规,利用综合标准依法依规推动落后产能应去尽去,严防"地条钢"死灰复燃和已化解过剩产能复产。研究落实以碳排放、污染物排放、能耗总量、产能利用率等为依据的差别化调控政策。健全防范产能过剩长效机制,加大违法违规行为查处力度。

(六)优化产业布局结构。鼓励重点区域提高淘汰标准,淘汰步进式烧结机、球团竖炉等低效率、高能耗、高污染工艺和设备。鼓励有环境容量、能耗指标、市场需求、资源能源保障和钢铁产能相对不足的地区承接转移产能。未完成产能总量控制目标的地区不得转入钢铁产能。鼓励钢铁冶炼项目依托现有生产基地集聚发展。对于确有必要新建和搬迁建设的钢铁冶炼项目,必须按照先进工艺装备水平建设。现有城市钢厂应立足于就地改造、转型升级,达不到超低排放要求、竞争力弱的城市钢厂,应立足于就地压减退出。统筹焦化行业与钢铁等行业发展,引导焦化行业加大绿色环保改造力度。

(七)推进企业兼并重组。鼓励行业龙头企业实施兼并重组,打造若干世界一流超大型钢铁企业集团。依托行业优势企业,在不锈钢、特殊钢、无缝钢管、铸管等领域分别培育1～2家专业化领航企业。鼓励钢铁企业跨区域、跨所有制兼并重组,改变部分地区钢铁产业"小散乱"局面,增强企业发展内生动力。有序引导京津冀及周边地区独立热轧和独立焦化企业参与钢铁企业兼并重组。对完成实质性兼并重组的企业进行冶炼项目建设时给予产能置换政策支持。鼓励金融机构按照风险可控、商业可持续原则,积极向实施兼并重组、布局调整、转型升级的钢铁企业提供综合性金融服务。妥善做好钢铁企业兼并重组中的职工安置。

(八)有序发展电炉炼钢。推进废钢资源高质高效利用,有序引导电炉炼钢发展。对全废钢电炉炼钢项目执行差别化产能置换、环保管理等政策。鼓励有条件的高炉—转炉长流程企业就地改造转型发展电炉短流程炼钢。鼓励在中心城市、城市集群周边布局符合节能环保和技术标准规范要求的中小型电炉钢企业,生产适应区域市场需求的产品,协同消纳城市及周边废弃物。积极发展新型电炉装备,加快完善电炉炼钢相关标准体系。推进废钢回收、拆解、加工、分类、配送一体化发展,进一步完善废钢加工配送体系建设。鼓励有条件的地区开展电炉钢发展示范区建设,探索新技术新装备应用。分别遴选8家左右优势标杆电炉炼钢和废钢加工配送企业,形成可推广的产业模式。

(九)深入推进绿色低碳。落实钢铁行业碳达峰实施方案,统筹推进减污降碳协同治理。支持建立低碳冶金创新联盟,制定氢冶金行动方案,加快推进低碳冶炼技术研发应用。支持构建钢铁生产全过程碳排放数据管理体系,参与全国碳排放权交易。开展工业节能诊断服务,支持企业提高绿色能源使用比例。全面推动钢铁行业超低排放改造,加快推进钢铁企业清洁运输,完善有利于绿色低碳发展的差别化电价政策。积极推进钢铁与建材、电力、化工、有色等产业耦合发展,提高钢渣等固废资源综合利用效率。大力推进企业综合废水、城市生活污水等非常规水源利用。推动绿色消费，开展钢结构住宅试点和农房建设试点，优化钢结构建筑标准体系；建立健全钢铁绿色设计产品评价体系，引导下游产业用钢升级。

（十）大力发展智能制造。开展钢铁行业智能制造行动计划，推进5G、工业互联网、人工智能、商用密码、数字孪生等技术在钢铁行业的应用，在铁矿开采、钢铁生产领域突破一批智能制造关键共性技术，遴选一批推广应用场景，培育一批高水平专业化系统解决方案供应商。开展智能制造示范推广，打造一批智能制造示范工厂。建设钢铁行业大数据中心，提升数据资源管理和服务能力。依托龙头企业推进多基地协同制造，在工业互联网框架下实现全产业链优化。鼓励企业大力推进智慧物流，探索新一代信息技术在生产和营销各环节的应用，不断提高效率、降低成本。构建钢铁行业智能制造标准体系，积极开展基础共性、关键技术和行业应用标准研究。

（十一）大幅提升供给质量。建立健全产品质量评价体系，加快推动钢材产品提质升级，在航空航天、船舶与海洋工程装备、能源装备、先进轨道交通及汽车、高性能机械、建筑等领域推进质量分级分类评价，持续提高产品实物质量稳定性和一致性，促进钢材产品实物质量提升。支持钢铁企业瞄准下游产业升级与战略性新兴产业发展方向，重点发展高品质特殊钢、高端装备用特种合金钢、核心基础零部件用钢等小批量、多品种关键钢材，力争每年突破5种左右关键钢铁新材料，更好满足市场需求。鼓励企业牢固树立质量为先、品牌引领意识，深入推进以用户为中心的服务型制造，开展规模化定制、远程运维服务、网络化协同制造、电子商务等新业态，提升产品和服务附加值。

（十二）提高资源保障能力。充分利用国内国际两个市场两种资源，建立稳定可靠的多元化原料供应体系。强化国内矿产资源的基础保障能力，推进国内重点矿山资源开发，支持智能矿山、绿色矿山建设，加强铁矿行业规范管理，建立铁矿产能储备和矿产地储备制度。促进难选矿综合选别和利用技术应用，推进钒钛磁铁矿综合开发利用。鼓励企业开展港口混矿业务，增加港口库存，发挥港口库存对资源保障的缓冲作用。按照市场化原则，加强国际铁矿石资源开发合作。完善铁矿石期货市场建设，加强期货市场监管，完善铁矿石合理定价机制。

（十三）提升本质安全水平。压实企业主体责任，立足源头预防，从行业规划、产业政策、法规标准、行政许可等方面指导企业加强安全生产管理。钢铁企业要健全完善安全风险防控机制，持续推进安全生产标准化建设，全面落实安全生产责任体系，深入开展安全风险隐患排查治理，淘汰落后高风险工艺技术和设备，实施重大危险源在线监控与预警技术应用，防范遏制重特大事故发生。落实网络安全主体责任，大力提高商用密码应用安全，提升工业控制系统安全防护水平，制定应急响应预案，积极应对新兴技术融合带来的安全挑战。

（十四）维护公平市场秩序。加强钢铁企业生产经营规范管理，强化质量、装备、环保、能耗、安全的要素约束作用，强化事中事后监管，实现“有进有出”动态调整。加强企业诚信体系建设、营造公平诚信的市场环境，依法依规惩处擅自新增产能、假冒伪劣、违法排污等行为,并纳入联合惩戒机制。发挥行业组织作用,增强企业社会责任意识和行业自律精神,避免无序恶性竞争,维护行业平稳运行。建立企业高质量发展评价体系,推进钢铁企业生产经营规范分级分类管理,支持开展"对标挖潜、技改升级",打造若干家在新材料、智能制造、绿色低碳等领域具有代表性成果、发展质量高的钢铁示范企业。

(十五)提升开放合作水平。实施高质量标准引领行动,加快国际标准中国标准互译、转化,推动国际间检验检测与认证结果互认,引导中国钢铁产品、装备、技术、服务等协同"走出去"。鼓励生铁、直接还原铁、再生钢铁原料、钢坯、钢锭等资源性产品和半制成品进口。鼓励国内外钢铁、矿山、航运企业加强合作,构筑优势互补、互利共赢的全球化钢铁产业生态圈。

三、保障措施

(十六)加强组织实施。各地相关部门要加强统筹协调,强化事中事后监管,推进各项工作落实落细。有关企业要根据自身实际,按照主要目标和重点任务,务实推进相关工作。行业组织要充分发挥好桥梁纽带作用,加强对企业的指导服务,及时反映新情况、新问题,提出政策建议。

(十七)强化政策协同。强化政策衔接,加强产融合作。发挥国家产融合作平台作用,积极支持企业承担关键技术攻关和前沿技术突破任务,引导和鼓励社会资本加大对新材料、智能制造、绿色制造、资源保障等方面的投入。注重需求引导和标准引领,推进下游用钢行业提高设计规范要求和标准水平,引导钢铁产品消费升级。推动钢铁行业依法披露环境信息,接受社会监督。

(十八)加强舆论宣传。加强政策解读和宣贯,形成良好的舆论环境。广泛宣传钢铁行业高质量发展的好经验好做法,树典型、学先进,维护和提升钢铁行业的社会形象,增强全行业推动高质量发展的使命感、责任感、光荣感。加强舆论监督,及时曝光违法违规行为,强化负面警示。

工业和信息化部
国家发展和改革委员会
生态环境部
2022 年 1 月 20 日

两部门关于开展2021年度重点新材料首批次应用保险补偿机制试点工作的通知

工信厅联原函〔2022〕8号

各省、自治区、直辖市及计划单列市、新疆生产建设兵团工业和信息化主管部门，各银保监局，有关中央企业：

根据《关于开展重点新材料首批次应用保险补偿机制试点工作的通知》(工信部联原〔2017〕222号)要求，为做好2021年度重点新材料首批次应用保险补偿机制试点工作，现就有关事项通知如下：

一、生产《重点新材料首批次应用示范指导目录(2019年版)》内新材料产品，且应用于工业母机、5G新一代信息技术、生物医药和高端医疗装备、新能源和智能网联汽车、农业机械、稀土稀有金属、绿色低碳重大技术装备、北斗导航系统推广应用、安全可靠打印机、先进交通高端检测仪器、工业机器人、图像传感和MEMS传感芯片及制造工艺、元器件仿真软件等13条重点产业链，并于2021年1月1日至2021年12月31日期间投保重点新材料首批次应用综合保险的企业，符合首批次保险补偿工作相关要求，可提出保费补贴申请。承保保险公司符合《关于开展重点新材料首批次应用保险试点工作的指导意见》(保监发〔2017〕60号)相关要求，且完成重点新材料首批次应用保险产品备案。

二、申请保费补贴的产品应由新材料用户单位直接购买使用，用户单位为关联企业及贸易商的不得提出保费补贴申请。原则上单个品种的保险金额不低于5 000万元。

三、已获得保险补贴资金的项目，原则上不得提出续保保费补贴申请。用于享受过保险补偿政策的首台套装备的材料不在本政策支持范围。

四、请各地工业和信息化主管部门和有关中央企业组织本地区或所属企业做好申报工作。保费补贴申请材料具体要求见附件，申报形式采用线上申报，网址https://xclcygx.miit.gov.cn。

五、有关单位要严格把关，认真组织做好初审工作，现场核查申报材料的真实性，杜绝骗保骗补等行为，确保财政资金使用效果。初审意见请于2022年2月28日前报送工业和信息化部(原材料工业司)。初审中发现申报企业存在弄虚作假等行为的，省级工业和信息化主管部门要向社会通报，并按规定实施惩戒。

六、工业和信息化部、银保监会将视情组织开展现场抽查，发现存在骗保骗补等行为的申报企业，将向社会通报曝光并按规定实施惩戒，同时暂停该地区或中央企业下一年度首批次保险补偿申报工作。对发现存在违法违规行为的承保保险公司，将依照有关规定采取监管措施。

附件:2021年度新材料首批次保费补贴资金有关材料要求

工业和信息化部办公厅
中国银保监会办公厅
2022年1月24日

六部门联合印发关于“十四五”推动石化化工行业高质量发展的指导意见

工信部联原〔2022〕34号

石化化工行业是国民经济支柱产业,经济总量大、产业链条长、产品种类多、关联覆盖广,关乎产业链供应链安全稳定、绿色低碳发展、民生福祉改善。为贯彻《中华人民共和国国民经济和社会发展第十四个五年规划和2035年远景目标纲要》,落实《“十四五”原材料工业发展规划》,推动石化化工行业高质量发展,制定本意见。

一、总体要求

(一)指导思想

以习近平新时代中国特色社会主义思想为指导,全面贯彻党的十九大和十九届历次全会精神,立足新发展阶段,完整、准确、全面贯彻新发展理念,构建新发展格局,以推动高质量发展为主题,以深化供给侧结构性改革为主线,以满足人民美好生活需要为根本目的,以改革创新为根本动力,统筹发展和安全,加快推进传统产业改造提升,大力发展化工新材料和精细化学品,加快产业数字化转型,提高本质安全和清洁生产水平,加速石化化工行业质量变革、效率变革、动力变革,推进我国由石化化工大国向强国迈进。

(二)基本原则

坚持市场主导。充分发挥市场在资源配置中的决定性作用,更好发挥政府作用,加强规划政策标准的引导和规范,维护公平竞争秩序。

坚持创新驱动。着眼科技自立自强,推进关键核心技术攻关,促进产业链供应链安全稳定,提高全要素生产率,提升发展质量和效益。

坚持绿色安全。树牢底线思维,强化社会责任关怀,提升本质安全水平,推进绿色循环低碳发展,加强行业治理体系和治理能力建设。

坚持开放合作。营造市场化、法治化、国际化营商环境,坚持高质量引进来、高水平走出去,促进要素资源全球高效配置,强化产业链上下游协同和相关行业间耦合发展。

(三)主要目标

到2025年,石化化工行业基本形成自主创新能力强、结构布局合理、绿色安全低碳的高质量发展格局,高端产品保障能力大幅提高,核心竞争能力明显增强,高水平自立自强迈出坚实步伐。

——创新发展。原始创新和集成创新能力持续增强,到2025年,规上企业研发投入占主营业务收入比重达到1.5%以上;突破20项以上关键共性技术和40项以上关键新产品。

——产业结构。大宗化工产品生产集中度进一步提高,产能利用率达到80%以上;乙烯当量保障水平大幅提升,化工新材料保障水平达到75%以上。

——产业布局。城镇人口密集区危险化学品生产企业搬迁改造任务全面完成,形成70个左右具有竞争优势的化工园区。到2025年,化工园区产值占行业总产值70%以上。

——数字化转型。石化、煤化工等重点领域企业主要生产装置自控率达到95%以上,建成30个左右智能制造示范工厂、50家左右智慧化工示范园区。

——绿色安全。大宗产品单位产品能耗和碳排放明显下降,挥发性有机物排放总量比"十三五"降低10%以上,本质安全水平显著提高,有效遏制重特大生产安全事故。

二、提升创新发展水平

(一)完善创新机制,形成"三位一体"协同创新体系。强化企业创新主体地位,加快构建重点实验室、重点领域创新中心、共性技术研发机构"三位一体"创新体系,推动产学研用深度融合。优化整合行业相关研发平台,创建高端聚烯烃、高性能工程塑料、高性能膜材料、生物医用材料、二氧化碳捕集利用等领域创新中心,强化国家新材料生产应用示范、测试评价、试验检测等平台作用,推进催化材料、过程强化、高分子材料结构表征及加工应用技术与装备等共性技术创新。支持企业牵头组建产业技术创新联盟、上下游合作机制等协同创新组织,支持地方合理布局建设区域创新中心、中试基地等。

(二)攻克核心技术,增强创新发展动力。加快突破新型催化、绿色合成、功能-结构一体化高分子材料制造、"绿氢"规模化应用等关键技术,布局基础化学品短流程制备、智能仿生材料、新型储能材料等前沿技术,巩固提升微反应连续流、反应-分离耦合、高效提纯浓缩、等离子体、超重力场等过程强化技术。聚焦重大项目需求,突破特殊结构反应器、大功率电加热炉、大型专用机泵、阀门、控制系统等重要装备及零部件制造技术,着力开发推广工艺参数在线检测、物性结构在线快速识别判定等感知技术以及过程控制软件、全流程智能控制系统、故障诊断与预测性维护等控制技术。

(三)实施"三品"行动,提升化工产品供给质量。围绕新一代信息技术、生物技术、新能源、高端装备等战略性新兴产业,增加有机氟硅、聚氨酯、聚酰胺等材料品种规格,加快发展高端聚烯烃、电子化学品、工业特种气体、高性能橡塑材料、高性能纤维、生物基材料、专用润滑油脂等产品。积极布局形状记忆高分子材料、金属-有机框架材料、金属元素高效分离介质、反应-分离一体化膜装置等新产品开发。提高化肥、轮胎、涂料、染料、胶粘剂等行业绿色产品占比。鼓励企业提升品质,培育创建品牌。

三、推动产业结构调整

(四)强化分类施策,科学调控产业规模。有序推进炼化项目"降油增化",延长石油化工产业链。增强高端聚合物、专用化学品等产品供给能力。严控炼油、磷铵、电石、黄磷等行业新增产能,禁止新建用汞的(聚)氯乙烯产能,加快低效落后产能退出。促进煤化工产业高端化、多元化、低碳化发展,按照生态优先、以水定产、总量控制、集聚发展的要求,稳妥有序发展现代煤化工。

(五)加快改造提升,提高行业竞争能力。动态更新石化化工行业鼓励推广应用的技术和产品目录,鼓励利用先进适用技术实施安全、节能、减排、低碳等改造,推进智能制造。引导烯烃原料轻质化、优化芳烃原料结构,提高碳五、碳九等副产资源利用水平。加快煤制化学品向化工新材料延伸,煤制油气向特种燃料、高端化学品等高附加值产品发展,煤制乙二醇着重提升质量控制水平。

四、优化调整产业布局

(六)统筹项目布局,促进区域协调发展。依据国土空间规划、生态环境分区管控和国家重大战略安排,统筹重大项目布局,推进新建石化化工项目向原料及清洁能源匹配度好、环境容量富裕、节能环保低碳的化工园区集中。推动现代煤化工产业示范区转型升级,稳妥推进煤制油气战略基地建设,构建原料高效利用、资源要素集成、减污降碳协同、技术先进成熟、产品系列高端的产业示范基地。持续推进城镇人口密集区危险化学品生产企业搬迁改造。落实推动长江经济带发展、黄河流域生态保护和高质量发展要求,推进长江、黄河流域石化化工项目科学布局、有序转移。

(七)引导化工项目进区入园,促进高水平集聚发展。推动化工园区规范化发展,依法依规利用综合标准倒逼园区防范化解安全环境风险,加快园区污染防治等基础设施建设,加强园区污水管网排查整治,提升本质安全和清洁生产水平。引导园区内企业循环生产、产业耦合发展,鼓励化工园区间错位、差异化发展,与冶金、建材、纺织、电子等行业协同布局。鼓励化工园区建设科技创新及科研成果孵化平台、智能化管理系统。严格执行危险化学品"禁限控"目录,新建危险化学品生产项目必须进入一般或较低安全风险的化工园区(与其他行业生产装置配套建设的项目除外),引导其他石化化工项目在化工园区发展。

五、推进产业数字化转型

(八)加快新技术新模式协同创新应用,打造特色平台。加快5G、大数据、人工智能等新一代信息技术与石化化工行业融合,不断增强化工过程数据获取能力,丰富企业生产管理、工艺控制、产品流向等方面数据,畅联生产运行信息数据"孤岛",构建生产经营、市场和供应链等分析模型,强化全过程一体化管控,推进数字孪生创新应用,加快数字化转型。打造3~5家面向行业的特色专业型工业互联网平台,引导中小化工企业借助平台加快工艺设备、安全环保等数字化改造。围绕化肥、轮胎等关乎民生安全的大宗产品建设基于工业互联网的产业链监测、精益化服务系统。

（九）推进示范引领，强化工业互联网赋能。发布石化化工行业智能制造标准体系建设指南，编制智能工厂、智慧园区等标准。针对行业特点，建设并遴选一批数字化车间、智能工厂、智慧园区标杆。组建石化、化工行业智能制造产业联盟，培育具有国际竞争力的智能制造系统解决方案供应商，提升化工工艺数字化模拟仿真、大型机组远程诊断运维等服务能力。基于智能制造，推广多品种、小批量的化工产品柔性生产模式，更好适应定制化差异化需求。实施石化行业工业互联网企业网络安全分类分级管理，推动商用密码应用，提升安全防护水平。

六、加快绿色低碳发展

（十）发挥碳固定碳消纳优势，协同推进产业链碳减排。有序推动石化化工行业重点领域节能降碳，提高行业能效水平。拟制高碳产品目录，稳妥调控部分高碳产品出口。提升中低品位热能利用水平，推动用能设施电气化改造，合理引导燃料“以气代煤”，适度增加富氢原料比重。鼓励石化化工企业因地制宜、合理有序开发利用“绿氢”，推进炼化、煤化工与“绿电”“绿氢”等产业耦合示范，利用炼化、煤化工装置所排二氧化碳纯度高、捕集成本低等特点，开展二氧化碳规模化捕集、封存、驱油和制化学品等示范。加快原油直接裂解制乙烯、合成气一步法制烯烃、智能连续化微反应制备化工产品等节能降碳技术开发应用。

（十一）着力发展清洁生产绿色制造，培育壮大生物化工。滚动开展绿色工艺、绿色产品、绿色工厂、绿色供应链和绿色园区认定，构建全生命周期绿色制造体系。鼓励企业采用清洁生产技术装备改造提升，从源头促进工业废物“减量化”。推进全过程挥发性有机物污染治理，加大含盐、高氨氮等废水治理力度，推进氨碱法生产纯碱废渣、废液的环保整治，提升废催化剂、废酸、废盐等危险废物利用处置能力，推进（聚）氯乙烯生产无汞化。积极发展生物化工，鼓励基于生物资源，发展生物质利用、生物炼制所需酶种，推广新型生物菌种；强化生物基大宗化学品与现有化工材料产业链衔接，开发生态环境友好的生物基材料，实现对传统石油基产品的部分替代。加强有毒有害化学物质绿色替代品研发应用，防控新污染物环境风险。

（十二）促进行业间耦合发展，提高资源循环利用效率。推动石化化工与建材、冶金、节能环保等行业耦合发展，提高磷石膏、钛石膏、氟石膏、脱硫石膏等工业副产石膏、电石渣、碱渣、粉煤灰等固废综合利用水平。鼓励企业加强磷钾伴生资源、工业废盐、矿山尾矿以及黄磷尾气、电石炉气、炼厂平衡尾气等资源化利用和无害化处置。有序发展和科学推广生物可降解塑料，推动废塑料、废弃橡胶等废旧化工材料再生和循环利用。

七、夯实安全发展基础

（十三）推广先进技术管理，提升本质安全水平。压实安全生产主体责任，推进实施责任关怀，支持企业、园区提高精细化运行管理水平，建立健全健康安全环境

(HSE)管理体系、安全风险分级管控和隐患排查治理双重预防机制,建立完善灭火救援力量,提升应急处置能力。持续在危险化学品企业开展“工业互联网+安全生产”建设,推动《全球化学品统一分类和标签制度》(GHS)实施。鼓励企业采用微反应、气体泄漏在线微量快速检测等先进适用技术,消除危险源或降低危险源等级,推进高危工艺安全化改造和替代。

(十四)增强原料资源保障,维护产业链供应链安全稳定。拓展石化原料供给渠道,构建国内基础稳固、国际多元稳定的供给体系,适度增加轻质低碳富氢原料进口。按照市场化原则,推进国际钾盐等资源开发合作。加强国内钾资源勘探,积极推进中低品位磷矿高效采选技术、非水溶性钾资源高效利用技术开发。多措并举推进磷石膏减量化、资源化、无害化,稳妥推进磷化工“以渣定产”。加强化肥生产要素保障,提高生产集中度和骨干企业产能利用率,确保化肥稳定供应。保护性开采萤石资源,鼓励开发利用伴生氟资源。

八、加强组织保障

(十五)强化组织实施。各地有关部门要结合本地实际,将重点任务统筹纳入部门重点工作,强化事中事后监管,协调推进任务落实。有关企业要结合自身实际,按照主要目标和重点任务,务实推进相关工作,依法披露环境信息。相关行业组织要发挥桥梁纽带作用,积极服务指导,强化行业自律。加强政策宣贯解读,积极回应社会舆论和民众合理关切,切实提升社会公众对石化化工的科学理性认知。

(十六)完善配套政策。加强财政、金融、区域、投资、进出口、能源、生态环境、价格等政策与产业政策的协同。发挥国家产融合作平台作用,推进银企对接和产融合作。强化知识产权保护。加强化工专业人才培养和从业员工培训。推动首台(套)装备、首批次材料示范应用。

(十七)健全标准体系。建立完善化工新材料特别是改性专用料、精细化学品尤其是专用化学品等标准体系,生物基材料、生物可降解塑料、再生塑料材料评价标识管理体系,绿色用能监测与评价体系。完善重点产品能耗限额、有毒有害化学物质含量限值和污染物排放限额。探索基于碳足迹制修订含碳化工产品碳排放核算以及低碳产品评价等标准。参与全球标准规则制定,加强国际标准评估转化。

工业和信息化部
国家发展和改革委员会
科学技术部
生态环境部
应急管理部
国家能源局
2022 年 3 月 28 日

工业和信息化部办公厅　国务院国有资产监督管理委员会办公厅　国家市场监督管理总局办公厅　国家知识产权局办公室关于印发原材料工业“三品”实施方案的通知

工信厅联原〔2022〕24号

各省、自治区、直辖市及计划单列市、新疆生产建设兵团工业和信息化、国有资产、市场监管、知识产权主管部门，有关协会，有关中央企业：

为贯彻落实《“十四五”原材料工业发展规划》，推动原材料工业增品种、提品质、创品牌，工业和信息化部、国务院国有资产监督管理委员会、国家市场监督管理总局、国家知识产权局联合制定了《原材料工业“三品”实施方案》，现印发给你们，请结合实际，认真贯彻落实。

工业和信息化部办公厅
国务院国有资产监督管理委员会办公厅
国家市场监督管理总局办公厅
国家知识产权局办公室
2022年8月17日

原材料工业“三品”实施方案

原材料工业是实体经济的根基，是产业基础再造的主力军和工业绿色发展的主战场，是支撑国民经济发展的基础性产业和赢得国际竞争优势的关键领域。当前，我国原材料工业基本满足了国民经济发展需要和人民群众消费需求，但质量发展基础不够坚实，产品多而不优、优而无名，“货架产品”供给不足，品牌意识不强，产品质量稳定性、一致性与高质量发展要求仍有差距。为贯彻落实《“十四五”原材料工业发展规划》，促进产业发展模式从规模速度型向质量效益型转变，更好满足不同应用领域差异化、定制化需求，支撑制造强国、质量强国建设，特制定本方案。

一、总体要求

（一）指导思想。

坚持以习近平新时代中国特色社会主义思想为指导，全面贯彻落实党的十九大和十九届历次全会精神，立足新发展阶段，完整、准确、全面贯彻新发展理念，构建新发展格局，坚持以供给侧结构性改革为主线，以提高供给质量为主攻方向，持续优化发展环境,减少低端无效供给,打造科技含量高、质量满意度高、品牌认可度高的产品,推动原材料工业增品种、提品质、创品牌(以下统称“三品”),促进质量变革、效率变革、动力变革,实现质量和效益同步提升。

(二)基本原则。

坚持供给引领,推动供需互促。面向国家重大战略,面向产业链供应链安全稳定,支持企业开发满足市场、关键领域急需的材料。强化上下游产业衔接,促进供给质量提升和需求优化升级协调共进,推动原材料工业向高水平动态平衡跃升。坚持市场主导,强化政府引导。充分发挥市场机制和企业主体作用,激发企业开展“三品”工作的内生动力。强化政府引导服务作用,健全法律法规、政策和标准体系,营造优质优价、公平有序的市场环境。坚持创新驱动,夯实技术基础。强化创新引领,深化产学研用结合,加快新品种、新工艺、新技术应用。加大对标准、计量、检验检测、试验验证、认证认可等技术基础的支持力度,建立覆盖全产业链、全生命周期的高效协作体系。坚持标杆示范,带动全面推进。聚焦工程建设、机械装备、电子信息等量大面广的应用领域,培育一批示范性强、可复制可推广的典型案例。强化原材料“三品”协作,提炼试点示范经验,以点带面,带动原材料工业整体质量提升。

(三)主要目标。

到2025年,原材料品种更加丰富、品质更加稳定、品牌更具影响力。高温合金、高性能特种合金、半导体材料、高性能纤维及复合材料等产品和服务对重点领域支撑能力显著增强。标准、计量、认证认可、检验检测等实现更高水平协同发展,质量分级和追溯体系更加完善,制修订500个以上新产品和质量可靠性提升类标准,全面推动关键基础材料全生命周期标准体系建设。培育一批质量过硬、竞争优势明显的中国品牌,产品进入全球中高端供应链,市场环境更加公平有序。到2035年,原材料品种供给能力和水平、服务质量大幅提升,达到世界先进国家水平,形成一批质量卓越、优势明显、拥有核心知识产权的企业和产品品牌。

二、主要任务

(一)增品种。

1.优化传统品种结构。围绕石化化工、钢铁、有色金属、建材等领域优势原材料品种,系统梳理现有标准和产品类型,加快淘汰低端、性能重叠的类似牌号,提升传统产品供给档次和水平。在钢材、铝材、水泥等重点领域完善主干品种体系,推动产品体系化发展。加快钢材、玻璃、陶瓷等传统产品升级换代,不断提升产品性能和品质。大力开拓传统产品新市场、新用途,挖掘绿色建材、铝材等产品消费潜能,不断提升传统产品竞争优势和竞争效率。

2.丰富新材料品种。实施关键基础材料提升行动,完善新材料生产应用平台,优化上下游合作机制,聚焦高性能、功能化、差别化的新材料产品,重点发展高温合金、高性能特种合金、稀土功能材料、生物基和生物医用材料等关键基础材料。实施前沿材料前瞻布局行动,积极培育石墨烯材料、量子材料、智能材料等前沿新材料,进一步提升高端产品有效供给能力，强化对战略性新兴产业和国家重大工程的支撑作用。

3.发展绿色低碳产品。围绕石化化工、钢铁、有色金属、建材等行业，开展节能降碳和绿色转型升级改造，逐步降低原材料产品单位能耗和碳排放量。加强可降解塑料、生物基材料等高品质绿色低碳材料研发和应用，大力发展全氧富氧燃烧、膜分离、直接空气等碳捕捉技术，扩大低碳、零碳产品供给。强化绿色产品评价标准实施，建立重点产品全生命周期碳排放数据库，探索将原材料产品碳足迹指标纳入评价体系。发布绿色低碳方向鼓励推广应用技术和产品目录，加快循环利用、低碳环保等绿色产品研发与应用。加快建设统一的绿色产品标准、认证、标识体系，引导具有生态主导力的龙头企业构建绿色产品供应链体系，创造和拉动绿色消费。

专栏1　原材料品种培优工程

传统材料产品。围绕建筑钢筋、铝材、水泥、涂料、胶粘剂等领域，开展传统材料标准评估，清理整合重复、低效、无效的标准。面向新型基础设施、高端装备、新型城镇化、交通水利等重大工程建设需求，加快建筑钢筋、平板玻璃、陶瓷等传统材料升级换代。

新材料产品。支持鼓励高温合金、航空轻合金材料、超高纯稀土金属及化合物、高性能特种钢、可降解生物材料、特种涂层、光刻胶、靶材、抛光液、光电显示材料、光纤材料、压电晶体材料、工业气体、仿生合成橡胶、人工晶体、高性能功能玻璃、先进陶瓷材料、特种分离膜以及高性能稀土磁性、催化、光功能、储氢材料等关键基础材料研发和产业化。加强石墨烯、超导材料、智能仿生材料、液态金属等前沿新材料的质量性能研发。

绿色低碳产品。支持鼓励高性能保温材料、特殊催化剂及助剂、固碳矿物材料、全固废免烧新型胶凝材料、生物基材料、绿色轮胎等产品研发和产业化。

(二)提品质。

4.推进全面质量管理。加强质量管理数字化应用，提升过程控制的智能化水平，支持企业建立满足应用需求的生产过程控制及质量管控体系。建立健全化肥、轮胎、水泥、防水材料、隔热保温材料等全生命周期质量控制机制，制修订一批产品质量追溯基础共性标准，逐步建设相关产品质量追溯机制。推进石化化工、钢铁、有色金属、建材等行业产品质量分级评价体系建设，推动建立质量分级、应用分类的市场化采信机制。支持行业协会及专业机构开展质量标杆活动，遴选一批质量管理创新和质量提升的标杆。支持企业以客户为中心，采用合同管理模式，围绕定制原材料产品、污染治理减排、能源梯次利用、工艺装备运维、物流仓储托管等提供全链条服务。鼓励企业制定完善轮胎、涂料、装饰装修材料等产品使用说明书，提升下游用户使用体验。

5.强化科技创新能力。加强高层次领军人才引进、培养力度和人才梯队建设，整合创新资源，促进科技创新与科技创业紧密结合，形成一批带动原材料工业发展的新品种、新工艺、新技术。开展原材料质量提升关键共性技术研发和应用验证，提高产品质量稳定性、一致性、适用性水平。围绕重点产业链，强化上下游产业间协同创新和质量管理联动。建立面向原料进料、反应过程、冶炼过程、质量控制等重点环节的实时监控、全流程动态调度和智能处置。支持龙头企业开展原材料工业数据管理能力建设，加强全生命周期质量数据开发利用和交换共享，构建数据驱动的产品研发和生产体系,形成一批专用工业软件。加强原材料领域关键核心技术专利创造和储备,支持开展重点产业链知识产权运营。

6.优化质量技术基础。推动标准供给由政府主导向政府与市场并重转变,满足多层次市场需求和引领质量提升的标准体系。引导企业采用先进团体标准、企业标准主动对产品质量进行规范的自我声明,接受社会监督。加大国际标准和国外先进标准跟踪、评估和转化力度,推动原材料工业标准国际化进程,开展对标达标提升行动,推动企业提升执行标准能力。加强原材料相关产业计量测试中心建设,鼓励企业完善测量管理体系,加强测量设备确认、测量过程控制和标准物质研制,建立企业计量保障体系。加强原材料工业检验检测能力建设,完善国家新材料测试评价等公共服务平台,突破一批基础性、公益性和产业共性技术瓶颈。推动新材料产品、绿色产品认证和技术成熟度综合评价,推进质量符合性、工艺稳定性、服役适用性的全产业链、全生命周期、全域评价示范。

专栏 2　原材料品质提升工程
基础材料产品质量提升。推进高性能化工材料、碳纤维及其复合材料、生物基和生物医用材料、先进无机非金属材料、电子功能材料、电子封装与装联材料、电子工艺与辅助材料等设计制造技术研发和质量精确控制技术攻关。运用质量工程技术,缩短研发、工程化、产业化周期。 **重点产品标准体系完善**。开展高端钢铁材料、半导体材料、光伏封装材料、天然纤维材料、循环再利用化学纤维材料、碳基材料、硅基材料等关键基础材料和电弧炉炼钢等新工艺标准制定,完善覆盖材料研发、生产、应用、服役全生命周期、全产业链以及消费者关注的标准体系。 **公共服务平台建设**。持续完善钢铁、有色、建材、稀土等国家新材料测试评价平台运行机制,推进测试评价平台区域中心建设。围绕原材料行业碳达峰碳中和建设绿色低碳技术验证平台。

(三)创品牌。

7.增强品牌培育能力。强化品牌和商标品牌战略,鼓励原材料企业加大品牌建设投入,提高研发、设计、制造、营销、服务等环节综合能力,培育特色鲜明、竞争力强、市场信誉好的商标品牌。加大品牌培育实施指南宣传推广力度,推动原材料企业品牌培育管理体系贯标。建立原材料工业品牌价值评估体系,开展品牌价值评价活动,开展百种原材料产品优质品牌试点示范,遴选百个具有知识产权的产品品牌。支持现有原材料领域国家新型工业化产业示范基地等产业集聚区优化升级,鼓励有条件的园区创建“全国质量品牌提升示范区”,在原材料领域培育5个以上世界级先进制造业集群,打造一流石化化工、钢铁、有色金属、建材、新材料产业集群区域品牌。

8.营造品牌良好氛围。支持行业协会编制原材料重点行业品牌发展报告,充分运用多种媒介加强品牌宣传,提升企业和产品品牌社会影响力。推动石化化工、钢铁、有色金属、建材等行业的优势企业“走出去”,加强与国外知名高端制造企业的供应链协作,开展研发设计、生产贸易、计量、标准制定、质量认证、检验检测等全方位合作,打造有国际影响力的中国品牌。支持企业加快跨区域、跨所有制兼并重组,开展国际化运营,鼓励龙头企业积极参与国际重大交流活动,传递品牌理念,不断增强全球用户对中国原材料企业、产品和商标品牌认同。

9.完善品牌服务体系。鼓励企业强化产品研发先期介入、后期服务持续跟踪改进的服务模式，加强售前需求咨询、售中技术交底、售后技术指导，满足用户个性化需求。引导企业整合现有资源，强化运营服务体系建设。扶持一批品牌培育和运营专业服务机构，建立品牌人才培训服务机构，搭建专业品牌创新成果交流服务平台。支持行业协会等中介组织引导强化企业售后服务体系认证，定期对服务体系进行审核，对服务水平做出评价。加大地方商标品牌指导站服务力度，加强原材料工业商标品牌培育帮扶指导。

专栏 3　原材料品牌建设工程
企业品牌。支持产业联盟、协会商会、企业等单位，在商标标识、质量标准等方面加强协调，培育一批市场竞争力强、国际知名度高的龙头原材料企业品牌，扶持一批制造业单项冠军和专精特新“小巨人”等企业品牌。 产品品牌。实施中国原材料精品培育行动，建立原材料精品质量标准体系和标识认证制度。开展绿色建材下乡活动。 区域品牌。鼓励云南铝产业、新疆硅产业、陕西镁产业等具有区域特色的原材料产业，打造竞争力强、美誉度高的区域品牌。支持产业联盟、协会商会、企业等共建区域品牌，在商标标识、质量标准等方面加强协调，宣传推介原材料工业产业集群区域品牌形象。 商标品牌。实施商标品牌战略，加强商标品牌指导站建设，培育具有市场竞争力、国际影响力的知名原材料商标品牌。

三、保障措施

（一）加强组织领导。建立健全政府、企业、协会商会、科研院所协同工作机制，成立由工业和信息化部、国资委、市场监管总局、知识产权局等部门组成的原材料工业“三品”专项工作组。加强“三品”工作与相关规划、产业政策、财政、金融、人才等政策的衔接和协同。发挥行业协会、商会等中介组织作用，开展国际对标、调查研究、计量、标准化、检测认证、交流合作等工作。强化龙头企业在产业链供应链中引领示范作用，推动上下游产业协同发展。发挥行业智库和第三方机构作用，组织开展政策咨询和效果评估，更好地服务企业。

（二）营造良好环境。引导主流媒体开展宣传报道，利用部门户网站、政务微博微信等多渠道及时宣传实施效果。定期总结推广制造业单项冠军、专精特新“小巨人”、质量标杆、全国质量品牌提升示范区等品牌建设的经验做法，提高品牌认知度和忠诚度。加强事中事后监管，严厉打击生产销售伪劣产品等违法行为，加大对原材料领域专利侵权行政裁决力度。

（三）强化基础支撑。不断完善标准、计量、认证认可、检验检测、试验验证、产业信息、知识产权、成果转化等产业技术基础能力支撑和公共服务平台建设，完善国家新材料平台建设体系。持续推动新产品和质量可靠性提升类标准制修订及推广应用。发展面向原材料工业质量评价和认证的工业互联网平台，实现产品质量云端监测和评价。充分发挥原材料领域相关知识产权保护中心作用，建设新材料领域产业知识产权运营中心，促进专利价值实现。

(四)加大政策支持。充分利用多种政策支持原材料新品种、新工艺、新技术研发和产业化。发挥国家产融合作平台作用,按照市场化和法治化原则,通过金融服务、股权投资等方式,支持重点企业新产品开发、质量提升和品牌建设。探索将原材料产品科技含量、质量满意度、品牌认可度等指标纳入相关研发和生产企业的经营业绩考核,对于优秀企业给予政策激励,提升原创动力。

科技部关于印发《黄河流域生态保护和高质量发展科技创新实施方案》的通知

(国科发社〔2022〕278 号)

山西省、内蒙古自治区、山东省、河南省、四川省、陕西省、甘肃省、青海省、宁夏回族自治区科技厅:

为深入贯彻习近平总书记关于黄河流域生态保护和高质量发展重要讲话精神,落实党中央、国务院决策部署和《黄河流域生态保护和高质量发展规划纲要》要求,科技部编制了《黄河流域生态保护和高质量发展科技创新实施方案》(以下简称《方案》),已经推动黄河流域生态保护和高质量发展领导小组办公室衔接审核。现将《方案》印发你们,请结合实际认真贯彻落实。

科技部

2022 年 10 月 8 日

黄河流域生态保护和高质量发展科技创新实施方案

为落实《〈黄河流域生态保护和高质量发展规划纲要〉重点任务分工方案》中科技相关任务分工,发挥科技创新对黄河保护治理的支撑与引领作用,制定本方案。

一、工作思路

(一)总体要求。

以习近平新时代中国特色社会主义思想为指导,全面贯彻党的十九大和十九届历次全会精神,立足新发展阶段,完整、准确、全面贯彻新发展理念,构建新发展格局,准确把握重在保护、要在治理的战略要求,针对黄河水少沙多、生态环境脆弱和悬河发育等自然特点,以及流域现状、社会背景和科学挑战,以“水”为主线,以“流域”为着眼点,重点针对水资源短缺矛盾和生态环境脆弱等突出问题,紧紧抓住水沙关系“牛鼻子”,通过基础理论和关键技术突破、沿黄地区科技创新走廊构建,推动由黄河源头至入海口的全域科学治理,支撑黄河流域生态保护与高质量发展重大战略的实施。

(二)基本原则。

坚持问题导向。以生态保护和高质量发展为核心,以大保护和大治理为重点,准确诊断黄河流域生态保护和高质量发展面临的突出问题,找准科技创新着力点,破解技术瓶颈。

坚持系统思维。坚持山水林田湖草沙冰一体化保护与修复,统筹考虑水资源、水环境、水生态、水灾害和水文化的有机联系和约束条件,提出兼顾水安全、生态环境和高质量发展的技术方案。

坚持重点突破。针对重点区域、重点河段和重点行业,开展技术集成创新与示范应用,为解决黄河流域生态保护和高质量发展面临的突出问题提供技术方案与案例。

坚持协同联动。加强相关部委和地方政府的协调,推动科技创新与政策管理创新联动、国家和地方科技部署联动、沿黄地区跨区域合作联动、公共财政投入和企业投入联动。

(三)主要目标。

到2025年,在流域气候—生态—水—沙耦合演变规律、生态流量控制标准、山水林田湖草沙冰一体化保护与修复机制等方面取得理论突破,在上游水源涵养、流域深度节水、水土保持与水沙调控、水旱灾害监测预警与防控、水—土—气污染防治、危废处置与废弃物循环利用、生态系统修复与功能提升、产业结构转型与升级等方面取得技术突破,支撑水安全、生态安全、环境改善和高质量发展上新台阶。

到2030年,在生态系统演变机制和水—土—能协调配置方面取得新突破。在流域生态安全格局、水资源节约集约利用、生态水网和水沙配置方案、河道与滩区综合提升措施、污染管控和绿色开发技术、生态产业发展模式等方面取得重大成果,水资源均衡配置、水沙调控和污染管控能力进一步提高,形成一批战略性新兴产业和生态产业示范区,进一步提高水沙、生态和环境要素智能监测和预警预报水平。

到2035年,在流域系统治理、智慧黄河场景构建和水工程联合调度等技术方面取得整体跨越,支撑全面实现流域生态环境和水沙过程要素的智慧化监测和管理。通过黄河历史文化与现代科技创新相互促进,支撑黄河流域生态环境全面改善,生态系统健康稳定,流域水资源节约集约利用水平全国领先,社会经济绿色低碳发展迈上新台阶。

二、实施水安全保障关键技术攻坚行动

针对黄河水源涵养功能不足、水资源短缺、水沙关系不协调、下游河势游荡和“二级悬河”严峻等问题,研究径流、洪水和泥沙变化趋势,明晰用水底线;攻克深度节水、水沙精准预报与调控、防洪减灾等瓶颈技术。

研究径流、洪水和泥沙变化趋势。研究青藏高原和秦岭等水源涵养区、黄土高原产洪产沙区的气候演变趋势和极端丰枯事件发生概率,揭示流域产水、产洪和产沙环

境演变规律,研究黄河源多年冻土水源涵养区水文—生态的时空变化,预测黄河径流、洪水和泥沙变化趋势和冲积性河段演变趋势。

研究构建水资源刚性约束指标体系。研究黄河重要河段水文—生态耦合机制,提出干支流控制断面生态流量、区域取水总量和流域平原区地下水水位控制标准;研究南水北调西线工程对调水区和受水区的生态影响以及工程建设关键技术,提出调水河段必须确保的生态流量以及不同情景下的调水量阈值。

研究水土资源承载力评价与协同保障方法机制。研究流域不同时空尺度水土要素耦合机制,建立水土资源承载能力动态辨识方法和提升机制;创新黄河流域河湖生态流量核算技术方法,研发应用河湖生态流量水位动态监管与预警技术;评估能源—粮食产业布局与水资源承载能力、生态系统格局的适配性,提出水土资源空间优化格局与方案。

提升洪水泥沙预报与水沙调控技术水平。研发融合人工智能和水文机制的新一代水沙预报模型。兼顾防洪防凌减淤、供水发电和生态环境需求,创新水库群多维协同控制原理及调度技术。优化水沙调控体系和布局,明晰骨干工程功能定位与适宜规模。开发流域水工程联合调度系统,提高洪水资源化和蓄丰补枯能力。

攻克引黄灌区节水—控盐—减污—提质技术。研究引黄灌区生态系统的适宜结构、灌溉规模和节水技术,提出兼顾节水、控盐、减污、增产和生态功能稳定的灌区节水模式。

提高下游河道与滩区防洪技术水平。研究河道水力条件、河床抗冲性和工程约束与河势的响应机制,研发下游河势预测智能模型及河防工程预警关键技术。兼顾堤防安全、河势控制和生态健康,研究堤防抗冲决和河槽过流能力提升技术,研发控导工程新结构和新材料,以及堤坝应急抢险和河势稳定控制新技术。

三、实施生态保护关键技术攻坚行动

针对黄河流域生态脆弱区分布广、类型多、易退化、恢复难和慢的问题,聚焦上游青藏高原、中游黄土高原、下游河道与三角洲,开展区域生态修复和生态功能提升关键技术研究。

研究青藏高原及西北荒漠区生态功能提升技术。以三江源、若尔盖湿地和甘南湿地为重点,研究水源涵养能力提升、鼠害防治、高寒草地改良提质、乡土植物驯化选育及扩繁、生物多样性保护和生态功能提升技术。研究荒漠区气候—生态—水资源变化规律和耦合作用机制,提出水资源刚性约束下生态保护的适宜目标及指标。

攻克黄土高原低效人工林恢复技术。揭示人工林群落结构与生态系统功能耦合关系及自我更新条件,研发低效人工林植被结构改造和功能定向调控技术,创新低效人工林生态系统质量与水土保持、碳汇和生物多样性保护等功能整体提升技术。

构建中游多沙粗沙区水土保持协同治理技术模式。研究风水复合侵蚀产沙过程与多措施协同阻控机制,研发灌草—结皮—土壤系统功能修复、梯田—淤地坝级联的水沙调控技术,构建流域生态系统风水复合侵蚀协同治理模式。

研究下游生态廊道与三角洲湿地的生态功能提升技术。提出兼顾防洪和生态的下游河槽管控技术、坝垛结构与材料；研究河道工程运行与滩区群众安居、边滩湿地发育的响应关系和协同管控技术。研究三角洲湿地生态系统演变和生物多样性维持机制，提出减缓生境破碎化的黄河入海流路与行河方案、促进河—洲—滩有机联系的水网布局与调度方案。

攻克盐碱地综合利用技术。加强种质资源、耕地保护和利用等基础性研究，转变育种观念，由治理盐碱地适应作物向选育耐盐碱植物适应盐碱地转变。攻克分子育种、耕地质量保育等关键核心技术，创制抗旱、耐盐碱突破性新品种，挖掘盐碱地开发利用潜力。

四、实施环境污染防治关键技术攻坚行动

针对流域水环境承载力低、能源工业集聚、环境污染积重较深的问题，开展水体和土壤（地下水）污染防治、危废处置、大气污染防治等技术攻关。

构建污水资源化利用技术体系。针对煤化工等典型行业和园区，以及城镇水污染，研发集成全过程污水收集、处理、资源回收和水再生利用技术系统。研究建立农村污水与农业面源的监测、负荷核算和污染治理技术体系及最佳管理模式，研发农村污水集成分散式污水处理与资源利用模式。

研发土壤与地下水污染防控技术。研发地表水—地下水污染毒性与风险诊断、监测、溯源及监控预警等关键技术，集成土壤与地下水污染"析因—阻断—修复—监管"成套技术，开展历史遗留矿山、能源化工基地等重点区域污染监测评估、治理与修复技术装备研发与工程示范，形成产业化修复模式并推广应用。

研发危废品风险防控与回收利用技术。研究构建区域危险废物风险预警与管理决策支撑技术体系，研发废酸、废盐、废催化剂、医疗废物等危险废物的污染防治和处置技术，开展工程示范及区域协同处置示范，制定配套政策和标准规范。

研发大气复合污染协同防治与精准治理技术。突破多尺度大气复合污染成因识别和精细化来源解析等关键技术，建立区域精准防治技术体系；研发污染源实时监测、污染物与温室气体高效协同治理技术和装备；建立"观测—预警—调控—评估"空气质量智慧决策支持系统。

五、实施高质量发展与文化传承创新行动

围绕流域智慧管理水平不高、各有关地方高质量发展不充分，产业倚能倚重、低质低效，文化遗产保护和精神内涵挖掘不足等问题，开展智慧流域、农业、能源、文化等关键技术和产业模式研究。

构建流域智慧管理技术体系。运用物联网、遥感和无人机等技术，提升水文气象和自然灾害的动态监测能力；研究自然—社会数据融合同化技术、数字孪生技术，拓展5G应用场景。构建水沙、生态和环境管控的模型体系和决策平台。

开发水库河道清淤与淤泥利用技术。研发水库泥浆造排技术与装备、堆沙场高

效排水技术、淤泥无害化处理与资源化利用技术,形成技术—装备—工艺—标准—应用全链条、智能监测—智慧控制—自动运行的水库泥沙解决方案。

研究旱作农业和生态牧业技术模式。研究高寒草原和温带草原生态产业布局。开展旱作农业和戈壁农业研究,研发旱作农业量产提升技术和绿色农产品提质增效技术,提出区域生态保护与牧业协调发展新模式。

研发煤炭清洁高效利用技术。研究推广矿区植被修复技术,推动煤炭产业绿色、智能发展。研究产业节能降耗和提质技术,支持能源、矿产、化工产业向精深加工和高端化发展。

研发支撑双碳目标的多能互补技术。研究风光水出力联合预报和调度技术,研发风光水能装机匹配技术、全生命周期的流域风光水储容量设计方法,实现多能互补系统出力的精确匹配。

研究黄河文化遗产保护技术。加强黄河流域农耕文化遗产、水文化遗产和交通遗迹遗存等不同类型文化遗产保护关键技术研发,创新黄河文化遗产系统保护的方式和途径;加强黄河文化遗产数字化保护与传承弘扬。

六、实施综合治理工程示范行动

围绕全流域水源涵养、深度节水、生态保护与功能提升、产业发展、污染治理和智慧黄河构建,创建一批技术示范区,推动科研成果应用与辐射推广。

开展区域“数字节水”技术综合示范。构建基于“自然—社会”水循环及其伴生过程模拟的节水数字化模型,集成兼顾节水、控盐、减污、提质的灌区节水技术和措施,创新近零排放的工业废水和城乡生活污水处理技术应用与集成,开展区域“数字节水”综合示范,推动节水的科学化与精准化。

开展流域生态保护技术工程示范。提升黄河上游水土流失与水源涵养的治理能力、下游河道的生态功能,打造集防洪护岸、滩区居民生活生产和生物栖息功能为一体的生态走廊示范段。遵循山水林田湖草沙冰系统治理的理念,打造宜居富裕的草原生态产业模式和示范区。建成水库淤泥环保治理和利用示范基地。

开展产业技术创新示范。推动建设杨凌、黄河三角洲、巴彦淖尔和晋中等国家农业高新技术产业示范区,带动农村创新创业。复制推广国家高新区、国家自主创新示范区、国家可持续发展议程创新示范区经验政策,支撑沿黄河地区新旧动能转换。

开展污染治理技术创新示范。选取重点煤化工基地、特大型工业园区、稀土尾矿库等,推进废水超低排放和资源循环利用新技术,开展废水低成本资源化技术创新示范区建设,促进煤化工等产业高效绿色可持续发展。

开展智慧黄河技术工程示范。研发大数据驱动的洪水泥沙智能预测预报技术和黄河模拟器,针对流域生态环境管控、大洪水防御和灾害应急等多线程需求,开展具有预报、预警、预演、预案功能的智慧黄河工程建设示范。

七、实施创新能力提升行动

建设流域创新平台和数据共享中心。布局建设一批全国重点实验室、技术创新中心、野外科学观测研究站、国家超算中心、人工智能开放创新平台等科技创新平台。加强资源配置与开放合作，促进基础数据和研究成果等交流共享。

支持企业牵头组建创新联合体。支持科技领军企业牵头组建创新联合体，突破关键技术，围绕产业链部署创新链，围绕创新链布局产业链，提升产业链创新水平；以构建企业主体、市场导向、产学研深度融合的技术创新体系为目标，支持沿黄地区大力培育高新技术企业、科技型中小企业。

培育提升沿黄科技服务能力。支持沿黄地区加快大学科技园、生产力促进中心、众创空间、星创天地、技术转移转化中心、创新联盟等建设，支持科技特派员和技术经理人队伍建设，完善激励配套政策，建设功能完备、结构清晰的市场化技术服务体系。

提升科技成果转化能力。完善国家生态环境科技成果转化综合服务平台，持续扩充污染防治和绿色低碳先进适用技术数据库，组织先进技术网络直播培训，开展线上问诊和线下技术服务。适时建设“绿色技术银行”，面向市场提供“科技成果转化＋金融资本”的综合服务，建设区域绿色技术交易市场。鼓励中央和地方财政、社会资本建立科技成果转化引导基金，完善科技投融资体系。鼓励沿黄地区建设国家科技成果转移转化示范区。

八、加强组织保障

建立流域科技创新协调机制。加强国家层面协调指导，建设黄河流域省部协同创新中心、科技创新联盟等多层次科技创新协调机制，协调跨部门、跨地区科研资料和成果共享，共同部署和布局科技创新的重大专项任务，统筹协同开展基础性和公益性研究。

加强科技投入。在国家重点研发计划中设立“长江黄河等重点流域水资源与水环境综合治理”“北方干旱半干旱与南方红黄壤等中低产田能力提升科技创新”“典型脆弱生态系统保护与修复”等重点专项，加强科技创新供给，推动国家重点研发计划部省联动项目改革，突破一批关键技术和重大瓶颈，形成系统的解决方案。

健全区域间科技合作机制。实施《百城千县万名专家生态环境科技帮扶行动计划》，为地方送技术、送政策、送方案。健全技术转移转化体系，支持内蒙古、晋、豫、鲁深度对接京津冀协同发展，充分发挥科技援青、科技支宁、科技兴蒙东西部合作机制，推进宁夏、青海等省份与东部地区深度合作，深化科技创新合作。

通过持续开展水沙协同调控配置基础理论和关键技术研究，进一步创新水体、土壤、大气污染防治和危废处置技术，突破流域生态环境和水沙智慧监测与管理技术，推广流域深度节水、生态系统保护、产业绿色发展、污染综合防治、智慧黄河等技术示范，形成一批战略性新兴产业和生态产业示范区，支撑黄河流域生态保护与高质量发展战略目标实现。

三部门关于印发有色金属行业碳达峰实施方案的通知

工信部联原〔2022〕153号

科技部、财政部、人力资源社会保障部、交通运输部、商务部、应急部、人民银行、国资委、海关总署、税务总局、市场监管总局、统计局、银保监会、证监会、能源局，各省、自治区、直辖市及计划单列市、新疆生产建设兵团工业和信息化主管部门、发展改革委、生态环境厅(局)，有关协会，有关中央企业：

现将《有色金属行业碳达峰实施方案》印发给你们，请认真贯彻落实。

工业和信息化部
国家发展和改革委员会
生态环境部
2022年11月10日

有色金属行业碳达峰实施方案

有色金属行业是国民经济的重要基础产业，是建设制造强国的重要支撑，也是我国工业领域碳排放的重点行业。为深入贯彻落实党中央、国务院关于碳达峰碳中和决策部署，切实做好有色金属行业碳达峰工作，根据《关于完整准确全面贯彻新发展理念做好碳达峰碳中和工作的意见》《2030年前碳达峰行动方案》，结合《工业领域碳达峰实施方案》，制定本实施方案。

一、总体要求

(一)指导思想。

以习近平新时代中国特色社会主义思想为指导，全面贯彻党的二十大精神，坚持稳中求进工作总基调，立足新发展阶段，完整、准确、全面贯彻新发展理念，构建新发展格局，坚持系统观念，处理好发展和减排、整体和局部、长远目标和短期目标、政府和市场的关系，围绕有色金属行业碳达峰总体目标，以深化供给侧结构性改革为主线，以优化冶炼产能规模、调整优化产业结构、强化技术节能降碳、推进清洁能源替代、建设绿色制造体系为着力点，提高全产业链减污降碳协同效能，加快构建绿色低碳发展格局，确保如期实现碳达峰目标。

（二）工作原则。

坚持双轮驱动。坚持政府和市场两手发力，完善有色金属行业绿色低碳发展政策体系，强化激励约束机制，充分调动市场主体积极性，多措并举推动绿色低碳发展。

坚持技术创新。发挥技术创新的支撑引领作用，加强产学研用协同，强化创新能力建设，推动有色金属行业低碳零碳技术开发，增强关键共性技术供给，推广应用先进适用技术。

坚持重点突破。强化全流程、全过程碳减排理念，紧盯能耗量大碳排放量大的大宗品种、冶炼等关键环节、大气污染防治和生态环境脆弱重点区域，精准施策突破碳达峰瓶颈问题，带动全行业能效和碳减排水平提升。

坚持有序推进。统筹考虑碳达峰工作与有色金属行业平稳运行、保障有效供给、维护产业链供应链安全的关系，尊重规律，实事求是，科学有序推进碳达峰工作。

（三）主要目标。

“十四五”期间，有色金属产业结构、用能结构明显优化，低碳工艺研发应用取得重要进展，重点品种单位产品能耗、碳排放强度进一步降低，再生金属供应占比达到24%以上。“十五五”期间，有色金属行业用能结构大幅改善，电解铝使用可再生能源比例达到30%以上，绿色低碳、循环发展的产业体系基本建立。确保2030年前有色金属行业实现碳达峰。

二、重点任务

（一）优化冶炼产能规模。

1.巩固化解电解铝过剩产能成果。坚持电解铝产能总量约束，严格执行产能置换办法，研究差异化电解铝产能减量置换政策。压实地方政府、相关企业责任，加强事中事后监管，将严控电解铝新增产能纳入中央生态环境保护督察重要内容。（工业和信息化部、发展改革委牵头，生态环境部参加）

2.防范重点品种冶炼产能无序扩张。防范铜、铅、锌、氧化铝等冶炼产能盲目扩张，加快建立防范产能严重过剩的市场化、法治化长效机制。强化工业硅、镁等行业政策引导，促进形成更高水平的供需动态平衡。（工业和信息化部、发展改革委按职责分工负责）

3.提高行业准入门槛。新建和改扩建冶炼项目严格落实项目备案、环境影响评价、节能审查等政策规定，符合行业规范条件、能耗限额标准先进值、清洁运输、污染物区域削减措施等要求，国家或地方已出台超低排放要求的，应满足超低排放要求，大气污染防治重点区域须同时符合重污染天气绩效分级A级、煤炭减量替代等要求。（工业和信息化部、发展改革委、生态环境部、能源局按职责分工负责）

（二）调整优化产业结构。

4.引导行业高效集约发展。强化低碳发展理念，修订完善行业规范条件，支持制定行业自律公约，推动企业技术进步和规范发展，促进要素资源向绿色低碳优势企业集聚。完善国有企业考核体系，鼓励企业开展兼并重组或减碳战略合作。推动有色金属行业集中集聚发展，提高集约化、现代化水平，形成规模效益，降低单位产品能耗

和碳排放。(工业和信息化部、发展改革委、国资委按职责分工负责)

5.强化产业协同耦合。鼓励原生与再生、冶炼与加工产业集群化发展,通过减少中间产品物流运输、推广铝水直接合金化等短流程工艺、共用园区或电厂蒸汽等,建立有利于碳减排的协同发展模式,降低总体碳排放。到2025年铝水直接合金化比例提高到90%以上。支持有色金属行业与石化化工、钢铁、建材等行业耦合发展,鼓励发展再生有色金属产业,实现能源资源梯级利用和产业循环衔接。(工业和信息化部、发展改革委按职责分工负责)

6.加快低效产能退出。修订完善《产业结构调整指导目录》,强化碳减排导向,坚决淘汰落后生产工艺、技术、装备,依据能效标杆水平,推动电解铝等行业改造升级。完善阶梯电价等绿色电价政策,引导电解铝等主要行业节能减排,加速低效产能退出。鼓励优势企业实施跨区域、跨所有制兼并重组,推动环保绩效差、能效水平低、工艺落后的产能依法依规加快退出。(发展改革委、工业和信息化部、生态环境部、能源局按职责分工负责)

(三)强化技术节能降碳。

7.加强关键技术攻关。研究有色金属行业低碳技术发展路线图,开展余热回收等共性关键技术、氨法炼锌等前沿引领技术、原铝低碳冶炼等颠覆性技术攻关和示范应用。强化企业创新主体地位,支持企业联合开展低碳技术创新和国际技术合作交流。围绕绿色冶金等重点领域,建设有色金属低碳制造业创新载体。(工业和信息化部、发展改革委、科技部按职责分工负责)

8.推广绿色低碳技术。大力推动先进节能工艺技术改造,重点推广高效稳定铝电解、铜锍连续吹炼、蓄热式竖罐炼镁等一批节能减排技术,进一步提高节能降碳水平。对技术节能降碳项目开展安全评估工作。(工业和信息化部、发展改革委、应急部按职责分工负责)

专栏　节能低碳技术重点方向

铝:重点推广铝电解槽及氧化铝生产线大型化技术、铝电解能源管理关键技术、新型稳流保温铝电解槽节能技术,重点研发氧化铝无钙溶出、赤泥固碳除碱、铝冶炼中低位余热回收利用、原铝低碳冶炼等技术。

铜:重点推广低品位铜矿绿色循环生物提铜技术、绿色高效短流程大型浮选装备成套技术、氧气底吹连续炼铜技术、铜锍连续吹炼技术、双炉连续炼铜技术、阳极炉纯氧燃烧技术、废杂铜低碳处理技术,重点研发铜火法冶炼中低位余热利用等技术。

铅锌:重点推广锌精矿大型焙烧技术、液态高铅渣直接还原技术、以底吹为基础的富氧熔池熔炼技术、复杂多金属铁闪锌矿绿色高效炼锌新技术、锌二次资源萃取关键技术,重点研发难选冶难处理铅锌复合矿熔池熔炼、铅冶炼低碳还原、氨法炼锌、锌加压湿法冶金等技术。

镁:重点推广大直径竖罐双蓄热底出渣镁冶炼技术,重点研发镁冶炼还原剂替代、再生镁提纯等技术。

硅:重点推广大型矿热炉生产技术、余热回收发电技术,重点研发全密闭炉型、新型还原剂等技术。

其他品种:重点推广短流程镍冶炼技术,重点研发离子型稀土矿绿色高效浸萃一体化新技术、海绵钛颠覆性制备等技术。

（四）推进清洁能源替代。

9.控制化石能源消费。推进有色金属行业燃煤窑炉以电代煤，提升用能电气化水平。在气源有保障、气价可承受的条件下有序推进以气代煤。推动落后自备燃煤机组淘汰关停或采用清洁燃料替代。严禁在国家政策允许的领域以外新（扩）建燃煤自备电厂，推动电解铝行业从使用自备电向网电转化。支持企业参与光伏、风电等可再生能源和氢能、储能系统开发建设。加强企业节能管理，严格落实国家强制性节能标准，持续开展工业节能监察，规范企业用能行为。（发展改革委、工业和信息化部、生态环境部、市场监管总局、能源局按职责分工负责）

10.鼓励消纳可再生能源。提高可再生能源使用比例，鼓励企业在资源环境可承载的前提下向可再生能源富集地区有序转移，逐步减少使用火电的电解铝产能。利用电解铝、工业硅等有色金属生产用电量大、负荷稳定等特点，支持企业参与以消纳可再生能源为主的微电网建设，支持具备条件的园区开展新能源电力专线供电，提高消纳能力。鼓励和引导有色金属企业通过绿色电力交易、购买绿色电力证书等方式积极消纳可再生能源，确保可再生能源电力消纳责任权重高于本区域最低消纳责任权重。力争2025年、2030年电解铝使用可再生能源比例分别达到25%、30%以上。（发展改革委、工业和信息化部、能源局按职责分工负责）

（五）建设绿色制造体系。

11.发展再生金属产业。完善再生有色金属资源回收和综合利用体系，引导在废旧金属产量大的地区建设资源综合利用基地，布局一批区域回收预处理配送中心。完善再生有色金属原料标准，鼓励企业进口高品质再生资源，推动资源综合利用标准化，提高保级利用水平。到2025年再生铜、再生铝产量分别达到400万吨、1 150万吨，再生金属供应占比达24%以上。（发展改革委、工业和信息化部、商务部、海关总署、市场监管总局按职责分工负责）

12.构建绿色清洁生产体系。引导有色金属生产企业选用绿色原辅料、技术、装备、物流，建立绿色低碳供应链管理体系。对标国际领先水平，全面开展清洁生产审核评价和认证，实施清洁生产改造，推动减污降碳协同治理。提高有色金属企业厂外物料和产品清洁运输比例，优化厂内物流运输结构，全面实施皮带、轨道、辊道运输系统建设，推动大气污染防治重点区域淘汰国四及以下厂内车辆和国二及以下的非道路移动机械。基于产品全生命周期的绿色低碳发展理念，开展工业产品绿色设计，引导下游行业选用绿色有色金属产品。（发展改革委、工业和信息化部、生态环境部、交通运输部按职责分工负责）

13.加快产业数字化转型。统筹推进重点领域智能矿山和智能工厂建设，建立具有工艺流程优化、动态排产、能耗管理、质量优化等功能的智能生产系统，构建全产业链智能制造体系。探索运用工业互联网、云计算、第五代移动通信（5G）等技术加强对企业碳排放在线实时监测，追踪重点产品全生命周期碳足迹，建立行业碳排放大数据中心。鼓励企业完善能源管理体系，建设能源管控中心，利用信息化、数字化和智能化技术加强能耗监控，完善能源计量体系，提升能源精细化管理水平。（工业和信息

化部、市场监管总局按职责分工负责)

三、保障措施

(一)加强统筹协调。各相关部门协同配合,统筹推进有色金属行业碳达峰工作,细化落实各项任务举措。各地区要提高认识,压实工作责任,严格执行环保、节能、安全生产等相关政策法规,结合本地实际提出落实措施。有色金属企业要强化低碳发展意识,结合自身实际明确企业碳达峰目标和路径,行业龙头企业体现责任担当,统筹兼顾企业发展和碳达峰需要,力争率先实现碳达峰,做好行业表率。(工业和信息化部、发展改革委牵头,各有关部门参加)

(二)强化激励约束。利用现有资金渠道,加大有色金属行业绿色低碳技术攻关力度,支持有色金属企业开展低碳冶炼、绿色化智能化改造。探索开展低碳绩效评价,鼓励地方对采用引领性绿色低碳新技术、新工艺的企业给予差别化政策。落实资源综合利用税收优惠政策,继续实行电解铝等冶炼产品进口暂定零关税。完善电解铝、工业硅等进出口政策。研究将有色金属行业重点品种纳入全国碳排放权交易市场,通过市场化手段,形成成本梯度,促进行业绿色低碳转型。(发展改革委、科技部、工业和信息化部、财政部、生态环境部、商务部、海关总署、税务总局按职责分工负责)

(三)加强金融支持。持续完善绿色金融标准体系,加快研究制定转型金融标准,健全金融机构绿色金融评价体系和激励机制,发挥国家产融合作平台作用,加强碳排放等信息对接,支持有色金属行业高耗能高排放项目转型升级。用好碳减排支持工具,支持金融机构在依法合规、风险可控和商业可持续前提下向具有显著碳减排效应的重点项目提供高质量金融服务。发展绿色直接融资,支持符合条件的绿色低碳企业上市融资、挂牌融资和再融资。有序推动绿色金融产品研发,支持发行碳中和债券、可持续发展挂钩债券等金融创新产品。鼓励社会资本设立有色金属行业低碳发展相关的股权投资基金,推动绿色低碳项目落地。强化企业社会责任意识,健全企业碳排放报告与信息披露制度,鼓励重点企业编制低碳发展报告,完善碳排放信用监管机制。(发展改革委、工业和信息化部、生态环境部、人民银行、银保监会、证监会按职责分工负责)

(四)健全标准计量体系。建立健全以碳达峰、碳中和为目标的有色金属行业碳排放标准计量体系。研究制定重点领域碳排放核算、产品碳足迹等核算核查类标准,低碳产品、企业、园区等评价类标准,低碳工艺流程等技术类标准,监测方法、设备等监测监控类标准,碳排放限额、碳资产管理等管理服务类标准。制修订重点品种的能耗限额标准。建立完善有色金属行业绿色产品、绿色工厂、绿色园区、绿色供应链等绿色制造标准体系。开展关键计量测试和评价技术研究,逐步建立健全有色金属行业碳排放计量体系。推动建立绿色用能监测与评价体系,建立完善基于绿证的绿色能源消费认证、标准、制度和标识体系。及时调整更新各类能源的碳排放系数,推进有色金属行业碳排放核算标准化。强化标准实施,完善团体标准采信机制,推进重点标准技术水平评价和实施效果评估,推动有色金属行业将温室气体管控纳入环评管理。加强低碳标准国际合作。（工业和信息化部、发展改革委、生态环境部、人民银行、市场监管总局、统计局、能源局按职责分工负责）

（五）完善公共服务。建设有色金属行业绿色低碳发展公共服务平台，面向重点领域提供产业咨询、碳排放核算、技术验证、分析检测、绿色评价、人才培训、金融投资等专业服务，支持行业龙头企业积极参与公共服务平台建设。结合有色金属行业特点和需求，组织开展碳排放核算、交易、管理等专业化、系统化培训，加强碳排放管理人才队伍建设，提升企业碳资产管理水平。鼓励企业参与组建低碳发展联盟等行业组织，通过技术交流、资源共享、产业耦合等方式推动协同降碳。（工业和信息化部、发展改革委、科技部、人力资源社会保障部、生态环境部按职责分工负责）

（六）加强示范引导。支持具有典型代表性的企业和园区开展碳达峰试点建设，在政策、资金、技术等方面对试点企业和园区给予支持，遴选公布一批低碳示范技术，培育一批标杆企业，打造一批标杆园区，为全行业提供可操作、可复制、可推广的经验做法。发挥舆论宣传引导作用，传播有色金属行业绿色低碳发展理念，加大低碳技术、绿色产品、绿色园区等典型案例宣传力度，推广先进经验与做法。发挥行业协会支撑政府、服务企业作用，做好政策宣贯落实，通过多种形式增进行业共识，推动行业自律。加强信息公开，及时发布行业动态，积极回应舆情热点和群众合理关切，为有色金属行业绿色低碳发展营造良好社会氛围。（工业和信息化部牵头，各有关部门参加）

两部门关于组织开展生物医用材料创新任务揭榜挂帅（第一批）工作的通知

工信厅联原函〔2022〕325号

各省、自治区、直辖市及计划单列市、新疆生产建设兵团工业和信息化主管部门、药品监督管理部门，有关中央企业，有关行业协会：

生物医用材料是生产诊断、治疗、修复和替代人体组织、器官或增进其功能所需医疗器械不可或缺的新材料，包括高分子材料、金属材料、无机非金属材料等，对保障人民群众健康具有重要意义。为加快我国生物医用材料研制生产及应用进程，推进生物医用材料上下游协同创新攻关，更好支撑医疗器械产业高质量发展，工业和信息化部、国家药监局联合开展生物医用材料创新任务揭榜挂帅工作。有关事项通知如下。

一、任务内容和预期目标

生物医用材料创新任务揭榜挂帅工作聚焦高分子材料、金属材料、无机非金属材料三大重点方向,征集遴选一批掌握关键核心技术、具备较强创新能力的单位集中攻关,重点突破一批量大面广、技术先进、带动性强、安全可靠的标志性生物医用材料,材料性能符合临床应用要求、形成稳定可靠的规模化生产能力,加速在相关下游医疗器械产品领域实现落地应用。

(一)高分子材料

用于人工血管、覆膜支架、人工关节、椎间融合器、可吸收缝合线、球囊导管、血液透析器、体外膜肺氧合机等医疗器械产品的高分子材料,包括但不限于聚氨酯、聚 L-丙交酯-己内酯(PLCL)、医用聚醚醚酮(PEEK)、医用聚乳酸衍生物(PLA/PLGA)、医用聚对二氧环己酮(PDO)、超细聚乙烯纤维屏蔽材料、聚四氟乙烯(PTFE)、膨体聚四氟乙烯(ePTFE)、非邻苯类增塑剂、医用植入硅橡胶、聚甲醛(POM)、医用聚砜(PSU)、医用聚醚砜(PES)、超高分子量聚乙烯、环烯烃聚合物(COP/COC)、尼龙及其弹性体、聚乙醇酸(PGA)、聚 4-甲基-1-戊烯(PMP)等。

(二)金属材料

用于心脏起搏器、心脏瓣膜、神经刺激器、神经血管导丝、血管支架、人工关节、骨科植入器械等医疗器械产品的金属材料,包括但不限于超薄钛及钛合金、超细钛丝、镍钛合金管材、超细镍钛丝、铂钨/铂镍/铂铱合金超细丝材、镍钴铬钼合金丝材、超细铂合金管材/环材、钴铬合金管材/棒材/丝材、可降解医用镁合金材料、医用增材制造用钽粉等。

(三)无机非金属材料

用于仿生复合骨支架、义齿、骨缺损填充及修复材料等医疗器械产品的无机非金属材料,包括但不限于双相磷酸钙(BCP)陶瓷、义齿微晶玻璃、氧化锆复合氧化铝、再生修复用生物玻璃等无机非金属材料等。

二、推荐条件

(一)揭榜申报主体须是材料生产企业和医疗器械生产企业组建的上下游联合体,鼓励医疗卫生机构、高校及科研院所、检测机构等共同参与,牵头单位为 1 家。参与联合体的单位须为在中华人民共和国境内注册、具有独立法人资格的企事业单位,具有较强的技术创新能力和产业化应用能力。

(二)各省、自治区、直辖市及计划单列市工业和信息化主管部门会同药品监督管理部门作为推荐单位,优先推荐技术指标先进、技术路线成熟、推广应用方案完备、经费预算合理、揭榜团队综合能力强的项目。

(三)每个单位牵头申报项目不能超过 3 个,已列入前期相关揭榜挂帅项目的不得重复申报。

三、工作要求

(一)申报主体可通过申报系统(http://biomed.caict.ac.cn/)进行申报,完成注册后填写申报所需材料。申报截止时间为 2023 年 2 月 10 日。

（二）推荐单位于2023年2月24日前使用账号登录系统并确认推荐名单。

（三）请推荐单位高度重视生物医用材料创新任务揭榜挂帅工作，充分调动重点企业、专精特新"小巨人"企业、单项冠军企业、医疗卫生机构、高校及科研院所、相关产业联盟及行业协会的积极性申报揭榜挂帅项目，按照政府引导、企业自愿、公开公正的原则做好推荐工作，并结合区域产业优势和临床资源，加大对"揭榜挂帅"重点品种、重点企业配套支持力度，优先配置入选"揭榜挂帅"的项目用地、用能、排污等指标资源，出台鼓励应用推广的配套政策。

（四）工业和信息化部、国家药监局委托第三方专业机构组织遴选并公布入围揭榜单位名单，建立"赛马机制"，每个揭榜产品择优选择揭榜团队（原则上不超过3家）进行攻关，拟将揭榜挂帅攻关方向纳入现有政策支持渠道，依托国家产融合作平台提供投融资对接服务，并优先提供审评相关的技术咨询服务。

（五）入围揭榜挂帅单位完成攻关任务后（原则上名单公布之日起3年内），工业和信息化部、国家药监局委托专业机构开展测评工作，择优确定揭榜优胜单位（每个揭榜产品原则上不超过2家）。鼓励完成揭榜任务的相关材料以医疗器械主文档形式进行登记，并通过新材料首批次应用保险补偿等政策加大应用推广支持力度。

（六）中国信息通信研究院、国家药监局医疗器械技术审评中心和中国医疗器械行业协会为揭榜挂帅工作提供过程管理、平台建设、评估组织、协调服务等支撑工作。

附件：1.生物医用材料创新任务揭榜挂帅单位推荐表

2.生物医用材料创新任务揭榜挂帅单位申报材料

工业和信息化部办公厅

国家药监局综合司

2022年12月7日

附录二　山东省新材料产业相关政策

关于印发《山东省“专精特新”中小企业培育方案》的通知

鲁非公组发〔2022〕1号

各市促进非公有制经济发展工作领导小组，省促进非公有制经济发展工作领导小组成员单位，省有关部门、单位：

现将《山东省“专精特新”中小企业培育方案》印发给你们，请结合实际，抓好贯彻落实。

山东省促进非公有制经济发展工作领导小组

2022年1月12日

山东省“专精特新”中小企业培育方案

为深入贯彻党中央、国务院决策部署，进一步支持中小企业走“专精特新”发展之路，制定本方案。

一、指导思想

以习近平新时代中国特色社会主义思想为指导，深入贯彻习近平总书记关于“培育一批‘专精特新’中小企业”的重要指示，全面落实党中央、国务院系列决策部署，紧紧锚定“走在前列、全面开创”“三个走在前”总遵循、总定位、总航标，立足新发展阶段，完整准确全面贯彻新发展理念，主动服务和融入新发展格局，突出围绕产业链部署创新链、围绕创新链布局产业链，积极强化创新引领、推动转型升级、聚力补齐短板、加快梯度培育，进一步引导支持中小企业“专精特新”发展，为推动全省经济高质量发展和实现新时代社会主义现代化强省建设目标提供有力支撑。

二、基本原则

（一）坚持高质量发展目标。牢牢把握高质量发展这一经济发展时代主题，坚持创新、协调、绿色、开放、共享发展相统一，把高质量发展要求贯穿到“专精特新”中小企业（含省级“专精特新”中小企业和国家级专精特新“小巨人”企业）培育的各方面和全过程，积极塑造高质量发展的丰硕成果。

（二）坚持创新第一动力。支持“专精特新”中小企业铸强创新灵魂，瞄准关键领域“补短板”、关键核心技术攻关、填补国际国内空白等环节，全面提升创新支撑力和引领力。

（三）坚持梯度纵深培育。注重抓早抓小，持续跟踪培育，健全以创新型中小企业、省级“专精特新”中小企业、国家级专精特新“小巨人”企业为主体的梯度培育体系，不断推动优质中小企业成长壮大。

（四）坚持突出产业特色。立足当地工业基础、产业布局和发展定位，引导“专精特新”中小企业做强做精特色，勇当“单打冠军”；同时，服务和融入重点产业链、先进产业集群，打造关键环节的“配套专家”。

（五）坚持双管齐下发力。激发企业主体活力，强化要素保障，推动科技创新、转型升级、改制上市，做强做实“专精特新”之业；发挥社会化服务机构作用，依托精准服务助企创新发展。

三、主要目标

（一）激发涌现一大批“专精特新”中小企业。到2025年，入库培育创新型中小企业2万家以上；新培育认定省级“专精特新”中小企业4 000家，累计达到10 000家左右；争创国家级专精特新“小巨人”企业400家，累计达到750家左右，确保走在全国前列，力争成为排头兵。

（二）自主创新能力显著增强。到2025年，省级“专精特新”中小企业研发经费支出占营业收入比重普遍达到3%以上，基本实现研发机构全覆盖；国家级专精特新“小巨人”企业平均拥有有效发明专利15项以上，研发经费支出占营业收入比重平均超过7%，基本实现省级以上研发平台全覆盖。

（三）智能化数字化水平大幅提升。到2025年，省级“专精特新”中小企业数字化改造率达到80%以上，国家级专精特新“小巨人”企业全面实现数字化改造；“专精特新”中小企业数字化应用率和业务系统向云端迁移率达到80%以上。

（四）形成一批掌握独门绝技的“单打冠军”“配套专家”。到2025年，“专精特新”中小企业主营业务收入占比普遍达到80%以上。省级“专精特新”中小企业为省重点产业链配套率达到80%以上；国家级专精特新“小巨人”企业为省重点产业链配套率达到90%以上。

（五）全生命周期服务体系进一步建立健全。到2025年，新培育省级、国家级中小企业公共服务示范平台80个、20个左右，累计达到400个、70个；新培育省级、国家级小型微型企业创业创新示范基地120家、20家左右,累计达到500家、50家。

四、重点任务

(一)国家重点项目引领工程

1.积极抢抓国家政策机遇。指导国家级专精特新“小巨人”企业创新突破,争取更多列入国家支持范围,始终保持入围数量排在前列。编制落实好支持重点“小巨人”企业高质量发展实施方案,强化配套支持,搞好跟踪服务,确保如期达成创新发展目标,示范带动更多中小企业走“专精特新”发展之路。(省工业和信息化厅、省财政厅)

2.提升重点“小巨人”企业核心竞争力。用足用好国家支持政策和资金,组织开展一批核心技术攻关、补齐一批产业链供应链短板、实施一批数字化网络化智能化改造、实现一批上市发展和国际化拓展,持续提升重点“小巨人”企业创新能力、专业化水平和核心竞争力。(省工业和信息化厅、省财政厅)

3.优化公共服务平台服务。承担国家支持任务的重点服务平台,围绕创新能力提升、发展堵点纾困等,对重点“小巨人”企业开展“点对点”精准化服务;公共服务体系奖补资金支持的服务平台,围绕政策、培训、融资等10个服务方向,对“专精特新”中小企业开展普惠性全覆盖服务。各级中小企业公共服务平台,完善服务网络,建立服务专栏,及时协调解决企业困难问题。(省工业和信息化厅、省财政厅)

(二)育种扶苗工程

4.鼓励支持大学生创新创业。贯彻落实《国务院办公厅关于进一步支持大学生创新创业的指导意见》(国办发〔2021〕35号)精神,制定全省支持大学生创新创业的指导意见,每个市依托辖区大学至少建设一个有固定创业场地、有专门服务机构、有配套创业服务、有健全管理制度、有相应创业就业政策扶持、有一定数量创业实体的大学生创业孵化基地,主动规划和布局基地周边产业,积极承接大学生创新成果和人才等要素,打造“城校共生”的创新创业生态。优先将大学生创新创业孵化载体认定和推荐省级、国家级基地、孵化器、科技园区及众创空间,享受相关财税政策优惠。(省人力资源社会保障厅、省教育厅、省工业和信息化厅、省税务局、各市人民政府)

5.推动发展天使投资。培育一批天使投资人和创业投资机构,对创业投资企业、天使投资人投资于种子期、初创期科技型企业的投资额,按规定抵扣所得税应纳税所得额,树立投早投小投智良好导向,支持天使投资、创业投资发展。推动建立政府财政全资或出资引导、风险投资机构专项设立、天使投资自然人发起成立、各类创业创新示范基地出资参股等多种模式的天使投资基金,助力种子期、初创期小微企业平稳健康成长。(省财政厅、省发展改革委、省工业和信息化厅、省税务局)

6.促进创新创业赛事活动成果转化。打造创新创业大赛、“互联网+”大学生创新创业大赛、“中国创翼”创业促就业项目大赛、“创客中国”中小企业创新创业大赛等区域赛活动升级版,积极承办相关专题赛、赛道赛。提升各类基地、园区、孵化器、众创空间等服务能力,广聚优质创新成果、强化创新要素保障,促进更多优质创新创业项目在我省落地孵化、做强做大。(省科技厅、省教育厅、省人力资源社会保障厅、省工

业和信息化厅）

7.加快创新创业主体动态培育。以创新型中小企业为主体，建立全省“专精特新”中小企业动态培育库，组织专业服务机构逐企梳理发展路径，量身定制成长方案，集聚服务资源支持入库培育企业强弱项、补短板，不断提升创新能力和专业化水平，加快成长为“专精特新”中小企业。（省工业和信息化厅、省科技厅、省人力资源社会保障厅）

（三）创新能力提升工程

8.加快研发机构建设。支持“专精特新”中小企业独立或联合设立研发机构，对在建和未达到相关认定标准的研发机构，建档入库重点支持。鼓励市县出台“专精特新”中小企业研发机构项目申报、奖励贴息等扶持政策。持续开通税费服务“直通车”，对“专精特新”中小企业实施点对点“滴灌式”辅导和服务。（省工业和信息化厅、省科技厅、省财政厅、省税务局）

9.推动产学研协同创新。把发挥大企业创新引领作用和支持中小企业成为创新重要发源地相结合，每半年推出一批重点产业链技术攻关目录，采取竞争立项、定向委托、组阁揭榜等方式支持“专精特新”中小企业参与创新攻关。组织高校、科研院所定期发布适于产业化的创新成果清单，组织企业定期提报技术创新、研发攻关等需求清单，推动供需双向“揭榜”。对符合条件的专利申请支持走绿色通道，加快审查进度。（省工业和信息化厅、省科技厅、省教育厅、省市场监管局）

10.促进创新资源共享共用。发挥教育、科技、工信三部门协调联动机制作用，推动高校、科研院所加强“省大型科学仪器设备协作共用网”推广应用。探索建立省研发互联网基础平台，以“云服务券”补贴等方式支持“专精特新”中小企业大型科学仪器设备、高端工具软件等接入工业互联网。（省科技厅、省教育厅、省工业和信息化厅、省财政厅）

11.加大工业互联网平台赋能。依托工业互联网“双跨”平台和专业领域平台等，分类构建公共技术、产业研发、工业设计等工业互联网供需资源池。以提供“创新服务券”财政奖补的形式，支持“专精特新”中小企业“上云用数”开展技术创新活动。（省工业和信息化厅、省财政厅）

12.推动绿色低碳发展。加快促进绿色成为普遍形态，建设绿色低碳技术成果库，发布指导目录，推动“专精特新”中小企业加快绿色低碳技术应用。依托标杆企业、高校、科研院所建立绿色低碳技术服务机构，开展公益性节能诊断服务。建立健全绿色技术标准体系，在“专精特新”中小企业中推行绿色设计、开发绿色产品、建设绿色工厂。（省工业和信息化厅、省市场监管局、省能源局）

（四）产业链协同工程

13.实施产业链信息定向发布。全面梳理重点产业链高端提升和短板突破的目标方向，每季度向“专精特新”中小企业定向发布重点项目合作、关键技术攻关、大宗物资采购等供需目录。综合运用政府首购、订购、推广应用和实施工程化应用验证项目等方式，推动“专精特新”中小企业优质产品先试首用。（省工业和信息化厅、省财政厅）

14.组织与“链主”企业常态化对接。坚持大中小企业协调融合发展,围绕“专精特新”中小企业分布集中的重点产业链,采取政府指导、平台承办、双向互动的形式,常态化组织产业链“链主”与上下游“专精特新”中小企业供需见面、路演推介、座谈沙龙等系列活动,推动“专精特新”中小企业入链发展。(省工业和信息化厅)

15.加大供应链金融创新应用。组织专题辅导活动,提供供应链融资、集采、咨询等综合服务。推荐符合条件的“专精特新”中小企业纳入供应链核心企业“白名单”,扩大应收账款融资服务平台覆盖范围。促进应收账款票据化,推动更多为重点产业链提供关键配套的“专精特新”中小企业享受供应链金融服务。(人民银行济南分行、省财政厅、省工业和信息化厅)

(五)数字化转型工程

16.全面推进智能化改造。用好“山东技改在线”“技改视频库”,每季度举办一次“专精特新”中小企业智能化改造供需对接专场。面向“专精特新”中小企业开展智能化改造标准宣贯、现场诊断和供需对接。每年推广1 000个以上应用场景,培育智能制造新模式。(省工业和信息化厅)

17.实施数字化引领。围绕“专精特新”中小企业分布集中的行业领域,逐业梳理生产体系、业务流程、管理架构、经营模式等方面数字化转型的需求和路径,分别提供精准对路的数字化服务商、平台和解决方案。每年为不少于1 000家“专精特新”中小企业提供数字化转型服务,推动1 000家“专精特新”中小企业业务“上云”。(省工业和信息化厅)

18.深化“万名数字专员进企业”活动。设立省数字专员联合办公机构,组织数字专员专题培训,对“专精特新”中小企业提供“一对一”数字化转型需求专业服务。在省工业互联网综合服务平台建立数字专员服务活动子平台,加强对“专精特新”中小企业数字化转型典型案例的展示与推广。(省工业和信息化厅、省通信管理局)

(六)资本赋能工程

19.创新金融产品服务。鼓励银行业金融机构推出“主办行+专属信贷产品”服务,创新开发“专精特新贷”“‘小巨人’贷”“中长期项目贷”“信用应急贷”“专利创新贷”等特色信贷产品。支持工业园区、创新创业共同体等开展金融管家试点。建立“省中小企业投融资促进中心”,开发应用“专精特新”中小企业融资服务对接系统,与省金融辅导系统实现信息共享和功能互补。将有意愿的“专精特新”中小企业纳入金融辅导,给予精准服务。力争投向“专精特新”中小企业的信贷规模逐年扩大。(人民银行济南分行、省工业和信息化厅、省地方金融监管局)

20.加大基金投资引导。发挥省级财政资金股权投资和省新旧动能转换引导基金作用,吸引社会资本,大力支持“专精特新”中小企业发展。建设“齐鲁企舞”投融资路演平台,在济南、北京、上海、深圳等地设立分平台(中心),打通基金投资“专精特新”中小企业“直联通道”。每年组织省内外产业投资路演推介20场次以上。每年组织基金投资项目(企业)100个、200亿元以上,国内外产投资本合作项目10个、50亿元以上。(省财政厅、省工业和信息化厅、省地方金融监管局)

21.加大上市培育力度。优选不少于1 000家“专精特新”中小企业纳入全省上市后备资源库。重点组织国家级专精特新“小巨人”企业对接北交所、科创板和创业板，省级“专精特新”中小企业对接“新三板”。力争到2025年，新增“专精特新”上市企业80家左右。精选400家以上“专精特新”中小企业挂牌区域性股权市场“专精特新板”，每年组织100家以上“专精特新”中小企业规范化公司制改制。（省地方金融监管局、山东证监局、省工业和信息化厅）

（七）双循环融入工程

22.深化网络营销。组织专业服务商制定“专精特新”中小企业个性化营销方案，开展“山东制造·网行天下”专精特新专项行动。开展“产业带+跨境电商”线上拓展行动，推动纺织、轻工、机电等传统产业数字化转型。在中东欧、东非等具备条件的海外仓举办市场采购、跨境电商等“专精特新”专场推介活动。（省工业和信息化厅、省商务厅）

23.开展精准采销对接。采取线下采销洽谈、线上云展会等方式，按季度组织龙头企业采销对接活动，招引省内外企业来鲁采购。采取“流量券”补贴方式，推动“专精特新”中小企业加快融入大型企业供应链。（省工业和信息化厅、省商务厅、省国资委）

24.推动拓展国际市场。进一步提升对外开放水平，组织“专精特新”中小企业参加中国国际中小企业博览会、APEC中小企业技术交流暨展览会等会展活动。发挥山东自贸试验区、中国—上海合作组织地方经贸合作示范区、中德（济南）中小企业合作区等平台作用，推动产业合作向合作研发、联合设计、市场营销等高端环节延伸。开展“专精特新”中小企业质量管理和资质认证提升行动，推动首次获得发达国家资质认证年均增幅10%以上。（省工业和信息化厅、省商务厅、省市场监管局）

（八）人才汇聚工程

25.加强企业家培训。组织“专精特新”中小企业家参加国家中小企业经营管理领军人才培训，每年分批分类举办专题培训班。优先安排“专精特新”中小企业家参加省级高端出国培训、民企二代接班人世界500强企业实训和企业家网络学院线上培训等。到2025年，对国家级专精特新“小巨人”企业家实现培训服务全覆盖。（省工业和信息化厅）

26.引育科技创新人才。支持“专精特新”中小企业采用股权激励、期权激励、技术入股等多种方式，引育集聚一批科技领军人才和项目创新团队。鼓励市县制定“专精特新”中小企业人才引进专项政策，“一企一策”开辟绿色通道、实施奖励支持。支持“专精特新”中小企业中符合条件的高层次人才参加“泰山领军人才”“省重点产业链尖端技术人才”等申报。（省工业和信息化厅、省委组织部、省科技厅）

27.打造高技能人才队伍。选择10家左右职业院校（含技工院校），面向“专精特新”中小企业开展定向、定单、联合培养。定期调度分析重点行业“专精特新”中小企业技工岗位人才需求情况，发布导向目录，促进供需有效对接。每年新培育30家兼具生产、教学、研发、创业功能的校企一体实训基地。（省教育厅、省工业和信息化厅、省人力资源社会保障厅）

五、组织保障

(一)强化组织领导。充分发挥各级促进非公有制经济发展工作领导小组及办公室牵头和组织协调作用,建立健全横向协同、上下联动的培育发展工作体系和常态化工作推进机制,形成合力,推动落实。

(二)开展精准服务。建立各级为企服务联络员机制,"专精特新"中小企业定户到人,每年至少为联系企业解决1项困难。市县中小企业主管部门建立"一户一档",实施"一户一策",重点在提升创新能力和专业化水平、应对防范风险以及满足土地供应、加强人才引育等方面提供更多支持。

(三)注重示范引导。及时总结"专精特新"培育工作经验,广泛宣传"专精特新"中小企业典型案例,引导广大中小企业对照标杆学习提升。

关于印发《山东省科技成果转化中试示范基地备案管理办法(试行)》的通知

鲁科字〔2022〕4号

各市科技局,各有关单位:

现将《山东省科技成果转化中试示范基地备案管理办法(试行)》印发给你们,请认真遵照执行。

山东省科学技术厅

2022年1月14日

(此件公开发布)

山东省科技成果转化中试示范基地备案管理办法(试行)

第一章　总　则

第一条　为引导和规范我省科技成果转化中试示范基地(以下简称"中试示范基地")建设发展,构建更加健全高效的科技成果转化链条,加快推动先进适用技术在我省转化落地,根据《中共中央　国务院关于构建更加完善的要素市场化配置体制机制的意见》《山东省人民政府办公厅关于进一步促进科技成果转移转化的实施意见》,制定本办法。

第二条 本办法所指的中试示范基地，是指以行业优势科教资源或企业科研平台为依托、由法人单位建设或运营、聚集中试设施设备、具备专业人才资源、对小试研发成果进行二次放大和熟化研发，进而为企业规模生产提供成熟、适用、成套技术的成果转化服务实体，是支撑引领产业创新发展，加速科技成果产业化的重要平台。

中试示范基地具备基础设施完备、管理安全规范、运营模式清晰、服务业绩显著、示范作用突出等基本特征。

第三条 鼓励各类园区、高等院校、研究开发机构、行业龙头企业依托优质科技创新资源，建设通用性或行业性中试示范基地，面向社会提供中试服务。支持省级以上重点实验室、技术创新中心、新型研发机构、创新创业共同体及技术转移服务机构等科技创新平台联合龙头企业共同建设中试示范基地。

第四条 省科技厅负责省级中试示范基地认定备案相关工作。各市科技部门负责所在地省级中试示范基地的申报、日常服务等工作。中试示范基地建设或运营法人单位按属地管理原则，严格落实安全、环保、保密等主体责任。

第二章 备案条件及程序

第五条 申报备案的中试示范基地应具备以下条件：

（一）申报备案的主体或依托单位应具有独立法人资格，须在省内注册且正常经营满两年，未发生司法、行政机关认定的严重违法失信行为。以依托单位申报备案的中试示范基地应实行财务收支独立核算。

（二）具有必要的中试验证设备、场地条件。具有工艺验证、放大生产、产品检测必需的固定场所；拥有本行业必要的通用计量检测仪器和常规实验设备，有承担行业综合性中间试验必需的专用设备及配套设施，设备原值应当不低于1 000万元。

（三）拥有与核心服务能力相适应的人才队伍。人才队伍结构合理，应有本领域研发能力强、技术水平高、工程化实践经验丰富的工程技术带头人，有具备组织制定科学合理的中试熟化方案、工艺规程以及控制生产质量的能力的固定研发团队。

（四）具备必需的安全、环保设施装备。符合国家和我省安全、环保要求，近两年内未发生重大安全、质量事故或严重环境违法行为；生产环境和工艺流程软硬件符合国家和省相关标准要求。

（五）内部管理规范、运营机制高效。有明晰的对外服务承接程序及收费标准，能够按照行业主管部门要求，严格规范服务行为；有保护入驻中试示范基地小试产品知识产权和商业秘密的相关措施及制度。

（六）成果转化服务业绩显著。聚焦战略性新兴产业、我省“十强”产业开展中试熟化与产业化服务，示范引领作用突出；对各类创新主体提供开放化的中试服务，近两年中试服务收入原则上不低于 200 万元。

第六条 申请备案的中试示范基地应提供以下材料：

（一）山东省科技成果转化中试示范基地备案申请书；

(二)中试基地或依托单位营业执照、管理制度、场所条件、设备清单及人才队伍等证明材料;

(三)中试基地所在地生态环境、应急管理等部门认可的安评、环评报告;

(四)中试服务合同及中试业务到款额等相关促进成果转移转化证明材料。

第七条 中试示范基地备案工作原则上每年开展一次,各市科技主管部门根据省科技厅通知要求负责组织本地区的申报工作。

第八条 各市科技主管部门负责对申请材料的真实性、完整性和规范性进行初审核实,并依照本办法择优推荐。

第九条 省科技厅负责对申报材料进行形式审查,并组织专家或委托第三方机构进行评估论证和现场核查,提出拟备案中试示范基地名单。

第十条 省科技厅对拟备案中试示范基地名单公示5个工作日,公示期满且无异议的纳入备案管理。

第三章 监督管理

第十一条 省科技厅对纳入备案管理的中试示范基地进行年度绩效评价。评价结果分为“优秀”“良好”“合格”“不合格”四个等次。

第十二条 各市科技主管部门根据科技厅年度绩效评价通知,组织本地区纳入备案管理的中试示范基地填报评价材料,并对评价材料的真实性出具审核意见。评价材料主要包括:

(一)科技成果转化中试示范基地年度自评报告;

(二)管理运营、中试服务等绩效证明材料;

(三)各市科技主管部门对评价材料真实性的审核意见。

第十三条 省科技厅组织专家或委托第三方机构对评价材料进行审核,必要时可现场核查,确定绩效评价意见。

第十四条 对绩效评价结果为优秀等次的中试示范基地,以后补助形式予以奖补支持;对评价结果为不合格的,实施限期整改,整改期限一年。整改后仍不合格或不配合整改的,撤销备案资格。

第十五条 纳入备案管理的中试示范基地有下列情形的,撤销备案资格,并按相关规定列入科研失信行为:

(一)因管理不善导致严重服务质量事故、安全事故或环保事故的;

(二)有提供虚假材料或数据等严重失信行为的;

(三)无故不参加年度绩效评价,或者连续2年绩效评价不合格的;

(四)已不再具备对外开展中试服务能力的。

因(一)(二)(三)项所列原因被撤销备案资格的,自撤销之日起,两年内不得再次申请备案。

第四章 支持政策

第十六条 省科技厅将纳入备案的中试示范基地按照省级科技创新平台进行管

理。各市应将中试示范基地作为推动本地区成果转化落地的重要抓手，结合其建设运行需求，在资金、土地、科研、人才等方面给予必要的政策支持。

第十七条　省科技厅将中试示范基地列入科技创新发展资金支持范围，根据年度绩效评价结果择优予以奖补。

第十八条　各地可参照本办法，制定相应政策，支持中试示范基地建设与发展。

第五章　附　则

第十九条　本办法由省科技厅负责解释。

第二十条　本办法自2022年1月14日施行，有效期至2024年1月14日。

关于印发《山东省重点研发计划（科技示范工程）项目管理暂行办法》的通知

鲁科字〔2022〕15号

各市科技局、财政局，省直有关部门，各有关单位：

现将《山东省重点研发计划（科技示范工程）项目管理暂行办法》印发给你们，请遵照执行。

山东省科学技术厅

山东省财政厅

2022年2月10日

（此件公开发布）

山东省重点研发计划（科技示范工程）项目管理暂行办法

第一章　总　则

第一条　为规范和加强山东省重点研发计划（科技示范工程）（以下简称科技示范工程）组织实施，依据《山东省重点研发计划管理办法》等有关规定，结合我省实际，制定本办法。

第二条　本办法所称科技示范工程是山东省重点研发计划的重要组成部分，旨在聚焦重点产业中的重大需求，实行重大关键技术突破、工程化中试到产业化应用示范的全链条设计，推动重大集成性创新，打通由技术到产品的通道，培育具有牵引性、支柱性的重大产品和装备，孵化高成长性科技型中小微企业，壮大创新型产业集群，带动区域和行业创新能力和水平的整体跃升。

第三条 科技示范工程坚持聚焦关键问题、对标一流目标、突出创新驱动、体现效益效应的总体思路，采取“技术攻关＋产业化应用”项目形式，按照“成熟一项、启动一项”的原则组织实施。

第二章 管理与职责

第四条 省科技厅是科技示范工程的委托方，负责研究提出科技示范工程布局建议及任务设置，编制并发布项目指南；直接组织或委托专业管理机构开展项目申报受理、形式审查、评审立项、过程管理、绩效评价和评估监督等工作。

第五条 设区的市人民政府或省直有关部门是科技示范工程的被委托方，负责提出科技示范工程实施建议，牵头编制科技示范工程实施方案，聘请技术总师，协调落实项目实施条件和配套资金等。

第六条 设区的市科技局、省直有关部门(单位)受被委托方的委托，作为科技示范工程项目的主管部门，负责牵头组织科技示范工程实施方案，审核推荐科技示范工程项目，监督并推动项目顺利实施，协调解决项目实施过程中出现的问题；配合省科技厅开展过程管理、绩效评价和评估监督等工作，视情况适时提出项目调整、终止及撤销建议。

第七条 山东省辖区内的企业、高等院校、科研院所、新型研发机构等法人单位是科技示范工程项目的实施主体，负责据实编报项目申请材料，组织项目实施，推动成果转化应用；按要求报送项目进展、资金使用等有关情况；配合做好项目过程管理、绩效评价和评估监督等工作。

第八条 科技示范工程项目全面推行技术总师负责制，由被委托方提出建议，省科技厅研究确定。被委托方应与技术总师签订协议，明确技术总师的职责权利，赋予技术总师更多的经费分配权、团队组建权、考核激励权和资源支配权等。

技术总师负责科技示范工程的总体规划，牵头组建项目专家组；负责选聘项目组成员，组织研究队伍，采取民主决策方式组织项目实施；牵头协调推进项目，指导项目负责人制定项目研究计划、实施方案和资金使用方案等；接受项目主管部门和项目承担单位的监督。

第三章 项目立项

第九条 设区的市人民政府或省直有关部门聚焦新旧动能转换重点产业，围绕区域、行业特色化发展需求，在充分论证基础上，研究提出科技示范工程实施意向，组织相关单位编制科技示范工程实施方案，正式行文推荐到省科技厅。实施方案须明确科技示范工程实施的目的意义、示范目标及重点任务、研发内容、考核指标、示范形式、保障措施、组织实施模式及资金预算等内容。

第十条　省科技厅统筹区域和产业发展，组织专家对科技示范工程立项的必要性、方案的可行性、内容的合理性、预算的科学性等方面进行咨询论证，提出科技示范工程实施建议，按程序研究确定。

第十一条　省科技厅编制科技示范工程项目指南，明确项目申报条件、研究方向、研究内容和考核指标等内容，面向区域或行业定向发布或公开发布。申报资格条件包括但不限于以下方面：

(一)申报单位须为山东省境内依法注册、具有独立法人资格的企业、高等学校、科研院所、新型研发机构等，有较强的科技研发能力和条件，运行管理规范。各级行政机关不得牵头或参与申报。

(二)技术总师应熟悉相关领域发展现状和趋势；具有较高的学术水平和开拓创新意识；具有较强的组织、协调能力；具有良好的信誉，作风民主、严谨；主要时间和精力能够用于项目的组织、协调与研究工作；在项目立项当年一般不超过57周岁。

(三)项目(课题)负责人原则上为项目(课题)研究思路的主要提出者和实际主持研究的科研人员，须具有较高的科研水平和创新能力，并能在任务期内主持完成项目研究工作。各级国家机关的公务人员(包括行使科技计划管理职能的其他人员)不得申报项目。

(四)合作单位应具备独立法人资格。申报单位须与所有合作单位签署联合申报协议。联合申报协议须明确约定各自所承担的任务、目标、责任和经费(包括省拨财政资金和自筹经费)，明确协议签署时间。

(五)项目申报单位、合作单位及项目负责人应具备良好的科研诚信状况，不存在惩戒执行期内的科研严重失信行为记录，无“绿色门槛”制度不予支持或相关社会领域信用“黑名单”记录。

第十二条　设区的市科技局、省直有关部门等项目主管部门负责指导科技示范工程项目申报单位、项目负责人认真填报申报材料，逐级审核后推荐至省科技厅。

第十三条　省科技厅负责受理科技示范工程项目申报，自主组织或委托专业机构开展形式审查、项目评审和现场考察，提出项目安排及经费配置意见，按程序审定并下达立项文件。

第四章　组织实施与过程管理

第十四条　科技示范工程项目实施期限一般不超过三年，以项目立项文件印发日为启动时间。立项文件下达后30个工作日内，项目承担单位与项目主管部门、省科技厅签订三方项目任务书，作为项目执行、过程管理、评价验收的依据。逾期不签订项目任务书的，视为放弃承担项目资格。

省科技厅根据工作需要组织开展项目任务书专家论证工作，确保科技示范工程项目实施方案、项目指南、项目申报书与项目任务书主要内容的一致性、合理性和先进性。

第十五条　技术总师应建立项目统筹协调管理机制，制定项目一体化组织实施的工作方案,开展"里程碑"管理,明确调度周期、关键节点、时间控制和协同推进的具体方式,全面掌控项目进展情况。牵头组织召开科技示范工程项目启动会、关键节点调度会、重大任务推进会等。

第十六条 项目承担单位应履行项目实施主体责任,要加强与项目合作单位协调联动,严格按照任务书要求牵头完成项目研发和成果示范任务。

项目合作单位应积极配合承担单位组织开展的协调和调度工作,及时报告研究进展、重大事项和资金使用情况,支持项目承担单位加强研究成果的集成和示范。

第十七条 项目主管部门应安排责任处(科)和专人负责项目管理、服务和协调保障工作,全面了解项目进展和组织实施情况,及时研究解决项目承担单位提出的重大事项和重大问题,预判项目执行情况、承担单位和人员的履约能力等并提出有关意见和建议。

第十八条 要建立完善科技示范工程组织领导和工作推进机制,省科技厅与被委托方共同成立科技示范工程领导小组,强化服务与监督,开展里程碑式考核,保证项目按进度顺利组织实施,取得预期成效。

第十九条 项目执行期间实行年度报告制度。项目承担单位于每年11月底前向主管部门报送项目年度执行情况报告,经项目主管部门审核后按要求报送省科技厅。

第二十条 项目实施中期,省科技厅会同设区的市人民政府或省直有关部门对项目执行情况进行中期检查,对项目能否完成预定任务目标做出基本判断,并形成中期执行情况报告。

第二十一条 项目实施进度严重滞后或外部环境发生重大变化时,项目承担单位应及时提出申请,项目主管部门应及时研究提出优化调整建议,按程序报省科技厅审核批复。

第二十二条 项目实施期内发生的重大事项变更、撤销或终止项目、绩效评价等过程管理按照《山东省重点研发计划管理办法》等有关规定执行。

第二十三条 项目执行期满20个工作日内,项目承担单位应当及时组织合作单位清理账目与资产,如实编制资金决算,聘请会计师事务所开展财务审计,省科技厅适时开展项目综合绩效评价(验收)工作。

第五章 监督管理

第二十四条 科技示范工程项目组织实施的监督管理按照《山东省重点研发计划管理办法》《山东省科技计划项目监督管理办法》等有关规定执行。

第二十五条 科技示范工程严格执行《科学技术研究档案管理规定》等有关档案管理规定,各组织实施方应做好全过程档案的整理、保存、归档等工作,确保收集齐全、应归尽归、保存完整。

第二十六条 科技示范工程项目的科研诚信管理按照《山东省科技计划项目科研诚信管理办法》等有关规定执行。

第六章　资金管理

第二十七条　科技示范工程支持和鼓励多元化投入，资金来源包括省财政资金、地方财政资金、承担单位自筹资金以及从其他渠道获得的资金等。

省财政资金由省级科技创新发展资金预算安排，严格执行财政预算管理和专项资金管理的有关规定；其他来源的资金按照相应的管理规定进行管理。

第二十八条　引导和鼓励地方、行业、企业等按有关规定共同出资实施科技示范工程项目，优先支持地方财政配套资金、单位自筹资金占比高的科技示范工程。

第二十九条　科技示范工程资金使用要加强审计与监管，做到科学配置、专款专用、单独核算，保障资金使用规范有效。

第三十条　科技示范工程项目牵头承担单位和合作单位应切实履行法人责任，按照国家有关财经法规和财务管理制度，建立健全项目资金内部管理制度和报销规定，明确内部管理权限和审批程序，完善内控机制建设，强化资金使用绩效评价。

第三十一条　科技示范工程项目牵头承担单位应当根据项目(课题)研究进度和资金使用情况，及时向项目(课题)合作单位拨付资金。课题合作单位不得再向外转拨财政资金。

第三十二条　科技示范工程项目(课题)牵头承担单位不得对合作单位无故拖延资金拨付，对于出现上述情况的单位，省科技厅将采取约谈、暂停后续拨款等措施。

第三十三条　科技示范工程项目资金管理使用中不得存在以下行为：

(一)编报虚假预算，虚假承诺其他来源资金；

(二)未对项目资金进行单独核算；

(三)列支与本项目任务无关的支出；

(四)截留、挤占、挪用项目资金；

(五)通过虚假合同、虚假票据、虚构事项、虚报人员等弄虚作假，转移、套取、报销项目资金；

(六)违反规定转拨项目资金；

(七)设置账外账、随意调账变动支出、随意修改记账凭证、提供虚假财务会计资料等；

(八)使用项目资金列支应当由个人负担的有关费用和支付各种罚款、捐款、赞助、投资，偿还债务等；

(九)超限额列支间接费用，支付项目组内人员咨询支出、劳务费；

(十)其他违反国家财经纪律的行为。

第三十四条　对在科技示范工程项目实施过程中发现的失职、渎职，弄虚作假，截留、挪用、挤占、骗取专项资金等行为，按照有关规定追究相关责任人和单位的责任；涉嫌犯罪的，移送相关部门依法处理。

第七章　附　则

第三十五条　本办法由省科技厅、省财政厅负责解释。

第三十六条　本办法自 2022 年 2 月 10 日起执行，有效期至 2025 年 2 月 10 日。

关于印发《山东省科技型中小企业创新能力提升工程项目实施办法》的通知

鲁科字〔2022〕32号

各市科技局、财政局：

为贯彻省委省政府工作部署，规范和加强山东省科技型中小企业创新能力提升工程项目管理，省科技厅、省财政厅联合制定了《山东省科技型中小企业创新能力提升工程项目实施办法》，现印发给你们，请遵照执行。

山东省科学技术厅
山东省财政厅
2022年4月22日

（此件公开发布）

山东省科技型中小企业创新能力提升工程项目实施办法

第一章　总　则

第一条　为深入贯彻《山东省人民政府关于印发2022年"稳中求进"高质量发展政策清单（第一批）的通知》（鲁政发〔2021〕23号）、《科技部办公厅关于营造更好环境支持科技型中小企业研发的通知》（国科办区〔2022〕2号）等文件精神，进一步优化科技资源配置，提升科技型中小企业自主创新能力和核心竞争力，规范和加强山东省科技型中小企业创新能力提升工程（以下简称提升工程）项目管理，依据有关规定，制定本办法。

第二条　本办法所称提升工程是山东省科技计划的重要组成部分，旨在聚焦新兴领域及我省急需补短板的产业领域，支持科技型中小企业联合高校、科研院所开展关键共性技术攻关和科技成果转化的创新项目。

第三条　提升工程坚持目标导向、需求导向、结果导向，突出重点发展领域和高新技术企业培育，以关键核心技术突破和科技成果转化为方向，以促进人才、技术、成果等创新资源向科技型中小企业集聚，提升其自主创新能力为目标，采取省市联动的方式组织实施。

第二章　职责分工

第四条　省科技厅会同省财政厅管理提升工程。省科技厅负责项目组织实施、评审立项、资金分配、绩效管理和过程管理等。省财政厅负责预算编制，对支出政策进行审核和下达资金等。

第五条　各市科技局负责提升工程项目申报推荐、地方支持资金落实、项目实施等，会同市财政局配合对资金使用情况开展绩效评价和监督。

第六条　项目依托单位负责据实编报项目申请材料，组织项目实施，落实项目实施条件和配套资金；严格执行财务规章制度和会计核算办法，对项目资金专款专用、按要求开展绩效自评，报送项目进展、资金使用等有关情况；主动配合有关部门的监督和审计。

第三章　支持重点与方式

第七条　提升工程项目重点支持集成电路、新一代信息技术、新材料新能源、高端装备、生物医药、现代农业、海洋科技等我省重点发展的新兴产业领域和急需补短板的产业领域中，技术含量高、市场前景好、带动提升能力强的创新项目。

第八条　申请提升工程项目的企业须在山东省内注册、取得国家科技型中小企业信息库入库登记编号，并围绕重点支持方向，与具有学科优势和特色的重点高校或有实力的科研院所开展关键技术攻关和成果转化的产学研合作活动。优先支持以高校、科研院所等横向科研项目结余经费出资科技成果转化、入股或创办的科技型中小企业。

第九条　提升工程项目采用省市联动、竞争择优、直接补助的方式组织实施，省级财政资金支持额原则上不超过市级财政资金支持额。

第四章　立项和实施

第十条　省科技厅按照年度计划，编制并发布申报通知，明确相关要求。

第十一条　申报单位按照申报要求在山东省科技云平台上填报项目申报书。各市科技局按照要求对项目进行审核、遴选纳入市级科技计划给予支持，并择优推荐。

第十二条　省科技厅对受理项目自主组织或委托专业机构开展形式审查、项目评审，提出项目安排和经费配置意见，按程序审定并下达立项文件，会同省财政厅按程序及时拨付资金。

第十三条　提升工程项目实施期限一般不超过两年，以项目立项文件印发日为启动时间。立项文件下达后30个工作日内，项目承担单位与省科技厅、项目主管部门签订项目任务书，作为项目执行、过程管理和评价验收的依据。任务书的项目实施内容和考核指标等不得低(少)于申报书内容。

第十四条　项目承担单位应履行项目实施主体责任，加强与项目合作单位协调联动，按照任务书要求牵头完成研发和成果转化任务。项目合作单位应按照约定积极配合承担单位，支持项目顺利实施。

第十五条 各市科技局应加强项目管理、服务和协调保障等工作,全面了解项目进展和组织实施情况,及时协调解决项目实施过程中出现的问题,视情况适时提出项目实施的意见建议。

第十六条 项目的过程管理、绩效评价等事项参照《山东省重点研发计划管理办法》等有关规定执行。

第十七条 项目涉及预算管理、预算调整、结转结余等,参照《关于改革完善省级财政科研经费管理的实施意见》等有关规定执行。

第五章 监督管理

第十八条 提升工程项目组织实施的监督管理参照《山东省科技计划项目监督管理办法》《山东省科技计划项目科研诚信管理办法》等有关规定执行。

第十九条 项目承担单位应当根据相关规定,科学、合理、有效地安排和使用项目经费,按要求填写年度绩效指标完成情况,提升企业创新能力,并接受有关部门的检查和监督管理。

第二十条 项目承担单位和个人存在弄虚作假、伪造成果等违法违规行为的,省科技厅将采取停止拨款、追回资金、纳入科研失信行为记录等相关处理措施。

第六章 附 则

第二十一条 本办法由省科技厅、省财政厅负责解释。

第二十二条 本办法自2022年5月22日起执行,有效期至2025年12月31日。

关于印发《山东省科学技术奖定向奖励实施办法(试行)》的通知

鲁科字〔2022〕50号

各市科技局,省直有关部门,各有关单位:

为深入贯彻《国务院办公厅关于完善科技成果评价机制的指导意见》(国办发〔2021〕26号)精神,改革完善科技奖励工作,加快树立以创新质量、绩效、贡献为核心的科技评价导向,激励自主创新,激发人才活力,营造良好创新环境,省科技厅研究制定了《山东省科学技术奖定向奖励实施办法(试行)》。现印发给你们,请遵照执行。

山东省科学技术厅

2022年5月17日

山东省科学技术奖定向奖励实施办法(试行)

第一条　为充分发挥山东省科学技术奖励的激励导向作用,奖励真正作出创造性贡献的科学家和一线科技人员,加快树立以创新质量、绩效、贡献为核心的科技评价导向,推动产出更多高质量成果,营造良好创新生态,根据《山东省科学技术奖励办法》规定,制定本办法。

第二条　本办法所称定向奖励,是丰富和完善山东省科学技术奖励提名和评审方式,对完成重大科技任务、解决经济社会发展重大需求的科技人员和团队定向增加奖励名额的评审机制。

第三条　定向奖励适用于山东省科学技术最高奖和自然科学奖、技术发明奖、科学技术进步奖一等奖项目。

对特别重大的科学发现、技术发明或者创造性科学技术成果,可以授予特等奖。

第四条　定向奖励坚持面向世界科技前沿、面向经济主战场、面向国家重大需求、面向人民生命健康,突出企业创新主体地位,重点奖励数学、物理等基础研究领域以及集成电路、新一代信息技术、高端装备、新能源、新材料、生物医药等我省战略性新兴产业领域的杰出科技人才和重大科技成果。

第五条　每年度通过定向奖励方式授奖的项目(人选)原则上不超过10项(人)。

第六条　实行定向奖励的人选,应符合以下条件之一:

(一)在完成国家和省重大科技任务,特别是急难险重科研攻关任务中作出突出贡献的科技人才。

(二)在重点产业领域关键核心技术研发中取得重大突破,带领企业主要依靠科技创新形成核心竞争力并打造出国际知名品牌,主导产品市场占有率为国际前三名或国内第一名,创造了巨大经济效益,为全省加快新旧动能转换、实现高质量发展作出突出贡献的科技人才。

第七条　实行定向奖励的项目,应符合以下条件之一:

(一)承担国家自然科学基金重大项目、国家科技重大专项等国家级重大科技项目所产出的标志性成果。

(二)承担山东省重大科技创新工程揭榜制项目、山东省重点研发计划(科技示范工程)项目所产出的标志性成果;我省企业自主实施科研项目产出的重大科技成果。成果应实现产业化并取得显著经济效益,培育形成具有核心自主知识产权的重大创新产品和高端产业,技术或产品(推广)市场份额在国内同行业中位居前列。

以上国家和省级科技计划项目的综合绩效评价等级原则上应为优秀,项目子课题和阶段性成果不在定向奖励范围。

第八条　省科学技术奖励委员会(以下简称省奖励委员会)负责审议定向奖励项目结果,完善定向奖励机制,研究解决定向奖励评审过程中出现的重大问题。

第九条　省科技厅负责制定定向奖励提名和评审方案,对照定向奖励条件和有关要求,提出定向奖励项目(人选)候选名单。

第十条 省科学技术奖励委员会办公室(以下简称省奖励办公室)负责聘请相关专家、学者组成专家组,对提名的项目(人选)进行考察、论证和评价,提出考察意见。

省奖励办公室可根据工作需要征询有关市和行业主管部门意见。

第十一条 定向奖励项目(人选)评审专家组应覆盖项目涉及的关键领域,人数根据工作需要确定,一般不少于7人,设组长1名。基础研究领域应主要选取小同行专家,并在有条件的学科领域选取适当比例的国际同行专家,与产业应用结合紧密的领域应注重选取行业专家和企业专家。

专家组成员应活跃在科研或产业一线,熟悉本学科或本专业国内外发展前沿或行业动态,具有全局视野和战略决策判断能力,科学作风严谨,工作认真负责。

专家选取严格执行保密和回避规定。在同一评审周期内,省科学技术奖项目完成人和候选人不得作为专家组成员。

第十二条 专家组依据评审方案和有关要求,独立、客观、公正地进行论证和评价,原则上应到实验、研发、生产和应用现场对项目的真实性、可靠性等进行考察,研究提出考察论证意见。

第十三条 定向奖励按照基础研究、应用研究、技术开发与产业化等不同类型创新活动的人才和成果特点,建立完善分类评审机制,系统、全面、准确评价科技成果的科学、技术、经济、社会、文化价值。

(一)科学技术最高奖定向奖励以支撑国家和省重大战略需求为导向,重点评价候选人主持的国家和省重大科研任务完成情况、重大创新平台建设绩效、团队建设和弘扬科学家精神情况,以及对实现高质量发展作出的实际贡献。注重个人评价与团队评价相结合。

(二)自然科学奖定向奖励以原始创新为导向,实行以高质量论文为标志的代表作评价,重点评价成果获得国内外自然科学界公认情况,以及对推动我省高水平学科发展、支撑国家和省实验室等重大创新平台建设的实际贡献和作用。

(三)技术发明奖定向奖励以技术突破为导向,注重高价值专利等高质量知识产权产出情况,重点评价成果在解决产业关键共性技术问题、企业重大技术创新难题、区域产业集群发展制约等方面的贡献和作用。

(四)科学技术进步奖定向奖励以产业贡献为导向,重点评价成果转化应用取得的直接经济效益,主要包括产品(技术)经过2年以上大规模的应用推广,企业取得的新增销售收入、利润、税收以及亩均效益、市场占有率等指标。原则上不把论文作为评价指标。

第十四条 省奖励办公室对定向奖励项目(人选)面向社会进行公示,公示期为5个工作日,公示无异议的或异议处理完毕且符合要求的项目,提交省奖励委员会审议。

涉及军工、国防等敏感领域的项目,应当严格遵守国家保密法律法规有关规定,加强项目内容的保密管理,在适当范围内公布。

第十五条 省科学技术奖励监督委员会负责监督定向奖励项目(人选)的遴选、

考察等工作,对有关异议情况进行受理、核实、处理。

第十六条 省奖励委员会对定向奖励项目(人选)进行审议,并以记名限额投票的方式产生审议结果,形成奖励决议。审议结果应当由到会人员的三分之二以上多数通过。

第十七条 省科技厅对省奖励委员会作出的奖励决议进行审核,报省政府批准。

第十八条 省科学技术奖奖种调整后,对新设立的人物奖和项目奖一等奖实施定向奖励工作,参照本办法执行。具体标准条件由省科技厅负责制定。

第十九条 本办法由省科技厅负责解释。

第二十条 本办法自2022年5月17日起施行,有效期至2024年5月16日。《山东省科学技术进步奖产业突出贡献类项目评审办法(试行)》同时废止。

关于印发《省级小微企业“创新服务券”管理实施细则》的通知

鲁工信非公〔2022〕147号

各有关单位、企业:

为进一步加大小微企业纾困帮扶力度,规范省级小微企业“创新服务券”管理,现将《省级小微企业“创新服务券”管理实施细则》印发给你们,请认真遵照执行。

山东省工业和信息化厅

山东省财政厅

2022年6月29日

省级小微企业“创新服务券”管理实施细则

第一章 总 则

第一条 为进一步加大小微企业纾困帮扶力度,按照《山东省人民政府关于印发2022年“稳中求进”高质量发展政策清单(第一批)的通知》(鲁政发〔2021〕23号)要求,规范省级小微企业“创新服务券”管理,制定本实施细则。

第二条 创新服务券(以下简称服务券)采用电子券形式,向符合条件的小型微型等企业免费发放,专项用于对企业购买约定的社会化服务给予补助。服务券的使用和管理应遵守国家有关法律法规和财务规章制度,坚持鼓励创新、科学管理、公开透明、普惠公平、专款专用原则，实行记名发放、登记使用和备案管理，不得转让、买卖、赠送，不重复使用。

第三条 省工业和信息化厅负责服务券的政策制定、监督检查和企业类型、社会化服务机构及服务事项的审核等工作，研究制定资金分配使用方案和任务清单。省财政厅负责下达拨付资金，牵头预算绩效管理等。

第二章 服务券使用对象、范围及方式

第四条 申请服务券支持的企业，应同时满足以下条件：

(一)在山东省内注册登记，具有独立法人资格；

(二)连续经营 1 年以上，运营规范，符合财政涉企资金“绿色门槛”制度要求；

(三)符合《中小企业划型标准规定》(工信部联企业〔2011〕300 号)的小微企业或经省级以上部门认定的“专精特新”、瞪羚、独角兽、单项冠军等高成长企业。开展 DCMM(数据管理能力成熟度)贯标企业不受小微企业划型标准限制。

第五条 申请服务券配券资格的服务机构，应为具有独立法人资格、设立时间不少于 1 年的企事业单位、行业协会等社会团体，具备相关业务服务资质、服务经验、专业实力及服务能力，主要服务产品符合服务券使用范围。

第六条 省工业和信息化厅应根据小微企业发展面临的突出问题、年度重点工作安排等，研究确定年度服务券重点支持方向和适用产品类别。

(一)技术创新服务：包括但不限于技术诊断服务，技术成果检验检测、评价，产品提质增效等服务。

(二)成果转化服务：包括但不限于创新成果评估、试验、检验检测、开发等服务。

(三)数字化赋能服务：包括但不限于数字化、网络化、智能化诊断咨询服务，企业开展 DCMM 贯标咨询评估服务。

(四)工业设计服务：包括但不限于概念设计、方案设计、外观设计、结构设计服务，工业级打样及敏捷制造、生产工艺、新产品导入等服务。

(五)绿色低碳服务：包括但不限于节能(绿色、低碳)评估诊断、能源审计、绿色制造、清洁生产审核等服务。

(六)信息化开发服务：包括但不限于面向企业的生产、管理、营销等方面提供软件(程序)开发及 IaaS、PaaS、SaaS 等云服务，企业 ERP 等信息化系统建设，企业 IT 服务外包和信息化技术咨询等服务。

(七)上云用云服务：包括但不限于在研发设计、生产制造方面提供上云用云解决方案等服务。

(八)上市培育服务：包括但不限于为企业提供上市辅导、融资信息对接等服务。

(九)市场开拓服务：包括但不限于为企业提供品牌咨询、新媒体推广、网络营销推广及为小微企业拓宽市场渠道、参与国内外经济技术交流与推介、参加国内省部级或国际展览展示活动，特别是拓宽国际市场渠道等服务。

(十)首台(套)、首版次产品购买服务，包括购买近两年内被认定为省首台(套)技

术装备和关键核心零部件、首版次高端软件的产品；首批次新材料产品购买服务，包括在《山东省重点新材料首批次应用示范指导目录》有效期内购买目录内的产品。

（十一）其他服务：小微企业发展需要的其他专项服务。

第七条　综合考虑服务产品类型、配券服务机构数量等因素，服务券采取事前申领、事后兑付两种方式。服务券定期发放，实行“先到先得、按需申领、限期使用、领完为止”。

第八条　服务券补助采取定额补贴、比例兑付等方式。其中，事前申领类服务券主要采取定额补贴方式，根据服务内容和类型，单张服务券额度最高不超过5万元、限用期限不超过60天；事后兑付类服务券主要采取按比例兑付方式，兑付比例不超过服务金额的30%，单张服务券额度最高不超过5万元。对“专精特新”、瞪羚、独角兽、单项冠军等高成长企业以及其他企业的DCMM认证服务，单张服务券限额可上浮至10万元。每个企业在一个申领周期内只能申领1张服务券。

第九条　有领券意向的企业需登录智慧工信综合服务平台（http://zhpt.gxt.shandong.gov.cn）进行注册并经实名认证。

第十条　服务机构按照省工业和信息化厅确定的年度服务券重点支持方向和适用产品类别等工作要求，登录智慧工信综合服务平台提出产品申请，经审核纳入配券资格产品库管理。

第三章　事前申领服务券管理流程

第十一条　事前申领服务券实行定期发放。企业在智慧工信综合服务平台申领服务券，当期领完即止。领取的服务券应在有效期内使用，过期作废，资金自动滚动至下期重新发放。

第十二条　企业在智慧工信综合服务平台选择配券产品用券下单。服务机构与企业接洽，商谈具体服务内容，签订服务合同。服务机构应在企业下单后2个工作日内决定是否接单，如超2个工作日未接单，订单取消，服务券退还企业账户。

第十三条　服务机构与企业签订的服务合同中的服务产品，应与服务券适用产品一致，合同签订日期、服务开始时间不得早于企业在线下单日期，服务期限不超过2年。

第十四条　服务机构需按照服务合同，向企业提供达到相应标准的服务，不得擅自降低或变相降低服务水平。合同履行完毕后，企业在智慧工信综合服务平台确认服务完成，并对服务机构提供服务等内容进行评价。

第十五条　服务机构在服务券有效期内通过智慧工信综合服务平台上传盖章版的服务合同、收款凭证（日期不得早于合同签订日期）、发票（包含服务券抵用额度和企业自付额度，日期不得早于合同签订日期）等资料申请兑付。

第十六条　省工业和信息化厅通过核实智慧工信综合服务平台相关资料等方式，于30个工作日内对服务机构服务有效性、服务券数量及使用情况等进行审核确认，并对服务机构名称、服务产品及拟兑付金额，向社会公示不少于5个工作日。公示期满后按规定办理资金拨付手续。

第四章　事后兑付服务券管理流程

第十七条　企业在智慧工信综合服务平台选择配券产品下单后，服务机构与企业接洽，商谈具体服务内容，签订服务合同。智慧工信综合服务平台依据服务合同、财政补助比例及限额，自动生成服务券。

第十八条　服务机构按照服务合同，依据抵减企业服务券额度后的数额收取服务费用。如合同未能履行，服务券即终止有效。合同履行完毕后，企业在智慧工信综合服务平台确认服务完成，并对服务机构提供服务等内容进行评价。

第十九条　服务券实行定期汇总兑付制度。服务机构每季度申请兑付，通过智慧工信综合服务平台上传盖章版的服务合同、收款凭证(日期不得早于合同签订日期)、发票等资料。经第三方机构评价、省工业和信息化厅审核确定，并对服务机构名称、服务产品及拟兑付金额，向社会公示不少于5个工作日。公示期满后按规定办理资金拨付手续。

第五章　监督管理

第二十条　企业和服务机构应当按照有关规定申领、使用、兑付服务券，严格执行相关财务制度和会计核算规定，合法使用服务券，自觉接受工业和信息化、财政、审计、监察部门的检查监督。对存在以下情形之一的，省工业和信息化厅将取消涉事企业服务券申领和服务机构配券服务资格，3年内不受理该单位及其同一法人代表企业服务券申领(配券)申请。相关违法违规行为按照有关规定处理，涉嫌犯罪的依法移送司法机关处理。

(一)转让、赠送和买卖服务券的；

(二)存在故意隐瞒服务机构与企业关联关系等，影响市场公平公正交易的；

(三)存在伪造虚假业务、虚报交易数额，套取财政补贴等违规行为的；

(四)服务用户较少、综合能力不强、用户评价较差的；

(五)其他经检查监督部门论证为不适宜继续从事相关工作的。

第二十一条　服务券兑付后，企业和服务机构有未开展实质服务或全部、部分退款情况的，服务机构应主动上报智慧工信综合服务平台，并配合做好后续资金退回事宜。

第二十二条　省工业和信息化厅对服务券资金管理情况和实施效果等开展预算监管和绩效管理，组织社会评价机构对服务券使用、合同履行等情况开展检查抽查，并根据检查抽查情况记入服务档案，作为服务机构资质认定及补贴结算的依据，督促服务机构提升服务质量。

第六章　附　则

第二十三条　本细则由省工业和信息化厅、省财政厅负责解释。

第二十四条　本细则自2022年7月1日起施行，有效期至2024年7月1日。

关于印发山东省智能制造提质升级行动计划（2022—2025年）的通知

鲁工信发〔2022〕3号

各市工业和信息化、发展改革、教育、科技、财政、人力资源社会保障、国资、市场监管主管部门，各有关单位：

现将《山东省智能制造提质升级行动计划（2022—2025年）》印发给你们，请结合实际认真组织实施。

山东省工业和信息化厅　山东省发展和改革委员会
山东省教育厅　山东省科学技术厅
山东省财政厅　山东省人力资源和社会保障厅
山东省人民政府国有资产监督管理委员会
山东省市场监督管理局
2022年8月18日

（此件主动公开）

山东省智能制造提质升级行动计划（2022—2025年）

为深入贯彻落实《"十四五"智能制造发展规划》和《山东省"十四五"制造强省建设规划》等文件精神，进一步服务和融入国家智能制造试点示范行动，全面提升我省智能制造创新能力、供给能力、应用水平和发展能级，助力制造业数字化、网络化、智能化转型升级和高质量发展，特制定本行动计划。

一、总体要求

（一）指导思想

以习近平新时代中国特色社会主义思想为指导，深入贯彻党的十九大和十九届历次全会精神，紧扣"十大创新""十强产业""十大扩内需"任务要求，落实制造强省发展战略，坚持创新驱动、标准引领、示范带动、系统推进，着力强化智能制造供给能力，拓展试点示范成效，有序推动重点行业和领域智能化转型，为制造业高质量发展提供强大动力，塑造山东制造新优势。

（二）主要目标

到 2025 年，构建以智能制造技术和装备高级化为“点”，车间、工厂、产业链多层次全链条智能化为“线”，智能制造区域发展协同化为“面”的“点线面”一体化发展新格局。全省智能制造发展基础和支撑能力显著增强，智能制造水平显著提升，新技术新模式广泛推广应用，基本构建起企业梯次发展、产业链条完善、公共服务齐全、产用深度融合的智能制造生态体系。具体目标：

——创新和供给能力进一步增强。研发突破一批智能制造关键技术，每年培育 30 项左右智能制造领域首台（套）重大技术装备和关键零部件。

——支撑服务体系进一步完备。编制一批智能制造标准，每年培育 10 家左右智能制造系统解决方案供应商，打造一批智能制造关键设备、核心零部件等领域的单项冠军和专精特新“小巨人”，建设一批公共服务平台。

——应用水平和发展能级进一步提升。每年培育 20 家以上智能制造标杆企业，建设 100 家以上智能工厂（数字化车间、智能制造场景），重点领域和行业智能化水平走在全国前列。试点示范项目运营成本降低 20%、生产效率提高 20% 以上、产品不良品率降低 10%、能源利用率提高 13% 以上。

二、重点任务

（一）提升科技创新能力。支持参与产业基础再造和制造业高质量发展等国家重点项目。聚焦感知、控制、决策、执行等智能制造核心环节，面向基础零部件（元器件）、关键基础材料、先进基础工艺、工业软件等重点领域，沿链谋划梳理突破清单，每年推动实施一批省级重大创新项目，提升产业基础高级化水平。在智能制造领域加快培育一批企业技术中心、技术创新中心、制造业创新中心、产业创新中心和重点实验室等一批重大创新平台，提升研发基础设施水平。（责任单位：省发展改革委、省工业和信息化厅、省科技厅）

（二）增加智能制造装备供给。重点围绕高档数控机床、工业机器人、增材制造、智能传感与控制、智能检测与装配、智能物流与仓储等核心装备，每年培育 30 项左右智能制造首台（套）重大技术装备和关键零部件。支持装备制造商、系统解决方案供应商、行业用户单位联合研制智能化成套装备（生产线）。健全新产品推广机制，综合运用首台套保险补偿、政府采购等政策，推动创新产品进入重点产业链供应体系，形成一批领跑行业的精品装备。（责任单位：省工业和信息化厅、省科技厅、省财政厅）

（三）推进工业软件自主可控。支持高校、科研院所、软件企业、装备制造商、行业用户深度开展产学研联合，研制面向新型智能终端、智能装备等的集成化工业软件平台。支持工业软件开源生态建设，加快推进工业软件云化部署。围绕工业数字化转型支持开发一批研发设计类软件、生产制造类软件、经营管理类软件、控制执行类软件、行业专用软件，在工业软件领域每年培育 20 个以上省级首版次高端软件。（责任单位：省工业和信息化厅、省科技厅）

（四）培育系统解决方案供应商。根据省级智能制造系统解决方案供应商培育认定办法,每年培育10家左右智能制造系统解决方案供应商。重点支持装备制造企业以智能化升级为突破口,从提供设备向提供设计、承接工程、运维服务等智能制造一体化服务转变。鼓励供应商聚焦中小微企业特点和需求,开发轻量化、易维护、低成本、可推广的解决方案。(责任单位:省工业和信息化厅)

(五)深化智能化技术改造。加快实施智能化技术改造三年行动计划,接续推进"一业一策",引进培育300家技改服务商,深度参与智能化技术改造诊断服务。充分发挥设备奖补、股权投资、贷款贴息等技改政策撬动作用,加快机器人等智能制造装备应用推广,推动装备换芯、设备上云、生产换线、机器换人,助力数字车间、智能工厂持续改造提升,系统推进传统产业高端化、智能化、绿色化转型升级。(责任单位:省工业和信息化厅)

(六)打造智能制造标杆。积极融入国家智能制造试点示范行动,聚焦重点行业围绕场景、车间、工厂等环节开展多场景、全链条、多层次应用示范,着力构建"市级—省级—国家级"智能工厂梯次培育体系,每年培育20家以上智能制造标杆企业,100家以上智能工厂(数字化车间、智能制造场景)。定期组织开展经验交流、供需对接活动,总结推广智能制造新技术、新装备和新模式。(责任单位:省工业和信息化厅、省发展和改革委、省财政厅)

(七)争创国家智能制造先行区。深度参与国家智能制造试点示范行动,引导产业特色鲜明、转型需求迫切、基础条件好的市创建国家智能制造先行区,省市联动进一步完善政策体系,创新要素保障机制,探索具有区域特色和推广价值的智能制造发展路径,打造智能制造创新技术策源地、示范应用聚集区、关键装备和解决方案输出地。加快智能制造进园区,依托省级特色产业集群、"雁阵型"集群培育机制,积极推动以产业链为纽带、资源要素聚集的智能制造装备产业集群建设。(责任单位:省工业和信息化厅、省发展和改革委、省财政厅)

(八)完善智能制造标准体系。深入推进《智能制造能力成熟度模型》等国家标准的宣贯培训。组织编制《智能工厂和数字化车间建设实施指南》《智能工厂和数字化车间评估规范》等地方标准,支持龙头骨干企业、科研院所等在细分领域和行业牵头或参与制定智能制造行业、地方和国家标准,形成10项以上能够体现山东特色优势的先进标准,构建满足发展需求、先进适用的标准体系。鼓励搭建标准化试验验证平台(系统),强化智能制造计量标准支撑。(责任单位:省工业和信息化厅、省市场监管局)

(九)完善基础保障能力。推动企业内外网改造升级,加快工业互联网、5G、千兆光网等新型网络基础设施规模化部署,建设运营30个以上标识解析二级节点,提升现场感知和数据传输能力。支持大型集团企业、工业园区围绕内部资源整合、产品全生命周期管理、产业链供应链协同等实际需求建设各具特色的工业互联网平台,到2025年新增10家以上国家级特色专业型、100家省级垂直行业平台,基本建成较为完备可靠的多层次工业互联网平台体系。(责任单位:省工业和信息化厅、省国资委)

(十)构建智能制造生态。建立智能制造成熟度年度常态化评估机制,通过政府购买服务等方式充分发挥第三方智库资源,联合省内和国内智能制造系统解决方案优质供应商,每年选择部分市试点开展100家左右智能工厂(数字化车间、智能制造场景)精准辅导服务,推动提档升级。积极培育细分领域单项冠军和"专精特新"企业,推动大中小企业融通发展。面向智能制造装备企业、关键软件企业、系统解决方案供应商、行业组织和行业用户,定期开展项目、人才、融资需求对接与示范项目推广,对接金融机构、各类基金助力智能制造发展。(责任单位:省工业和信息化厅)

三、保障措施

(一)加强组织协调。省工业和信息化厅统筹推进行动计划的实施,建立健全沟通协调机制,会同有关部门共同支持智能制造发展。加强省市联动,鼓励各市根据本行动计划研究制定符合当地智能制造发展阶段和产业特点的工作方案,认真组织实施。(责任单位:省工业和信息化厅)

(二)加大政策扶持。积极争取产业基础再造和国家制造业高质量发展等专项资金以及智能制造试点示范项目,充分利用现有渠道对首台套智能制造装备、智能工厂、智能制造先行区给予支持。引导省高端装备基金支持智能制造项目建设。鼓励各市统筹专项资金加大对智能制造支持力度。(责任单位:省工业和信息化厅、省发展改革委、省科技厅、省财政厅)

(三)强化智力支撑。推动高端智库建设,成立山东省智能制造专家委员会和服务团队。依托现有各类人才计划,加大对国内外智能制造产业领军人才、高级管理人才和高技能人才的引进和培养。支持产学研用合作联合建立智能制造人才实训基地,培养适应产业发展需求的应用型、复合型人才。(责任单位:省工业和信息化厅、省教育厅、省人力资源社会保障厅)

(四)营造良好环境。通过政府购买服务等方式充分发挥行业协(学)会、产业联盟、科研院所在促进智能制造发展方面的积极作用,支持开展标准制定、产需对接、咨询服务、行业统计分析等公共服务项目。用好各类试点项目成果,认真总结成效经验,广泛开展智能制造典型案例宣传,营造良好氛围。(责任单位:省工业和信息化厅)

关于印发《山东省重点新材料首批次应用示范指导目录(2022年版)》的通知

鲁工信新材〔2022〕197号

各市工业和信息化局:

为加快推进新材料产品应用示范,推动全省新材料产业高质量发展,省工业和信息化厅组织修订编制了《山东省重点新材料首批次应用示范指导目录(2022年版)》,

现予以发布。

附件：山东省重点新材料首批次应用示范指导目录(2022年版)

山东省工业和信息化厅

2022年9月1日

附件

山东省重点新材料首批次应用示范指导目录(2022年版)

序号	产品名称	性能要求	应用领域
一	先进钢铁材料		
1	汽车用先进钢	(1)R1500HS：屈服强度≥350 MPa，抗拉强度≥450 MPa，延伸率≥20%。 (2)R1800HS：屈服强度≥400 MPa，抗拉强度≥500 MPa，延伸率≥10%。 (3)RE700L：屈服强度≥650 MPa，抗拉强度≥700 MPa，延伸率≥14%。 (4)RE700MC：屈服强度≥700 MPa，抗拉强度≥750 MPa，延伸率≥14%。	汽车
2	注射成型软磁材料	(1)$FeSi_3$：屈服强度≥300 MPa，延伸率≥20%，密度≥7.5 g/cm³，μ_{max}≥4 000，J_s≥1.3 T，H_c≤100 A/m。 (2)Fe-Co：屈服强度≥120 MPa，延伸率≥1%，密度≥7.6 g/cm³，μ_{max}≥1 000，J_s≥1.5T，H_c≤200 A/m。 (3)Fe-Ni：屈服强度≥130 MPa，延伸率≥30%，密度≥7.6 g/cm³，μ_{max}≥12 000，J_s≥1.3 T，H_c≤150 A/m。	电子、汽车
3	超高强度焊接材料	抗拉强度 R_m≥880 MPa；屈服强度 $R_{p0.2}$≥790 MPa；冲击功(−40 ℃)AKV>47 J。	工程机械、车辆、船舶、压力容器
4	不锈钢微丝	线径范围 0.1～15 mm，抗拉强度 650～2 100 MPa，延伸率≤65%。	汽车、石油化工
二	先进有色金属材料		
5	高性能动力电池铝箔	厚度≤15 μm，下抗拉强度≥190 MPa，延伸率≥3%。	新能源汽车
6	铝合金复合板带箔	(1)铝合金复合板：O状态抗拉强度100～160 MPa，屈服强度≥45 MPa，延伸率≥20%。 (2)铝合金复合带：H14状态抗拉强度145～225 MPa，屈服强度≥125 MPa，延伸率≥2%。 (3)铝合金复合箔：H14状态抗拉强度180～230 MPa，屈服强度≥160 MPa，延伸率≥2%。	轨道交通

续表

序号	产品名称	性能要求	应用领域
7	高强度、高导电率导电轨铝合金材料	抗拉强度220～240 MPa,规定塑性延伸强度190 MPa以上,断后延伸率12%以上,电导率高于32.5 mS/m(即56.03%IACS以上),电阻率指标要优于0.0307 $\Omega \cdot mm^2/m$,整体性能提升10%。	轨道交通
8	铸轧铝电池壳盖料3×××系合金	抗拉强度≥140 MPa,延伸率≥25%。	新能源汽车
9	新型高强韧耐疲劳6×××铝合金型材	T6状态抗拉强度≥400 MPa,屈服强度≥380 MPa,延伸率≥12%,疲劳强度≥140 MPa。	汽车
10	轻量化汽车零部件	(1)轮胎悬挂、转向节等车辆承载用连接部件用高强度、无粗晶车用连接、支撑铝合金结构件棒材、型材:抗拉强度≥400 MPa,屈服强度≥380 MPa,伸长率≥12%,硬度≥110 HBW,粗晶环≤0.5 mm。 (2)发动机周围附件、结构件用铝合金型材: ①高强度、耐热、耐磨发动机活塞用铝合金型材:产品抗拉强度≥420 MPa,屈服强度≥400 MPa,伸长率≥5%,硬度≥135 HBW。 ②高性能耐长期热稳定铝合金型材:在150 ℃长时间(1 000 h)工况环境下,强度稳定,满足汽车发动机周围零部件使用条件,其母材屈服强度≥385 MPa。可以实现短期热稳定型在(1 h)的高温(205 ℃)环境下,铝合金型材强度稳定的要求,屈服强度≥305 MPa。可以实现高强度、耐长期热稳定型材在长时间(1 000 h)的高温(150 ℃)环境下,铝合金型材强度稳定的要求,屈服强度≥305 MPa;铝合金理化性能指标为:抗拉强度≥380 MPa,屈服强度≥360 MPa,伸长率≥12%,硬度≥100 HBW,粗晶环≤1 mm。	汽车
11	高频微波、高密度封装覆铜板、极薄铜箔	(1)高频微波覆铜板:介电常数(DK)3.50±0.05(10 GHz),高频损耗<0.004(10 GHz),玻璃化温度>200 ℃,剥离强度>0.8 N/mm。 (2)高密度覆铜板:玻璃化温度>250 ℃,平面膨胀系数<28。 (3)极薄铜箔:厚度≤6 μm,单位面积质量50～55 g/m^2,抗拉强度≥400 kg/m^2,延伸率≥3.0%,粗糙度:光面≤0.543 μm,毛面≤3.0 μm,抗高温氧化性:恒温(140 ℃/15 min)无氧化变色,符合国家行业标准SJ/T 11483—2014《锂离子电池用电解铜箔》。 (4)高频高速基板用压延铜箔:典型厚度及精度(12±0.5)μm,单位面积质量100～111 g/m^2,宽度及精度(520±1.5)mm,抗拉强度(室温)≥460 N/mm^2,抗拉强度(180 ℃×30 min)≤210 N/mm^2,延伸率(室温)≥0.7%,延伸率(180 ℃×30 min)≥4%,空气中200 ℃×60 min无氧化,粗糙度M面(Rz)≤1.3 μm,剥离强度≥0.7 N/mm;超低轮廓度压延铜箔:板形≤10I,表面粗糙度Rz≤0.9 μm,抗剥离强度≥0.8 N/mm,滑动弯曲性能≥15万次,FCCL的180°弯折试验≥5次。	汽车、航空航天、电子信息

续表

序号	产品名称	性能要求	应用领域
12	高性能铜镍锡合金带箔材	抗拉强度≥1 100 MPa，延伸率≥3%，硬度≥350 HV，导电率≥6%，表面粗糙度 Ra≤0.1 μm。	航空航天、电子信息
13	高强高弹 Cu-Ni-Co-Si 系（C7035）引线框架合金	抗拉强度≥800 MPa，延伸率≥5%，导电率≥45%IACS，硬度≥200 MPa，表面粗糙度 Ra≤0.1 μm。	集成电路
14	高铁铬锆铜接触线及绞线	化学成分：Cr 0.65%～0.80%，Zr 0.15%～0.20%，Cu 余量；强度≥600 MPa，电导率≥80% IACS，软化温度≥550 ℃；接触线单根长度 1 500～2 000 m，重 2 000～2 670 kg。	高速铁路
15	铜基钯涂层复合键合材料	TS≥100 回合，1.0 mil 物理参数 EL>7 cn，BL 7%～14%。	集成电路
16	金基银钯合金复合材料	直径 18 μm，断裂力：BL>4 gf，延伸率 5%～10%；直径 20 μm，断裂力：BL>5 gf，延伸率 6%～12%；直径 23 μm，断裂力：BL>8 gf，延伸率 8%～15%；直径 25 μm，断裂力：BL>9 gf，延伸率 9%～16%。	集成电路、照明
17	高可靠性银合金线	线径：18～42 μm；断裂力：BL>3 gf，延伸率：EL≥6%；电性能：20 ℃电阻率≥1.6 μΩ·cm。	集成电路、照明
18	前驱体材料	（1）偏比例 622 前驱体材料：Ni（60～70）mol%，Co（10～30）mol%，Mn（10～30）mol%，Na≤300 ppm，S≤2 000 ppm，M.I.≤80 ppb，粒径 D50（3～14）μm，比表面积 BET（3～12）m^2/g，振实密度 TD≥1.75 g/cm^3。 （2）单颗粒 622 前驱体材料：Ni（60～65）mol%，Co（15～20）mol%，Mn（20～25）mol%，Na≤150 ppm，S≤1 100 ppm，M.I.≤80 ppb，粒径 D50（3.35～3.95）μm，比表面积 BET（15～25）m^2/g，振实密度 TD≥1.1 g/cm^3。	新能源汽车
19	超高纯金属电积板	（1）超高纯镍、钴电积板：化学纯度≥99.999 9%，气体元素 C、N、H、S、O 含量≤5 ppm。 （2）超高纯铜电解板：化学纯度≥99.999 99%，气体元素 C、N、H、S、O 含量≤5 ppm。	集成电路、新能源、航空航天
20	海洋工程用特种焊接材料	熔敷金属抗拉强度>600 MPa，屈服强度>480 MPa，冲击功（−50 ℃）≥95 J，延伸率≥22%，熔敷金属相对腐蚀率≤8%。	海洋工程、船舶、工程机械
21	高温母合金材料	化学成分：C（0.04～0.19）%，Cr（15.40～16.3）%，Co（10.00～11.50）%，Mo（1.60～2.30）%，W（4.70～5.90）%，Al（2.80～3.30）%，Ti（4.20～5.00）%，Nb（0.10～0.30）%，B（0.06～0.1）%，Hf（0.20～0.40）%，Ni 余量；气体含量：O_2≤15 ppm，N_2≤20 ppm，电子空位数 N_v≤22.45；力学性能：900 ℃抗拉强度≥640 MPa，伸长率≥8%，断面收缩率≥16%；（900 ℃、275 MPa）条件下持久寿命≥100 h；叶片铸件和成品叶片无裂纹、冷隔、对应性、线性和穿透性缺陷。	汽车、家电、航空航天、船舶

续表

序号	产品名称	性能要求	应用领域
22	AB5型高性能稀土储氢合金	40 ℃平衡放氢中压(H/M=0.5):0.01~0.07 MPa;吸气量≥0.88;最大放电克容量≥320 mAh/g;合金电极循环寿命≥300周;氧含量≤1 000 ppm。	新能源汽车
23	钛及钛合金薄板	抗拉强度≥930 MPa,伸长率≥10%,冲击韧性AKU≥40 J/cm^2,断裂韧性KIC≥80 MPa·m$^{1/2}$。	航空航天
24	高纯度半导体芯片、显示面板、太阳能面板用磁控溅射靶材	纯度≥4N5;Fe含量≤3 ppm,K含量≤1 ppm,C含量≤3 ppm;平均粒径≤50 μm。	新型显示、光伏、集成电路
25	高性能掺杂钨材料	W含量≥99.95%,K含量15~80 ppm,平均晶粒尺寸≤10 μm且均匀,边部和心部密度均匀,密度≥18.9 g/cm^3。	特殊照明、集成电路、工业装备
26	钨/钼坩埚	纯度≥3N7,O含量≤20 ppm,C含量≤10 ppm,Fe含量≤20 ppm,Mg含量≤10 ppm,Ca含量≤10 ppm,Al含量≤5 ppm,K含量≤10 ppm,Si含量≤10 ppm。钨坩埚烧结密度≥18.5 g/cm^3;钼坩埚烧结密度≥10 g/cm^3;旋压坩埚抗拉强度≥550 MPa。	工业装备
27	特种有色晶种合金材料	磷吸收率≥95%,金相组织稳定在二级以上,使用过程绿色环保;TCB晶种合金,丝状,ϕ9.5 mm,基体中含有高结构稳定性、高弥散性、高形核活性微纳米粒子,细化效果保温14小时以上不衰退。	新能源汽车、轨道交通、航空航天
28	电子盖带	剥离力20~80 g,振幅20 g,透明度90%,透光率85%,表面电阻10^9~10^{11} Ω。	电子封装
三	先进化工材料		
(一)	特种橡胶及其他高分子材料		
29	聚硼硅氧烷改性聚氨酯材料	密度0.4~0.5 kg/m^3;撕裂强度>0.9 MPa;拉伸强度>1.4 MPa;断裂伸长率>180%;压缩强度>140 kPa。	工程机械

续表

序号	产品名称	性能要求	应用领域
30	热塑性聚氨酯弹性体	(1)热塑性聚氨酯弹性体：密度 0.15～1.20 g/cm^3，硬度 60～90 A或 30～40 C，拉伸强度≥20 MPa 或 1～2 MPa。 (2)手机等移动终端保护套用高性能热塑性聚氨酯弹性体：产品硬度：85～98 A；拉伸强度＞30 MPa；撕裂强度＞90 kN/m；透明性：1 mm；光亮试片雾度＜10%；耐水解性：80 ℃ 7 天耐水解强度保留率＞70%；UVA 测试耐黄变性能：测试 72 h 后 dE＜5.0；析出性能：70 ℃/1 天无析出，25 ℃/14 天无析出。 (3)智能穿戴用热塑性聚氨酯弹性体：产品硬度：55 A～65 D；拉伸强度＞15 MPa，伸长率＞250%，满足 ROHS、REACH 认证要求，医疗认证通过 ISO10993 细胞毒性和皮肤致敏性认证要求。 (4)医疗用热塑性聚氨酯弹性体：参考 YY/T 1557—2017 方法：250～320 nm 吸光度≤0.08；浸出液与纯水 pH 差值≤1；还原性物质($KMnO_4$ 消耗量)≤1.0 mL；蒸发残渣≤15 mg/L；重金属总量≤1.0 μg/mL 铅标准溶液。	电子、医疗卫生、建筑、工业装备、智能穿戴
31	微孔聚氨酯弹性体	(1)微孔聚氨酯弹性体减振垫板：抗拉强度＞14 MPa，拉断伸长率＞300%，静刚度(80±0.15)kN/mm，动静刚度比＜1.35，压缩永久变形率＜5%，300 万次疲劳试验静刚度变化率＜20%。 (2)建筑用聚氨酯减振垫：静态模量：0.03～0.25 N/mm^3，动态模量：0.07～1.0 N/mm^3，拉伸强度＞2.0 MPa，拉断伸长率＞400%，压缩永久变形率＜5%。 (3)工业装备用聚氨酯减振垫：静态承载力：0.11～0.85 N/mm^2，固有频率＜15 Hz，损耗因子＜0.10，压缩永久变形率＜5%。	轨道交通、工业装备
32	聚氨酯 HP-RTM 阻燃复合材料	快速熟化：模塑时间 3～5 min，熟化度≥94%(75～85 ℃模温)，树脂脱模无粘模情况，制品无缺胶漏纤，TG＞110 ℃，湿热老化损失≤10%或老化后强度满足最低要求，阻燃等级达到 V-0(UL-94)；氙灯照射 500 h，树脂无粉化现象。	汽车、轨道交通
33	TPU 胶片	拉伸强度≥35 MPa，断裂伸长率≥450%，撕裂强度≥50 MJ/m^3，密度 0.95 g/cm^3，折射率≥1.45，黄色指数≤1.2。	航空航天、高速列车、汽车
34	生物基聚酰胺树脂	全乙醇(或酯类)溶解性：≤170 min。	印刷
35	新型无氯氟聚氨酯化学发泡剂	外观为无色至浅黄色透明液体，无机械杂质，密度(1.1±0.1)kg/cm^3，pH 8～11，黏度(25 ℃下)≤500 MPa·s，凝点≤−15 ℃，无闪点；沸点：沸点前分解；水溶性：与水混溶。	轨道交通、船舶、航空航天、节能环保
36	PEEK 工程塑料	250 ℃高温可长期工作，拉伸强度≥90 MPa，弯曲强度≥150 MPa，绝缘强度≥190 kV/cm，热膨胀系数(2.6～6.0)×10^{-6}/℃，耐辐射、耐腐蚀、耐有机溶剂、自熄。	航空航天、汽车、电子电器、机械、能源

续表

序号	产品名称	性能要求	应用领域
37	聚苯硫醚类(PPS)系列特种新材料产品	低氯级:氯含量≤1 200 ppm,拉伸强度≥70 MPa,弯曲强度≥130 MPa,弯曲模量≥3.2 GPa。 注塑级:拉伸强度≥70 MPa,弯曲强度≥130 MPa,弯曲模量≥3.2 GPa。	汽车、电子电器
38	聚芳醚砜	(1)PPSU:拉伸强度≥70 MPa,弯曲强度≥90 MPa,弯曲模量≥2 000 MPa,悬臂梁冲击强度≥40 kJ/m^2,熔体流动速率 10~50 g/10 min(365 ℃,5 kg),透光率≥83%(4 mm),低氯级氯元素≤1 000 ppm,阻燃性 V-0。 (2)PSU:拉伸强度≥70 MPa,弯曲强度≥100 MPa,弯曲模量≥2 300 MPa,熔体流动速率 3~30 g/10min(343 ℃,2.16 kg),透光率≥80%(4 mm),阻燃性 V-0。 (3)PESU:拉伸强度≥80 MPa,弯曲强度≥100 MPa,弯曲模量≥2 500 MPa,熔体流动速率 5~50 g/10 min(380 ℃,2.16 kg),透光率≥80%(4 mm),阻燃性 V-0。	医疗卫生、食品、建筑、汽车、航空航天、电子、石油化工、环保
39	烯烃增韧聚苯乙烯(EPO)树脂	发泡 20 倍时,10%的压缩强度≥0.341 MPa,弯曲强度≥558 MPa;发泡 30 倍时,10%的压缩强度≥0.157 MPa,弯曲强度≥202 MPa。	船舶、航空航天、包装
40	卤代丁基橡胶	生胶:门尼黏度 28.0~35.0,挥发分≤0.5wt%,溴含量(1.8~2.2)wt%。 标准配方下:透气量≤50 cm^3/(m^2·d·0.1 MPa),扯断强度≥5.5 MPa,扯断伸长率≥400%,硫化时间 T90:(8.3±3.3)min。	轨道交通、核电、汽车、医疗
41	甲基苯基硅氧烷单体及苯基硅橡胶	生胶分子量 CV 值≤20%,产品纯度≥99.5%。	电力电子、汽车、工业装备、航空航天、核电
42	加成型氟硅橡胶	拉伸强度>8 MPa,撕裂强度>10 kN/m,伸长率>200%,压缩永久变形<20%,耐油体积变化率<25%。	航空航天、汽车、高端装备
43	有机硅密封胶	防雾车灯用有机硅密封胶:防雾车灯不起雾,可凝物含量≤500 μg/g,挥发分≤2.5%,挤出性≥150 mL/min,表干时间≤60 min,23 ℃拉伸强度≥1.8 MPa,拉断伸长率≥150%,23 ℃拉伸剪切强度≥0.8 MPa,高温、高低温交变、湿冻交变≥0.6 MPa,低温柔性无裂缝、分层级粘接破坏。 汽车元器件有机硅密封胶:黏度 50~120 Pa·s,触变≥4,拉伸强度≥2.5 MPa。	轨道交通、汽车、电子电器

续表

序号	产品名称	性能要求	应用领域
44	尼龙及复合材料	(1)透明尼龙：密度 1.0～1.20 g/cm³；透光率≥85%。 (2)长碳链尼龙：长碳链尼龙 1012：熔点 180～195 ℃，密度1.0～1.03 g/cm³；长碳链尼龙 612/610：熔点 205～235 ℃，密度 1.04～1.08 g/cm³。 (3)超低温尼龙复合材料：拉伸强度≥40 MPa，弯曲强度≥40 MPa，断裂伸长率≥50%，室温简支梁缺口冲击强度≥100 kJ/m²，－55 ℃简支梁缺口冲击强度≥12 kJ/m²。 (4)长碳链尼龙复合材料：耐化学品尼龙管用料：－30 ℃简支梁缺口冲击强度≥10 kJ/m²，邵氏硬度 60～64 D；阻燃长碳链尼龙：无卤无磷，断裂伸长率≥200%，阻燃等级 V-2。 (5)PA6T：熔点 290～325 ℃，密度 1.1～1.17 g/cm³。	电子电器、机械、汽车、光学仪器、轨道交通
45	交联聚氯乙烯泡沫	压缩强度＞0.75 MPa，拉伸强度＞1.5 MPa，剪切强度＞0.7 MPa。	体育器械、新能源汽车、风电装备、船舶、建筑保温、航空航天、轨道交通
46	聚四氟乙烯及零件和原型材	(1)高纯聚四氟乙烯：拉伸强度≥22 MPa；断裂伸长率≥250%；体积密度(500±100)g/L；中值粒径(180±80)μm。 (2)Ⅰ型——纯聚四氟乙烯(PTFE)，Ⅱ型——含 15%石墨的聚四氟乙烯(PTFE)，Ⅲ型——含 15%玻璃纤维和 5%二硫化钼的聚四氟乙烯(PTFE)，Ⅳ型——含 25%玻璃纤维的聚四氟乙烯(PTFE)；1 类——压缩模塑料和模塑板材，2 类——柱状挤压型材(仅适用于Ⅰ型)，3 类——切削板材(仅适用于Ⅰ型)。 Ⅰ型 1 类的极限拉伸强度≥31 MPa，伸长率≥300%；Ⅰ型 2 类的极限拉伸强度≥21 MPa，伸长率≥200%；Ⅰ型 3 类的极限拉伸强度≥28 MPa，伸长率≥250%；介电强度≥1000 V/mil；Ⅱ型 1 类的极限拉伸强度≥12 MPa，伸长率≥125%；Ⅲ型 1 类的极限拉伸强度≥21 MPa，伸长率≥250%；Ⅳ型 1 类的极限拉伸强度≥17 MPa，伸长率≥225%。 测试方法：极限拉伸强度和伸长率试验方法，ASTM D4894；介电强度试验方法，ASTM D149。	航空航天
47	硅烷交联聚乙烯	熔融指数(190 ℃/5.00 kg)0.2～16 g/10 min，拉伸强度≥5.0 MPa，断裂伸长率≥30%。	建筑、石化
48	可熔融加工交联聚乙烯	可无压成型，模量＞850 MPa，缺口冲击＞50 kJ/m²，落锤冲击(23℃，－40℃)＞27 J/mm，－40～100 ℃使用，高温拉伸形变(200 C，25 min，0.17 MPa 载荷)＜10%，出色的耐腐蚀性，耐环境应力测试＞3 000 h。	航空航天、工程机械、海洋装备、石化

续表

序号	产品名称	性能要求	应用领域
49	中压电缆用化学交联绝缘材料	拉伸强度≥22.0 MPa;断裂伸长率≥535%;体积电阻率(20 ℃)≥1×10^{15} Ω·m。	电子通信
50	高密度氧化聚乙烯材料	白色粉末,无铅,安全环保,熔滴点127～135 ℃,密度0.85～1.0 g/cm^3,分子量4 500～6 500,黏度11 500～16 500 mPa·s。	建筑、造纸、印染、纺织、化工
51	医用包装材料	(1)弹性体:熔体质量流动速度(36±10)g/10 min;断裂伸长率(65±30)%;拉伸强度(8±2)MPa;硬度(邵D)45±4。 (2)聚丙烯系列内盖料:熔体质量流动速度8～13 g/10 min;断裂伸长率(80±30)%;拉伸强度(20±2)MPa;硬度(邵D)64±2;重金属＜百万分之一;细胞内毒性≤0.25 EU/mL;致敏反应不得过Ⅰ度;皮内刺激无反应;无急性全身毒性反应。 (3)聚丙烯系列外盖料:熔体质量流动速度(35±8)g/10min;断裂伸长率(75±30)%;拉伸强度(8±1.5)MPa;硬度(邵D)45±4等。 (4)聚丙烯系列医用船型接口料:熔体质量流动速度13～17 g/10 min;断裂伸长率(100±50)%;拉伸强度16～20 MPa;硬度(邵D)61±2;重金属＜百万分之一;细胞毒性符合规定;致敏反应不得过Ⅰ度;皮内刺激无反应;无急性全身毒性反应。 (5)聚丙烯系列大输液软瓶料:熔体质量流动速度8～13 g/10 min;断裂伸长率(80±30)%;拉伸强度(20±2)MPa;硬度(邵D)64±2;重金属＜百万分之一;细胞毒性符合规定;致敏反应不得过Ⅰ度;皮内刺激无反应;无急性全身毒性反应。	医疗包装
52	导热复合膜	导热性:导热系数高达5 300 W/(m·K);导电性:室温下可以达到15 000 cm^2/(V·s)。	电子电器
53	聚异丁烯	(1)工业级中分子聚异丁烯:密度0.92 g/cm^3,粘均分子量35 000～95 000,挥发分(质量分数)≤0.3%,针入度(0.1 mm):100～200,斯陶丁格指数22～52 cm^3/g,分子量分布≤5。 (2)食品级中分子聚异丁烯:密度0.92 g/cm^3,粘均分子量35 000～9 5000,挥发分(质量分数)≤0.3%,异丁烯≤30 mg/kg,铅≤3 mg/kg,总砷≤3 mg/kg,总汞≤0.5 mg/kg,镉≤1 mg/kg。 (3)低分子聚异丁烯:密度0.92 g/cm^3,数均分子量1 000～2 400,色度(APHA)≤45,闪点(开口杯)≥200 ℃,运动黏度(100 ℃)190～5 300 mm^2/s。	化工、医疗卫生、建筑、电力、食品
54	氢化丁腈橡胶	挥发分≤0.5%,凝胶含量≤2.0%。	汽车、机械、石油钻井、航空航天

续表

序号	产品名称	性能要求	应用领域
55	反式丁戊橡胶	抗湿滑性提高60%以上，滚动阻力降低40%以上，耐磨性能提高10%以上，达到“双A”级轿车轮胎标准；轻型卡车轮胎滚动阻力降低至5.0 kg/t以内；载重卡车轮胎滚动阻力降低至3.5 kg/t以内；体育用品阻力圈的300%疲劳寿命提升至5万次；橡胶履带的服役寿命可延长至1500 h以上。	汽车、工业装备、化工
56	高性能吸附树脂	(1)环保专用吸附树脂：比表面积≥400 m^2/g，孔容0.5～2.0 mL/g，溶胀度≤50%。 (2)特种分离吸附树脂：交换容量≥0.8 eq/L，转型膨胀率10%～40%。	环保、冶金、化工、食品、制药
57	聚碳酸酯	(1)聚碳酸酯：工艺：非光气法，规格型号：WY-106BR，熔融指数6.0±1.0，CIElab色系：L值≥90.0；a值≤1.0；b值1.9±0.3，雾度≤0.8，透光性≥88，可见杂质≤5，规格型号：WY-111BR，熔融指数11.0±1.0，CIElab色系：L值≥90.0；a值≤1.0；b值1.9±0.3，雾度≤0.8，透光性≥88，可见杂质≤5。 (2)硅共聚聚碳酸酯：－50 ℃缺口冲击强度＞600 J/m，－30 ℃缺口冲击强度＞750 J/m，拉伸强度＞55 MPa，热变形温度(1.8 MPa)＞115 ℃，透光率＞65%，阻燃V-1及以上。 (3)高耐热聚碳酸酯：维卡软化点(50 N、120 K/h)155～205 ℃，拉伸模量(1 mm/min)≥2 400 MPa，缺口冲击强度(23 ℃、3 mm)≥9 kJ/m^2、热变形温度(1.8 MPa)138～170 ℃，透光率＞85%，线性膨胀系数(23～55 ℃)0.65×10^{-4}/K。 (4)透明阻燃聚碳酸酯：氧指数≥32%；燃烧性能A级，烟密度D1.5≤100，D4.0≤200，燃烧后毒性气体浓度，满足TB/T 3237—2020；透光率≥88%，雾度≤0.8%。 (5)透明耐UV聚碳酸酯：热变形温度≥120 ℃，透光率≥88%，雾度≤0.8%，满足GB 4599—2007汽车前照灯测试标准。	电子电器、汽车、轨道交通
58	聚碳酸酯复合材料	厚度范围0.5～1.5 mm；公差≤±6%；宽度(1 250±2)mm；直角偏差纵向≤1°、横向≤1°，对角线偏差±2 mm。晶点＜0.1 mm^2不做管控，0.1～0.3 $mm^2$30个，0.3～0.5 $mm^2$15个，0.5～0.8 $mm^2$3个，0.8～1 $mm^2$2个。＞1.0 mm^2不允许出现；黑点/杂质＜0.1 mm^2不做管控，0.1～0.5 $mm^2$8个，0.5～0.8 $mm^2$4个，＞1.0 mm^2不允许出现。凹凸点/气泡＞0.3 mm^2允许3个，＜0.3 mm^2允许8个；刮伤/留痕0.5～2 mm 10个，2～5 mm 5个，＞5 mm 2个。透光度＞85%，其他外观无油印、无脏迹、无皱褶、无烫伤。	航空航天、轨道交通、电子信息、人工智能、汽车
59	聚甲基丙烯酸甲酯(PMMA)	透过率≥92%，雾度≤0.4%，载荷热变形温度≥80 ℃，维卡软化点≥85 ℃。	汽车、新型显示、照明、建筑

续表

序号	产品名称	性能要求	应用领域
60	水性环保材料	(1)水性环保聚氨酯材料：尺寸<2 000 nm，分子量2 000～200 000，模量0.5～25 MPa，硬度≤H，断裂伸长率200%～1 000%，VOCs<0.5%，固含量30%～60%。 (2)水性环保丙烯酸酯材料：丙烯酸酯共聚物乳液：尺寸<1 000 nm，分子量>10 000，VOCs<0.5%；羟基丙烯酸分散体：羟值1.0～6.0，尺寸<1 000 nm，分子量1 000～100 000，VOCs 0～8%。 (3)水性环保环氧树脂：尺寸<1 000 nm，分子量300～6 000，VOCs 0～8%。	建筑、轨道交通、工程机械、纺织
61	低VOC、低气味高回弹聚醚	甲醛<0.1 ppm，乙醛<0.3 ppm，丙烯醛<0.1 ppm。	汽车
62	常温固化型四氟乙烯系氟涂料树脂	外观：透明、无机械杂质、均匀液体；密度[(24±1)℃]：1.03～1.15 g/cm^3；黏度[(24±1)℃]：300～1 800 mPa·s；不挥发物的质量分数≥50%；羟值(以干基计)50～70 mgKOH/g；酸值(以干基计)：0～10 mgKOH/g；干树脂氟的质量分数≥26%。	建筑、机械、风电装备、光伏
63	高韧性聚酯树脂	拉伸强度≥42 MPa，拉伸模量≥2 000 MPa，断裂延伸率≥14.75%，弯曲强度≥52 MPa，热变形温度≥45 ℃，冲击强度≥13 kJ/m。	建筑、家居
64	新型轻量化聚酯(PET)塑料土工格栅	抗拉强度≥80 kN/m，耐候性−70～150 ℃，蠕变折减系数≤1.59，原料利用率100%。	高速铁路、公路、桥梁
65	全生物降解塑料PBAT	密度(25 ℃)：(1.23±0.03)g/cm^3，熔点110～145 ℃，熔体质量流动速率(MFR)：M1±10% g/10 min，含水率≤0.1%，羟基含量≤50 mli/t，L值≥70，B值≤10，断裂拉伸强度≥15 MPa，断裂拉伸应变≥500 MPa，弯曲强度≥3 MPa，弯曲模量≥30 MPa，维卡软化点M2±2 ℃，灰分≤0.1%。	塑料制品、农业、医疗
66	喷涂速凝橡胶沥青防水涂料	固含量(A组分)64%；凝胶时间2 s；实干时间2.0 h；黏结强度(干燥基面)0.69 MPa、黏结强度(潮湿基面)0.65 MPa；拉伸强度1.55 MPa；弹性恢复率96%；断裂伸长率在标准条件下1 356%，经热、酸、碱、盐及紫外线处理后分别为1 267%、1 360%、1 383%、1 342%、1 387%；低温柔性：在标准条件下−20 ℃无裂纹，经热、酸、碱、盐及紫外线处理后−15 ℃无裂纹；耐热度：120 ℃无流淌、滑动、滴落；不透水性：0.3 MPa、120 min不透水。	建筑
67	高强高韧高温固化预浸料用树脂基体	T_g>200 ℃，拉伸强度>80 MPa，拉伸模量>3 GPa，弯曲强度>150 MPa，弯曲模量>4 GPa。	航空航天

续表

序号	产品名称	性能要求	应用领域
68	喷涂聚脲弹性抗爆材料	拉伸强度≥45 MPa;断裂伸长率≥60%;撕裂强度≥140 N/mm;耐冲击性≥1.0 kg·m;附着力≥10(钢),≥4(砼)MPa;耐磨性(750 g/500 r)≤ 30 mg;耐酸、碱、盐 168 h,拉伸/撕裂强度保持率≥80%;耐老化(3 000 h),拉伸/撕裂强度保持率≥80%;抗爆性能:①10 mm涂层耐受 10 kg TNT 爆炸冲击(双面涂覆300 mm C40 混凝土靶板,无坍塌,防二次破片率不小于 80%);②5 mm 相当于 200 mm 的钢筋混凝土。	防爆
69	抗冲改性剂 MBS系列树脂	粒度(0.9 mm 标准筛通过率)≥97.0%;挥发分≤1.5%;表观密度:0.30～0.60 g/cm^3;抗老化性能:180 ℃/2 h。	医药、包装
(二)	电子化工新材料		
70	Ⅰ-线光敏型聚酰亚胺绝缘材料	(1)OLED 用正型绝缘材料:固化温度≤230 ℃,显影留膜率≥70%,锥度角 20°～40°,PCT 试验≥500 h(SiO_2、玻璃); (2)晶圆级封装用负型绝缘材料:固化温度≤200 ℃,与铜附着力≥60 MPa。	集成电路、新型显示
71	液晶显示用聚酰亚胺取向剂	(1)摩擦取向型聚酰亚胺液晶取向剂:VHR≥97%;预倾角(Pre-tilt angle)1.5°～2.8°;RDC 为 100 mV; (2)光取向型聚酰亚胺液晶取向剂:波长 254 nm;预倾角(Pre-tilt angle) 0°～1°;RDC<300 mV。	新型显示
72	柔性显示盖板用透明聚酰亚胺	透光率>89%,可弯折次数≥20 万次。	新型显示
73	半导体用正型光敏聚酰亚胺涂层胶	水性显影液显影;固化温度≤350 ℃;显影留膜率≥80%;PCT 实验≥500 h。	集成电路
74	ArF 光刻胶用脂环族环氧树脂	单项金属元素含量<50 ppb,环氧值 1.95～2.15 eq/100 g,黏度(25 ℃)≤30 MPa·s,APHA≤150。	集成电路、新型显示
75	g/i 线正性光刻胶用酚醛树脂	单项金属元素含量<50 ppb,游离单体<1%,分子量范围 2 000～30 000,dimer 含量 3%～10%。	集成电路、新型显示
76	电子级酚醛环氧树脂	(1)638S:色度<0.5(G),环氧当量 174～178 g/eq,水解氯<200 ppm,挥发分<0.1%,满足 RoHS、REACH 认证要求。 (2)F48:色度<0.5(G),环氧当量 174～178 g/eq,水解氯<200 ppm,挥发分<0.1%,软化点 44～50 ℃。	电子电器、化工

续表

序号	产品名称	性能要求	应用领域
77	光刻胶	(1)电子束光刻胶:分辨率≤100 nm,灵敏度≤500 μC/cm^2,单项金属离子≤50 ppb,颗粒物(≥0.5 μm)≤100 个/mL。 (2)ArF 光刻胶:线宽 CD≤60 nm;曝光剂量 Dose≤50 mJ/cm^2;线宽粗糙度 LWR≤8 nm。 (3)金属剥离工艺用双层剥离胶:膜厚≤1 μm,内切深度≤2 μm,显影液溶解速率≤50 nm/s(用 2.38% TMAH 作显影液),颗粒物(≥0.5 μm)≤100 个/mL。 (4)旋涂碳涂层:碳含量≥70%,单项金属离子≤50 ppb,颗粒物(≥0.2 μm)≤100 个/mL。	半导体
78	光波导胶:芯层胶和包层胶	灵敏度≤500 mJ/cm^2,传输损耗≤0.5 dB/cm。	光通信
79	三氟化硼(11B)气体	纯度 99.999%,丰度达到 99.9%。	半导体
80	超高纯化学试剂	(1)电子级磷酸:金属离子<500 ppb。 (2)半导体级磷酸:金属离子<500 ppb,颗粒物(≥0.2 μm)<100 个/mL。 (3)高纯双氧水、硫酸、氢氟酸:其中金属杂质含量(电子级)≤10 ppb,颗粒物(≥0.5 μm≤100 个/mL,金属杂质含量(半导体级)<0.1 ppb,颗料物(≥0.2 μm)≤100 个/mL。 (4)芯片铜互连超高纯电镀液:金属杂质含量<60 ppb,颗粒物(≥0.2 μm)<100 个/mL。 (5)高纯电子级氨水:金属杂质含量<100 ppt,单项阴离子含量<100 ppb,颗粒(≥0.2 μm)<40 个/mL。 (6)芯片铜互连超高纯电镀添加剂:金属杂质含量<0.1 ppm,颗粒物(≥0.2 μm)<100 个/mL。 (7)蚀刻后清洗液:金属杂质含量<100 ppb,颗粒物(≥0.2 μm)<100 个/mL。 (8)四乙氧基硅烷:纯度≥99.999 9%,氯≤0.1 ppb,钴≤0.1 ppb,铁≤0.2 ppb,锰≤0.1 ppb,镍≤0.2 ppb。 (9)高纯氢氟酸缓冲腐蚀液:金属杂质含量<0.1 ppb,单项阴离子含量<100 ppb,颗粒(≥0.2 μm)<200 个/mL。	集成电路、新型显示
81	高性能有机发光显示材料	蓝光色度坐标达到 CIEy<0.05,1 000 cd/m^2 亮度下,效率>8.5 cd/A,寿命 LT97>250 h;红光色度坐标达到 CIEx>0.68,5 000 cd/m^2 亮度下,效率>60 cd/A,寿命 LT97>450 h;绿光色度坐标达到 CIEy>0.70,10 000 cd/m^2 亮度下,效率>160 cd/A,寿命 LT97>400 h。	新型显示
82	导电胶	电磁屏蔽导电胶:硬度(邵 A):30~65,断裂伸长率 100%~200%,压缩率 28%~33%,体积电阻率 0.001~0.1 Ω·cm。 太阳能叠瓦电池导电胶:硬度(邵 A):(60~100)±7,附着力≥2.0 MPa,体积电阻率 0.001~0.01 Ω·cm,抗拉强度≥2 MPa,断裂伸长率≥100%。	光伏、电子电器

续表

序号	产品名称	性能要求	应用领域
83	UV 固化胶	黏度(mPa·s)1 650～2 750(哈克黏度计,25 ℃,60 s^{-1}),触变指数 2.0～3.0(哈克黏度计,25 ℃,6 s^{-1}/60 s^{-1}),荧光强度≥2 500(荧光分光光度计)。 声学类:黏度 1 000～6 000 cps,硬度 10～80 D,剪切强度>4 MPa。 屏显类:吸水率≤5%,黏度≤2 000 mPa·s,硬度≥20 A。	电子电器
84	结构胶	粘接强度 10～40 MPa,绝缘性≥10^6 Ω。	电子通信
(三)	膜材料		
85	全氟离子交换膜	磺酸树脂质量交换容量 0.99～1.04 mmol/g,厚度及厚度标准偏差,在 GB/T 6672—2001 下,厚度约 200 μm,横向拉伸强度>14 MPa,纵向拉伸强度>16 MPa,耐撕裂性>20 N。	化工
86	燃料电池全氟质子膜	质子传导率≥0.08 S/cm(GB/T 20042.3—2009);尺寸稳定性(溶胀率,各向)≤7%(GB/T 20042.3—2009);复合膜厚度偏差≤±2 μm(GB/T 20042.3—2009);透氢电流密度≤2 mA/cm^2 @0.4 V(GB/T 20042.5—2009)。	新能源汽车
87	反渗透膜元件	有效膜面积≥90 m^2,GPD≥2 700 m^3/d,稳定脱盐率≥99.3%。	水处理、医药
88	生物膜	材料厚度 0.1～1.2 mm,pH 值 6～8,脂肪含量≤1%,细菌内毒素<0.5 Eu/mL,灭菌程度达到无菌状态。	医疗卫生
89	锂离子电池隔膜	(1)锂离子电池无纺布陶瓷隔膜:定量 14～35 g/m^2,厚度 18～25 μm,纵向抗拉强度≥40 MPa,吸液率≥150%,热收缩率≤0.5%(180 ℃,1 h),孔隙率 55%～85%,透气率<100 S/100 cm^3。 (2)高容量动力锂离子电池隔膜:厚度公差(含涂层)±1.5 μm;热收缩率(150 ℃,1 h):MD≤3.0%,TD≤2.0%;平均孔径≤0.2 μm;孔隙率 35%～50%;穿刺强度≥30 g/μm;拉伸强度:MD≥150 MPa,TD≥150 MPa;吸液率≥100%;破膜温度≥180 ℃。	新能源汽车
90	耐电晕聚酰亚胺薄膜	密度(1 425±10)kg/m^3;吸水率(受潮 24 h)≤2.0 %;拉伸强度:纵、横≥165 MPa;断裂伸长率:纵、横≥40%;收缩率[(200±2)℃/h]:纵、横≤0.5%;体积电阻率:≥1.0×10^{14} Ω·m [(23±2)℃],≥1.0×10^{11} Ω·m [(200±3)℃];表面电阻率:1.0×10^{14} Ω·m [(23±2)℃],≥1.0×10^{14} [(200±3)℃];相对介电常数[(23±2)℃,50 Hz]:3.5±0.4;介质损耗因数[50 Hz,(23±2)℃]≤4.0×10^{-3} %;交流电气强度≥235 V/μm;拉伸弹性模量:纵、横≥2.5×10^3 MPa。	轨道交通、微电子

续表

序号	产品名称	性能要求	应用领域
91	高性能 PVDF 中空纤维膜	孔径≤0.1 μm,纯水通量>1 200 LMH,耐酸碱性能 pH 1~14,拉伸断裂强度>8 MPa。	水处理
92	纳滤膜	(1)超低压 WNF50 纳滤膜:氯化钠截留率≤45%,硫酸镁截留率≥97%,水通量≥55 L/(m^2·h);膜元件(8040 标准型)产水量≥50 m^3/d。 (2)家用水软化 WNF80 纳滤膜:氯化钠截留率≤45%,氯化钙截留率≥90%,水通量≥65 L/(m^2·h);膜元件(1812 标准型)产水量≥140 GPD。 (3)高脱盐 HP200 纳滤膜:氯化钠截留率 85%~95%,硫酸镁截留率≥98%,水通量≥40 L/(m^2·h);膜元件(8040 标准型)产水量≥38 m^3/d。	水处理
93	RO-BW-LP 工业高耐久性苦咸水反渗透膜	膜片氯化钠截留率≥99.5%,水通量≥50 L/(m^2·h);膜元件(8040 标准型)产水量≥40 m^3/d,氯化钠截留率≥99.5%。	水处理
94	均相电渗析膜	厚度 40~200 μm,膜面电阻≤6 Ω·cm^2,迁移数≥0.97,离子交换容量 0.8~2.0 mmol/g,含水率 15%~30%。	化工、环保、医药
95	双极膜	厚度 150~300 μm,水解离电压≤1.8 V(电流密度为 100 A/m^2)。	化工、环保、医药
96	PVDF 高品质流体净化超微滤膜	能耗低,无二次污染,不需添加化学物品,超高渗透通量高达 5 152 L/(m^2·h),分离效率>99.93%,仅在重力驱动(≈1 kPa)下获得,比传统过滤膜高一个数量级。	环保
97	再生纤维素膜及制品	可降解,纤维素膜厚度 15~50 μm,定量 20~70 g/m^2,纵向抗张强度>30 N/15 mm,纵向伸长率>10%。	食品、医药、印刷、纺织、电子
98	干膜抗蚀剂用聚酯薄膜	拉伸强度:纵向≥210 MPa,横向≥210 MPa;断裂伸长率:纵向≥100%,横向≥100%;热收缩率:纵向≤2.5%,横向≤1.5%;雾度≤1.5%;透光率≥90%。	集成电路
99	BOPP 厌氧生物降解膜	45 天降解率≥10%。	工业及食品包装
100	高端透气膜	防护服用透气膜新材料:产品具有拒水透湿透气性,表面抗湿性≥3 级,抗合成血液穿透≥5 级,静水压≥2 500 mmH_2O,透湿量≥3 000 g/(m^2·d),强力≥50 N/50 mm,过滤效率≥90%,静电衰减≤0.5 s。	医疗卫生
101	高端光学级聚酯基膜	长度偏差 0~50 m,宽度偏差 0~3 mm,透光率≥85.0%,雾度≤5.0%,拉伸强度≥120 MPa,断裂伸长率≥60%,润湿张力≥48 mN/m。	新型显示、5G 通信、汽车、建筑

续表

序号	产品名称	性能要求	应用领域
102	全息猫眼防伪用聚酯薄膜	拉伸强度：纵向≥180 MPa，横向≥200 MPa；断裂伸长率：纵向≥100%，横向≥90%；弹性模量：纵向≥4 000 MPa，横向≥4 500 MPa；热收缩率：纵向≤2.0%，横向≤0.5%；摩擦系数（内面/外面）≤0.65/0.55；雾度≤3.5%；光泽度≥120；润湿张力：电晕面≥48 mN/m，涂布面≥40 mN/m。	3D 防伪
103	中空纤维超滤膜	产水通量 55～150 L·m^2/h，过滤浊度≤0.1 NTU，过滤污泥密度指数(SDI)≤2.5［测试条件：溶液浊度≤300 NTU，运行压力 0.1 MPa，(25±1)℃］。	环保
（四）	其他先进化工材料		
104	2,2′-双（三氟甲基）-4,4′-二氨基联苯	单项金属离子含量＜1 ppm，纯度＞99.5%。	集成电路
105	低 VOC、低气味、高回弹聚合物多元醇	甲醛＜0.1 ppm，乙醛＜0.8 ppm，丙烯醛＜0.1 ppm，丙烯腈＜0.3 ppm，苯乙烯＜2 ppm。	汽车
106	聚磷腈高效阻燃剂	P 含量≈6%，N 含量≈13%，盐含量≤50 ppm，140 ℃挥发分≤50 ppm，分解温度≥350 ℃，pH 值 6.0～8.0。	集成电路
107	片状耐高温 MCA 阻燃剂	产品粒径在 2～6 μm 之间，形貌为纳米片微球，在应用过程中粉体流动性好，阻燃与力学性能优异，分散效果好，制件外观光滑，表面无白点。	化工
108	密胺树脂改性次磷酸铝阻燃剂	产品 1%分解温度≥320 ℃。	化工
109	无纺布	(1)医疗卫生用并列双组分纺粘无纺布：纵向拉伸强力≥20 N/5 cm；透气性能≥310 m^3/(m^2·min)；耐磨性能 4 级。 (2)高效立体口罩熔喷材料：产品具有过滤效率性能，有效隔离细菌和微粒，细菌过滤效率 BFE≥99，颗粒过滤效率＞95%，阻力≤210 Pa。 (3)高效空气净化熔喷材料：产品具有高效空气过滤性能，过滤效率≥85%，阻力≤30 Pa。 (4)大通量液体过滤熔喷材料：产品具有高透气性，高纳污量性能，透气量≥100 mm/s。 (5)微孔液体过滤熔喷材料：产品过滤精度高，高透气好，高纳污量，均流孔径 1～10 μm，厚度 0.16～0.25 mm。 (6)生物质无纺布：横向强力≥10 N。	医疗卫生、过滤、分离、海水淡化

续表

序号	产品名称	性能要求	应用领域
110	超细多纤共混复合新材料	吸水性≥自身质量的10倍。	医疗卫生
111	长开放时间EPI类无甲醛胶黏剂	游离甲醛含量≤0.006 g/kg,总挥发性有机物≤78.8 g/L,不含苯类有机物。	建筑
112	聚硫醇材料	色度≤10,密度1.10～1.30 g/cm^3,透光率≥98%,产品含量≥93%。	光学
113	最新一代高效阻聚剂——亚磷酸三(2,2,6,6-四甲基哌啶氮氧自由基)酯	含量≥96%,pH 7.03(1%水中悬浮液,20～25 ℃),灰分≤0.1%,相对密度(水=1) 1.08,熔点≥125 ℃,挥发分≤0.5%。	石油化工
114	新型多功能受阻胺类尼龙助剂	含量≥99%;相对密度(水=1) 1.18;灰分≤0.1%;熔点272～278 ℃;挥发分≤1.9%;透光率:425 nm≥92%,500 nm≥94%。	汽车、纺织、电子电器
115	新型双酚单丙烯酸酯类碳自由基捕捉剂	含量≥99%;灰分≤0.1%;熔点130～134 ℃;挥发分≤0.5%;透光率:425 nm≥96%,500 nm≥98%。	石油化工
116	高分子防护排水异型片自粘土工布	膜片厚度<0.8 mm,拉伸强度≥40 N/cm,拉断伸长率≥25%,抗压强度≥100 kPa;膜片厚度0.8～1.0 mm,拉伸强度≥56 N/cm,拉断伸长率≥35 %,抗压强度≥150 kPa;膜片厚度≥1.0 mm,拉伸强度≥72 N/cm,拉断伸长率≥50%,抗压强度≥300 kPa;排水截面积≥30 cm^2;热空气老化(80 ℃×168 h),拉伸强度保持率≥80%,拉断伸长率保持率≥80%;耐碱性[饱和$Ca(OH)_2$溶液23 ℃×168 h],拉伸强度保持率≥80%,拉断伸长率保持率≥80%。	建筑
117	抑菌材料	(1)PBAT基抑菌材料:大肠杆菌、金黄色葡萄球菌、单核细胞增生李斯特菌、肠沙门氏菌肠亚种抑菌率>99.9%,纵向拉伸强度>20 MPa,横向拉伸强度>12 MPa,纵向屈服应变>300%,横向屈服应变>400%。 (2)TPE抑菌材料:大肠杆菌、金黄色葡萄球菌、单核细胞增生李斯特菌、肠沙门氏菌肠亚种抑菌率>99.9%。 (3)PE抑菌材料:大肠杆菌、金黄色葡萄球菌、单核细胞增生李斯特菌、肠沙门氏菌肠亚种抑菌率>99.9%,纵向拉伸>13 MPa,横向拉伸>14 MPa,纵向拉长>270%,横向拉长>70%。	医用防护

续表

序号	产品名称	性能要求	应用领域
118	聚氯乙烯/聚偏二氯乙烯（PVC/PVDC）固体药用复合硬片	拉伸强度≥45 MPa，加热收缩率≤4.0%，水氧气透过量≤0.8 g/(m^2·d)。	医药包装
119	聚氯乙烯（PVC）淋水片	维卡软化点≥78 ℃；拉伸强度：横向≥40 MPa，纵向≥42 MPa；断裂伸长率：横向≥160%，纵向≥150%；氧指数33%。	高端装备
120	高性能环保有机颜料	着色力为标准品的95～105%；水分含量≤2.5%；流动度与标准品比，±3 mm；电导率≤500 μS/cm；筛余物≤5%。	汽车、化工、包装、印刷
121	精密铸造中温模型蜡	收缩率0.65%～0.8%，抗弯强度3～5 MPa，灰分≤0.03%，黏度90～130。	航空航天、汽车、工业装备
122	高分子永久型抗静电剂	表面电阻≤1×10^8 Ω，断裂伸长率≥200%，熔点≥120 ℃。	电子、化工
123	耐温抗压材料	密度1.3～1.45 g/cm^3，拉伸强度8～20 MPa，抗温200～300 ℃，抗压≥300 MPa。	汽车、机械、船舶
124	热力管道内壁防腐涂料	附着力≥7 MPa，耐水煮（95 ℃，1 000 h），耐油浴（150 ℃，1 000 h，导热油），耐高温高压釜（150 ℃，10 MPa，介质：去离子水，168 h），涂层不起泡、不脱落、不开裂。	节能环保
125	海洋装备高性能环保防腐新材料	防污效果≥97%，防污年限8～10年，t（硫酸铜点滴）为280～300 s，T（耐盐雾）为1 000～1 200 h，不影响基材颜色，对环境无污染。	海洋装备
126	环氧锌基聚酯复合涂层钢护栏防腐材料	新护栏底粉：与基材比，结合力≥40 MPa；耐盐雾性：中性盐雾试验≥1 500 h；阴极剥离：−3.5 V、23 ℃阴极剥离≥72 h；耐湿热性：湿热试验≥1 000 h；耐水煮性：75 ℃自来水浸泡≥360 h。新护栏面粉：耐磨性：橡胶转轮法测试失重≤30 mg；耐候性：氙弧灯测试≥1 200 h；耐化学溶剂：30%硫酸≥1 440 h，1%氢氧化钠≥240 h，10%氯化钠≥720 h。	交通、市政
127	环保高性能特种防护涂料	断裂伸长率：ASTM D-412≥350%；拉伸强度：ASTM D-412≥20 MPa；撕裂强度：ASTM D-624≥65 kN/m；不透水性（0.3 MPa/30 min）：HG/T 3831—2006下不透水；耐磨性（750 g/500 r）：HG/T 3831—2006下，≤4.2 mg；附着力：HG/T 3831—2006下，混凝土基材≥3.2 MPa；钢基材≥11.3 MPa；耐阴极剥离[1.5 V，(65±5)℃，48 h]：HG/T 3831—2006下，≤15 mm。	汽车、化工、海洋工程、轨道交通、风电

续表

序号	产品名称	性能要求	应用领域
128	无石棉原位复合密封材料	密度≥1.3 g/cm^3,拉伸强度≥15 MPa,压缩率 10%～20%,回弹率≥55%,应力松弛≤25%。	轨道交通、航空航天、船舶、石油化工
129	密封材料	(1)高性能耐温耐压密封材料:抗老化:1 000 h 保持螺栓拧紧力;抗高温:350～400 ℃;抗压:抵抗法兰压力>400 MPa(无压溃),抗内压 20 MPa 不冲出。 (2)膨润型高密封材料:密度 1.4～1.6 g/cm^3,拉伸强度 8～25 MPa,压缩率 8%～22%,回弹率≥35%。	汽车
130	高性能环保材料稳定剂	(1)不含铅,白色或淡黄色粉末,金属质量分数 5%～50%,润滑剂质量分数 20%～55%,初熔点 80～110 ℃,挥发分质量分数≤0.4%,无铅级别。 (2)无铅,白色粉末,金属质量分数 10%～35%,润滑剂质量分数 30%～50%,初熔点 80～110 ℃,挥发分质量分数≤0.4%,表观密度 1.0～2.0 g/cm^3,粒度(0.500 mm 标准筛过筛率)≥98%,无铅级别。	建筑、通信
131	水性环保功能助剂	(1)异氰酸酯固化剂:NCO 16～22,官能度 3.1～3.6,VOCs<1%,有效成分≥99%,黏度≤8 000 mPa·s,水分散粒径 80～500 nm; (2)环氧固化剂:活泼氢当量 131,VOCs<0.5%; (3)增稠剂:黏度 3 000～38 000 cP,固含量 10%～40%; (4)分散剂:分子量 3 000～20 000,VOCs<0.5%。	建筑、家居、轨道交通、纺织、化工
132	感温织物	纳米感温元件直径<0.1 mm;温度测量误差<0.1 ℃;温度测量频率<1 s;蓝牙工作电压<3 V。	纺织
133	黄金纳米复合材料	载体比表面积 900～1 500 m^2/g,纳米金尺寸 1～10 nm,负载率 0.1%～1%,材料使用温度 30～60 ℃,葡萄糖的单程转化率≥95%,生成葡萄糖酸(盐)的选择性≥98%,单次反应时间≤6 h,材料使用寿命为反复使用≥70 次。	化工
134	环保植绒材料	游离甲醛含量≤75 ppm;TVOC<50 μgC/g;拒水等级≥4;易去污等级≥4;抑菌率≥90%;防霉性能:菌落数为 0;抗静电性能:<2 kV;阻燃性能:B-1 级以上;烟密度等级≤50;氧指数≥28%;马丁代尔耐磨≥25 000 转。	建筑
135	亚微米级氢氧化铝	产品粒径 D50 在 0.2～1 μm 之间,产品耐温高、电导率低、团聚少、形貌规整,在线缆料中应用流动性好,分散效果好,阻燃与力学性能优异。	电力、电子
136	除醛净味墙面漆	含有甲醛净化因子(氨基酸除醛因子),具有去除异味的功能,甲醛净化性能≥97.3%;甲醛净化效果持久性≥95%。	家居、建筑

续表

序号	产品名称	性能要求	应用领域
137	双面锂电胶带	初黏力：黏性面(0.3±0.15)N/mm，非黏面＜0.05 N/mm；85 ℃ 1 h热压后黏结力：黏性面≥0.3 N/mm，非黏面≥0.3 N/mm；85 ℃ 4 h泡电解液后黏结力：黏性面≥0.3 N/mm，非黏面≥0.3 N/mm。	消费电池
138	LTG-碳膜剂	紫铜腐蚀速率≤0.001，20#钢腐蚀速率≤0.001，不锈钢腐蚀速率≤0.000 5；重金属离子含量≤1 mg/L；氰化物、硫化物、氟化物、黄磷、丙烯晴、丙烯醛、六六六(丙体)、马拉硫磷、乐果、甲醛对硫磷、呋喃丹含量≤0 mg/L；碱储备 5.5～6.5 mL，使水质常年保持 pH 值在 9.5 左右；一次添加可维持系统防腐、防垢效果≥6 年；循环水溶解氧含量≤9 mg/L。	电力、制药、化工、家居
139	热敏材料	热敏成色剂类白色粉末，纯度 99.5%，灰分＜0.1%，熔点＞183 ℃；热敏显色剂类白色粉末，纯度＞99%，灰分＜0.1%。	热敏纸、医用、无损探伤
140	防伪间隔材料	pH 值：5～7，厚度 0.05～0.3 mm，灰分＜20%，纵横拉力比控制＜2，伸缩率 1.75%～2.75%，挺度纵横比＞1.2，松厚度1.2～1.5，挺度＞30 mn。	液晶显示、防伪
141	添加剂	二氟草酸硼酸锂≥99.5%，水分≤0.05%，不溶物≤500%，游离酸≤200 ppm； 氯离子≤5 ppm，硫酸根≤50 ppm，硅酸根≤200 ppm，Fe、K、Na、Ca、Mg 含量≤5 mg/kg。	汽车
142	ASA 高胶粉工程塑料助剂	密度 0.3～0.5 g/cm^3，缺口冲击强度≥70 J/m，拉伸强度≥40 MPa，熔融指数≥8 g/10 min。	汽车、船舶、电子电器、建筑、医疗卫生
143	高强度工业用羟丙基甲基纤维素	水分＜5%，灰分＜5%，2% RVT 黏度 40 000～80 000 mPa·s(20 ℃)，凝胶温度 60～85 ℃，羟丙基含量 6%～12%，甲氧基含量 19%～30%。	建筑
144	医用干式胶片(热敏胶片)	最大色密度≥2.8；最小色密度≤0.06；透光率≥65%；连续打印时黏纸率≤2%；生片色密度≤0.25；打印 1.0 密度黑时，a 值−3～0，b 值＜−4。	医疗卫生
145	PVC 包覆板	湿涨率≤0.25，抗折强度≥18 MPa，抗冲击强度≥1.4 MPa，燃烧性能达到 A 级及以上，抗菌性能 1 级，甲醛释放量 E1≤1.5 mg/L，耐温度老化，无起泡、开裂、剥落、粉化等，耐划性≥1.5 N。	建筑
146	复合除菌剂	对主要致病菌和病毒的杀除率≥99.9%(包括冠状病毒)。	日化、医药卫生

续表

序号	产品名称	性能要求	应用领域
147	F 级 DMD 环氧预浸渍材料	拉伸强度≥70 N/10 mm;击穿电压≥7 kV,拉伸剪切强度≥3 MPa。	电力装备
148	点胶复合 AMA	相对电容率(50 Hz,常态空气中)≤2.5;击穿电压(常态 25 号变压器油中,不弯折)≥6 kV;黏结强度(常温)≥500 kPa。	电力装备
149	高性能盖垫板	(1)高性能背钻盖板、高性能酚醛盖板:剥离强度≥1 N/cm,翘曲度≤1%,硬度≥88,厚度±8%; (2)MVC 覆膜盖垫板:对角线要求≤2 mm,翘曲度≤0.5%,CPK 钻孔精度(3 mil)≥1.66,钻孔无断针、无缠丝、无异常孔偏; (3)HPE 覆膜盖垫板:厚度,(0.3±0.05)mm、(0.4±0.08)mm、(0.5±0.08)mm,剥离强度≥1 N/cm,附着力≥2 B。	电子
150	高档环保面料	WR 4~5 级,WP,2 000 mm/H_2O,遮光保温,耐撕裂 30 N。	纺织
151	液态四氟化硫	产品纯度≥99.0%。	电子、医药
四	先进无机非金属材料		
152	耐高温滤材	具有优异的过滤性能,过滤精度偏差±5%,透气度偏差±5%。	过滤、建筑、催化材料载体
153	氮化硅陶瓷材料	(1)氮化硅陶瓷基板:最高热导率>80 W/(m·K);密度>3.2 g/cm^3;维氏硬度>1 500 H;抗弯强度>500 MPa;断裂韧性>6 MPa·m$^{1/2}$。 (2)氮化硅微珠:粒径<0.4 mm;密度>3.2 g/cm^3;维氏硬度>1 580 H;抗弯强度>600 MPa;断裂韧性>7 MPa·m$^{1/2}$。	新能源汽车、轨道交通、新型显示、化工机械
154	管式碳化硅纳米陶瓷过滤膜	产品尺寸:ϕ42.5 mm×925 mm,膜层孔径 0.1 μm,耐酸性≥99%,耐碱性≥99%,耐压强度 0~4 MPa,通量 500~600 L/(m^2·h·bar)。	化工、食品、冶金
155	微孔陶瓷过滤膜	孔道直径 1~100 μm;显气孔率≥40%;熟坯抗折强度≥30 MPa;通水量≥5 t/(H·m^3);滤板耐水压 0.3 MPa,不破裂;滤板的显气孔率≥32%;滤板的耐酸(碱)腐蚀质量损失率<2%;滤板陶瓷膜层磨损值<0.08 mm。	过滤

续表

序号	产品名称	性能要求	应用领域
156	片式多层陶瓷电容器用介质材料	配方粉：高容 X7R 和 X7T 瓷粉：介电常数≥2 200，介电损耗≤2%，绝缘性能 R_C≥1 000 S，介质厚度 2～3 μm 时产品的温度特性（－55～125 ℃）无偏压条件下满足±15%（X7R）、±33%（X7T），粒度分布 D50 0.35～0.55 μm，耐电压 BDV≥50 V/μm，满足 0805X7R475 或 0805X7T106 规格产品的使用要求； 高容 X5R 和 X6S 瓷粉：介电常数≥3 000～4 500，介电损耗≤3%，绝缘性能 R_C≥1 000 S，介质厚度 2～3 μm 时产品的温度特性（－55～85 ℃）无偏压条件下满足±15%、产品的温度特性（－55～105 ℃）无偏压条件下满足±22%，粒度分布 D50 0.35～0.55 μm，耐电压 BDV≥50 V/μm，满足 0805X6S106 或 0805X5R226 规格产品的使用要求； 高容值 COG 瓷粉：介电常数≥32，介电损耗≤0.1%，绝缘性能 R_C≥2 000 S，烧结后晶粒≤2 μm，温度特性（－55～125 ℃）满足±30 ppm/℃，烧结温度≤1 180 ℃，满足 0805COG103 规格产品的使用要求； 射频高 QCOG 瓷粉：介电常数≤30，介电损耗≤0.1%，绝缘性能 R_C≥2 000 S，烧结后晶粒≤2 μm，温度特性（－55～125 ℃）满足±30 ppm/℃，烧结温度≤1 050 ℃，满足 0805COG5R0 规格产品的使用要求，1 GHz 下 Q 值≥220，ESR≤150 mΩ； 基础粉（钛酸钡）：粉体粒径（100±10）nm；比表面积 9.0～13.0 m^2/g；粒度分布：D10 0.05～0.10 μm，D50 0.10～0.15 μm，D90 0.25～0.45 μm，c/a＞1.009 5，Ba/Ti 0.995～1.005。	电子信息
157	电子产品用氧化锆陶瓷外壳材料	成品瓷片三点抗弯强度≥1 200 MPa，韧性≥8 MPa·$m^{1/2}$，维氏硬度≥1 100，相对介电常数＜36。	电子信息
158	覆铜陶瓷基板	陶瓷氮化铝热导率＞170 W/(m·K)，铜箔电导率≥58 mS/m，铜箔硬度 90～110 HV。	电力电子、新能源汽车、太阳能和风电装备
159	水处理用陶瓷平板膜	膜层孔径 100～120 nm，纯水通量≥600 LMH（40 kPa，25 ℃），抗折强度≥45 MPa，腐蚀后抗折强度≥30 MPa。	环保
160	锂电池隔膜涂布超细氧化铝粉体材料	物相：α-Al_2O_3，比表面积 4～7 m^2/g，扫描电镜观察颗粒分布均匀，无大颗粒，表面光滑无缺陷，粒度分布：D10＞0.13 μm，D50 0.6～0.8 μm，D100＜6 μm，杂质元素含量：Fe＜100 ppm，Cu＜10 ppm，Cr＜10 ppm。	新能源汽车
161	新能源汽车磁芯	初始磁导率 μ_i≥6 000；功率损耗：25 ℃时≤320，100 ℃时≤350；饱和磁通密度≥500 T；居里温度≥195 ℃。	新能源汽车

续表

序号	产品名称	性能要求	应用领域
162	高性能锰锌铁氧体材料	初始磁导率 $\mu_i \geqslant 5\ 000$;宽温特性:$-40 \sim 80$ ℃,磁导率变化$\leqslant 20\%$;高直流叠加:以 T18×8×5 磁环为测试依据,外加 10 mA 偏置电流,磁导率不衰减,居里温度 $T_c \geqslant 165$ ℃。	电子信息、医疗器械、汽车、智能家居、仪表仪器
163	高效电机用软磁复合材料	高强度、高饱磁通密度、高磁导率、低损耗:$P_c \leqslant 100$ W/kg,(1 kHz,1 T);$B_s \geqslant 1.55$ T(10 000 A/m);磁导率 600;理化参数松装密度 3.30 g/cm^3;压缩性比(1 100 MPa)7.50。	航空航天、机器人、智能电网、轨道交通、新能源汽车
164	宽频高磁导软磁材料	10 kHz 下的起始磁导率 $\mu_i = 7\ 000 \pm 25\%$;100 kHz 下的起始磁导率 $\mu_i \geqslant 6\ 200$;200 kHz 下的起始磁导率 $\mu_i \geqslant 6\ 300$;300 kHz下的起始磁导率 $\mu_i \geqslant 5\ 500$;500 kHz 下的起始磁导率 $\mu_i \geqslant 4\ 400$;居里温度 $T_c \geqslant 155$ ℃。	汽车、家用电器、照明、电子信息
165	钢化夹层玻璃	耐热性:加热到 100 ℃后超出边部或裂口 13 mm 部分不能产生气泡或存在缺陷;耐湿性:在相对湿度 94%RH~98%RH 环境下,超出原始边 15 mm、切割边 25 mm、裂口 10 mm 部分不能产生气泡或其他缺陷;耐辐照性:辐照时间 100 h 后,前后可见光透比变化率≤3%;落球冲击剥离性能:钢球质量≥1 000 g、冲击高度≥3 000 mm,中间层不断裂、不暴露。	建筑
166	高性能抛光材料	(1)CeO_2>99.5%,晶粒尺寸<30 nm,形貌类球形;抛光液 D50 0.1~0.3 μm,D100<2 μm,pH 8~9。 (2)CeO_2>99.95%,晶核尺寸<80 nm,孔径<80 nm,pH 5~6。	半导体
167	汽车尾气催化剂及相关材料	(1)汽油车催化剂:涂覆偏差≤±5%,性能指标达到国Ⅵ标准;稀土储氧材料:经 1 050 ℃,10%H_2O 水热老化 6 h 后,比表面积≥30 m^2/g,储氧量>300 μmol O_2/g;氧化铝材料:经1 200 ℃水热老化 10 h后,比表面积≥40 m^2/g。 (2)柴油车催化剂:DOC 涂覆偏差≤±5%,DPF、SCR 涂覆偏差≤±10%,性能指标达到国Ⅵ标准;SCR 催化剂:新鲜状态,200 ℃下 NO_x 转化率>80%,650 ℃/10%H_2O/空气中 100 h 老化后,230~480 ℃范围内 NO_x 平均转化率>80%。 (3)堇青石蜂窝载体:TWC 载体壁厚 2.5~4.0 mil,热膨胀系数≤0.5×10^{-6}/℃;DOC、SCR 载体壁厚 3.0~5.5 mil,热膨胀系数≤0.5×10^{-6}/℃;DPF、GPF 壁厚 7~12 mil,孔隙率 45%~65%,热膨胀系数≤0.8×10^{-6}/℃。	交通装备、节能环保
168	蜂窝状稀土脱硝催化剂及稀土脱硝催化剂原材料——稀土无钒纳米粉	横向抗压强度≥0.6 MPa,纵向抗压强度≥2.5 MPa,稀土 CeO_2 含量 1%~10%,脱硝率>90%,烟气温度适应温度 300~450 ℃,使用寿命>3 年。	环保

续表

序号	产品名称	性能要求	应用领域
169	超高纯石墨	固定碳含量 C≥99.998%。	集成电路、光伏
170	极细颗粒高纯石墨	骨料粒度<4 μm,抗压强度>180 MPa,抗折强度>95 MPa,灰分<10 ppm,体积密度>1.8 g/cm³,硬度>85 HS,电阻率<19 μΩ·m,热导率<85 W/(m·K)。	电子信息
171	核级石墨及其密封材料	(1)核级石墨:牌号:SNG342、SNG623、SNG742、SNG722、SNG7420、SNG3420。 未辐照性能要求:颗粒直径≤1.0 mm(振动成型),≤0.04 mm(等静压);密度≥1.85 g/cm³(振动成型),≥1.78 g/cm³(等静压);热导率≥135 W/(m·K);热膨胀系数≤4.5×10^{-6}/K(振动成型),≤4.0×10^{-6}/K(等静压);各向同性度≤1.05(振动成型),≤1.04(等静压);抗拉强度≥20 MPa(振动成型),≥25 MPa(等静压);抗压强度≥65 MPa(振动成型),≥75 MPa(等静压);硼当量含量≤0.9 ppm,灰分≤80 ppm。 (2)核级石墨密封材料:硫含量≤200 ppm,氯含量≤30 ppm,氟含量≤30 ppm,灰分≤0.5%,拉伸强度≥4.5 MPa;450 ℃热失重≤0.5%。	电力装备
172	纳米多孔硅材料	比表面积≥200 m²/g,孔径 10~20 nm,松装密度<0.25 g/cm³,抗菌率≥99.0%(大肠杆菌、金黄色葡萄球菌)。	环保
173	纳米级单晶薄膜	(1)纳米级铌酸锂单晶薄膜:线性电光系数>29.5,光学损耗<2.5 dB,折射率 n_o>2.28,n_e<2.21。 (2)纳米级钽酸锂单晶薄膜:机电耦合系数>10%,谐振频率>3.5 GHz,阻抗比>70 dB,Q 值>3 000。	电子信息
174	碳晶材料	能承受 50 Hz、1 750 V/mm,历时 1 min 耐压试验,无击穿、无闪络现象;额定电压 220 V;额定频率 50 Hz。	采暖
175	硫氧镁三聚氰胺纸饰面负氧离子生物质岩板	密度 1.16 g/cm³;燃烧热值 PCS<1.1;防火等级 A-1 级;膨胀率 0%;甲醛含量≤0.034 mg/m³;抗冲击强度≥20 kJ/m;静曲强度≥29.4 MPa;含水率≤6.5%;表观密度 1.29 t/m³;表面耐划痕 1.5 N;表面耐污染腐蚀 5 级;表面耐龟裂 5 级;表面耐水蒸气 5 级;握螺钉力 61 N/mm;表面耐磨强度 6 000~8 000 转。	建筑
176	医疗洁净板	不含石棉成分,放射性核素内照射指数≤1.0,外照射指数≤1.3,阻燃级别达到 A-1。	建筑
177	白光超高显指用氮氧化物 LED 荧光粉	照明显色指数 CRI≥97,R1~R15≥90。	照明
178	无机硅系阻燃材料	极限氧指数≥30%;添加后的阻燃纤维断裂强度≥4.5 cN/dtex,断裂伸长率为 27%~33%,白度 80 以上;透湿量≥700 g/(h·m²),防水压≥10 000 mm水柱;燃烧后无有毒、有害气体产生。	建筑、纺织

续表

序号	产品名称	性能要求	应用领域
179	高纯度元素级硫化锌晶体材料	纯度99.99%,粒径0.1～0.3 μm;透过率:法向透过率≥85%(3～5 μm、8～10.5 μm,4 mm厚度);抗热冲击性能:窗口外表面温升速率60 ℃/s,最高升至500 ℃的条件下,不破裂,膜层不脱落。	航天、遥感、红外
180	六方氮化硼	含量≥98%,粒度50 nm～300 μm,总氧≤0.8%,氧化硼含量≤0.5%。	电子通信、化工
181	低损耗光纤	(1)光纤:1550 nm,衰减≤0.185 dB/km,大有效面积,动态疲劳≥20,宏弯损耗≤0.1 dB,50%抗拉强度≥4 000 MPa,剥离力平均值1.0～5.0 N。 (2)光纤预制棒:纯硅芯芯层,芯包折射率差0.33%左右,弯曲度≤2 mm/m,不圆度≤1%;芯包同心度≤0.35;外径不均≤2%。	电子通信
182	工业蓝宝石机械耐磨部件	密度3.98～4.1 g/cm^3;熔点2 045 ℃;莫氏硬度9;热膨胀系数5.8×10^{-6}/K;弹性模量340～380 GPa;抗压强度2.1 GPa;表面粗糙度Rz 0.05;抗腐蚀性:常温下不受酸碱腐蚀,在300 ℃下能被HF侵蚀。	工业装备
183	大功率CO_2激光器用硒化锌晶体材料	尺寸≥1.5 m,厚度≥20 mm,单炉产能≥1～2吨,红外波段透过率≥70%,吸收系数<5×10^{-4}。	电子信息
184	图像光导识别材料	准直单元尺寸6～70 μm,垂直观测透过率≥45%,倾斜5°观测透过率≤5%,光绝缘波长范围200～3 000 nm,光绝缘效率≥99.5%,厚度0.35 mm。	电子信息
185	微米级二氧化硅消光剂	粒径(D50)1.7 μm,比表面积150 m^2/100 g,消光性能好,透明度高。	化工、建筑
186	纳米高岭土	电镜片层平均直径300～800 nm;电镜片层平均厚度≤100 nm;粒度分布:<1 μm,含量≥60;白度≥50;pH值7.0～11.0;105 ℃挥发物≤1.5;45 μm筛余量≤0.02;表观密度0.6～1.0 g/cm^3;烧失量≤13～16;吸油值30～55 mL/100 g;比表面积B.E.T≥20 m^2/g;铅(Pb)≤1 000 ppm;六价铬[Cr(Ⅵ)]≤1 000 ppm;汞(Hg)≤1 000 ppm;镉(Cd)含量≤100 ppm。	汽车、电器
187	高性能碳化硼陶瓷粉及制品	(1)高性能碳化硼陶瓷粉:碳化硼≥95.2%;三氧化二硼≤0.5%;氧化铁≤0.2%;粒度D50 (0.5±0.05)μm。 (2)高性能碳化硼防弹陶瓷:密度≥2.46 g/cm^3,维氏硬度≥2 800 kgf/mm^2,弯曲强度≥400 MPa,断裂韧性>3.0 MPa·m$^{1/2}$,弹性模量≥380 GPa。	航空、安全防护

续表

序号	产品名称	性能要求	应用领域
188	环保型高端汽车盘式刹车片用无铜 NAO 摩擦材料	不含有害材料石棉和重金属元素；常高温的摩擦等级为 FE 等级；落灰潘通变化值≤30；大惯量寿命≥3 万公里，噪声≤5%。	汽车
189	纳米级勃姆石	粒度≤0.2 μm；纯度 99.99%～99.999%；比表面积 3～15 m^2/g；D50 0.2～0.6 μm，D100＜0.6 μm；晶型：呈四棱柱，表面规整。杂质含量：Fe＜100 ppm，Cu＜10 ppm，Cr＜10 ppm；扫描电镜观察颗粒分布均匀，表面光滑无缺陷。	新能源汽车、电子信息
190	高端芯片制造用碳化硅陶瓷结构件	密度≥3.03 g/cm^3；弯曲强度≥260 MPa（常温）；高温弯曲强度≥290 MPa（1 200 ℃）；导热系数≥30 W/(m·K)（1 200 ℃）。	半导体
191	5G 射频器件专用高阻碳化硅衬底材料	晶型：4H；直径：(100±0.5)mm；主参考边取向：＜11-20＞±5°；划痕：无；微管密度＜0.5/cm^2；最低电阻率＞1×10^{10} Ω·cm；厚度：(500±10)μm；TTV（厚度变化量）＜10 μm；Warp（翘曲度）＜40 μm。	照明、电力电子、航天、核能
192	先进金刚石复合材料及制品	线径：100 μm≤ϕ≤450 μm；金刚石微粉(22～50)μm：含量＞98%；镀层硬度≥6 HM（相当于维氏硬度 714）；拉断力 50～300 N；把持力：模切次数≥800；延伸率≤1.5%。	矿产化工
193	碳化硅陶瓷结构件	长度 3 500～5 000 mm，直径≥50 mm，壁厚 5～12 mm；碳化硅含量≥87%，游离硅含量≤8%；抗弯强度：≥290 MPa（20 ℃），≥350 MPa（1 200 ℃）。	工业装备
194	纳米氧化锡导电陶瓷	气孔率≤8%，体积密度≥6.4 g/cm^3，耐压强度≥230 MPa，抗折强度≥35 MPa，常温电阻率＜1 Ω·cm（26 ℃）。	新型显示
195	高性能氮化铝粉体	氧含量＜0.8%，金属杂质含量＜500 ppm，比表面积 2.0～3.5 m^2/g，粒度 D50 1.0～2.5 μm，原晶粒度 200～2 500 nm 可调控，制品热导率≥220 W/(m·K)。	电子信息
196	高纯氧化铝	产品纯度≥99.999%，主要杂质含量 Fe≤2 ppm，Na≤2 ppm，Ga≤2 ppm，Si≤2 ppm，Ca≤1 ppm；产品 D50 在 0.1～0.8 μm 范围内可控，正态分布。	电子通信
197	缜石板	湿涨率≤0.25，抗折强度≥18 MPa，抗冲击强度≥1.4 MPa，燃烧性能达到 A 级及以上，抗菌性能 1 级，甲醛释放量 E1≤1.5 mg/L，耐划性≥1.5 N。	建筑

续表

序号	产品名称	性能要求	应用领域
198	新型光源镝灯用高纯氧化镝	纯度>99.99%,Fe_2O_3 含量<0.0005%,SiO_2 含量 0.002%,CaO 含量<0.003%,Al_2O_3 含量 0.005%;粒径范围:100~500 nm;颜色为纯白色。	核电、电子
199	高温陶瓷色釉料用高纯氧化镨	纯度>99.99%,Fe_2O_3 含量<0.0005%,SiO_2 含量 0.005%,CaO 含量<0.005%,Al_2O_3 含量 0.010%;Cl^- 含量 0.005%;经 1 100 ℃灼烧后无损耗;颜色为黑色。	冶金工业
200	软磁复合材料(SMC)	损耗 P_s:130 W/kg(1 kHz、1 T 条件下);饱和磁感应强度 B_s 1.40 T(1 kHz、1 T 条件下);横向断裂强度 TRS:40 MPa(1 kHz、1 T 条件下);产品密度 7.5 g/cm^3(1 kHz、1 T 条件下)。	电力电子、航空航天、轨道交通、汽车
201	新型铈磁体	无 Td、Dy 重稀土前提下,铈含量占稀土总量>20%,(BH)m(MGOe)+Hcj(kOe)>55;铈含量占稀土总量>30%,(BH)m(MGOe)+Hcj(kOe)>50。	节能环保、电子
202	氧化钕纳米材料	氧化钕的粒径 D50:50 nm,D90:100 nm;氧化钕纯度>99.95%,产品中 SiO_2 含量<0.005%,Fe_2O_3 含量<0.005%,Al_2O_3 含量<0.01%。	电子、航空航天
五	高性能纤维及复合材料		
203	高性能碳纤维	高强型:拉伸强度≥4 500 MPa,CV≤5%,拉伸模量 230~250 GPa,CV≤2%; 高强中模型:拉伸强度≥5 500 MPa,CV≤5%,拉伸模量 285~305 GPa,CV≤2%; 高模型:拉伸强度≥4 200 MPa,CV≤5%,拉伸模量 377 GPa,CV≤2%。	航空航天、轨道交通、海洋工程、风电装备、压力容器、建筑补强
204	通用型煤系沥青基碳纤维	拉伸强度≥600 MPa,弹性模量≥30 GPa,断裂伸长率 1.5%~2.0%,碳含量≥95%。	汽车、电子信息
205	中间相沥青基碳纤维	强度≥2 790 MPa,弹性模量≥850.73 GPa,热导率≥637.50 W/(m·K)。	航空航天、电子信息、轨道交通、风电
206	干法腈纶碳纤维原丝	干法腈纶碳纤维原丝纤度 0.8~1.2 dtex,单丝强度>6.0 cN/dtex,利用本项目原丝制备的碳纤维拉伸强度>3 500 MPa,体密度(1.78±0.2)g/cm^3。	航空航天、轨道交通、体育用品、风电
207	高性能碳纤维预浸料	0°拉伸强度≥2 500 MPa,0°拉伸模量≥155 GPa,CAI≥285 MPa。	航空航天

续表

序号	产品名称	性能要求	应用领域
208	汽车用碳纤维复合材料	树脂基体冲击韧性≥90 kJ/m²，在32 J的冲击能量下，复合材料CAI和原压缩强度相比保留90%以上，复合材料层间剪切强度≥60 MPa，复合材料热变形温度≥90 ℃。	汽车
209	高性能碳纤维增强陶瓷基摩擦材料	密度≤2.4 g/cm³，使用温度－50～1 650 ℃，抗压强度≥160 MPa，抗弯强度≥120 MPa，摩擦系数0.2～0.45，摩擦系数热衰退率≤15%。	轨道交通、汽车、工程机械
210	多层结构碳纤维-玻璃纤维复合材料连续抽油杆	拉伸强度≥1 360 MPa，拉伸弹性模量≥95 GPa，断裂延伸率≤2.0%，弯曲强度≥960 MPa，弯曲弹性模量≥65 GPa，表观水平剪切强度≥80 MPa，玻璃化温度：140 ℃、170 ℃、200 ℃，$\sigma_{0.1}$=540 MPa；循环周次≥1×10^{7}次。	石油化工
211	超高温碳-陶复合材料及制品	密度≥1.85 g/cm³，拉伸模量≥80 GPa，断裂韧性≥15 MPa·$m^{1/2}$，1 300 ℃拉伸强度≥200 MPa，1 300 ℃抗弯强度≥300 MPa，1 300 ℃面内剪切强度≥100 MPa，导热系数≥15 W/(m·K)，热膨胀系数(25～1 300 ℃)1.0×10^{-6}～4.5×10^{-6}/℃。	航空航天
212	高温炉用碳-碳复合材料	密度≥1.5 g/cm³，抗压强度≥150 MPa，抗弯强度≥100 MPa，导热系数≤30 W/(m·K)。	工业装备
213	航空制动用碳-碳复合材料	密度≥1.76 g/cm³，抗压强度≥140 MPa，抗弯强度≥120 MPa。	航空
214	风电叶片用碳纤维复合材料	纤维体积含量68%～72%，层间剪切强度≥52 MPa，0°弯曲模量≥140 GPa，90°拉伸强度≥36 MPa。	风电
215	连续玄武岩纤维及其复合材料	(1)连续玄武岩纤维：耐温温度－269～650 ℃，弹性模量≥85 GPa，抗拉强度≥3 000 MPa。 (2)耐碱玄武岩纤维：耐温温度－269～650 ℃，弹性模量≥85 GPa，抗拉强度≥3 000 MPa，耐碱盐侵蚀后纱线拉伸断裂强度≥0.35 N/tex，强度保留率>65%。 (3)连续玄武岩纤维复合材料：密度2.6 g/cm³，断裂伸长率2.9%～3.1%，拉伸强度2.5～3.8 GPa，拉伸模量88～105 GPa，最高使用温度650 ℃，导热系数≤0.035 W/(m·K)。	航空航天、高速公路、汽车、体育器械、船舶
216	高性能玄武岩纤维岩棉材料	燃烧性能符合GB 8624—2012《建筑外墙外保温用岩棉制品》标准规定的A级要求，压缩强度≥60 kPa，酸度系数≥1.8，憎水性≥98.0。	建筑、农业、船舶

续表

序号	产品名称	性能要求	应用领域
217	超高分子量聚乙烯纤维及其复合材料	超高分子量聚乙烯纤维:(1)超高强型:断裂强度≥36 cN/dtex,初始模量 1 300~1 800 cN/dtex,断裂伸长率 2%~3%。 (2)耐热型:瞬间耐热温度≥180 ℃,强度≥30 cN/dtex,初始模量≥1 100 cN/dtex,断裂伸长率≤3%,CV 值≤3%。 (3)抗蠕变型:在 70 ℃、300 MPa 应力条件下蠕变断裂时间≥900 h,蠕变伸长率≤8%,强度≥30 cN/dtex,初始模量≥1 100 cN/dtex,断裂伸长率≤3%,CV 值≤3%。 超高分子量聚乙烯纤维复合材料:抗拉强度≥1 100 kN/m,延伸率<3%。	航空航天、海洋工程、高速公路、高速铁路、桥梁
218	芳纶及制品	(1)芳纶纸:灰分<0.5%,芳纶纸击穿电压>15 kV/mm,抗张强度>2.5 kN/m,芳纶层压板击穿电压>40 kV/mm,耐热等级达到 210 ℃,阻燃达到 VTM-0 或 V-0 级,水萃取液电导率<5 mS/m,180 ℃长期对硅油无污损。 (2)芳纶 1414(芳纶Ⅱ)纤维:纤维纤度 840D 和 1000D:断裂强度≥22.5 cN/dtex,CV≤5.0%;断裂伸长率≥3.0%,CV≤3.0%;弹性模量(95±15)GPa。纤维纤度 1500D 和 3000D:断裂强度≥18.0 cN/dtex,CV≤5.0%;断裂伸长率 3.5%±1.0%,CV≤3.0%;弹性模量(85±15)GPa。 (3)芳纶Ⅲ长纤维及织物:纤维:密度(1.44±0.01)g/cm^3,纤度 6~300 tex,拉伸强度≥28.5 cN/dtex,弹性模量≥750 cN/dtex,伸长率 2.5%~4.2%;平纹机织物:面密度 150\170\200\300\340 g/cm^2,典型织物 200 g/cm^2 经纬向强力≥10 kN,典型织物 340 g/cm^2 经纬向强力≥17 kN;UD 布:硬质 UD 面密度(140±10)g/cm^2,软质 UD 面密度(235±10)g/cm^2。 (4)芳纶长丝:线密度偏差±5.0%,断裂强度≥17.5 g/d,弹性模量≥500 g/d。 (5)芳纶柔性织物:绳索强度≥6 g/D,10%力下延伸率 1%~5%。 (6)间位芳纶纤维:纤维强度≥3.5 cN/dtex,纤维伸长率≥20%,纤维本质阻燃,长期使用温度 200 ℃。	轨道交通、电力电子、航空航天、信息通信、应急救援
219	芳纶蜂窝	室温下,蜂窝平面压缩强度≥1.74 MPa,芯子平面剪切"L"向强度≥1.25 MPa,"W"向强度≥0.70 MPa。	航空航天、轨道交通、船舶
220	芳砜纶纤维(聚砜酰胺纤维)	断裂强度 3.5~5 cN/dtex;断裂伸长率 20%~30%;初始模量 30~70 g/d;玻璃化温度 400 ℃;极限氧指数 33;250 ℃下,热收缩(30 min)<0.5%。	航空航天、应急救援、安全防护、电气绝缘
221	聚四氟乙烯长丝纤维	线密度 90~1 200 D,断裂强度≥2.6 cN/dtex,断裂伸长率 4.0%~12.0%,热收缩率≤3.5%,变异系数(CV)≤15%,捻度偏差±5%/m。	环保、汽车

续表

序号	产品名称	性能要求	应用领域
222	高效玻纤过滤材料	厚度(0.4±0.07)mm，DOP≤0.015，纵向拉力≥1.225 kN/m，纵向伸长率(1.5±0.5)%，横向拉力≥0.7 kN/m，横向伸长率(2±0.5)%，挺度≥1 200 mg。	医疗卫生
223	耐用型高智能型复合土工材料	抗拉强度≥1 000 kN/m，延伸率<13%，蠕变折减系数 1.28≤RFcr≤1.3，应变监测精度≤3 $\mu\varepsilon$，定位精度≤1 m。	高速公路、高速铁路、桥梁、海洋工程
224	超大型中空结构高强复合材料舟桥板	内部结构：中空结构；最大尺寸：4 600 mm×2 500 mm；通过能力≥120 T；设计使用温度−40～75 ℃；承载能力≥4.5 MPa；连接方式：搭接、模块化组件连接；使用寿命≥15 年。	石油化工、工程建设、抗险救灾
225	高模玻璃纤维	浸胶纱弹性模量≥90 GPa；软化点温度≥900 ℃；线膨胀系数≤$5.0\times10^{-6}K^{-1}$。	风电
226	超薄电子布	(1)106 电子布：经纬密度 22×22 根/cm，厚度(0.033±0.01)mm，单位面积质量(24±1)g/m^2。 (2)1037 电子布：经纬密度 27.6×28.7 根/cm，厚度(0.027±0.01)mm，单位面积质量(23±1)g/m^2。 (3)超薄型电子布 1067：经纬密度 27.6×27.6 根/cm，厚度(0.035±0.01)mm，单位面积质量(30.7±1)g/m^2。 (4)极薄型电子布 1027：经纬密度 29.5×29.5 根/cm，厚度(0.019±0.01)mm，单位面积质量(20±1)g/m^2。 (5)极薄型电子布 1017：经纬密度 37.4×37.4 根/cm，厚度(0.014±0.01)mm，单位面积质量(12±1)g/m^2。 (6)1080 电子布：经纬密度 23.6×18.72 根/cm，厚度(0.048±0.01)mm，单位面积质量(48±1)g/m^2。 (7)2116 电子布：经纬密度 23.6×22.8 根/cm，厚度(0.092±0.01)mm，单位面积质量(105±1)g/m^2。	电子信息
227	电子级超细玻璃纤维纱	密度(2.63±0.1)g/cm^3，软化温度(860±20)℃，纤维直径3.5～5 μm，纤维号数 1.7～11.2 tex，弹性模量 70～75 GPa。	航空航天、电子
228	玻璃纤维增强材料保温连接件	国家标准为 JG/T 561—2019；拉伸强度≥1 060 MPa；极限载荷≥93.6 kN；拉伸弹性模量≥46 GPa；弯曲强度≥960 MPa；弯曲弹性模量≥46 GPa；层间剪切强度≥46 MPa；抗拔承载力≥15.0 kN。	建筑
229	快速固化连续纤维增强预浸料	固化时间≤6 min(1 mm)，其中平纹玻纤织物预浸料可达 0°拉伸强度≥500 MPa，拉伸模量≥20 GPa，弯曲强度≥495 MPa，弯曲模量≥20 GPa，阻燃性能 3 mmV-0，T_g≥110 ℃，冲击强度≥157.72 kJ/m^2，断裂延伸率≥2%。盐雾测试，表面无腐蚀物、裂纹、气泡，拉伸强度≥450 MPa，老化测试衰减<10%。	汽车、船舶、电子电器、风电、轨道交通、矿山机械

续表

序号	产品名称	性能要求	应用领域
230	长纤维增强热塑性复合材料(LFT)	(1)LFTPP30GF:拉伸强度>95 MPa,弯曲强度>140 MPa,弯曲模量>5 000 MPa,缺口冲击强度>23 J/m^2。 (2)LFTPP40GF:拉伸强度>110 MPa,弯曲强度>150 MPa,弯曲模量>7 000 MPa,缺口冲击强度>20 J/m^2。 (3)LFTPP50GF:拉伸强度>115 MPa,弯曲强度>155 MPa,弯曲模量>9 500 MPa,缺口冲击强度>20 J/m^2。	交通、建筑、航空航天、家电、海洋工程
231	PBO纤维及其复合材料	纤维拉伸强度≥5.5 GPa,高韧型PBO纤维拉伸弹性模量≥160 GPa,高模型PBO纤维拉伸弹性模量≥260 GPa,高韧型PBO纤维断裂伸长率3.0%～4.0%,高模型PBO纤维断裂伸长率2.0%～3.0%,热分解温度≥650 ℃(N_2气氛),极限氧指数≥68%。	航空航天、安全防护、电子信息
232	莱赛尔短纤维	(1)莱赛尔短纤维(常规型):干断裂强度≥3.60 cN/dtex,湿断裂强度≥3.15 cN/dtex,干断裂伸长率15.0%±3.5%,线密度偏差率±10.5%,长度偏差率±11%,疵点含量≤25.5 mg/100 g,超长纤维率≤2.1%。 (2)莱赛尔短纤维(抗菌型):干断裂强度≥3.60 cN/dtex,湿断裂强度≥3.15 cN/dtex,干断裂伸长率15.0%±3.5%,线密度偏差率±10.5%,长度偏差率±11%,疵点含量25.5 mg/100 g,超长纤维率≤2.1%,抗菌性能符合FZ/T 73023—2006要求。 (3)莱赛尔短纤维(交联型):干断裂强度2.80 cN/dtex,湿断裂强度≥2.30 cN/dtex,干断裂伸长率8.5%±3.5%,线密度偏差率±10.5%,长度偏差率±11%,疵点含量25.5 mg/100 g,超长纤维率≤2.1%,湿磨损次数400次。	纺织
233	环保型高性能超细纤维复合新材料	材料性能满足剥离强度≥5 kg/3 cm,常温耐折≥10万次;断裂强力:纵向≥450 N,横向≥450 N;撕裂强力:纵向≥30 N,横向≥30 N。	汽车、医用卫生、纺织
234	聚酰亚胺纤维及制品	纤度≥1.41 g/cm^3,断裂强度>4.5 cN/dtex,弹性模量36～43 cN/dtex,断裂伸长率10%～30%,连续使用温度260 ℃,分解温度569 ℃,极限氧指数LOI 38%。	工业防护、过滤、纺织
235	配网复合材料电杆	产品规格:12 m、15 m;稍径:190 mm;根径:350 mm、390 mm;标准承载弯矩>150 kN·m; 介质损耗<0.12,受潮后变化<5%;质量<200 kg(12 m)、<260 kg(15 m)。	电力装备
六	前沿新材料		
236	石墨烯防腐涂料	耐原油120 ℃,60天以上;常温耐20%硫酸90天以上;常温耐20%盐酸90天以上;常温耐烧碱90天以上;常温耐土酸(15%盐酸+3%氢氟酸)60天以上。	石油石化、电力、海洋工程

续表

序号	产品名称	性能要求	应用领域
237	石墨烯电发热膜	低工作电压(≤36 V):功率密度≤200 W/m^2,发热温度≤70 ℃或70～240 ℃,表面温度不均匀度≤5 ℃,电热辐射转换效率>85%,低频磁场辐射<0.3%; 高工作电压(>36 V):功率密度≤250 W/m^2,表面温度不均匀度≤5 ℃,电热辐射转换效率≥70%,功率偏差≤±5%。	医疗器械、电子、汽车、节能设备
238	石墨烯导电浆料	导电剂含量 4 wt%,水分含量≤1 000 ppm,金属杂质含量:Fe≤20 ppm、Co≤5 ppm、Ni≤5 ppm、Mn≤5 ppm、Cu≤5 ppm、Zn≤5 ppm,30≤极片电阻率≤60。	新能源汽车
239	石墨烯导热膜	导热系数>1500 W/(m·K),密度>1.9 g/cm^3,导热膜厚度20～300 μm。	电子信息
240	高性能石墨烯材料	片径<10 μm,厚度<5 nm,Fe 含量<150 ppm,铜含量<100 ppm,堆密度<0.02 g/cm^3,含水率<2 wt%。	新能源汽车、电子
241	高性能氧化石墨烯材料	C 的质量分数 50%±3%;灰分<1 wt%;Mn 含量<50 ppm;S 含量<0.5%(wt);Cl 含量<0.5 wt%;厚度<3 nm。	热管理、石油化工、电子
242	氧化石墨烯膏体	氧化石墨烯固含量>40%,灰分<1%,金属杂质含量<100 ppm,成膜后热扩散系数>800 mm^2/s。	机械、电子、航空航天、医疗
243	高性能硅氧碳负极材料	克容量≥1 600 mAh/g,首次效率≥85%,循环寿命≥800 次。	新能源汽车
244	多层包覆型快充石墨负极材料	克容量≥355 mAh/g,首次效率>92%,压实密度≥1.6 g/cm^3,充电倍率≥4 C。	新能源汽车

关于印发《山东省标志性产业链产学研协同创新行动工作方案》的通知

鲁工信技〔2022〕203 号

省各有关部门(单位):

为深入贯彻落实省教育厅、省科技厅、省工业和信息化厅《关于进一步加强部门协调联动促进产学研深度融合工作机制(试行)》(鲁工信字〔2021〕2 号)要求,加强产学研协同创新,解决企业技术需求,推动高校科研院所创新成果产业化。省工业和信息化厅联合省教育厅、省科技厅制定《山东省标志性产业链产学研协同创新行动工作方案》，现印发给你们，请结合实际认真贯彻落实。

山东省工业和信息化厅
山东省教育厅
山东省科学技术厅
2022年9月8日

山东省标志性产业链产学研协同创新行动工作方案

根据省教育厅、省科技厅和省工业和信息化厅《关于进一步加强部门协调联动促进产学研深度融合工作机制(试行)》(鲁工信字〔2021〕2号)和《山东省工业和信息化厅关于印发深入实施标志性产业链"链长制"工作运行机制的通知》(鲁工信研〔2022〕94号)，加强产学研协同创新的部署要求，省工业和信息化厅联合省教育厅、省科技厅围绕标志性产业链开展精准产学研对接和新技术新产品推介活动，解决企业技术需求，推动高校科研院所创新成果产业化。

一、总体要求

推动人才链创新链产业链深度融合，加强跨部门对接合作，聚焦标志性产业链企业需求，通过联合攻关、组建创新联合体等方式，解决企业需求，推动科技创新成果转化，不断提升山东省产业链供应链稳定性和竞争力，加快推动新时代制造强省和数字强省建设。

二、重点内容

围绕"聚焦一个目标，实施六项举措"，通过组织行业龙头企业、单项冠军企业、"专精特新"中小企业与省内高校科研院所开展产学研合作，加快构建技术创新体系。从2022年11月份开始，原则上每两个月围绕一条标志性产业链举办一次产学研精准对接和新技术新产品推介活动(具体配档表见附件1)。

(一)梳理企业需求和可推介的新技术新产品。省工业和信息化厅负责梳理标志性产业链企业技术需求，明确需求的具体领域和方向；负责征集标志性产业链可推介的新技术、新产品。省科技厅会同省工业和信息化厅梳理我省标志性产业链基础薄弱环节，对照当前国内空白和重大工程、重大项目、重大装备需求，挖掘有望实现关键核心技术突破的项目。省教育厅负责梳理标志性产业链省内高校可转化创新成果。省科技厅负责梳理标志性产业链省内科研院所可转化创新成果。

(二)精准产学研对接。省工业和信息化厅负责协调确定开展精准对接活动的标志性产业链活动时间、地点等。组织标志性产业链企业走进高校科研院所，专家教授团队走进省优势产业集群或链主企业，开展精准产学研对接和新技术新产品推介活动。对标志性产业链合作需求较集中的省外高校，省工业和信息化厅将会同省教育厅举办“走出去”对接活动。

（三）新技术新产品推介活动。省企业技术创新促进会负责会同标志性产业链行业协会或产业联盟将省工业和信息化厅征集的新技术、新产品筛选整理，通过媒体、网站、公众号、微信工作群等推介发布；遴选代表性创新产品现场推介，并根据实际情况，组织新技术新产品展览展示活动。

（四）指导创建产业链新型创新平台。促进标志性产业链企业与高等院校和科研院所开展产学研协同创新合作，鼓励标志性产业链企业创建省级创新平台，优先支持标志性产业链链主企业牵头建设省制造业创新中心、省级“一企一技术”研发中心等，吸纳整合上下游企业作为参与共建单位，加强关键核心技术和共性技术研发，探索专利所有权共享、收益权让渡等合作机制，推动资源共享、科技成果共用。

（五）搭建常态化对接机制。探索构建高等院校、科研院所创新成果库和标志性产业链企业需求库，定期发布适合产业化创新成果清单，企业技术需求项目，“卡脖子”技术需求榜单，创新对接合作方式，运用信息化等手段建立完善校企对接常态化机制，降低对接成本，提升对接效率，促进协同创新。

（六）跟踪服务工作。省工业和信息化厅牵头省企业技术创新促进会，协调标志性产业链行业协会或产业联盟汇总形成工作台账，跟踪服务后期合作对接事宜。省工业和信息化厅负责积极协调落实基金，对成功开展产学研合作和成果转化项目予以支持。省工业和信息化厅牵头加强典型经验宣传推广，对组织活动成效突出的市相关部门、省行业协会、联盟、高校等，总结先进经验、选取典型案例进行宣传和支持。

三、保障措施

省教育厅、省科技厅和省工业和信息化厅要深入落实《关于进一步加强部门协调联动促进产学研深度融合工作机制（试行）》要求，密切协作配合，系统整合技术、人才、平台、资金等资源要素，确保活动取得扎实成效（具体任务分工见附件2）。

（一）省教育厅。将成功开展产学研合作和成果转化项目的省内高校团队优先纳入评先树优范围。

（二）省科技厅。针对梳理出的标志性产业链基础薄弱环节，对照当前国内空白和重大工程、重大项目、重大装备需求，将符合条件的关键核心技术攻关项目优先列入省级科技计划指南。

（三）省工业和信息化厅。将成功开展产学研合作符合条件项目纳入省技术创新项目范畴，积极推荐争取国家试点示范、典型案例推广等项目。按照鲁工信研〔2022〕94号文件要求，对开展工作较好的行业协会、高校院所等给予奖励。

附件：1.标志性产业链产学研精准对接和新技术新产品推介活动安排表.xlsx

2.山东省产业链产学研协同创新行动工作方案任务清单.xlsx

山东省人民政府办公厅关于完善科技成果评价机制的实施意见

鲁政办字〔2022〕99号

各市人民政府,各县(市、区)人民政府,省政府各部门、各直属机构,各大企业,各高等院校:

为深入贯彻《国务院办公厅关于完善科技成果评价机制的指导意见》(国办发〔2021〕26号)精神,健全完善科技成果评价体系,树立以创新质量、绩效、贡献为核心的科技评价导向,推动科技成果高质量供给和转化应用,经省政府同意,结合山东省实际,提出如下实施意见。

一、坚持正确的科技成果评价导向

(一)全面准确评价科技成果的多元价值。根据科技成果不同类型和评价目的,有针对性地评价科技成果的科学、技术、经济、社会、文化"五元"价值,解决指标单一化、标准定量化、结果功利化的问题。探索建立"五元"价值评价的工具和模型,制定通用的评价标准、流程,在电子信息、医学、现代农业等领域制定符合科学规律和行业特色的评价指标体系。(省科技厅牵头)

(二)破解成果评价中的"唯论文、唯职称、唯学历、唯奖项"问题。深入开展"四唯"清理专项行动,在科研项目绩效评价、科技奖励、人才计划评审和职称评聘中突出代表性成果评价,在高等院校、科研机构、公立医院、国有企业绩效考核(评价)等活动中突出创新能力评价考核,全面纠正单纯重数量指标、轻质量贡献等不良倾向。对具有重大学术影响、取得显著应用效果、为经济社会发展和国家安全作出突出贡献的高质量成果,提高其考核评价权重。鼓励制定作者贡献清单,实行责任制署名,科学确定个人、团队和单位在成果产出中的贡献。(省科技厅、省教育厅、省人力资源社会保障厅牵头,省委组织部、省科协、省卫生健康委、省国资委配合)

二、构建政府、社会组织、企业、投融资机构等主体参与的多元评价体系

(三)深化财政科技项目成果评价改革。深入推进科技计划项目管理改革,建立标准化绩效评价体系,提高科技成果评价权重。对财政支持的科技重大专项项目,将科技成果评价纳入综合绩效评价。完善重大科技成果技术成熟度评价标准,开展技术成熟度评价,探索开展技术尽调。发挥科技成果评价报告增信作用,将科技成果评价报告作为省级科技计划项目立项、过程管理以及绩效评价的重要依据。健全重大科技计划项目知识产权管理流程,建立专利申请前评估制度,加大高质量专利转化应用绩效的评价权重。(省科技厅牵头,省财政厅、省市场监管局配合)

（四）大力推进市场化评价。制定加强技术交易市场建设政策措施，发挥济青烟国家科技成果转移转化示范区带动作用，支持山东省技术成果交易中心等与北京、上海等技术交易机构深度合作，建设高水平区域性技术交易市场，完善协议定价、挂牌交易、拍卖、资产评估等多元化市场交易定价办法，大力推广“评估—担保—贷款—投资—交易”模式。依托山东省科技成果转化服务平台等载体，建立完善省级技术交易信息发布机制，依法推动技术交易、科技成果、技术合同登记等信息数据互联互通。加强技术转移服务体系建设，完善技术转移服务机构备案管理办法，促进专业化、市场化、规范化发展。完善技术经纪人队伍建设措施，制定评价人员认定服务指引，畅通职称评审渠道，依托技术转移人才培养基地建立以技术经纪人为主体的评价人员培养机制，鼓励技术转移机构和技术经纪人全程参与发明披露、评估、对接谈判等工作。（省科技厅牵头）

（五）引导第三方评价机构健康发展。发挥行业协会、学会、研究会和专业化评价机构等作用，组建科技成果评价联盟，共同制定行业标准指南，推动评价诚信体系和制度建设。制定科技成果评价规范地方标准，支持第三方专业机构贯标。鼓励评价机构专业化发展，在细分技术领域内培养熟悉行业特征、了解产业发展的专业评价机构。搭建省级科技成果评价信息服务平台，引导中介服务行业规范有序发展。（省科技厅牵头，省科协配合）

（六）鼓励金融投资机构参与评价。建立完善科技成果评价与金融机构、投资公司联动机制，引导金融投资机构从成果研发投入、技术成熟度、技术创新水平、预期效益和潜在风险等方面，对成果潜在经济价值、市场估值、发展前景等进行商业化评价，提早介入研发活动。鼓励引导金融投资机构建立以知识产权、人力资本为核心的科创企业评价体系，开发信用评价模型和科技信贷、知识产权质押等产品和服务。依托创新创业共同体建立科技金融增信平台，加大成果转化支持。支持济南市开展科创金融改革试验，加快设立科技支行或科技专营机构，探索外部投贷联动等模式，搭建“科技创业者港湾”，为企业提供“金融＋孵化＋产业＋辅导”一站式综合服务。（省科技厅牵头，省市场监管局、省地方金融监管局、人民银行济南分行配合）

三、完善科技成果分类评价机制

（七）科学实施分类评价。发布科技成果分类评价工作指引，按照基础研究、应用研究、技术开发与产业化等不同成果类型，规范科技成果评价主体、内容、方法和形式，形成符合科技规律的多元化分类评价机制。基础研究类突出原创导向，以同行评议为主，探索引入国际“小同行”评价，全面推行代表作评价。应用研究类以行业用户和社会评价为主，重点评价成果的创新性、成熟度、可靠性、应用场景等。技术开发和产业化类以最终用户、市场和第三方评价为主，重点评价成果市场价值、产学研合作成效、技术创新与集成能力、对经济社会发展贡献等。（省科技厅牵头）

（八）建立全周期评价机制。开展科研项目立项前评估，重点评估产业发展需求度、技术先进性与可行性、预期成效和潜在价值等指标。选择部分科技重大专项项目开展重大成果研发过程回溯和阶段性评估，合理评价成果研发过程性贡献，将阶段性评估结果作为绩效评价的重要依据。探索在科技计划项目验收3年后开展成果后评估,对取得重大经济或社会效益的给予持续支持。对重大科技创新平台和3年以上科技项目推行中长期评价,以年度进展报告加强事中监管,不以短期结论和研发成败论英雄。(省科技厅牵头,省财政厅配合)

(九)创新评价技术方法。加强评价理论和方法研究,利用大数据、人工智能、区块链等技术手段,开发智能化评价技术工具。综合运用概念验证、技术预测、知识产权评估、创新创业大赛等方式,推广标准化评价和"以赛代评"。依托山东省科技成果转化服务平台,建设集成果库、需求库、案例库和评价工具方法库于一体的信息服务平台,实现与各类技术交易市场联通。(省科技厅牵头)

四、强化科技成果评价应用

(十)拓宽成果转化应用场景。推动财政性资金支持形成的成果进入成果库,规范入库科技成果范围、标准、流程及运用推广等内容,定期发布成果推广清单。完善企业、高等学校、科研院所等科研人员职务科技成果披露制度,科研人员职务科技成果经评价后在一定范围公开,增加职务科技成果对接社会资本的机会,促进科技成果从"论文"走向"市场"。定期发布新应用场景目录,加快建设成果转化中试示范基地,实施重大科技成果产业化应用示范工程。建设黄河流域技术转移中心,跨区域开展科技成果交易,促进成果优先在黄河流域转化应用。(省教育厅、省科技厅、省卫生健康委牵头)

(十一)体系化推进科技奖励改革。调整优化科技奖励制度,规范提名制度和流程,优化奖励项目,提高奖励质量,奖励真正作出创造性贡献的科学家和一线科研人员。建立省科技奖与国家、省重大科研任务衔接机制,探索定向奖励机制。鼓励和规范社会科技奖励发展,培育高水平社会科技奖。修订《山东省科学技术奖励办法》。(省科技厅牵头,省人力资源社会保障厅、省司法厅配合)

(十二)优化成果评价生态。将科技成果转化绩效作为核心要求,纳入高等院校、科研机构、国有企业创新能力评价,鼓励建立科技成果评价与转化负面清单。健全科技成果转化有关资产评估管理机制,明确国有无形资产管理的边界和红线,发挥网上技术交易平台作用,优化成果转化管理流程,探索网上成果转化渠道。制定激励创新、宽容失败政策措施,开展科技成果转化尽责担当行动,深化科研人员职务科技成果所有权或长期使用权试点。完善成果评价监督机制,将失信行为纳入科研诚信管理信息系统。(省科技厅牵头,省教育厅、省财政厅、省卫生健康委、省国资委配合)

各级科技行政部门牵头做好科技成果评价工作,各有关部门、单位要强化责任意识,在本意见制定半年内完成有关制度制修订,广泛开展政策宣传解读,推动政策落实落地,营造良好创新氛围,为科技强省建设作出积极贡献。

山东省人民政府办公厅
2022年9月8日

(此件公开发布)

山东省工业和信息化厅关于印发《"山东制造"品牌提升行动方案》的通知

鲁工信技〔2022〕214号

各市工业和信息化局,有关协会、企业:

为贯彻落实国家和省有关"十四五"制造业科技创新发展规划要求,按照省委、省政府关于加快推进制造强省、数字强省建设部署要求,省工业和信息化厅研究制定了《"山东制造"品牌提升行动方案》,现印发给你们,请结合实际,认真贯彻落实。

山东省工业和信息化厅

2022年9月23日

"山东制造"品牌提升行动方案

品牌是高质量发展的重要象征,是企业产品核心价值的体现,是质量和信誉的保证;加强品牌建设是满足人民美好生活需要的重要途径。为推动制造强省和数字强省建设,实施质量强省和品牌战略,打造"山东制造"优势品牌,加快提升"山东制造"品牌影响力和高端化,增强品牌核心竞争力和持续发展能力,结合我省实际,制定本行动方案。

一、总体要求

以习近平新时代中国特色社会主义思想为指导,全面贯彻党的十九大和十九届历次全会精神,深入贯彻习近平总书记关于品牌建设的重要指示精神,立足新发展阶段,完整、准确、全面贯彻新发展理念,构建新发展格局,坚持质量第一、创新引领,打造"山东制造"优势品牌。适应新时代新要求,进一步引导企业加强品牌建设,进一步拓展重点领域品牌,持续扩大品牌消费,营造品牌发展良好环境,促进质量变革和质量提升,推动"山东制造"品牌高端化,久久为功促进"山东制造"品牌建设高质量可持续发展。

二、行动内容

(一)开展"山东制造·齐鲁精品"推介行动。组建"山东省现代制造业品牌建设促进中心"作为"山东制造·齐鲁精品"推介行动第三方组织机构。面向全省标志性产业链领域,研究制定团体标准和管理办法,遴选一批“山东制造·齐鲁精品”,开展品牌宣传和产品推介工作。举办系列“山东制造·齐鲁精品”推介会,搭建“山东制造·齐鲁精品”推介平台,拓宽齐鲁精品营销渠道,助力企业品牌建设和产品营销。

(二)开展“山东制造·品牌故事”展播行动。面向百年品牌企业培育工程重点培育企业及各市重点培育企业,充分挖掘企业发展历程中的经典故事、案例,体现企业坚持走高质量、可持续发展道路,反映企业质量文化、质量管理、质量创新、品牌创建、品牌推广的特色品牌故事。邀请品牌建设、质量管理、新闻传播等领域的专家对报送故事进行审核把关,在官方网站、微信公众号、短视频网络平台等开辟展播专区,对符合要求且具有较好公众性、传播性、示范性的故事进行集中宣传展播,充分展示企业品牌故事和企业文化,营造“山东制造”品牌形象。

(三)开展“山东制造·质量提升”行动。推动企业质量管理体系升级,加快全面质量管理体系建设,落实企业质量主体责任,鼓励企业设立首席质量官、首席品牌官,把质量诚信落实到生产经营全过程。支持重点产业链联盟加强产业链上下游协同创新和质量管理联动,提升产业链供应链质量水平。支持相关协会开展“质量管理小组”“质量信得过班组”“市场质量信用等级评价”“现场管理成熟度评价”等各类质量管理活动,提升企业全员全过程质量意识和素质。深入开展全国和全省“质量标杆”选树活动,挖掘提炼典型经验,遴选推荐一批全国质量标杆,选树一批全省质量标杆。联合有关协会举办全省质量标杆经验交流活动,宣传推广典型经验,形成良好示范效应,带动一批企业质量管理能力突破提升。

(四)开展“山东制造·标准引领”行动。深化产业链上下游标准协同衔接,鼓励链主企业带动上下游配套企业开展标准研制,推动形成统一协调的标准体系。推进地方标准体系建设,围绕数字经济、智能制造、绿色制造、工业互联网等领域组织制定相关标准。促进团体标准优质发展,鼓励相关协会、产业联盟等社会团体研究制定先进团体标准,推荐申报工信部百项团体标准应用示范项目,提升企业对团体标准的推广应用率。加强标准宣传贯彻,支持相关协会、专业机构开展国家、行业、地方标准贯标工作。

(五)开展“山东制造·科技创新”行动。依托链主企业和高校院所,加快布局建设一批制造业创新中心,积极发挥创新资源整合、共性技术研发、创新服务平台等方面的作用,切实提升“山东制造”竞争力。加强企业研发机构建设,提升企业技术创新能力,培育认定一批省“一企一技术”研发中心和技术创新示范企业。组织实施企业技术创新项目计划,提升产业技术研发和创新成果产业化水平。开展产学研精准对接活动,组织标志性产业链企业与省内外知名高等院校、科研院所专题对接,加快科技成果转化落地。充分发挥工业产品质量控制和技术评价实验室作用,为关键核心技术攻关和科技成果转化及产业化提供问题诊断、分析试验、改进验证等技术支撑。

(六)开展“山东制造·品牌交流”行动。定期召开“‘山东制造’品牌创新发展大会”,面向重点品牌培育企业、优秀品牌创新成果企业,从品牌宣传、品牌推广和品牌体系建设等方面致力打造“山东制造”品牌创新发展高端交流平台,系统展示我省企业品牌发展成果和经验，交流发布优秀品牌创新成果企业名单和优秀品牌创新成果，营造“山东制造”品牌宣传交流良好氛围。

三、保障措施

（一）加强组织协调。深入贯彻落实省委、省政府决策部署，充分认识品牌建设的重大意义，强化组织实施，完善省市协调工作机制，扎实推进品牌建设工作。

（二）培育品牌标杆。鼓励重点行业和领域企业开展品牌建设行动，培育一批重点行业和领域精品品牌，打造世界知名品牌企业和品牌产品。发挥品牌标杆示范作用，引导区域、行业、企业开展对标提升行动，增强品牌培育和管理能力。适时总结推广全省品牌建设典型经验和做法。

（三）加强宣传引导。各部门、各地方要加强本行动方案及相关企业政策的宣传解读。支持各类新闻媒体开设宣传品牌的专栏和专题节目，总结推广一批企业品牌提升的典型经验和案例。加大正面宣传和舆论引导力度，提振企业发展信心，为“山东制造”品牌创新发展营造良好社会氛围。

山东省工业和信息化厅印发关于《山东省制造业数字化转型行动方案（2022—2025 年）》配套文件的通知

鲁工信发〔2022〕6 号

各市人民政府，各县（市、区）人民政府，各大企业：

《山东省制造业数字化转型行动方案（2022—2025 年）》配套文件《分行业制造业数字化转型目标和实施路径》《山东省制造业数字化转型重点项目（第一批）》《山东省制造业数字化转型重点支撑平台（第一批）》已经省政府同意，现印发给你们，请抓好贯彻落实。

山东省工业和信息化厅

2022 年 10 月 14 日

（此件公开发布）

分行业制造业数字化转型目标和实施路径

一、石化行业

(一)主要目标

到2025年,石化行业骨干企业数字化示范引领取得显著成效,行业数字化解决方案得到广泛推广应用,重点生产装置自控率达到98%以上、平稳率达到97%以上,生产数据自动采集率达到90%以上,环保数据自动采集率和关键业务环节全面数字化率达到100%,生产运营成本降低20%,库存周转率提升20%。

(二)实施路径

1.强化设备精益管控。加强设备运行状态监测,构建设备数字孪生体,实时监测设备的运行情况,通过DCS、SIS系统实现生产指挥、工艺操作、运行控制的一体化智能管控。利用实时采集的各项设备性能参数,预判设备运行状态及故障,实现预测性维护;通过高空瞭望设备、热成像仪等,有效提升区域重大风险监控的维度和广度,为危化品风险管控提供预警支撑。

2.优化工艺配方流程。对工艺配方、工艺流程等全方位模拟仿真,优化原料配比参数和装置优化路径,实现最优炼化生产。实时采集和分析油品炼化全流程的质量数据,对各项质量指标进行在线动态分析和预测预警,实现炼化全流程质量跟踪及自动控制。加强关键耗能设备和高耗能加工流程的数据采集,结合大数据、人工智能算法降低耗能。

3.推动产业链协同优化。综合运用新一代信息技术,实施以供应链、产业链、价值链协同优化驱动的炼化一体化生产智能制造工程,实时采集和分析供应链运行情况,识别改进资源配置低效环节,提高企业内部资源配置效率。以工业互联网平台为连接枢纽,打通石化上游原油供应、中游炼化生产、下游产品销售各环节,优化全产业链资源配置。

4.加强行业典型应用示范。围绕经营管理、生产运行、设备控制、安全环保、设备管理、质量管控、网络货运、产业链协同优化等数字化转型重点应用领域与关键环节,挖掘行业创新示范模式,树立一批行业数字化典型标杆。鼓励有能力的企业和机构组建联盟或者联合体,采用市场化运营的模式向行业输出经验和产品方案,推动典型应用和新模式向全行业推广普及。

5.推进数转管理体系建设。持续开展行业数字化转型评估诊断和对标引导,结合数字化转型和工业互联网发展新趋势,不断完善数字化转型成熟度模型、评估体系和评估办法,建立行业数字化转型评估规范。大力推动行业数字化转型标准体系建设,研制一批行业急需、影响力较大的数字化转型标准。

6.开展数转核心技术攻关。加强5G、工业互联网、人工智能、大数据、数字孪生等新技术与石化行业融合应用研究,鼓励有条件的企业率先开展新技术创新试点。在经营管理、生产运营、设备健康、安全环保、供应链协同等核心业务环节,突破一批关键共性技术应用，形成满足行业重大应用需求的产品和解决方案，为实现高质量数字化转型提供技术支撑。

7.构建行业转型生态体系。围绕行业数字化转型需求，构建信息化和工业化深度融合业务发展图谱，形成可参考、可复制的行业数字化转型体系，建设覆盖企业全流程、全业务的功能应用路线图。建立健全行业数字化转型人才培养体系，采用线上与线下、理论与实践、技术与业务应用相结合的方式，培养一批满足当前行业数字化转型发展需求的专业性人才。

二、钢铁行业

（一）主要目标

积极推进信息化、数字化与钢铁制造技术融合发展，加快建设钢铁制造云平台，开展流程型智能制造、网络协同制造、大规模个性化定制、远程运维等智能制造新模式的试点示范，形成钢铁行业智能制造解决方案。到 2025 年，全省钢铁行业数字化车间（智能工厂）普及率达到 20%以上，主要工序智能化制造普及率达到 50%以上，万人机器人数量达到 250 台以上。

（二）实施路径

1.推进生产工序数字化。利用 5G、确定性网络等新型技术，构建业务和生产区域全覆盖的高速网络架构，通过加装传感器、智能网关等，加快推动关键设备及工艺环节上云上平台，建立稳定高效的物质流、能量流、信息流网络。推进工序一体化融合，利用人工智能、大数据分析等，提高钢铁生产制造全流程实时监控、动态调度、预测预警水平。大力推广智能检测设备在关键工序的应用，促进环境信息融合、参数深度感知。在工艺在线连续测量、成分在线分析、表面质量检测等环节，充分应用机器视觉感知、“图像识别＋边缘计算”技术提升边缘端设备数据处理能力。

2.加快设备管控智能化。推广 PLC/DCS 等数字化控制系统，加快实现全生产流程数字化控制和各工序之间的透明传输。利用通信、控制、图形显示等 4C 技术，实现分散控制、集中操作、分级管理、灵活配置。在一般值守性岗位加大推广集中监控的力度，针对人员配置多、劳动强度大、作业环境差、安全隐患多的工序，积极推广无人驾驶、全自动运行等技术。聚焦高噪音、高粉尘、高温等恶劣环境及操作重复频繁等场景，推广应用集自动识别、分析、操作为一体的智能工业机器人，提高多样化感知和自适应控制品质能力。

3.打造钢铁工业大脑。针对钢铁制造过程“黑箱”特征，集成感知、计算、通信、控制等技术，探索建立物理空间与信息空间要素相互映射、实时交互、高效协同的数字孪生体。利用智慧检测、深度感知等技术，推动静态模型向动态实时模型升级，基于增强现实三维可视化技术，构建高精度的 CPS 系统，打造以“冶金机理模型＋数理模型”为核心的“工业大脑”，促进全流程数字化、可视化、智慧化，实现生产过程的自感知、自决策、自执行、自适应。

4.深入实施协同制造。建立工艺过程数据驱动的质量管控系统，完善产品质量评级、过程监控、在线判定、质量追溯与分析等功能。开展精细化设备管理,建设兼具状态在线精准监测、运行稳定性监控、安全性预测预警、预知性维检维修、全生命周期管理等能力的设备维检系统。优化能源管控,加强能源在线监控、动态调度、预测预警,以综合能源数据为依据,利用大数据分析技术,推进能源平衡优化。聚焦安全生产预测预警、安全风险分级管控、应急管理、重大危险源在线监控等,打造集环保数据采集、归档、报表、分析、预判等功能于一体的安全监管平台。

三、有色金属行业

(一)主要目标

推动设备、物料、能源等制造资源要素的数字化汇聚、网络化共享和平台化协同,到2025年,有色金属冶炼和压延加工业数字化转型取得重大进展,智能制造关键共性技术取得明显突破,规模以上企业关键工序全面数字化率达到90%,生产设备数字化率达到80%,建成2个有色金属冶炼和压延加工业云平台,形成一批大数据、云计算、物联网、区块链、虚拟现实、工业互联网等新一代技术应用场景。

(二)实施路径

1.加快信息基础设施建设。鼓励企业利用5G、工业PON(无源光网络)等新型网络技术,加快对现有网络进行高速率、低功耗、高可靠升级改造,打造泛在一体化工业数字化网络,形成一批示范标杆,在全省进行规模推广。支持行业龙头企业与"双跨"平台合作,打造有色金属行业工业互联网平台。鼓励重点企业建设一批标识解析二级节点,提高产线、设备、产品标识能力,实现上下游企业生产制造、资源管理、市场决策等全生命周期管理。

2.实施生产管理数字化改造。支持企业建立全流程数字化MES(生产制造执行系统),打造多维度、多环境数据源实时同步的数字孪生体,建设智能制造单元、智能生产线、数字化车间。完善ERP(企业资源管理系统)功能,深化对产供销等核心业务的数字化集成,推动生产数据、质量数据、异常信息等实现透明化、可视化、数字化管理。支持重点企业建设"PLM+MES+ERP"企业运营一体化平台,开发订单管理、供应链管理、财务管理等模型,构建高效供应链协同体系。

3.推进关键技术联合研发。依托行业重点企业建设1~2个有色金属冶炼和压延加工业国家级创新平台机构,围绕智慧矿山、智能工厂、数字车间等建设需求,加强与科研院所、高校智库、数字化转型服务商等交流合作,构建技术协同创新生态,推动关键共性技术研究以及智能部件、装备、系统研发,加快行业智能制造标准制定,强化先进机理模型研制和应用。

4.打造行业系统解决方案。积极探索工业互联网与有色金属冶炼和压延加工业深度融合,推动重点企业和设备上云上平台,实现制造资源和制造能力互联互通。针对有色金属细分行业特点,以有色金属矿冶炼、加工成材、物流仓储、在线检测等关键环节为重点,开发具有智能感知、自动执行、深度学习、智能决策、密码防护等功能的数字化系统解决方案,研发有色金属工业APP,促进行业生产方式的自动化、智能化、无人化变革。

5.强化信息技术应用推广。推动AI技术、机器视觉、知识图谱等技术与有色金属冶炼与压延加工业深度融合，鼓励重点企业研制数控系统，引导设备生产企业开放数据接口，实现数据全面采集贯通，加快AI技术在产业链各环节、产品全生命周期的应用。通过加装传感器、通信模块、控制器等对重点设备进行数字化改造升级，基于工业互联网平台开展精准感知、生产优化、远程诊断。大力推进工业大数据创新应用，建立设备状态实时数据库，创新打造以数据为依据的管理决策模式。

四、建材行业

（一）主要目标

到2025年，全省建材行业数字化转型取得重大进展，关键共性技术研发取得明显突破，水泥制造、平板玻璃与建筑陶瓷三大重点行业骨干企业数字化示范引领取得显著成效，带动全行业数字化水平大幅提升，建材生产企业关键工序数控率达到90%以上，生产设备数字化率达到80%左右；培育100个在研发设计、生产制造、供应链管理、电子商务、设备运维等领域取得突出成效的典型项目，创建50个建材行业工业APP，树立10个数字化转型标杆企业。

（二）实施路径

1.建设行业数字化平台。支持重点企业牵头搭建省级建材行业公共服务平台，推动产业链上下游分工协作、共同发展。引导组建全省水泥产业数字化协同创新中心，促进工业互联网与省内水泥工业深度融合。支持行业龙头企业搭建数字化的产业链发展平台和技术研发中心。实施一批产能4 000吨/日以上智能化数字化生产线改造提升项目，推动建设日产10 000吨的国际一流高端智能化水泥熟料生产线。

2.研制系统性解决方案。针对建材细分行业特点，以矿山开采、窑炉控制、物流仓储、在线检测等关键环节为重点，研制解决方案并推广应用。水泥行业重点形成数字规划设计、智能工厂建设、自动采选配矿、窑炉优化控制、设备诊断运维、智能质量控制、能耗水耗管理、固废协同处置等解决方案。玻璃行业重点形成原料选矿和配料，熔窑、锡槽、退火窑三大热工智能化控制，冷端优化控制、在线缺陷检测、自动切割分片等解决方案。建筑陶瓷行业重点形成原料标准数据、压机控制管理、智能高压注浆、坯体干燥控制、窑炉优化控制、产品施釉磨抛、自动检测分选等集成系统解决方案。

3.深化数字技术融合应用。鼓励企业应用物联网技术实现智能感知、识别、定位、跟踪、管理，将基础设施、业务系统、设备产品向云端迁移，培育工业APP，构建建材行业工业互联网平台。支持企业利用区块链技术实现与上下游产业链的产品交易、信息追溯、质量管理等功能，保证数据安全，逐步深化应用。推动先进算法、机器学习、智能芯片在建材行业智能生产、智能决策、智能物流、智能监测、智能追溯等领域的应用。利用计算建模、实时传感、虚拟现实、仿真技术等手段实现建材工厂在虚拟环境中的映射，促进成套生产装置设计、安装、运行等全周期优化管理，实现工厂可视化、可预测、可维护。

4.推进关键环节数字化。聚焦建材工业生产和经营关键环节,加快推广窑炉优化控制、智能仓储物流、设备巡检维护、在线监测检测等先进技术方案,培育一批典型项目。在搬运码垛、投料装车、抛光施釉、喷漆打磨、高温窑炉等繁重危险岗位,以及图像识别、切割分拣、压力成型、取样检测等高精度岗位加快实施“机器换人”。引导企业加大智能制造投入,加快智能传感器、智能控制优化、故障诊断与维护等在关键环节、核心产品的应用,夯实智能化数字化硬件和软件基础。

5.培树一批行业典型标杆。发挥数字化转型典型企业示范引领作用,深入开展“数字专员进企业”活动,力争完成全省水泥熟料生产企业和100家以上水泥粉磨企业的数字化、智能化改造,培育一批数字化标杆企业,打造一批建材行业智能工厂,切实提高产品质量、运营效率、设备管理和安全环保水平。组织重点企业开展两化融合管理体系贯标工作,推动有条件的企业申请评定。引导省内优秀企业积极参与智能工厂、数字矿山等标准和规程的研究制定,推动建材工业标准规范化水平不断提升。

五、汽车行业

(一)主要目标

扎实推进生产智能化、营销精准化、运营数据化、管理智慧化,催生一批新业态、新模式、新动能,促进汽车行业数字化转型。到2025年,全行业实现关键工序数控化率达到60%,数字化研发设计工具普及率达到80%,认定数字化车间100家,打造省内3 000亿产值汽车产业链,推动汽车行业迈入数字化智能化时代。

(二)实施路径

1.扩大机器人应用范围。支持企业开展智能化项目建设,挖掘汽车和零部件制造应用场景,持续在标准化重复操作、喷装作业、激光焊接、精密装配、无损检测等工艺环节和关键岗位开展机器换人行动,重点推广应用上料、焊接、装配、喷涂、码垛等工业机器人。

2.提升柔性化生产水平。鼓励整车制造企业应用多尺寸可调夹具模具、多种类上料系统、喷漆车间快速清洗装置、多车型车架转运系统等技术和装备,建立总装柔性化生产线、超高柔性涂装线、柔性机加工线。开展生产线柔性化改造,实现多种车型、多种配置的批量同时排产和混线生产,持续扩大个性化定制生产能力。支持整车及零部件企业推广计算机辅助设计(CAD)和辅助制造(CAM),采用虚拟样机技术,实现虚拟化评估,提高产品研发智能化。

3.推动产线数字化改造。支持济南、青岛、济宁、潍坊等专用车及汽车零部件产业集群开展数字化改造,推动数字化车间建设。鼓励专用车企业引进激光下料、机器人拼焊、电泳涂装等技术,积极开展数字化示范推广。鼓励零部件生产企业提升刹车片、滤清器、结构件等制造领域的数字化水平,在发动机、汽车模具、铝合金轮毂、缸体缸盖、防撞杆等汽车零部件优势领域开展数字化升级示范。采用TQM(全面质量管理系统)、QTS(质量追溯系统)实现质量数据采集和问题溯源,提升质量控制数字化和智能化水平。

4.深化工业互联网建设。鼓励企业加快构建企业内网,建设标识解析二级节点,提高设备联网率,加快各类应用系统综合集成和上云进程,实现工业数据采集、分析和云端汇聚,推动重点汽车产业集群供应链的数据流和业务流有机融合,实现生产物料无缝对接和全生命周期可追溯。积极推进企业与工业互联网企业对接,培育汽车行业工业互联网平台,促进制造资源优化配置,实现整车、动力集成、高性能动力电池等制造企业的协同生产,推动产业链上下游企业协同发展、聚集发展。

5.加快企业上云上平台。推动汽车零部件制造中小企业设备上云、数据上云、基础设施上云,有效降低数字化转型成本,逐步形成数字驱动、网络协同、共享发展的新生态。鼓励整车厂建立私有云、应用公有云,深入挖掘制造产线实时数据和云端数据同步更新等云应用场景,探索分布式"云计算"模式,满足仿真评估、数字孪生、工艺推演、虚拟工厂等应用需求。鼓励企业应用数字孪生技术实现工艺流程数字化、生产制造标准化、生产设备运维智能化。

6.推进车联网创新应用。支持省内重点企业与互联网、人工智能龙头企业合作,推进无人驾驶、智能管理控制系统、智能座舱、行驶安全及车联网信息服务等应用电子产品研发及产业化,加快推进山东高速车路协同示范项目和济南、菏泽两个国家级智能网联汽车、智慧交通示范项目。建设智能网联汽车创新中心,推进车载光学系统、车载雷达系统、北斗高精度定位等前沿关键技术研发,发展智能网联汽车及信息服务。

六、工程机械行业

(一)主要目标

到2025年,工程机械数字化转型取得显著成效,形成大中小企业梯次发展、"数字化普及、网络化协同、智能化升级"协同推进的良好格局,推动工程机械制造与服务能力迈向价值链中高端。建成数字化车间(智能工厂)200家,智能制造示范项目运营成本降低20%、产品研制周期缩短20%,生产效率提高20%以上。

(二)实施路径

1.优化数字基础设施建设。加快推动5G网络部署,构建满足工业环境下设备互联和远程交互应用需求的精品网络。推进确定性网络建设,拓展"确定性网络+远程控制""确定性网络+算力共享"应用。鼓励企业与数字化转型服务商对接,搭建企业级、行业级工业互联网平台,推动企业内部、产业链上下游企业协同发展。

2.加强行业数字化技术支撑。重点攻克施工现场、设备端、客户端三个环节的数据采集、传输和控制等关键技术,强化设备运行状态、客户需求与信息反馈等数据的高效采集汇聚。提升面向业务运营管理、生产制造、设备远程运维等环节的数字化模型构建能力,加强以算法为核心的数据处理和挖掘能力建设,完善数据管理及服务机制,为数字化转型提供可靠技术支撑。

3.提升数字化平台承载能力。加强数字化平台建设，提高软硬件水平和开放力度。支持“产学研用”共建数字化创新平台和运营平台，以数据链推动产业链升级，不断提升产业链协同创新能力。以数字化平台为载体，围绕数字化设计、数字化制造、远程运维、数据挖掘与应用等领域，引进和培育一批数字化制造工程技术人才，助推工程机械行业数字化转型升级和高质量发展。

4.提高数字化赋能水平。鼓励智能装备制造商、软件厂商、工程机械企业深度合作，应用CAD、CAM、MES、ERP、CRM等系统，研制一批工业机器人、智能传感与控制、智能检测与装配等智能装备，实现工程机械企业研发、生产、经营、服务等环节的数字化应用，提升研发制造能力和精益化管理水平。

5.实施新产品培育工程。加快嵌入式芯片、传感器、5G、大数据、人工智能等新技术与传统工程机械装备产品融合，发展网络化、智能化新产品。围绕工程机械整机制造、大马力发动机、高端液压件、基础零部件等领域开展创新突破，研发高端智能工程机械、大型矿用工程机械、新能源工程机械、无人驾驶智能机械等，每年培育20项左右首台套重大技术装备和关键零部件产品，逐步实现重大技术装备自主化，带动基础配套产品发展。

6.推进智能化升级示范。紧扣关键工序自动化、关键岗位机器人替代、生产过程智能优化控制、供应链智能化管理等环节，支持创建离散制造数字化示范车间。聚焦“设备互联、数据互享、系统互通、业态互融”，支持骨干优势企业联合智能制造系统集成供应商，建设覆盖企业生产全流程、管理全方位和产品全生命周期的智能制造示范工厂。引导工程机械重点企业实现由制造向“制造+服务”转型，研发部署运行监测与分析工业APP，提供智能运维解决方案。基于供应链优化需求，开发集中采购、供应商管理、柔性供应链、智能仓储、智慧物流等云化应用服务。

七、轨道交通装备制造业

(一)主要目标

到2025年，轨道交通装备制造业数字化转型取得重大进展，新一代信息技术与轨道交通装备制造业深度融合，基本形成研发设计数字化、生产制造柔性化、产业链管理一体化、车辆运维智能化的数字化转型发展新格局，重点企业普遍建有数字化车间(工厂)，生产设备数控化率达到70%，数字化研发设计工具普及率达到90%，关键工序数控化率达到60%以上，产业资源调配效率得到显著提升。

(二)实施路径

1.强化数字孪生技术应用。支持重点企业基于数字孪生技术构建整合制造流程的生产系统模型，形成基于数字孪生的制造体系，将数字化模型和物理装备虚实同步，持续推动产品设计、制造和服务等方面的迭代优化，实现研发到工艺、生产到服务的数字化贯通。

2.突出研发设计数字化转型。推进研发设计从实验验证向平台仿真转变，依托平台仿真对零部件进行检测、分析，提升资源利用率和研发仿真验证效率。基于平台构建虚拟仿真环境，建立仿真模型，通过工况设置、参数输入等进行虚拟仿真、迭代优化，缩短研发周期、降低研发成本。

3.提升生产过程数字化水平。支持智能制造关键技术装备和核心支撑软件在轨道交通设备制造领域的推广应用。借助大数据系统和云服务技术，促进研发设计、生产制造、检测检验、运营管理等各个环节向数字化和智能化发展，支持有条件的企业建设数字化、智能化工厂（车间），建设智能制造生产线，实现人与机器高度协同，并逐步扩大智能制造应用的广度，推动行业数字化、智能化水平的提升。

4.推动建设行业数字化平台。鼓励链主企业建设工业互联网平台，对列车状态数据进行实时采集，建立实时状态感知、监控和预警系统，拓展轨道交通装备远程运维服务，研究列车状态监控和故障快速告警新模式。依托大数据云平台集成列车相关数据，建设轨道交通车辆制造智能分析系统、车辆运维智能分析系统，为轨道交通系统的设计、制造、运营、维护、检修、服役提供技术支持。

5.加快重点领域产品智能化。整合重点企业、科研院所、高校等技术力量，以核心装备、系统软件、关键材料、基础零部件等领域为重点，依托国家高速列车技术创新中心，突破一批关键核心技术，打造具有信息、物理融合特质的新一代轨道交通智能装备，提升整车产品智能化水平，实现监测、决策和用户体验的智能化。

6.深化全产业链推广应用。以轨道交通装备全生命周期为主线，通过标准化、规范化的流程以及先进的物联网前端感知技术，利用工业互联网平台采集供应链、制造链、服务链数据，推动行业资源配置优化、服务能力提升。鼓励中小企业积极加入数字化、智能化转型梯队，在设计、制造、管理等关键环节实现数字化普及、网络化协同、智能化提升。

八、船舶行业

（一）主要目标

到2025年，船舶行业数字化水平大幅提升，突破一批关键技术和智能制造装备，形成一批智能制造标准和平台，建成一批智能制造单元、智能生产线和智能化车间，实现设计、生产、运营整个流程的数字化全覆盖，形成总装企业和配套企业无缝衔接、并联制造、协同发展。行业重点企业生产设备数控化率达到50%，数字化研发设计工具普及率达到80%，关键工序数控化率达到60%，关键业务环节全面数字化的企业比例达到60%。

（二）实施路径

1.强化新一代信息技术应用。加快大数据、虚拟仿真、系统协同、人工智能等技术在船舶工业的数字化应用，扩大数据信息在工业互联网的使用范围，依托平台开展仿真测试、协同设计、工艺优化、可视检验、智能管控，进一步降低试制成本、提高生产效率、保证产品质量。

2.推动建立行业软件支撑体系。加大船舶智能制造总体技术、工艺设计、智能管控、智能决策等技术的研发投入力度，用好高技术船舶科研计划等国家重大专项政策,以船舶行业智能化发展为重点方向,针对船舶工业软件一体化目标,整合行业内外优势资源,加快突破三维几何内核、基础求解器、CAX一体化开放平台等核心技术,构建船舶工业软件支撑体系。

3.开展数字孪生创新计划。支持船舶企业利用工业云平台汇聚船舶、船企各项工业数据,部署CAE、CAD等仿真功能模块,模拟零部件的加工、焊接、组装等制造过程,在数字空间对船舶模型进行碰撞测试,降低样品试制成本,缩短产品研发周期。建立面向船东、船检的在线检验平台,基于可移动、旋转的三维数字孪生模型,直观展示船舶检验数据,提高船舶检验的实时性,保障产品质量。

4.建立智能制造数字化体系。建立基于CPS的智能制造数字化体系,在上料、切割、焊接、运输等关键生产环节部署智能机器人。研发基于北斗、RFID等多层次、多粒度定位系统,推进造船全流程核心生产要素的泛在互联。在切割、焊接等造船核心工艺环节,组建车间层级边缘智能管控网络。构建生产工位、生产线及生产车间逻辑模型,搭建核心生产要素状态监控及作业状态管控的数字化系统,开展基于实时状态数据的生产过程动态分析、决策与调度。

5.打造供应链协同创新生态。推进具备较强研发和生产实力的厂商合作,开展船舶配套资材、供应商、资材配送、融资租赁等数字精益管理,保障供应链配套均衡、有序,有效提高物流周转效率。支持企业建设专业化技术创新平台,汇聚国内顶级厂家资源和智库机构,建立政府引导、全产业链企业参与、科研机构强力支撑的紧密型联盟生态,不断增强产业链供应链自主可控能力。

6.做好行业数字化推广延伸。引导总装企业发挥带动作用,加强与大型工业互联网平台的合作交流,积极化解总装建造智能化中的痛点难点,推进船舶海工产品设计、建造、管理与服务全生命周期的数字化、网络化、智能化。以数字化转型为船舶行业强化管理、降本增效的主攻方向,大力推进数字化技术应用,建成一批达到国内先进水平的智能单元、智能生产线和智能化车间,实现每修正总吨工时消耗降低20%以上。

九、食品行业

(一)主要目标

到2025年,全省食品行业数字化转型取得重大进展,关键共性技术研发取得明显突破,两化融合应用得到显著提升,新技术、新产品、新模式、新业态不断涌现,全行业数字化水平大幅提高。行业内重点企业数字化示范引领和数字化解决方案推广应用取得显著成效。用3~5年时间,在白酒、啤酒、葡萄酒、食用植物油等食品重点细分行业建设一批工业互联网平台。培育200家食品产业工业互联网平台应用标杆企业,公布并推广100项数字化转型标杆项目。

(二)实施路径

1.推动行业整体技术升级。鼓励食品行业重点企业运用数字赋能,加快新型非热加工、新型杀菌、高效分离、节能干燥、清洁生产、综合利用等技术升级,提高粮油、肉蛋奶、果蔬、海洋生物及水产品加工等重点领域的精深加工比重。重点围绕食品加工制造、机械装备、质量安全、冷链物流、营养健康等主要领域，开展从基础前沿、重大关键共性技术到应用示范的全链条技术研究，推动食品产业健康发展、高质量发展。“十四五”末食品产业精深加工综合转化率达到75%以上。

2.推进两化深度融合。加快云计算、大数据、物联网等新一代信息技术在食品研发设计、生产制造、流通消费等领域的应用。加大食品生产加工关键环节的系统研发，引导省内食品企业加大智能制造投入，培育一批食品产业工业互联网平台应用标杆企业，推广一批数字化转型标杆项目。发展个性化定制和柔性化制造，鼓励食品行业重点企业建设数字化车间，开展智能工厂建设试点示范，提高智能化水平。支持重点食品企业扩大追溯体系覆盖面，实现食品“从农田到餐桌”全过程可追溯。

3.培育发展新业态新模式。推进工业互联网、人工智能在食品领域的深度应用，推广实行“统一集中采购、统一生产工艺、统一质量标准、统一销售价格、统一配送方式”的中央厨房、农商直供等新模式。引导食品行业运用“互联网+”技术，与休闲、旅游、文化、教育、科普、养生养老等领域深度融合，发展工业旅游、制造工艺体验、产品设计创意等新业态。创新电子商务与食品行业的集成应用模式，支持建立多种模式运营的行业垂直电商平台，推动在线交易、电子支付及线上线下的一体化集成。每年推介10个新业态新模式典型案例。

4.强化细分行业的区块链应用。加快区块链技术在酒类、粮油加工、肉制品加工等应用步伐，建设行业区块链公共服务平台，通过上云、用数、赋智等手段，连接产业链上下游、制造工厂、消费者等端口，促进服务要素对食品产业链的嵌入和提升，提供产品可视化、供应链管理、数字化营销、大数据分析和质量品牌社会评价等服务，构建全产业链深度连接的新型生产制造和服务体系，实现研发“精准解码”、智造“精准发力”、销售“精准导航”。

5.打造食品行业数字化发展集群。围绕海洋食品、畜禽肉制品、食用植物油、酒类、淀粉加工及淀粉功能糖、果蔬加工、休闲食品、保健功能食品等优势食品加工行业，以龙头骨干企业为基础，以特色优势食品产业强县、强镇和园区为骨架，打造资源共享、开放合作的食品产业数字化发展集群。支持产业集群内头部企业与高校科研机构联合攻关，加快突破生产工艺、质量控制、包装设计、品牌营销、生态环保等共性关键技术。搭建面向中小微食品企业的低成本、便利化、开放式数字化创新服务平台，形成大中小企业融通发展、相互支持配套的行业数字化发展新生态。

十、纺织服装行业

（一）主要目标

加快新一代信息技术与纺织服装行业融合创新发展，推动纺织服装行业迈向绿色低碳、数字化、智能化。到2025年，纺织服装行业数字化转型取得重大进展，基本形成以大数据、行业平台为支撑，以柔性化生产、个性化定制为导向的数字化发展新格局，培育2～3家在全国行业具有较高影响力的工业互联网平台，重点企业生产设备数字化率达到75%。

(二)实施路径

1.提高管理数字化能力。在纺纱、织造、印染等领域,打造一批绿色智能化工厂;引导企业大力实施智能化技术改造,逐步实现生产过程智能化、控制系统智慧化、在线监测信息化。鼓励企业将新一代信息技术全面应用到企业生产管理全过程,构建人与机器、机器与物料、机器与机器互联的企业内网,加强订单、设备、物料等实时分析和监测,实现智能排产、供应链协同。

2.提升设备智能化水平。针对纺织服装企业特点,聚焦新型面料设计、服装舒适性检测、三维立体扫描测量、高端印花等环节,加快推动数字化机械设备应用,提高服装生产智能化水平。鼓励新建智能化生产车间,使用高速纺织、染整、吊挂柔性流水线、数码印花、视觉质量检验等智能设备,实现生产过程智能控制。对现有传统车间生产线,支持企业应用工业大数据、人工智能等新兴技术进行柔性化改造,提升个性化定制生产能力。

3.打造营销网络化模式。整合市场和渠道资源,结合纺织服装行业贴近终端市场的特点,鼓励企业利用网络购物平台及直播带货平台,构建直播电商、社交电商等新型销售场景,形成电商引流、订单转化、在线服务的全链闭环。积极引入国内外知名营销策划及品牌推广机构入驻行业园区(平台),指导企业优化营销策略,提高电商销售占比。

4.培育转型示范企业。针对细分环节的生产及工艺特点,重点围绕棉纺织、织造环节的配棉管理信息化,印染环节的织物印染工艺参数在线检测,服装设计、服装制造环节的人体数码扫描、自动缝制装备、吊挂系统,数字化销售环节的AI量体、顾客识别等领域,开展数字化转型示范行动。加快培育一批智能化生产、个性化定制、平台化应用典型标杆,示范带动行业企业向大规模个性化网络定制、小批量多品种快交期的柔性化生产转型。

5.构建融通共享生态。通过龙头企业示范带动、服务商技术支撑、科研机构创新引领,带动中小企业实施数字化转型,打造大中小企业智慧共享、产能共享、模式共享的发展生态。鼓励纺织服装企业开放云端创新设计资源,推动开发工具、设计组件以及工艺参数、专业知识、新型技术的灵活交换和共享共用。支持有数字化转型成功经验和技术实力的纺织服装企业向数字化转型解决方案服务商、全流程数字化平台企业转型。

十一、电子信息制造业

(一)主要目标

全面提升电子信息制造业设备管理、研发生产、产品质量管控、供应链协同等环节的数字化水平,打造一批有影响力的电子信息制造业工业互联网平台,到2025年,电子信息制造业数字化转型取得突破性进展,行业关键业务环节全面数字化的规模以上制造企业比例达到75%,重点企业生产设备数字化率达到58%。

（二）实施路径

1.推动数据资源互联互通。支持企业开展工业设备网络化改造，推动“接口开放、机器上网”，扩大网络覆盖范围和终端连接数量。引导企业建立EAP（设备自动化系统）及MES，优化利用生产环节数据。支持企业安装具备边缘计算能力的智能终端，采集研发、生产、销售等环节数据。加强边缘数据分析能力，将云端机器学习和深度学习算法部署在生产设备端，实现自动调整和优化。面向企业生产经营过程中的关系、时序、文档等海量异构数据，建立高效的数据整合、解析、管理体系，实现数据跨领域流通。

2.打造行业特色工业互联网平台。推动电子信息制造业的知识经验在平台沉淀集聚，加快基础工艺、控制方法、运行机理等工业知识的软件化、模型化。围绕设备管理、研发设计、产品质量检测、供应链协同等环节，开发机理模型、构建知识图谱，实现标签化管理、智能化搜索和精准化调用。基于平台采集生产设备运行、环境和工艺数据，分析预测关键部件变化趋势、产品寿命和潜在风险，主动进行预测性维护。利用大数据分析技术，对设备工作日志、历史故障、运行轨迹、实时位置等数据进行挖掘分析，实现设备故障精准定位。

3.优化研发生产管理过程。聚焦工艺、功能、质量、检测、运行环境等参数，构建产品的数字孪生模型，探索“零成本试错”研发。对生产计划排程、订单管理、质量管理、物料管理和设备管理进行建模测试和智能排产，缩短产品生产周期。利用机器视觉、人工智能技术，结合产品质量分析模型，及时发现潜在质量问题，消除质量管理环节漏洞。基于工业互联网平台，打通原料供应、元器件生产、零部件生产、组装加工、集成销售、运维等数据，实现产品全生命周期质量跟踪，提升产品质量控制精度。

4.优化供应链协同配置。实时采集企业内的设备、工具、物料、人力等数据，实时跟踪现场物料消耗，结合库存情况进行精准配货，实现生产、库存的动态调整优化。以工业互联网平台为连接枢纽，实时采集供应链上下游企业的排产、生产、库存、质量、物流方面的运行数据，结合供应链协同模型，优化全供应链资源配置，实现供应链动态、精准协同。面向电子行业在产业链上下游的信息流通堵点和供需错配问题，制定供应链协同解决方案，提高供应链整体的资源配置效率。

5.提升数字化服务水平。围绕设备状态监测、故障诊断、预测性维护等问题制定解决方案，提高设备智能管控水平。推进产品研发、生产排产、质量检测、精益管理等数字化，进一步优化企业生产管理，提高产品质量精度。发挥政府部门、行业协会、产业联盟的作用，拓宽电子信息制造业技术研发、投融资、人才培养引进等方面的渠道。鼓励供应商充分挖掘企业数字化转型需求，聚集生态合作伙伴，开展技术、营销、运营、服务合作。支持科研机构、高校、企业开展产学研用协同技术创新、试验验证与产业化推广。

山东省制造业数字化转型重点项目

（第一批）

序号	项目名称	企业名称	地市
一	原材料行业(54 个)		
1	15 万吨/年低消耗预料阳极及余热综合利用项目	山东晨阳新型碳材料股份有限公司	济宁
2	智能化高端流体管道工厂建设项目	济南玛钢钢管制造有限公司	济南
3	年产 10 000 吨锂电池材料项目	山东亘元生物科技有限公司	威海
4	山钢集团日照精品基地钢卷库无人化升级项目	山东钢铁集团日照有限公司	日照
5	绿色工业化装配式钢构件智能制造生产车间项目	山东聚鑫集团钢结构有限公司	济南
6	基于物联网的高性能商用车胎数字化工厂	三角轮胎股份有限公司	威海
7	山东黄金工业互联网平台	山东黄金矿业股份有限公司	济南
8	电力能源数字智能化调度系统项目	日照钢铁控股集团有限公司	日照
9	山东百特新材料有限公司年产 15 000 吨 CMP 研磨液项目	山东百特新材料有限公司	临沂
10	青岛特钢智慧能源管控(电网智能系统)	青岛特殊钢铁有限公司	青岛
11	智慧化工园区管理系统	山东盛途互联网科技有限公司	潍坊
12	山水集团绿色智能化生产升级改造示范线	平阴山水水泥有限公司	济南
13	山钢集团莱芜基地型钢区域高炉集控项目	山东钢铁股份有限公司	济南
14	智能制造创新应用示范项目	山东玲珑轮胎股份有限公司	烟台
15	山钢集团日照精品基地能源系统集中管控项目	山东钢铁集团日照有限公司	日照
16	利华益工业互联网平台	利华益利津炼化有限公司	东营
17	山钢集团莱芜基地“精品特钢新区”冶炼工序集中管控中心建设项目	山东钢铁股份有限公司	济南
18	高端硬质合金新材料制品智能化生产线建设项目	山东宝元硬质合金有限公司	德州

续表

序号	项目名称	企业名称	地市
19	基于医药产业的智慧仓储物流平台	山东齐都药业有限公司	淄博
20	烟台华新不锈钢有限公司新材料智能化深加工项目——冷精线	烟台华新不锈钢有限公司	烟台
21	30万吨高性能(超高模)玻纤智造项目	临沂天炬节能材料科技有限公司	临沂
22	年产17万吨ECER玻纤生产线数字化升级技改项目	临沂天炬节能材料科技有限公司	临沂
23	智能化工厂建设项目	天辰齐翔新材料有限公司	淄博
24	基于工业互联网平台的"链主+智能"工厂项目	山东荣信集团有限公司	济宁
25	废旧橡胶绿色生态循环利用智能化工厂项目	青岛伊克斯达再生资源有限公司	青岛
26	绿色肥料全生命周期智能管控平台	史丹利农业集团股份有限公司	临沂
27	烟台华新不锈钢有限公司新材料智能化深加工项目	烟台华新不锈钢有限公司	烟台
28	丰源轮胎准工业4.0辅助生产项目	山东丰源轮胎制造股份有限公司	枣庄
29	智能化生产车间改造项目	山东湖西王集团铸业有限公司	菏泽
30	烟台华新不锈钢有限公司新材料智能化深加工项目	烟台华新不锈钢有限公司	烟台
31	新材料自动化、智能化生产线建设与升级改造项目	日照利尔高温新材料有限公司	日照
32	氢氦两用气体富集膜智能制造	山东汇海膜材料科技有限公司	临沂
33	年产20万吨三聚氰胺智能制造项目	山东省舜天化工集团有限公司	临沂
34	预焙阳极智能数字化生产线综合提升改造项目	济南万瑞炭素有限责任公司	济南
35	福瑞达健康护理用品数字化产业园	山东福瑞达生物股份有限公司	济南
36	氨水/液氨数字化车间	滕州祥润化工有限公司	枣庄
37	高分子预灌封注射器智能车间	山东永聚医药科技有限公司	淄博
38	AIoT提升危险化学品安全治理能力	智洋创新科技股份有限公司	淄博
39	水管、工业管生产线智能化技术改造项目	山东华烨不锈钢制品集团有限公司	临沂
40	全产业链智能化升级项目	西王金属科技有限公司	滨州
41	基于高耐热冲击钢化玻璃制品关键工艺技术智能升级项目	淄博博山孟友钢化玻璃制品厂	淄博

续表

序号	项目名称	企业名称	地市
42	不锈钢特种丝材智能制造	山东腾达特种钢丝科技有限公司	枣庄
43	系统断桥铝门窗智能生产线	山东米兰之窗系统门窗幕墙有限公司	潍坊
44	辰星公司“智能工厂”和数字化车间改造项目	济宁辰星碳素有限公司	济宁
45	机器换人智慧工厂技改项目	山东索力得焊材股份有限公司	泰安
46	数字化智能工厂升级改造项目	山东阳谷华泰化工股份有限公司	聊城
47	基于5G及AI技术实现机械化料场智能管控	山东泰山钢铁集团有限公司	济南
48	耐火材料生产线智能化、自动化技术改造	淄博市鲁中耐火材料有限公司	淄博
49	全流程自动化升级改造	山东华阳农药化工集团有限公司	泰安
50	首荟商城	鲁南制药集团股份有限公司	临沂
51	民爆物品全生命周期物品智能管控项目	山东圣世达化工责任有限公司	淄博
52	年产5万吨新型绿色肥料生产制造智能化技改项目	山东土秀才生物科技有限公司	济南
53	建筑陶瓷行业工业互联网标识解析应用项目	山东统一陶瓷科技有限公司	淄博
54	设备管理系统解决方案	山东一滕新材料股份有限公司	泰安
二	装备制造业(41个)		
1	新百万台数字化动力产业基地项目	潍柴动力股份有限公司	潍坊
2	精密液压零部件智能制造项目	山东联诚精密制造股份有限公司	济宁
3	汽车电子产品智能制造项目	曲阜天博汽车零部件制造有限公司	济宁
4	电机云工业互联网平台项目	山东产研智能电机研究院有限公司	淄博
5	打印机智能化生产流水线改造项目	威海恒科精工有限公司	威海
6	汽车传感器智能制造项目	临沂合力电子有限公司	临沂
7	灯塔工厂示范线项目	兖矿东华重工有限公司	济宁
8	广泰离散智能制造项目	威海广泰空港设备股份有限公司	威海
9	年产5万吨悬架弹簧智能化技改项目	山东雷帕得汽车技术股份有限公司	淄博
10	年产6 000台制冷设备项目	山东东行制冷股份有限公司	枣庄
11	高端海洋装备关键零部件及赋能中心项目	淄博大亚金属科技股份有限公司	淄博
12	底盘结构件轻量化升级改造项目	威海伯特利汽车安全系统有限公司	威海

续表

序号	项目名称	企业名称	地市
13	绿色智能高效吹塑成型装备项目技术升级及产业化项目	山东通佳智能装备有限公司	济宁
14	装配式建筑装备智能建造服务平台建设项目	山东天意机械股份有限公司	济宁
15	山东润马光能数字化车间改造项目	山东润马光能科技有限公司	东营
16	矿用智能单轨运输系统智能制造升级改造项目	尤洛卡(山东)矿业科技有限公司	泰安
17	数字化智能高端轴承建设项目	山东朝阳轴承有限公司	德州
18	多产线变批量自协同能源装备智能化制造园区建设项目	冰轮环境技术股份有限公司	烟台
19	来福士钢料加工车间数字化改造扩建项目	烟台中集来福士海洋工程有限公司	烟台
20	IE5.0 高效电动机数字化车间项目	山东华力电机集团股份有限公司	威海
21	高端工业潜水泵生产线智能化和信息化技术改造项目	济宁安泰矿山设备制造有限公司	济宁
22	山东百昌汽车零部件有限公司临港智能数字产业园项目	山东百昌汽车零部件有限公司	济南
23	枣庄智能装备共享中心项目	枣庄鑫金山智能装备有限公司	枣庄
24	高端大排量摩托车生产项目	山东马拉贝斯车业有限公司	德州
25	高端液压零部件数字化提升项目	山东金利液压科技有限公司	临沂
26	线束智能化工厂项目	山东海韵电气有限公司	潍坊
27	泰山集团能源数字化管理项目	泰山集团股份有限公司	泰安
28	山推生产运营管理数字化项目	山推工程机械股份有限公司	济宁
29	智能高效收获装备供销存一体化管控能力建设项目	山东金大丰机械有限公司	济宁
30	煤矿智能安全管控平台项目	山东精诚电子科技有限公司	济南
31	智能融合产品数字化车间项目	山东电工电气集团新能科技有限公司	济南
32	医疗器械智慧工厂项目	淄博侨森医疗用品股份有限公司	淄博
33	小森精工 5G＋数字化车间项目	山东小森精工机械有限公司	德州
34	人工智能互联网＋高端智能制造项目	山东中煤工矿物资集团有限公司	济宁
35	智能装备制造项目	山东水泊智能装备股份有限公司	济宁
36	驱动齿轮箱配件加工智能化改造项目	山东众冶集团有限公司	烟台

续表

序号	项目名称	企业名称	地市
37	DES车企数据中台系统	济南云拓互动传媒有限公司	济南
38	工业设备远程故障诊断与可靠性管理系统项目	山东科大机电科技股份有限公司	济宁
39	杰瑞集团数字化转型项目	烟台杰瑞石油服务集团股份有限公司	烟台
40	全自动水平造型线项目	山东亿佰通机械股份有限公司	潍坊
41	重型柴油机零部件制造过程数字化改造项目	山东盛祥动力有限责任公司	潍坊
三	消费品行业(39个)		
1	中国染整"中央工艺中心"数字化智能工厂项目	烟台业林纺织科技有限公司	烟台
2	宏济堂数字化工厂建设项目	山东宏济堂制药集团股份有限公司	济南
3	智能印刷产业园项目	山东晨熙智能科技有限公司	济南
4	鲁抗医药智慧运营工业互联网平台项目	山东鲁抗医药股份有限公司	济宁
5	宏济堂智慧中药房建设项目	山东宏济堂制药集团股份有限公司	济南
6	山东川鹰食品文化工业园项目	山东川鹰食品有限责任公司	淄博
7	智慧工厂项目	日照泰森食品有限公司	日照
8	智能化高性能纤维高端定制生产线项目	德州华源生态科技有限公司	德州
9	家居工业4.0智能制造项目(一期)	尚品本色智能家居有限公司	枣庄
10	巧媳妇调味品全链条数字化生产项目	山东巧媳妇食品集团有限公司	淄博
11	世纪阳光纸业智能技术改造项目	山东世纪阳光纸业集团有限公司	潍坊
12	年产20 000吨功能糖干燥数字化车间项目	山东百龙创园生物科技股份有限公司	德州
13	全流程印染智能制造升级项目	华纺股份有限公司	滨州
14	6万锭针织纱生产车间数字化改项目	山东恒仁工贸有限公司	枣庄
15	山东恒泰纺织有限公司数字化工厂项目	山东恒泰纺织有限公司	临沂
16	智能纺织数字化车间项目	三阳纺织有限公司	东营
17	商用多联机空调智能工厂项目	青岛海信日立空调系统有限公司	青岛
18	年产3万吨可溶性膳食纤维数字化车间项目	山东百龙创园生物科技股份有限公司	德州

续表

序号	项目名称	企业名称	地市
19	肉类制品全产业链生产及冷链物流项目	临沂超和食品有限公司	临沂
20	年产15 000吨结晶糖数字化车间项目	山东百龙创园生物科技股份有限公司	德州
21	100万张床垫、6万吨弹簧床网及智能床垫研发中心技改项目	山东恒富家居科技有限公司	淄博
22	济南活力食品有限公司数字化工厂(车间)改造项目	济南活力食品有限公司	济南
23	差别化纱线智能化升级改造项目	山东宏业纺织股份有限公司	济南
24	年产165亿粒植物胶囊及智慧工厂提升改造项目	山东赫尔希胶囊有限公司	淄博
25	纺织服装行业全产业链数字化平台项目	威海纺织集团进出口有限责任公司	威海
26	植物蛋白肉智能制造工厂建设项目	山东禹王生态食业有限公司	德州
27	厂房智能化改造及医用防护服生产加工项目	日照雅美针织股份有限公司	日照
28	名邦食品数字化车间及智能化示范工厂建设项目	山东名邦食品股份有限公司	日照
29	绿爱共享茶工厂建设项目	绿爱控股股份有限公司	临沂
30	如康集团智能化数字工厂一体化技术改造项目	山东如康清真食品有限公司	德州
31	数智化车间建设项目	烟台海普制盖有限公司	烟台
32	智能化生产车间提升改造项目	高青澳森特集装箱包装材料有限公司	淄博
33	玉马智能化立体仓储项目	山东玉马遮阳科技股份有限公司	潍坊
34	鱿鱼加工生产线智能化升级改造项目	山东海都海洋食品有限公司	威海
35	医疗耗材智能化生产项目	济宁市健达医疗器械科技有限公司	济宁
36	澳柯玛数字化生产管理项目	澳柯玛股份有限公司	青岛
37	真空系统及生产信息化系统建设项目	淄博欧木特种纸业有限公司	淄博
38	索具数字化工厂及工业互联网平台项目	山东神力索具有限公司	济宁
39	海马地毯信息化升级改造项目	威海海马地毯集团有限公司	威海
四	电子信息制造业(17个)		
1	中显威光智能型功能面板生产制造项目	中显威光(山东)电子科技公司	济宁
2	青岛诺克光纤通信测试仪器仪表及模组研发项目	青岛诺克通信技术有限公司	青岛
3	稀土永磁智能制造生产线建设项目	安泰爱科科技有限公司	淄博

续表

序号	项目名称	企业名称	地市
4	智能穿戴电子产品项目	沂水泰克电子科技有限公司	临沂
5	8K超高清视频终端电源连接装置智能制造项目	威海市泓淋电力技术股份有限公司	威海
6	烟台一诺半导体封测材料研发生产基地项目	烟台一诺电子材料有限公司	烟台
7	光缆生产线数字化车间改造项目	宏安集团有限公司	威海
8	光纤及光纤材料数字化车间改造项目	威海长和光导科技有限公司	威海
9	智能电能表数字化生产线项目	烟台东方威思顿电气有限公司	烟台
10	东方智能科技园零碳智慧园区建设项目	东方电子股份有限公司	烟台
11	年产200台高端半导体智能封装测试设备项目	山东才聚电子科技有限公司	淄博
12	基于5G边缘计算的电子元器件数字工厂项目	山东中瑞电子股份有限公司	临沂
13	智能自助终端设备智能制造整体迁建技术改造建设项目	济南锐拓科技有限公司	济南
14	白色家电控制器智能智造项目	青岛鼎新电子科技有限公司	青岛
15	汉河超高压智能工厂改造项目	汉河（阳谷）电缆有限公司	聊城
16	智能车间建设项目	德州欧瑞电子通信设备制造有限公司	德州
17	智能化安全传感器生产车间项目	济宁科力光电产业有限责任公司	济宁
五	信息基础设施建设（10个）		
1	腾讯云（德州）工业云基地项目	德州腾元互联网科技有限公司	德州
2	面向家电行业的工业互联网“5G＋边缘计算”服务平台项目	卡奥斯工业智能研究院（青岛）有限公司	青岛
3	“零镜工厂”工业元宇宙平台项目	鸣启数字科技（山东）有限公司	烟台
4	紫菜云产业互联网平台项目	山东紫菜云数字科技有限公司	济南
5	全国健身器材大数据中心项目	山东宁沄工业互联网有限公司	德州
6	环境治理标识解析二级节点项目	山东沄析工业互联网有限公司	德州
7	微木云标识解析平台项目	山东数动微木科技有限公司	烟台
8	工业互联网标识解析二级节点（综合型）项目	山东远盾网络技术股份有限公司	济南
9	“星火·链网”骨干节点（淄博）项目	齐鲁云商数字科技股份有限公司	淄博
10	工业互联网标识解析二级节点（综合型）项目	智联信通科技股份有限公司	济宁

山东省制造业数字化转型重点支撑平台

（第一批）

序号	企业名称	平台名称
一	国家级“双跨”（跨行业跨领域）平台（4个）	
1	海尔卡奥斯物联生态科技有限公司	卡奥斯 COSMOPlat 工业互联网平台
2	浪潮工业互联网股份有限公司	云洲工业互联网平台
3	山东蓝海工业互联网有限公司	蓝海工业互联网平台
4	橙色云互联网设计有限公司	橙色云工业产品协同研发平台
二	国家级特色专业型平台（18个）	
1	山东万腾电子科技有限公司	腾云（机械加工产能共享）工业互联网平台
2	山东路德新材料股份有限公司	土工合成材料产业互联网平台
3	橙色云设计有限公司	基于多点互动的工业产品研发设计协同平台
4	山东中瑞电子股份有限公司	面向电子元器件行业的大规模个性化定制工业互联网平台
5	山东京博物流股份有限公司	智慧物流供应链一体化平台
6	山东海科控股有限公司	面向化工行业的产运销一体化工业互联网平台
7	山东紫菜云数字科技有限公司	紫菜云工业互联网平台
8	青岛特锐德电气股份有限公司	面向电动汽车智能充电的工业互联网云平台
9	枣庄华宝牧业开发有限公司	华宝牧业工业互联网平台
10	赛轮集团股份有限公司	橡链云工业互联网平台
11	威海市联桥国际合作集团有限公司	毛纱纱线资源共享平台
12	中车青岛四方车辆研究所有限公司	工业互联网创新协同应用平台
13	青岛国真智慧科技有限公司	Eiiplat 工业互联网平台
14	工业和信息化部威海电子信息技术综合研究中心	蓝海工业互联网平台
15	奥链工业互联网有限公司	奥链工业互联网平台
16	山东贝宁电子科技开发有限公司	机场应急救援工业互联网平台
17	山东捷瑞数字科技股份有限公司	伏锂码云工业互联网平台
18	山东奥太电气有限公司	智能焊接工业互联网平台

续表

序号	企业名称	平台名称	
三	省级平台(155个)平台类别		
1.2021年省级工业互联网平台评价靠前的重点平台(60个)			
1	山东渤聚通云计算有限公司	"睿聚通"设备云平台	跨行业跨领域
2	赛轮集团股份有限公司	"橡链云"工业互联网平台	面向重点行业
3	世纪开元智印互联科技集团股份有限公司	印刷定制服务平台	面向重点行业
4	山东万腾电子科技有限公司	面向工业多源异构数据边缘智能分析平台	面向重点行业
5	智能云科(淄博)信息科技有限公司	面向机加工行业的工业互联网平台	面向重点行业
6	山东中煤工矿物资集团有限公司	亿矿云工业互联网平台	面向重点行业
7	山东临工工程机械有限公司	基于车联网的智慧营销服务平台	面向重点行业
8	山东中瑞电子股份有限公司	电子元器件大规模个性化定制产业互联网平台	面向重点行业
9	共享智能铸造产业创新中心(潍坊)有限公司	面向铸造行业的工业互联网平台(铸造云)	面向重点行业
10	荣成康派斯新能源车辆股份有限公司	基于COSMOPlat房车行业工业互联网平台	面向重点行业
11	烟台持久钟表有限公司	面向精准计时服务型制造的工业互联网平台	面向重点行业
12	潍坊恩源信息科技有限公司	源制汇产能共享公共服务平台	面向重点行业
13	山东雷诺服饰有限公司	西装国际化高级定制平台	面向重点行业
14	威海神舟信息技术研究院	蓝海工业互联网平台	跨行业跨领域
15	山信软件股份有限公司	山钢工业互联网平台	面向重点行业
16	山东省信息技术产业发展研究院	山东省工业互联网安全综合服务平台	面向重点领域
17	山东扳倒井股份有限公司	国井酒大规模个性化定制平台	面向重点行业
18	山东菏泽茂盛木业有限公司	基于工业互联网的木业云平台	面向重点行业
19	山东远盾网络技术股份有限公司	远盾汽配供应链服务平台	面向产业链供应链协同
20	滨州渤海活塞有限公司	基于产业互联网的国六发动机活塞智能制造平台	面向重点行业

续表

序号	企业名称	平台名称	平台类别
21	创泽智能机器人集团股份有限公司	智能机器人云平台	面向重点行业
22	青岛海尔工业智能研究院有限公司	卡奥斯COSMOPlat安全监测与综合防护平台	面向重点领域
23	山东海科控股有限公司	基于工业互联网的产运销一体化平台	面向重点行业
24	山东有人物联网股份有限公司	有人云产业互联网平台	跨行业跨领域
25	山东通佳智能装备有限公司	熔喷无纺布装备云服务平台	面向重点行业
26	烟台杰瑞石油装备技术有限公司	杰瑞智能制造工业互联网平台	面向重点行业
27	浦林成山(山东)轮胎有限公司	绿色轮胎研发制造工业互联网协作平台	面向重点行业
28	奥链工业互联网有限公司	奥链工业互联网平台	跨行业跨领域
29	中科数据(青岛)科技信息有限公司	中科数据工业互联网平台	面向重点行业
30	北汽福田汽车股份有限公司诸城汽车厂	福田汽车车联网平台	面向重点行业
31	中汇软件(山东)股份有限公司	济宁工业云	跨行业跨领域
32	山东山大华天软件有限公司	华夏智造产业互联网平台	面向重点行业
33	山东信通电子股份有限公司	输配电网智能运维互联网平台	面向重点行业
34	山东东华水泥有限公司	5G＋水泥工业大脑	面向重点行业
35	山东环球渔具股份有限公司	GFG互联网平台	面向重点行业
36	枣庄华宝牧业开发有限公司	白羽鸡全产业链工业互联网平台	面向产业链供应链协同
37	山东征途信息科技股份有限公司	工业互联网创新服务平台	面向重点区域
38	山东钻集智能科技有限公司	钻集网	面向产业链供应链协同
39	山东新希望六和集团有限公司	面向农牧食品全产业链的产业互联网平台	面向重点行业
40	东方威思顿电气有限公司	智慧能源管理及服务云平台	面向重点行业

续表

序号	企业名称	平台名称	平台类别
41	中运智能机械(烟台)股份有限公司	矿联云工业互联网平台	面向重点行业
42	迈赫机器人自动化股份有限公司	迈赫优沃工业互联网平台	面向重点行业
43	山东精诚电子科技有限公司	中国矿山安全云	面向重点行业
44	凯盛浩丰农业有限公司	浩丰数字大脑	面向重点行业
45	威海市联桥国际合作集团有限公司	毛纱纱线资源共享平台	面向重点行业
46	阳信瑞鑫集团有限公司	瑞鑫地毯智能制造互联网平台	面向重点行业
47	济南比木数模软件科技有限公司	国产 BIM 图形平台	面向重点行业
48	青岛奥利普自动化控制系统有限公司	工业物联大数据平台	跨行业跨领域
49	山东天岳先进科技股份有限公司	宽禁带半导体生产制造平台	面向重点行业
50	山东德佑电气股份有限公司	德佑云智慧能源服务云平台	面向重点行业
51	山东朗云工业设计有限责任公司	朗云工业设计协同创新云平台	面向重点行业
52	潍柴雷沃重工股份有限公司	雷沃重工智能制造平台	面向重点行业
52	山东东宏管业股份有限公司	管道产业互联网平台	面向重点行业
54	山东禹王生态食业有限公司	非转基因大豆产业互联网平台	面向重点行业
55	山东金冠网具有限公司	中国绳网产业大数据平台	面向重点行业
56	山东镁卡车轮有限公司	基于镁卡工业云的有色金属加工上下游生态产业互联网平台	面向产业链供应链协同
57	山东广为海洋科技有限公司	智能化水产养殖产业云平台	面向重点行业
58	山东艾欧特智慧城市有限公司	工业互联网信息安全服务平台	面向重点区域
59	功力机器有限公司	中国砖瓦工业互联网平台	面向重点行业
60	双星集团有限责任公司	废旧轮胎绿色生态循环利用远程运控 RCOS Plat 产业互联网平台	面向重点行业

2.新认定的 2022 年省级工业互联网平台(95 个)

1	济南大陆机电股份有限公司	工业互联网仪表平台	跨行业跨领域
2	国网山东省电力公司	面向“双碳”战略的能源工业互联网平台	跨行业跨领域

续表

序号	企业名称	平台名称	平台类别
3	卡奥斯创智物联科技有限公司	海云芯智能器件大规模定制平台	面向重点行业
4	山东特联信息科技有限公司	特联云特种设备工业互联网平台	面向重点行业
5	青岛檬豆网络科技有限公司	柠檬豆工业互联网平台	跨行业跨领域
6	神思电子技术股份有限公司	工业互联网智能视频分析预警应用平台	面向重点行业
7	工赋(青岛)科技有限公司	青岛市工业互联网企业综合服务平台	面向重点区域
8	山东紫菜云数字科技有限公司	紫菜云工业互联网平台	面向产业链供应链协同
9	能链石化科技有限公司	能源数字化平台	面向产业链供应链协同
10	山东驿亭文化产业有限公司	山东驿云文创产业互联网公共服务平台	面向重点行业
11	海尔云城数字科技(青岛)有限公司	卡奥斯海织云纺织服装工业互联网平台	面向重点行业
12	中科芯云微电子科技有限公司	集成电路云化协同设计工业互联网平台	面向重点行业
13	山东能源数智云科技有限公司	涅石工业互联网平台	面向重点行业
14	山东盛途互联网科技有限公司	瑞盛工业互联网平台	面向重点行业
15	山东安信木业有限公司	安信美家全屋定制 AHC 平台	面向产业链供应链协同
16	山东德萨大数据股份有限公司	基于工业互联网的清峦云平台	面向重点行业
17	烟台数动网络科技有限公司	烟台工业互联网公共服务平台	面向重点区域
18	山东黄金矿业股份有限公司	山东黄金工业互联网平台	面向重点行业
19	和远智能科技股份有限公司	和远 Hi-IoT 工业互联网平台	跨行业跨领域
20	青岛品物科技有限公司	全球优鲜——跨境冷链一站式智能服务平台	面向产业链供应链协同
21	中车青岛四方机车车辆股份有限公司	4DL+云链四方工业互联网平台	面向重点行业
22	九阳股份有限公司	九阳智能厨房电器工业互联网平台	面向重点行业
23	海信视像科技股份有限公司	新型显示供应链协同平台	面向产业链供应链协同

续表

序号	企业名称	平台名称	平台类别
24	山东齐利得重工集团有限公司	“七彩云”起重机全产业链智慧协同互联网平台	面向重点行业
25	威海纺织集团进出口有限责任公司	尚织纺织服装行业工业互联网平台	面向重点行业
26	山东捷瑞数字科技股份有限公司	伏锂码云平台	跨行业跨领域
27	东方电子股份有限公司	绿色云能源互联网生态平台	跨行业跨领域
28	赛昇工业技术研究院(青岛)有限公司	工业互联网场景赋能公共服务平台	面向重点区域
29	青岛华正信息技术股份有限公司	华正 Tunny PaaS 工业互联网平台	跨行业跨领域
30	冰轮环境技术股份有限公司	冰轮智慧云 MICC 工业互联网平台	跨行业跨领域
31	山东惠发食品股份有限公司	惠发健康预制菜供应链平台	面向产业链供应链协同
32	济南二机床集团有限公司	JIER 数控机床工业互联网平台	面向产业链供应链协同
33	山东智盈数字科技有限公司	中国酒业工业互联网平台	面向重点行业
34	泰山玻璃纤维有限公司	泰山玻纤工业互联网平台	面向重点行业
35	海智造物联科技有限公司	海智造平台	面向重点行业
36	西安电子科技大学青岛计算技术研究院	工业互联网 ICT 服务平台	跨行业跨领域
37	滕州浪潮大数据产业有限公司	滕州机床行业工业互联网平台	面向重点行业
38	山东京博石油化工有限公司	京博化工园区-数字化安全生产管理平台	面向重点行业
39	日照钢铁控股集团有限公司	日照钢铁工业互联网平台	面向产业链供应链协同
40	智洋创新科技股份有限公司	输电线路智能运维工业互联网平台	面向重点行业
41	山东龙润建材有限公司	商品砂浆混凝土产业互联共生平台——惠建通	面向产业链供应链协同
42	华熙生物科技股份有限公司	基于数字化的供应链协同平台	面向产业链供应链协同
43	山东卡特智能机器人有限公司	卡特智慧云无人机产业互联网平台	面向重点行业
44	山东恒远智能科技有限公司	蜂巢工业互联网平台	跨行业跨领域

续表

序号	企业名称	平台名称	平台类别
45	山东晶导微电子股份有限公司	片式半导体元器件工业互联网平台	面向重点行业
46	山东华拓网络科技有限公司	华拓云工业互联网平台	跨行业跨领域
47	山东胜软科技股份有限公司	云帆工业互联网平台	跨行业跨领域
48	威海光威户外装备有限公司	国家钓具行业服务共享平台	面向产业链供应链协同
49	烟台张裕葡萄酿酒股份有限公司	张裕智能制造工业互联网平台	面向产业链供应链协同
50	德州腾元互联网科技有限公司	德州工业互联网平台	面向重点区域
51	山东叶华纸制品包装有限公司	叶华纸制品包装印刷工业互联网平台	面向重点行业
52	山东广域科技有限责任公司	智慧能源工业互联网平台	面向重点行业
53	数炬(山东)智能科技有限公司	数炬(数控机床)工业互联网平台	面向重点行业
54	山东荣信集团有限公司	“恒信云”工业互联网平台	面向重点行业
55	山东省医药行业协会	山东省数字化医药融合发展平台	面向产业链供应链协同
56	山东华玫生物科技有限公司	华玫生物工业互联网平台	面向重点行业
57	山东莺歌食品有限公司	莺歌食品工业互联网平台	面向产业链供应链协同
58	山东动脉智能科技股份有限公司	动脉云设备管理平台	面向重点行业
59	山东新天保智慧供应链有限公司	快钢云工业互联网平台	面向产业链供应链协同
60	玫德集团临沂有限公司	智慧铸造平台	面向重点行业
61	阿帕数字技术有限公司	ArpaCon 工业互联网平台	面向产业链供应链协同
62	青岛天人环境股份有限公司	Eiiplat 环境产业互联网平台	面向重点行业
63	威海宝威新材料科技有限公司	碳纤维预浸布智能制造工业互联网应用示范平台	面向重点行业
64	济宁碳素集团有限公司	碳素集团化工新材料工业互联网双链智能管控平台	面向重点行业
65	山东产研智能电机研究院有限公司	电机云工业互联网平台	面向重点行业

续表

序号	企业名称	平台名称	平台类别
66	山推工程机械股份有限公司	工程机械智能装备工业互联网平台	面向重点行业
67	山东天意机械股份有限公司	装配式建筑用混凝土预制构件总集成总承包服务平台	面向重点行业
68	临沂新明辉安全科技有限公司	新明辉 NEBULA 工业互联网平台	面向产业链供应链协同
69	山东泰开成套电器有限公司	设计制造一体化工业互联网平台	面向重点行业
70	青岛宏大纺织机械有限责任公司	远程运维平台	面向产业链供应链协同
71	山东得利斯食品股份有限公司	肉品产业链 TQM 管控平台	跨行业跨领域
72	日照口岸信息技术有限公司	舟道网供应链综合服务平台	面向产业链供应链协同
73	山东泰山钢铁集团有限公司	泰钢智慧管控一体化平台	面向重点行业
74	数字(淄博)网络有限公司	机电泵业园区工业互联网平台	面向产业链供应链协同
75	山东和美集团有限公司	和美智链工业互联网平台	面向产业链供应链协同
76	山东宏桥新型材料有限公司	宏桥 HQCloud 工业互联网平台	面向重点行业
77	山东亚历山大智能科技有限公司	无人化集群装备智能控制云平台	跨行业跨领域
78	中石化胜利石油工程有限公司	石油工程 MRO 工业互联网平台	跨行业跨领域
79	山东沄析工业互联网有限公司	环境治理行业工业互联网平台	面向重点行业
80	尚品本色智能家居有限公司	基于混合云的智能家居“双链”协同平台	面向产业链供应链协同
81	山东万腾云互联科技有限公司	木业工业互联网平台	面向重点行业
82	山东科大机电科技股份有限公司	工业设备远程故障诊断与可靠性管理云平台	面向重点行业
83	山东华力机电有限公司	物联网云控制服务平台	面向重点行业
84	山东世纪阳光纸业集团有限公司	世纪阳光纸泰格网工业互联网平台	面向产业链供应链协同
85	山东阅芯电子科技有限公司	半导体封测制造流程监控平台	面向重点行业
86	山东鲁抗医药股份有限公司	鲁抗医药智慧运营工业互联网平台	面向重点行业
87	威海广泰空港设备股份有限公司	NSIMCLound 广泰工业互联网平台	面向重点行业

续表

序号	企业名称	平台名称	平台类别
88	山东凯马汽车制造有限公司	山东凯马汽车运行服务与数据管理中心平台	面向重点行业
89	潍坊尚德服饰有限公司	纺织服装智能制造工业互联网平台	面向重点行业
90	利华益利津炼化有限公司	利华益利津炼化工业互联网平台	面向重点行业
91	山东观海数据技术有限公司	观海 GearCloud 工业云平台	面向重点行业
92	山东可加可智能科技有限责任公司	GIM 服装智能制造工业互联平台	面向产业链供应链协同
93	山东街景智能制造科技股份有限公司	城市家具大规模个性化定制工业互联网智能制造平台	面向重点行业
94	聊城莱柯智能机器人有限公司	聊城轴承保持器工业互联网集成应用平台	面向重点行业
95	智迈德股份有限公司	装配式建筑行业智慧物联网服务平台	面向重点行业

关于印发《山东省优质中小企业梯度培育管理实施细则》的通知

鲁工信发〔2022〕8号

各市工业和信息化局、青岛市民营经济发展局，有关单位：

为进一步做好全省优质中小企业梯度培育管理工作，省工业和信息化厅制定了《山东省优质中小企业梯度培育管理实施细则》。现印发给你们，请认真贯彻执行。

山东省工业和信息化厅

2022年10月31日

（此件主动公开）

山东省优质中小企业梯度培育管理实施细则

第一章 总 则

第一条 为提升全省中小企业创新能力和专业化水平，促进中小企业高质量发展,助力实现产业基础高级化和产业链现代化,根据工业和信息化部《优质中小企业梯度培育管理暂行办法》(以下简称《办法》)、《山东省"专精特新"中小企业培育方案》等,制定本细则。

第二条 优质中小企业是指在产品、技术、管理、模式等方面创新能力强、专注细分市场、成长性好的中小企业,由创新型中小企业、专精特新中小企业和专精特新"小巨人"企业三个层次组成。创新型中小企业具有较高专业化水平、较强创新能力和发展潜力,是优质中小企业的基础力量;专精特新中小企业实现专业化、精细化、特色化发展,创新能力强、质量效益好,是优质中小企业的中坚力量;专精特新"小巨人"企业位于产业基础核心领域、产业链关键环节,创新能力突出、掌握核心技术、细分市场占有率高、质量效益好,是优质中小企业的核心力量。

第三条 参评优质中小企业应在山东省内依法注册登记、具有独立法人资格,符合《中小企业划型标准规定》,企业未被列入经营异常名录或严重失信主体名单,提供的产品(服务)不属于国家禁止、限制或淘汰类,同时近三年未发生重大安全(含网络安全、数据安全)、质量、环境污染等事故以及偷漏税等违法违规行为。

第四条 山东省优质中小企业梯度培育工作,坚持完整、准确、全面贯彻新发展理念,坚持专精特新发展方向,坚持创新第一动力,坚持纵深梯度培育,坚持突出产业特色,坚持动态管理和精准服务。"十四五"期间,努力在全省推动培育70 000家创新型中小企业、10 000家专精特新中小企业、1 000家专精特新"小巨人"企业。

第五条 山东省工业和信息化厅(以下简称"省工业和信息化厅")负责全省优质中小企业梯度培育管理工作,推动出台相关支持政策,负责专精特新"小巨人"企业推荐、专精特新中小企业认定和创新型中小企业评价工作。各市中小企业主管部门负责本市优质中小企业梯度培育管理工作,组织辖区内创新型中小企业自评、专精特新中小企业和专精特新"小巨人"企业推荐等。青岛市民营经济发展局根据工业和信息化部有关要求和本细则,在省工业和信息化厅指导下,加大扶持引导,加强联系服务,精心组织本市优质中小企业梯度培育管理工作,相关培育、评价、认定和推荐情况按要求及时向省工业和信息化厅报备,公告的创新型中小企业、认定的专精特新中小企业以及经工业和信息化部认定的专精特新"小巨人"企业,统属山东省优质中小企业组成部分。其他机构不得开展与创新型中小企业、专精特新中小企业、专精特新"小巨人"企业有关的评价、认定、授牌等活动。

第六条 在工业和信息化部优质中小企业梯度培育平台(https://zjtx.miit.gov.cn/,以下简称"培育平台")上搭建山东省优质中小企业评价认定的申报和审核平台,参评企业可登录培育平台填报相关企业信息及对应材料。省工业和信息化厅建设山东省优质中小企业梯度培育和成长帮扶系统(http://tdpy.smesd.com.cn/),设立市、县(区、市)工作账号并开放相应功能,加强与培育平台对接,搞好数据收集和监测分析,对企业运行、发展态势、意见诉求,以及扶持政策与培育成效等开展定期和不定期跟踪,有针对性地制定政策和开展精准服务。

第二章 评价和认定

第七条 山东省优质中小企业评价和认定工作坚持政策引领、企业自愿、培育促进、公开透明的原则，按照“谁推荐、谁把关，谁审核、谁管理”方式统筹开展、有序推进。

第八条 创新型中小企业评价标准、专精特新中小企业认定标准和专精特新“小巨人”企业认定标准由工业和信息化部《办法》发布，本省遵照执行。结合山东省产业特色和中小企业发展实际，省工业和信息化厅发布并适时更新专精特新中小企业认定标准中的“特色化指标”。

第九条 创新型中小企业评价，由企业按属地原则自愿登录培育平台参与自评，各市中小企业主管部门根据评价标准，对企业自评信息和相关佐证材料进行审核、实地抽查和公示，公示无异议的，向省工业和信息化厅推荐。省工业和信息化厅汇总后，公告为创新型中小企业。

第十条 专精特新中小企业认定，由创新型中小企业按属地原则自愿登录培育平台提出申请，各市中小企业主管部门根据认定标准，对企业申请材料和相关佐证材料进行初审和实地抽查，初审通过的向省工业和信息化厅推荐。省工业和信息化厅对被推荐企业及相关材料进行审核、实地抽查和公示。公示无异议的，由省工业和信息化厅认定为专精特新中小企业。

第十一条 专精特新“小巨人”企业认定，由专精特新中小企业按属地原则自愿登录培育平台提出申请，各市中小企业主管部门根据认定标准，对企业申请材料和相关佐证材料进行初审和实地抽查，初审通过的报省工业和信息化厅。省工业和信息化厅组织对企业申请材料和相关佐证材料进行审核和实地抽查，并将通过的向工业和信息化部推荐。

第十二条 原则上每年第二季度组织开展专精特新中小企业认定工作；创新型中小企业常年申报，二季度、四季度分两批集中公告。专精特新“小巨人”企业推荐工作按照工业和信息化部通知执行。

第三章 动态管理

第十三条 强化优质中小企业的动态管理，建立健全“有进有出”的动态管理机制。经公告的创新型中小企业有效期为三年，每次到期后由企业重新登录培育平台进行自评，经各市中小企业主管部门审核(含实地抽查)通过，并按要求报省工业和信息化厅备案后，有效期延长三年。经认定的专精特新中小企业有效期为三年，每次到期后由各市中小企业主管部门进行初审并推荐，经省工业和信息化厅复核(含实地抽查)通过后，有效期延长三年。专精特新“小巨人”企业有效期及复核要求，按工业和信息化部通知执行。

第十四条 有效期内的创新型中小企业、专精特新中小企业和专精特新“小巨人”企业，应在每年 4 月 30 日前通过培育平台更新企业信息。未及时更新企业信息的，取消复核资格。

第十五条 有效期内的创新型中小企业、专精特新中小企业和专精特新“小巨人”企业,如发生更名、合并、重组、跨省迁移、设立境外分支机构等与评价认定条件有关的重大变化,应在发生变化后的3个月内登录培育平台,填写重大变化情况报告表。不再符合评价或认定标准的创新型中小企业和专精特新中小企业,由省工业和信息化厅核实后取消公告或认定;不再符合认定标准的专精特新“小巨人”企业,由省工业和信息化厅核实后报工业和信息化部,由工业和信息化部取消认定。对于未在3个月内报告重大变化情况的,取消复核资格,或直接取消认定。

第十六条 有效期内的创新型中小企业、专精特新中小企业和专精特新“小巨人”企业,如发生重大安全(含网络安全、数据安全)、质量、环境污染等事故,或严重失信、偷漏税等违法违规行为,或被发现存在数据造假等情形,直接取消公告或认定,且至少三年内不得再次申报。

第十七条 任何组织和个人可针对创新型中小企业、专精特新中小企业和专精特新“小巨人”企业相关信息真实性、准确性等方面存在的问题,向相应中小企业主管部门实名举报,并提供佐证材料和联系方式。对受理的举报内容,相应中小企业主管部门应及时向被举报企业核实,被举报企业未按要求回复或经核实确认该企业存在弄虚作假行为的,视情节轻重要求企业进行整改,或直接取消公告或认定。

第四章 培育扶持

第十八条 充分发挥省(市)促进非公有制经济(中小企业)发展工作领导小组作用,统筹协调省相关部门和市、县(市、区)制定分层分类的专项扶持政策,加强财税、金融、技术、产业、人才、用地、用能等要素保障,提高政策精准性和有效性,推动形成支持优质中小企业高质量发展的强大合力。

第十九条 省工业和信息化厅会同省相关部门和各市、县(市、区)中小企业主管部门,针对不同发展阶段、不同类型中小企业的特点和需求,建立优质中小企业梯度培育体系,健全成长帮扶措施,加大精准培育力度,维护企业合法权益,不断优化中小企业发展环境,激发涌现一大批专精特新企业。

第二十条 深入推动《山东省“专精特新”中小企业培育方案》落实落地,大力实施国家重点项目引领、育种扶苗、创新能力提升、产业链协同、数字化转型、资本赋能、双循环融入、人才汇聚等八大工程,发挥省《关于支持专精特新“小巨人”企业更好集聚人才的若干措施》《关于实施“专精特新”中小企业培育金融支持计划(2022—2025)的通知》等政策功效,积极构建政府公共服务、市场化服务、公益性服务协同促进的服务体系,汇聚服务资源,创新服务方式,为中小企业提供全周期、全方位、多层次的服务。

第二十一条 加大“专精特新”政策宣传解读力度,树牢发展导向,营造浓厚氛围,及时总结推广“专精特新”企业发展经验做法,树立先进典型,加强复制推广,带动更多中小企业“专精特新”发展。

第五章 附 则

第二十二条 本细则由省工业和信息化厅负责解释。

第二十三条　本细则自2022年11月1日起实施，有效期至2025年10月31日。实施之日起，《山东省“专精特新”中小企业认定管理办法》(鲁工信发〔2020〕7号)即行废止。本细则实施前已被省工业和信息化厅认定的专精特新中小企业和已被工业和信息化部认定的专精特新“小巨人”企业，继续有效；有效期(最长不超过3年)到期后自动失效，复核时按本细则执行。

附件：

1.创新型中小企业评价标准

2.专精特新中小企业认定标准

3.专精特新“小巨人”企业认定标准

4.部分指标和要求说明

关于印发《山东省先进制造业投融资三年行动计划》的通知

鲁工信发〔2022〕9号

各市工业和信息化局，济南、青岛市民营经济发展局；各市发展改革委、财政局、商务局、地方金融监管局；人民银行各市中心分行、分行营业管理部；各银保监分局；各证监分局：

现将《山东省先进制造业投融资三年行动计划》印发给你们，请结合实际，认真贯彻执行。

山东省工业和信息化厅

山东省发展和改革委员会

山东省财政厅

山东省商务厅

山东省地方金融监管局

中国人民银行济南分行

中国银行保险监督管理委员会山东监管局

中国证券监督管理委员会山东监管局

2022年12月15日

(此文件公开发布)

山东省先进制造业投融资三年行动计划

以党的二十大精神为指导,深入贯彻习近平总书记关于制造强国战略重要论述,全面实施省先进制造业强省建设和民营经济高质量发展工作部署,锚定“走在前、开新局”,积极构建先进制造业投融资服务体系,组织投融资金融机构精准对接产(企)业融资需求,大力支持我省先进制造业实现跨越式高质量发展,制定本行动计划。

一、总体要求

(一)指导思想。以习近平新时代中国特色社会主义思想为指导,深入学习贯彻党的二十大精神,认真落实习近平总书记关于山东工作“走在前列、全面开创”的重要指示,抢抓国家支持山东深化新旧动能转换推动绿色低碳高质量发展的重大战略机遇,以推动先进制造业高质量发展为主题,引导投融资机构更好服务实体经济,加快推进先进制造业和现代金融服务深度融合,形成资源聚集、协同联动、分类施策、精准高效、创新赋能的投融资新格局,推进制造强省建设不断迈上新台阶。

(二)基本原则

——政策引导。紧扣制造强省建设目标,以金融政策为导向,引导投融资机构对接先进制造业领域优质企业,促进先进制造业高质量发展。

——市场运作。尊重市场规则,充分发挥投融资机构专业优势,引导其自主确定投资策略、投资方向、投资操作,自主开展投资运营和投后管理,放大投资效能。

——服务推动。构建“211”金融服务模式,建立先进制造业融资项目库、优质投融资机构资源库和先进制造业投融资平台,打造投融资对接合作服务体系。

——惠企益企。坚持服务至上、企业获益,紧贴先进制造业发展需求,聚力解决融资难题,为企业量身定制综合性金融服务方案。

(三)工作目标。围绕重点行业和领域,聚焦“十强”产业、标志性产业链和高成长企业,优选一批省内外投融资机构,采取银行信贷、基金投资、担保保险、上市培育、产融合作等方式,为全省先进制造业企业融资提供综合服务,每年组织开展投融资服务对接企业1万家(次),实现制造业贷款和基金投资稳步增长。

二、主要工作

(一)建立先进制造业融资项目库。以新一代信息技术、高端装备、新材料、高端化工、现代轻工纺织等“十强”产业,有色金属、建材等传统优势产业和11条标志性产业链企业为重点,建立涵盖数字化转型、绿色制造、技术改造、制造业单项冠军和专精特新中小企业等领域的先进制造业融资项目库。对项目库实行动态管理,及时优化更新项目情况,支持企业通过投融资机构对接金融资源,助推企业快速发展壮大。2023年底前,基本建成各类融资项目库,实现重点融资企业项目全部入库。

(二)建立优质投融资机构资源库。与省内外投融资机构建立常态化联络和定期走访机制，汇集各类投融资资源，按照银行信贷、基金投资、担保保险、上市培育、企业发债、并购重组、产融合作等分类，建立优质投融资机构资源库。借助“齐鲁企舞”路演品牌，引进一批知名基金为我省先进制造业企业发展赋能助力。每年新增入库投融资机构100家以上，2025年达到500家左右。

（三）建立先进制造业投融资平台。基于“产业资本投融资云平台”，打造“先进制造业投融资平台”，设置优质投融资机构资源库、先进制造业融资项目库、产业资本智慧对接、企业在线路演、咨询培训服务、实时金融政策、直播大讲堂等七个板块，构建信贷服务、基金投资、上市培育三大系统。2023年至2025年，每年发布投融资产品1 000件次、融资需求3 000项左右。

（四）打造投融资对接合作服务体系。统筹协调银行保险、基金投资、融资担保、证券投行、管理咨询等机构，坚持政策引导、信息共享、渠道对接、服务适配、激励约束“五位一体”，通过量身定制金融对接方案、提供差异化精准融资服务，进一步畅通企业资金血脉，持续提升企业融资多元性、可得性和便利性，推动打造科学、规范、有效的投融资对接合作服务体系。

三、重点任务

（一）做大银行信贷。围绕建设现代产业体系，加大财政贷款贴息和风险补偿政策引导，强化政银企通力合作，聚集信贷资金着力支持实体经济高质量发展。

1.做大技改信贷规模。突出信贷重点，围绕“万项技改、万企转型”，发挥“技改专项贷”贴息和担保费补助政策的引导作用，建立完善技改导向目录项目库，与合作银行和融资担保机构开通“技改专项贷”项目快捷审贷通道，对投资额5 000万元以上的重大技术改造项目，省财政按银行最新一期的一年期贷款市场报价利率（LPR）的35%，给予最高2 000万元贴息支持。鼓励各市对投资5 000万元以下的技术改造项目给予相关政策支持，推动全省技改贷款持续增长。

2.扩大中长期和信用贷款。破解信贷难点，聚焦“十强”产业，围绕高端制造业项目、先进制造业集群、制造业单项冠军和规模以上工业企业等提供中长期贷款和信用贷款，单列信贷额度和监测调度持续推进，支持重点制造业企业扩大规模实现再生产。

3.创新科技金融产品和服务。瞄准信贷痛点，围绕专精特新、瞪羚、独角兽等高成长企业，扩大知识产权质押、动产质押、应收账款质押、股权质押等融资规模，用好科技创新再贷款、支农支小再贷款和再贴现专精特新、科创引导专项额度，创新开展上市培育贷、专精特新成长快贷、“小巨人”信用贷等，促进制造业中小企业向高端化、数字化、智能化转型。

4.提升普惠金融服务能力。畅通信贷堵点，组织小微企业金融知识普及教育，积极开展首贷培植。将有辅导意愿的制造业企业纳入金融辅导范围，为其提供政策传导、融资协调等多元化金融服务。支持符合条件的各级各类融资服务平台接入全国中小企业融资综合信用服务平台山东省级节点，发挥信用信息应用价值，助力中小微企业融资。实施小微企业贷款风险补偿,发挥普惠小微贷款支持工具撬动作用,引导银行业金融机构扩面提质降费增效,加大对小微企业信贷支持。每年实现新增小微企业贷款户数和规模10%以上。

(二)推进基金投资。发挥省级创业投资集聚区和创业投资综合服务基地作用,组织实施产业发展对接基金投资行动,开展天使投资、创业投资、风险投资和股权投资,聚集投资资源,采取基金合作、项目直投、组团跟投、投贷联动等方式,赋能产业发展。

1.争取国家大基金投资。加强与国家制造业转型升级基金、战略性新兴产业发展基金、集成电路产业投资基金、军民融合产业基金、中小企业发展基金等联系,建立项目投资协作办公室,每季度组织一次巡回走访和项目对接活动,精准对接"十强"产业制造业重点项目。

2.放大政府引导基金效应。充分发挥省财政资金股权投资和省新动能基金带动作用,围绕标志性产业链、上市培育企业、专精特新高成长企业,大力支持产业链核心(龙头)企业、制造业单项冠军和专精特新"小巨人"企业、专精特新及创新型中小企业发展。

3.拓展私募股权基金投资。会同清科集团、省青企峰会平台、省私募股权投资基金业协会等基金组织,加强与省内外头部基金联系协作,根据不同基金投资策略、投资规模、投资方向,分行业和类别开展企业融资项目投资对接活动。

4.组织"齐鲁企舞"投融资路演推介。指导济南基金业协会,建立"1(济南总部)+3(北上深扩展基地)+15(市运营中心)"投融资路演服务体系,对接市县和产业园区融资需求,每年组织投融资路演推介活动百场联动,推动一批投融资项目精准对接和落地实施。

(三)做强担保保险。整合实施支持小微企业融资担保和出口信用保险政策措施,为制造业发展提供信贷扩面增量支持。

1.完善小微企业融资担保服务体系。发挥国家小微企业融资担保降费奖补政策引导作用,进一步建立健全小微企业融资担保服务体系,引导政府性融资担保机构逐步将年化平均担保费率降至1%以下,推动合作银行开展批量化总对总业务,实现小微企业融资担保额稳步增长。

2.放大保险保障和融资增信功能。积极发展科技创新型企业知识产权质押保证保险贷款,大力推动银保合作为首台(套)重大技术装备、首批次新材料、首版次高端软件提供保险融资支持,扩大产品质量责任保险、保证保险、保证替代类保险产品等应用。

3.开展外贸企业出口信用保险。会同出口信用保险金融机构,组织开展出口信用保单融资提质增量对接行动;对符合条件的小微政府平台、专精特新"小巨人"、制造业单项冠军等企业积极适用"保易赔""理赔绿色通道"等服务机制;每年服务支持我省外经贸企业超1.5万家,支持保障企业出口超500亿美元。

4.加大贷款续贷展期支持。建立健全企业应急转贷服务体系,综合使用延期还本付息、无还本续贷和应急转贷等金融接续政策，为企业无缝续贷提供支持，指导银行业金融机构不盲目压贷、抽贷、断贷，保持企业流动性资金安全稳定。每年为5 000余家企业提供转(续)贷1 000亿元以上。

(四)实施上市培育。实施企业上市培育行动，组织开展“泰山登顶”专项活动，把制造业单项冠军、专精特新和瞪羚、独角兽等高成长企业作为上市培育“金种子”，联系对接基金投资和券商上市辅导资源，培育辅导一批企业上市融资。

1.组织企业规范化股改。全面征集制造业企业上市意愿，每年组织1 000家以上专精特新中小企业重点辅导，对标《公司法》和《证券法》等相关标准，实施规范化公司制改制，为上市培育储备优势企业资源。

2.设立“专精特新”专板。在区域股权市场创建“专精特新”专板，分设孵化层、规范层、培育层，推动开展股权登记和托管、股权激励和员工持股、可转债等业务，与新三板建立挂牌绿色通道，每年组织不少于500家符合“专精特新”专板条件的企业集中挂牌培育。

3.组织精准化培育。依托省中小企业投融资联盟，优选省内外知名投融资机构、券商、会计、法律、审计、管理咨询等100余家中介机构，为挂牌企业量身定制发展规划、股权改造、市值评估、融资对接、上市辅导等专项服务，每年不少于100场次5 000余家(次)。

4.推动企业上市融资。整合优质辅导资源，充分发挥金融辅导机制作用，建立董秘上市咨询师、金牌上市保荐师、上市审核辅导师团队，培育一批优质企业早上市、快上市。到2025年，新增先进制造业上市企业60家左右。

(五)促进产融合作。紧紧围绕标志性产业链、特色产业集群和产业园区，创新开展供应链融资、集群(园区)贷、融资租赁、并购重组等特色服务，支持我省特色产业形成发展新优势。

1.实施产业链供应链金融综合服务。推动政府部门、金融机构、核心企业、第三方专业机构信息共享，加强财政金融资源协同联动，以产业链龙头骨干企业为核心，引导金融机构对接产业链发展规划和核心企业生产经营需求，探索建立产业链金融辅导机制，通过签发商业汇票、供应链票据、发行债券和开展供应链应收账款、存货、仓单和订单、衍生产品等特色融资，促进上下游企业协作配套和融资畅通发展。每年力争推动核心企业签发供应链票据200亿元、实施供应链融资1 000亿元以上。

2.推动核心企业资产融资多样化。会同中泰证券、高速通汇数科供应链平台等金融机构，创建核心企业“1＋N”金融服务模式，综合运用信贷、发债、投资、信托、期货、跨境融资、财富管理等金融工具，提供融资、结算、财务管理和产业协作等综合金融服务，优化资产结构和盘活存量资产，创新融资方式、拓展融资渠道和扩大融资规模。每年推动50余家核心企业实施资产证券化100亿元以上。

3.引导并购重组和纾困救助。创新开展双招双引和基金招商，加大与华润、国投等实力央企国有资本投资公司和鲁信、鲁商、国惠等省属国企投资公司联系协作，通过山东上市公司协会和并购联合会联系实力上市公司，推动与省内特色产业和科创企业合作,精准对接一批受疫情影响、流动资金周转暂时困难、具有持续产业能力和市场需求企业,通过产业合作、引资入股、定向增发和并购投资等方式,帮助企业纾困解难。每年推动央(国)企和上市公司产业投资100亿元以上。

4.创新开展国际化产投协作。积极组织企业参加“一带一路”建设,会同省国际投资促进中心,在“选择山东”开设“山东先进制造业”专栏,对接国内外行业龙头企业,开展产业融通协作、双向投资和跨境撮合,支持制造业上市公司参与海外并购和人民币投资,实现走出去引进来“做大做强”。每年组织国内外资本对接合作项目100家(次)以上。

四、保障措施

(一)建立工作协调机制。省工业和信息化厅会同发展改革委、财政厅、商务厅、地方金融监管局和人民银行济南分行、山东银保监局、山东证监局等部门统筹推进,强化省市县协同、部门协作和政银企联动,形成齐抓共管的工作格局。定期组织跨部门、跨领域、跨行业联通协作,聚焦重点投资领域和投资标的,研究制定工作措施,支持先进制造业发展。

(二)汇集优质资源合作。组织省内外知名经济专家、金融专家、投资专家和优秀企业家成立“投融资智库”。联系对接省内外优质投融资机构,建立“山东省先进制造业投融资联盟”。联合基金投资和银行、保险、证券等金融机构及省财政资金股权投资相结合,创新实施“投贷保担”协作联动,为企业提供专业化、多样化、系统化综合金融服务。

(三)实施政策措施推动。统筹国家和省各项财政金融政策,引导各类投融资资源加大对重点产业和高成长企业的投资力度。加大金融惠企政策宣介,积极推动金融辅导和联系帮包机制入企对接,组织开展“把脉问诊”“集中诊断”“聚力赋能”,支持一批创新强、成长好、竞争优势突出的企业做大做强,成长为细分行业的“单打冠军”、产业发展的“配套专家”和高端制造的“领航龙头”。